Aufbruch
in das
neue
Jahrtausend

Beate Bock

# Aufbruch in das neue Jahrtausend

## Das Handbuch für die Zeitenwende

ch. falk-verlag

Herausgegeben von Martin Rump

Redaktion: Ch. Falk und H. Schulte

Originalausgabe

© by Ch. Falk-Verlag, Seeon 2000

Umschlaggestaltung: Josef Nysten-Riess

Satz und Druck: F. Steinmeier, Nördlingen

ISBN 3-89568-073-7
Printed in Germany

*Habt den Mut, das Euch von Eurer Geburt und dem Beginn Eurer Existenz an innewohnende und Euch zustehende Potential und Geschenk des Großen Ganzen, Euer multidimensionales Leben und Sein, zu fördern und dadurch die sich daraus ergebenden unendlichen Möglichkeiten für Euch in Harmonie, Liebe und Vertrauen zu nutzen und zur vollständigen Entfaltung zu bringen.*

*Darius*

# Inhalt

## 1. Kapitel
## Die Zeitenwende

## 2. Kapitel
## Die neue Dimension

## 3. Kapitel
## Multidimensionales Sein

## 12. Kapitel
## Die Föderation

## 13. Kapitel
## Kontakt

## Meditation „Die Hüter der Erde"

# Vorwort des Herausgebers

Dieses Buch ist ein einziges Abenteuer. Es war ein Abenteuer für mich, den Worten dieser großartigen Wesen durch den ebenso großartigen Channel Beate Bock zu lauschen, ihre Energien um mich zu wissen und zu fühlen und im Laufe der Monate durch die Fülle der Ideen, Gedanken und Informationen, die sie in dieses Buch einbrachten und die ich manchmal Wort für Wort und Gedanke auf Gedanke auseinandergenommen und wieder zusammengesetzt habe, bis ich alles verstanden hatte, in mir allmählich ein neues, soviel größeres, umfassenderes, schöneres, wahrhaftigeres und abenteuerliches, weil nicht im mindesten langweiliges Weltbild entstehen zu sehen.

Und es wird auch ein Abenteuer für den Leser sein, wenn er sich darauf einläßt, von den Worten, Gedanken und Energien dieses Buches begleitet, die Welten *seines* Geistes zu erforschen, seine Grenzen und seine Möglichkeiten auszuloten und *sein* Abenteuer darin zu finden.

Dabei ist der Hintergrund dieses Buches schon aufregend genug: Die Erde verändert sich, und sie verändert sich immer schneller, der Dimensionswechsel hat begonnen. Viel Altes und Vertrautes gilt nun nicht mehr und neue Gesetzmäßigkeiten treten in Kraft. Die ersten Samen eines neuen Zeitalters sind bereits aufgekeimt und lassen schon jetzt erahnen, wie tief die Veränderungen sein werden.

Dieses Buch ist eine exzellente Anleitung für diese Übergangszeit. Die vielen Informationen und praktischen Anregungen können dem Leser als Richtschnur dienen, den Dimensionswechsel nicht nur so angenehm und harmonisch wie möglich zu gestalten, sondern diese Zeit darüber hinaus dazu zu nutzen, einen Quantensprung in der persönlichen Weiterentwicklung zu machen und aufzubrechen in neue Dimensionen des eigenen Seins. Auf dann, das Abenteuer beginnt...

*Martin Rump*

# Vorwort der Lichtfreunde

Ihr seid nicht allein. Wir sind da, wir waren schon lange da und werden auch in der Zukunft da sein, um Dich und die anderen in Ihrer Weiterentwicklung in das Licht, in die Gesamtheit allen Seins und zur Quelle allen Seins zurückzuführen. Und wir kennen auch Dich schon sehr lange Zeit.

Wir wünschen uns, daß Dich dieses Buch im Herzen berührt und daß es Dir hilft, Deine inneren und äußeren Fragen zu beantworten. Möge es auch hilfreich sein, jedes hier auf der Erde inkarnierte Wesen darin zu unterstützen, seine ureigenste Aufgabe und Mission im Großen Ganzen zu entdecken und zu vollenden.

Und wir sagen: Eines Tages kehrst Du zurück in Deine ursprüngliche Heimat. Aber so lange laßt uns hier gut dienen und arbeiten und der Erde und den anderen Menschen in diesen Zeiten der Veränderungen helfen! Du kannst lernen, die Welt um Dich herum so zu verwandeln, daß Du Dich und Ihr alle Euch hier wie zu Hause fühlen könnt.

Möge die Erde durch uns zusammen wieder in Schönheit erblühen. Laßt uns die Seen und Wälder reinigen und heilen. Füllt mit uns zusammen den Äther mit Vertrauen und Zuversicht, mit Schönheit und Lachen an. Deswegen seid Ihr hier. Wir zeigen Euch in diesem Buch, was Ihr konkret dafür tun könnt. Und somit laßt uns Euren physischen und ätherischen Körper mit Gewißheit und Begeisterung anfüllen. Wir werden auch weiterhin alles tun, um Euch Stärke und Standhaftigkeit zu geben.

Gemeinsam sind wir stark. Denke daran und vergiß es niemals:

Du bist nicht allein!

# Danksagung der Autorin

Ich möchte allen an diesem Buch beteiligten Wesenheiten bekannter und unbekannter Art von Herzen danken. Ich weiß immer noch nicht ganz genau, wie sie das eigentlich immer schaffen, mich nach all den Jahren der Zusammenarbeit immer wieder zu überraschen und zu berühren. Gerade wenn ich denke, daß ich etwas „nun endlich vollständig verstanden habe", präsentieren sie mir wieder einmal einen noch weiteren Blickwinkel oder einen für mich noch ganz neuen Standpunkt. Sie haben mich gelehrt, daß es wirklich immer weitergeht, schon immer weitergegangen ist und es immer wieder etwas zu lernen, zu entdecken und auszuprobieren geben wird. All dies tun sie mit einer immer wieder verblüffenden, nie enden wollenden guten Laune, mit Verständnis, Humor, Geduld und mit sehr viel Liebe.

Meinem Herausgeber Martin Rump möchte ich für seinen Humor, Witz und Charme danken. Er hat die wunderbare Gabe, auch in den schwierigsten Situationen die Ruhe zu bewahren und sie im wahrsten Sinne des Wortes immer zum Besten zu verändern.

Danke auch an Christa Falk, die mit ihren Büchern so viel Liebe, Wissen, Schönheit und Verstehen hier auf der Erde verbreitet.

Tanja Vollmer danke ich für die Zeit am Computer und für das Lesen des Manuskripts. Maria Blümel, Ingrid Schliephake, Ulrike Kressin, Thorsten Volmer, Karsten Windt und Rainer Nitzsche danke ich sehr für das stundenlange Korrekturlesen und für die überaus wertvollen Hinweise, Verbesserungsvorschläge und Lobeshymnen!

Schön, daß es bei der Arbeit an diesem Buch so viel Freundschaft, Lernen, Unterstützung, Espressos, Blueberrymuffins und gemeinsames Lachen gegeben hat!

Danke dafür!

*Beate Bock*

# Hallo, Du!

# 1. Kapitel

# Die Zeitenwende

*Das Karma-Spiel ist beendet*

Seid gegrüßt, meine Freunde. Seid ihr bereit, den Übergang in neue Sphären, in ein neues Sein zu vollziehen? Wenn ihr euch entsprechend ausrichtet und die wesentlichen Botschaften, die wir euch in diesem Buch übermitteln, beherzigt und praktisch umsetzt, werden sich für euch automatisch neue Türen, neue Möglichkeiten und daher auch neue Dimensionen öffnen. Überdenkt eure bisherige Sicht der Dinge, und wenn ihr euch dann entscheidet, euer Leben neu auszurichten, tut die neuen Schritte ohne Angst und ohne Zögern, sondern voller Mut und Zuversicht. Es gibt nichts zu befürchten! Ihr seid alle Gottes Kinder und Teil eines größeren Seins. Wenn ihr es wirklich wünscht, können die Zeiten des Leidens, des Haderns, des Nicht-Verstehens vorbei sein. Dafür ist es wichtig, das Augenmerk auf die Schönheiten des Lebens zu richten, auf die Fülle, die Wunder und auf die Geschenke Gottes. Auch du bist ein Geschenk Gottes.

Wir rufen euch auf, die Leidensschleifen endlich zu durchbrechen. Seit Äonen wart ihr in dem von euch selbst gewählten Dualitätsspiel eingebunden, in dem Spiel von Tod und Wiedergeburt, von Täter und Opfer, dem Spiel von Gut und Böse, von Arm und Reich, von Mann und Frau. Ihr wart gefangen in dem Spiel, das ihr Karma nennt. Ihr könnt dieses Spiel mit den dazugehörigen Regeln und Verhaftungen, die sich in eurem Denken, in euren inneren Überzeugungen und eurem praktischen Verhalten ausdrücken, nun hier auf der Erde beenden.

1975 fand ein großes Konzil statt, auf dem sich viele große Lichtwesen getroffen haben. Auf diesem Konzil ist entschieden

worden, sehr viel Karma von der Erde und den Menschen zu nehmen. Eine Folge davon ist, daß viele Naturkatastrophen, Kriege
und ähnliche negative Geschehnisse, die bei dem damaligen Stand
der Entwicklung noch hätten stattfinden können und zum Teil
auch stattgefunden hätten, wie dies auch in vielen Vorhersagen
gesagt wurde, nun nicht mehr oder nicht mehr in jedem Fall
geschehen müssen. Das heißt, die Wahrscheinlichkeit, daß jetzt
noch solche Katastrophen stattfinden, ist zwar nicht vollständig
aufgehoben, hat sich aber sehr stark verringert. Sie könnten und
werden zum Teil auch noch geschehen, wenn ihr auch weiterhin
durch eure ureigenste Wahl- und Manifestationskraft darauf
besteht, aber sie *müssen* nicht mehr in jedem Fall geschehen.

Es wurde beschlossen, Karma von euch zu nehmen, um euch
genügend Zeit zur Verfügung zu stellen, damit ihr von eurer Seite aus
das Karma-Spiel beenden könnt, so daß ihr bis zum Jahrtausend-
wechsel eine Anlaufzeit habt, um euch auf die dann zur Verfügung
gestellten neuen Energien, die zur Zeit auf euch einwirken, einzustellen. Das Spiel: In einem Leben mache ich etwas Negatives mit dir,
im nächsten Leben machst du etwas Negatives mit mir, dann mache
ich wieder etwas Negatives, dann wieder du usw., ergab eine Kette
von Negativität ohne Ende. Diese Kette wurde wie gesagt 1975 von
unserer Seite unterbrochen. Es besteht keine Notwendigkeit mehr,
sie fortzusetzen und aus karmischen Gründen noch irgendwo für
irgendwelchen Ausgleich zu sorgen oder sorgen zu wollen. Wenn ihr
dies wünscht, könnte dieser Ausgleich jetzt sofort hergestellt bzw. der
Karmaerlaß jetzt sofort von euch angenommen werden. Dazu ist nur
erforderlich, daß ihr euch von Herzen auf die daraus folgenden
Konsequenzen einlaßt. Die Konsequenzen wären, daß ihr euch
gegenseitig verzeiht, euch gegenseitig eure „Schulden" erlaßt, daß ihr
vergebt, daß ihr Wunden heilen laßt.

Manche von euch empfinden das, ohne daß es euch in den meisten Fällen bewußt ist, als ungerecht. Denn diese Unterbrechung

des Karma-Spiels beinhaltet, daß der, der in dem Spiel gerade der Schuldige, „der Böse" ist, der also gerade Negatives anrichtet oder vor längerer Zeit angerichtet hat, aus seiner Schuld ganz plötzlich einfach entlassen werden kann oder schon längst entlassen wurde, ohne für diese Negativität zahlen zu müssen. Und wenn sein jeweiliger Spielpartner, in diesem Fall also „der Gute" oder sein Gläubiger, großzügig und verstehend war, hat er das gespürt, akzeptiert und eventuell sogar gefördert. Manch andere Gläubiger jedoch, die nicht großzügig, verstehend, sondern nachtragend sind, bestehen immer noch darauf, daß der jeweilige Spielpartner, der sogenannte Böse, nicht aus dieser Schuld entlassen wird. Sie bestehen auf einem Ausgleich dafür, daß sie vielleicht sogar seit Jahrhunderten die Rolle des Opfers, des Gepeinigten für die sogenannten Bösen gespielt haben. Die Beweggründe für dieses Nicht-Vergeben oder Nicht-Entlassen aus der Schuld sind oftmals, daß die vormaligen Opfer nun endlich mal auf der anderen Seite zum Zuge kommen wollen und sich damit eine Rechtfertigung geben, sich schlecht benehmen zu können. Oder daß sie sich „endlich" für die erduldeten Schandtaten revanchieren möchten oder wollen, daß sich die andere Seite dann wenigstens noch ein wenig länger schuldig fühlen oder sich noch ein wenig länger bei ihnen entschuldigen muß. Das ist auf einer gewissen Ebene verständlich, aber irgendwann, an irgendeiner Stelle muß das Spiel ja einmal beendet werden – und zwar in beiderseitigem Einklang und Verstehen.

Noch einmal in aller Deutlichkeit: Wenn jemand innerhalb des Karma-Spiels gerade in der Position ist, daß der andere sich entschuldigen müßte, und dann kommt ein Meister oder ein anderes hochgestelltes Wesen und nimmt ihm sein Karma ab, und er darf sich auf einmal wieder aufrecht hinstellen, ohne sich schuldig zu fühlen, dann habt ihr die Wahl, dies entweder gutzuheißen, denn ihr seid dann ja *beide* quitt im positiven Sinne und könnt neu anfangen und euch auf das neue Jahrtausend ausrichten. Oder ihr könnt rachsüchtig sein mit der Begründung, daß ihr jahrhundertelang diesem Menschen die Füße küssen mußtet und der andere das jetzt gefälligst auch zu tun hat. Ihr verzeiht dann letztlich auch *uns* nicht, daß wir die andere Person bzw. die andere Gruppe von Menschen, ohne euch um Erlaubnis zu fragen, am liebsten aus diesem Spiel entlassen würden und dieses zum Teil schon, aus Gründen, die hier zu weit führen würden, getan haben.

Da ihr den freien Willen besitzt, habt ihr aber die Macht, dieses Spiel dennoch weiterzuspielen, auch wenn es zum Teil dann ohne wirklichen Sinn und Verstand geschieht, denn so stellen sich die Situationen, in denen ihr manchmal noch steckt, letztendlich für uns, von unserem Standpunkt aus, dar. Wenn ihr es so wollt, könnt ihr dieses Spiel theoretisch und praktisch unendlich lange spielen, obwohl es eigentlich gar nicht mehr sein müßte. Es kann und wird logischerweise dann auch weiter das Spiel der Dualität gespielt werden mit den sich daraus ergebenden Spielregeln, die dieses Spiel nun einmal hat, und den sich daraus ergebenden Spiegeln wie Kriege, Umweltverschmutzung, Hunger, Tod und anderen dann zum Teil eintreffenden negativen Prophezeiungen. Viele wollen dieses gewohnte Spiel noch nicht aufgeben. In der Tat, manchmal seid ihr noch sehr rachsüchtig, süchtig nach Rache, und sehr nachtragend, ihr seht mehr nach hinten als nach vorne.

Ein anderes damit zusammenhängendes Problem ist, daß viele von euch noch nicht bereit sind, *sich selbst* zu verzeihen. Es ist dann weniger das Problem, daß ihr nicht bereit seid, dem anderen das Negative zu verzeihen, das er getan hat. Ihr seid noch nicht bereit, *euch* zu verzeihen, was *ihr* getan habt, und das ist in der Tat ein großes Problem. Denn wenn jemand dir verzeiht und es dir auch sagt, du aber dies aus mangelndem Selbstwertgefühl nicht annimmst, nützt dir sein Verzeihen nichts, und du erschaffst dann meistens wieder eine neue Spirale von Negativität. Und der Körper bleibt in der Sucht gefangen.

Viele Menschen spielen das Karma-Spiel weiter, obwohl es nicht mehr zeitgemäß und daher unsinnig ist. Es wäre wünschenswert und eurer Entwicklung sehr förderlich, dieses Spiel nun endgültig zu beenden! Noch einmal: Es ist egal, ob die geistigen Welten dir dein Karma schon einmal abgenommen haben, und du dann Negativität neu erschaffen hast und dadurch glaubtest, deine Unschuld wieder verloren zu haben, und deshalb glaubst, es nicht mehr wert zu sein, daß man dir wieder hilft. Oder ob du einfach glaubst, von vornherein so schwere Fehler gemacht zu haben, daß du glaubst, niemals von ihnen erlöst werden zu können. Es ist unerheblich, von welcher Seite du es betrachtest. Es ist wichtig, daß du dir die Fehler deiner Vergangenheit anschaust und dir endlich verzeihst und akzeptierst, daß die Dinge so geschehen sind, wie sie eben geschehen sind. Irgendwann ist der Zeitpunkt da, an dem du deine Vergangenheit einfach nur annehmen darfst und wo es, wie ihr es ausdrückt, auch einmal gut ist mit den Selbstvorwürfen. Oder soll dein Selbstmitleid und deine Selbstkasteiung für Dinge, die du angeblich falsch gemacht hast, wirklich jahrhunderte- oder jahrtausendelang weitergehen? Du hast es damals eben nicht besser gewußt und würdest die Dinge inzwischen ganz anders machen.

Überprüft, ob ihr euch von diesen Zeilen angesprochen fühlt und ob ihr das Gefühl kennt, euch für alles entschuldigen zu müssen, für das, was ihr getan oder nicht getan, was ihr gesagt oder nicht gesagt habt. Oft entschuldigt man sich dann letztendlich sogar für sich selbst, für die ganze eigene Person. Seid ihr bereit, grundsätzlich den Glauben daran loszulassen, wertlos zu sein oder Schuld an allem zu haben? Wollt ihr grundsätzlich anerkennen, daß es letztendlich keine Opfer und Täter gibt? Alle sind gleichberechtigt! So wie der Apfel in dem Weltenspiel den Part gespielt hat: „Ich bin gesund" und der Zucker: „Ich bin ungesund", so haben Menschen ihre Rollen in ihrem Spiel abgemacht und beispielsweise festgelegt: Ich bin hauptsächlich ungerecht und launisch, und du bist hauptsächlich schwach und traurig.

Wenn ihr anerkennt, daß ihr die Rollenverteilung in einer
Inkarnation vorher abgesprochen habt, dann müßt ihr damit auch
gleichzeitig anerkennen, daß keiner wirkliche Schuldgefühle haben
muß und ihr somit auch nicht bei euch selbst oder bei anderen
Schuldgefühle wecken oder sie ihnen oder euch einreden dürft.
Seid ihr bereit, dieses tiefe Muster des Leidens und der Verhaftung
wirklich aufzulösen, umzuwandeln, loszulassen? Wenn ihr die geistigen Welten wirklich unterstützen wollt, dann verzeiht euch und
anderen. Wenn andere Wesen sich dieser Dinge nicht bewußt sind
und sich nicht ändern und dieses Spiel sogar weiterspielen möchten, verurteilt sie nicht. Laßt sie es tun, aber dann mit anderen
Leuten, die zu ihnen passen.

Gefällt euch diese Frequenz von Schuldzuweisung, Schuld-
gefühl, Selbstmitleid, Verantwortungs- und Machtlosigkeit? Wollt
ihr dieses Spiel wirklich weiterspielen? Ist es nicht Zeit, die Trauer
und Mutlosigkeit loszulassen? Wovor hast du Angst? Höre auf zu
träumen, lebe dein Leben, aktiv. Höre auf, im Nachhinein zu jam-
mern, was hätte sein können. Tu doch *jetzt* einfach, was du *jetzt*
tun willst.

Seid ihr bereit, euer Leben selbst in die Hand zu nehmen? Wir
haben das Wort „träumen" hier in einer negativen Bedeutung
benutzt. Hört auf zu träumen! Lebt! Vielleicht ist das, was ihr bis
jetzt erfahren habt, ein Traum, und die Realität ist viel schöner. Wir
behaupten, daß die meisten Menschen in einem Traum leben, in
dem Täter- und Opfergeschichten, Schuld und Rache die Haupt-
rollen spielen, und daß es eigentlich an der Zeit ist, daß sie aufwachen. Wenn ihr wirklich wüßtet, was eure Frequenz des Selbst-
mitleids in den Ätherwelten anrichtet, was ihr für Welten erschafft
mit diesen Gedanken und Gefühlen, während ihr doch angeblich
soviel Gutes erschaffen wollt, dann könntet ihr in der Tat manchmal vor Scham im Boden versinken. Wenn euch eure Macht wirklich bewußt wäre, würdet ihr sofort etwas in eurem Leben ändern

wollen. Es geht uns aber nicht darum, euch mit euren Taten oder Nicht-Taten schuldig fühlen zu lassen. Im Gegenteil: Wir möchten, daß ihr endlich beginnt, es euch gut gehen zu lassen!

Noch einmal: Das Karma-Spiel ist beendet. Ihr könnt jetzt vollständig im Hier und Jetzt ankommen. Ihr könnt mit den Personen, mit denen ihr zu tun habt, sofort den alten Zwist beenden und jederzeit neu anfangen. Ihr braucht nicht mehr nach hinten zu schauen. Denkt über das Wort „Zeitenwende" nach. Die Zeit wendet sich und kehrt sich um. Was heute oben steht, kann morgen schon unten sein. Was sich heute am Rande eures Lebens befindet, kann morgen schon im Mittelpunkt stehen. Und so ist es mit den Einflüssen aus der Vergangenheit. Die Vergangenheit wird immer weniger wichtig für euch werden. Es gibt keinen Grund, etwas, was in der Vergangenheit war, zu verurteilen. Es ist vielmehr wichtig für euch, daß ihr euch aktiv und bewußt nach und nach von der Vergangenheit löst und euch auf die Gegenwart und die Zukunft ausrichtet.

### Das Zeitalter der Transformation

Das Karma–Spiel ist auch für die Erde beendet. Sie stellt sich nicht mehr dafür zur Verfügung, daß ihr hier dieses Spiel spielen könnt. Ebenso wie viele Menschen hat sich auch die Erde entschieden, sich weiterzuentwickeln und in eine neue Phase ihrer Entwicklung einzutreten. Die Erde und die Lichtwelten lassen nun fast alle Dinge geschehen, die durch die Gedanken und Gefühle der Menschen erschaffen werden, ob ihr es wollt oder nicht. Bislang war es so, daß die Lichtwelten euch sehr viel abgenommen haben und einen sehr großen Teil der durch euch entstandenen Negativität aufgelöst haben. Ohne uns wären sehr viel mehr Überschwemmungen, Erdbeben, Kriege, Umweltzerstörungen usw.

geschehen. Wir waren so etwas wie Eltern, die aufpaßten, daß der Spielplatz der Kinder einigermaßen sauber und funktionsfähig blieb. Aber ihr seid langsam keine Kinder mehr. Die Menschheit hat sich weiterentwickelt, und es ist Zeit, daß die Macht an die Menschen zurückgegeben wird und sie lernen, sich wie verantwortungsbewußte Erwachsene zu verhalten. Das bedeutet, wir Lichtwesen und Außerirdische werden uns immer mehr aus dieser Elternrolle zurückziehen und sehen, ob ihr lernt, nach und nach mit eurer wiedergewonnenen Macht verantwortlich umzugehen. Das ist die Herausforderung und zugleich das Geschenk des Millenniums: Ihr bekommt mehr Macht und damit auch mehr Verantwortung.

Jetzt und in Zukunft fließen dazu immer mehr neue und immer höhere Energieformen in das Energiesystem der Erde und in die Körper und Ätherkörper all ihrer Bewohner ein. Jeder von euch spürt diese Energien, entweder direkt oder indirekt durch die Auswirkungen, die sie auf euer Leben haben. Diese Energien bewirken letztendlich Bewußtheit, Erkenntnis, Erwachen und Klarheit. Ihr hört eure Gedanken lauter, und ihr spürt deutlicher, wenn etwas nicht gut läuft. Ihr wißt noch sehr wenig über diese Energien und was sie ganz praktisch für euch bedeuten. Deshalb haben wir unter anderem dieses Buch übermittelt. Wenn ihr seine Informationen und Ratschläge als Leitfaden nehmt und sie nach und nach praktisch in eurem Leben anwendet, braucht ihr nichts zu forcieren, ihr braucht euch nicht unter Druck zu setzen, ihr könnt die Dinge langsam vertrauensvoll auf euch zukommen lassen und das Leben dabei genießen. Aber ihr wißt nun: Im neuen Zeitalter reicht es nicht mehr allein aus, nur theoretisch etwas zu wissen und zu verstehen. Es ist notwendig, die Dinge auch *praktisch* anzuwenden.

Das neue Zeitalter läßt sich nicht mehr aufhalten, es kommt sowieso. Somit ist es für eure Weiterentwicklung und euer weiteres Wohlergehen wichtig, euch diesen Energien langsam anzupassen. Es ist ein Privileg und eine Ehre, zu dieser Zeit auf der Erde inkarniert zu sein. Die Erde entscheidet sich auf dieser Dimensionsebene nur ein einziges Mal für ihre Weiterentwicklung und für ihren Aufstieg. Das bedeutet, ihr habt auf dieser Dimensionsebene in eurem Inkarnationszyklus auf der Erde zum ersten und einzigen Mal die Möglichkeit und Chance, euch auf diese Weise weiterzuentwickeln, die Erleuchtung zu erlangen und so mit dem Großen Ganzen zu verschmelzen.

In früheren Zeitaltern mußtet ihr ganz andere Wege gehen, um höhere Energie- bzw. Bewußtseinsformen zu erzeugen bzw. Kontakt mit ihnen aufzunehmen. Dazu war es oft erforderlich, in Klöster zu gehen, sich in der Nähe von weiterentwickelten Lehrern oder Meistern aufzuhalten und von ihnen zu lernen. Da das Energieniveau auf der Erde noch nicht so weit entwickelt war, war es früher zum Beispiel erforderlich, die Energie, die ihr Kundalini-Energie nennt, streng zu kontrollieren und auszurichten, wenn ihr euch für den Weg einer hochspirituellen Weiterentwicklung entschlossen hattet. Das hatte dann zur Folge, daß sämtliche anderweitigen Nutzungen eurer Körper, zum Beispiel für sexuelle Aktivitäten oder andere fleischliche Genüsse, reglementiert, ausgeschlossen oder zum Teil sogar vollkommen verboten waren. Es hätte sonst eure Energiebahnen, die damals noch nicht so ausgereift bzw. weit entwickelt waren, einfach überlastet. Es hätte damals, im wahrsten Sinne des Wortes, sehr heftige Kurzschlüsse in euren Energiebahnen geben können. Und das hätte unter Umständen sehr schwere körperliche oder andere Schäden zur Folge gehabt, bis hin zum körperlichen Tode.

Ebenso gab es damals oft sehr strenge Vorschriften nicht nur was die Sexualität betraf, sondern auch für die Ernährung, für den Tagesablauf, für Rituale und darüber, was ihr lesen, sprechen, denken durftet usw. Solche Vorschriften, die im Grunde einzig dazu da waren, euer Energieniveau auf einer damals noch nicht sehr weit entwickelten Erde deutlich anzuheben, sind heute weitgehend nicht mehr nötig. Eure spirituelle Weiterentwicklung ist inzwischen keine Frage der vorhandenen oder nicht vorhandenen Energien mehr. Es ist inzwischen vielmehr die Frage, ob ihr euch den teilweise sowieso schon längst vorhandenen bzw. den in eurem Umfeld immer mehr ansteigenden und verändernden Energien anpassen wollt oder nicht. Und ihr könnt heutzutage auf dem Weg der spirituellen Weiterentwicklung verheiratet sein, Kinder haben, einen Beruf ausüben, Freunde haben, ins Kino gehen, Geld verdienen, materiellen Reichtum erschaffen, Fleisch essen, Zucker essen usw., usw. All diese Dinge sind grundsätzlich kein Hemmnis mehr, um die Erleuchtung erlangen zu können.

Es ist vielmehr sogar so, daß ihr manchmal nur dann die vollständige Erleuchtung/Auferstehung erlangen könnt, wenn ihr gelernt habt, mit diesen Dingen verantwortungsvoll umzugehen. Vielleicht führt dich dein *ureigenster* Weg zur Erleuchtung gar über Cocktailpartys, eine Villa und ein großes Auto mit Chauffeur, bzw. indem du die Verurteilung dieser Dinge ablegst und akzeptierst, daß viele Wege zu Gott führen und auch ein solches Leben gut, wertvoll und hochspirituell sein kann. Vielleicht warst du schon 1000 mal als Yogi, Mönch, Hohepriester oder ähnliches inkarniert, und dir fehlt nur noch die Erfahrung, Millionär zu sein, um deinen Inkarnationszyklus zu vervollständigen.

Die Energien, die jetzt vorhanden sind, ermöglichen es euch, mit eurem Geist die vollständige Macht über die Materie zu übernehmen. Somit ist es logisch, daß eigentlich alle sogenannten „spirituellen" Vorschriften, die rein materielle Äußerlichkeiten betreffen, ebenfalls relativiert werden. Für viele von euch wird es wichtig werden, ob ihr bereit seid, Erfahrungen, die ihr in spirituell ausgerichteten Leben, wie etwa in Klöstern, gemacht habt, zu relativieren und zu glauben, daß ihr die vollständige Erleuchtung auch erlangen könnt, wenn ihr Fleisch eßt, Zigaretten raucht, Alkohol trinkt, sexuell aktiv seid, euch Kinofilme anschaut oder ins Theater geht. Denn all dies sind letztlich Äußerlichkeiten. Es wird in Zukunft immer wichtiger werden, Bewertungen, die ihr gegenüber der Materie habt, loszulassen. Letztendlich werden alle Bewertungen, Vorurteile, Verurteilungen und Dogmen relativiert, entkräftet und aufgelöst werden dürfen.

Es ist als einer der nächsten Schritte erforderlich, einen bewußten Umgang mit euren eigenen negativen Impulsen, seien es negative Gefühle oder verurteilende und begrenzte Gedanken, zu erlernen. Nur einfach mechanisch positiv zu denken wird auf Dauer nicht besonders effektiv sein und euch nicht wirklich glücklich machen. Ihr müßt euch gleichzeitig auch eurer begrenzten und daher oft negativen und schwächenden Energien, Gedankengänge, Sichtweisen und Handlungsmuster bewußt werden und sie dann bewußt in Positivität, in stärkende, aufbauende, lebensbejahende Energien umwandeln. Die Zeitenwende ist die Zeit der Transformation, in der ihr, das heißt, jeder einzelne von euch, lernen kann, bewußt Begrenzungen zu überwinden, indem ihr nach und nach immer mehr der positiven Natur der Schöpfung, von der ihr alle ein Teil seid, vertraut.

Wir empfehlen euch also, in Zukunft mit euren eigenen negativen Impulsen und negativen Energien, mit denen ihr euch oftmals umgebt, also zum Beispiel mit negativen Büchern, Filmen, Platten, Kassetten, CDs und ähnlichem, bewußter umzugehen. Das heißt nicht, automatisch alles auszusortieren, zu verschenken oder wegwerfen zu müssen, was begrenzte Energien enthält. Wir empfehlen euch nur, einen gesunden, unterstützenden und bewußten Umgang mit diesen Dingen zu erlernen. Wenn ihr euch einen Abend lang einmal nicht so stark, kraftvoll oder positiv fühlt oder fühlen wollt, dürft ihr euch natürlich traurige Musik auflegen und nach Herzenslust weinen. Macht das dann aber bewußt, indem ihr zum Beispiel einen Schutzmantel aus Licht um euch legt und euch bewußt macht, warum ihr euch eigentlich schlecht fühlt, fühlen wollt oder warum ihr weint.

Es geht nicht darum, daß ihr immer darauf achtet, jederzeit gute Laune zu haben. Es geht um die Grundhaltung, es sich gut gehen zu lassen und sich seiner eigenen wahren Emotionen und Grundsätze im Leben bewußt zu werden. Dann erst könnt ihr nach und nach erkennen, welche Emotionen, welche Energieausrichtungen auf Dauer eurer ureigensten inneren Wahrheit und Wirklichkeit entsprechen. Und danach könnt ihr die Energien, die ihr bewußt ausdrücken wollt, als materielle Manifestation in der äußeren Wirklichkeit widerspiegeln. Dort, in der äußeren Welt, könnt ihr sie als eure ureigenste Wahrheit und Energien zum Ausdruck bringen, indem ihr sie auch dort erschafft, umsetzt und eurem aktiven und bewußten Willen entsprechend manifestiert.

Es geht darum zu trainieren, es sich gut gehen zu lassen, und wir denken, daß jeder von euch weiß, wann und womit er sich wirklich glücklich und erfüllt fühlt! Jeder von euch weiß und spürt in seinem Inneren, ob ihm eine Arbeit, eine Umgebung, ein Hobby, gewisse Freunde oder Familienmitglieder viel oder weniger Spaß und Erfüllung bringen. Eine Tätigkeit muß euch nicht zu jedem Zeitpunkt immer hundertprozentig Spaß machen. Aber wenn ihr merkt, daß etwas, *was* ihr macht oder *wie* ihr es macht, euch eigentlich überhaupt keinen oder nur sehr wenig Spaß oder Nutzen bringt, solltet ihr es einer grundlegenden Prüfung unterziehen. Zum einen solltet ihr dann kurz überlegen, was ihr tun könnt, um es so umzuändern, daß es mindestens zu 60% Spaß macht oder eventuell sogar zu 100%. Wendet die Erkenntnisse dann eine Zeitlang an. Nur so könnt ihr sicher gehen, ob die Sache selbst wirklich nichts für euch ist oder ob euch nur das „wie", also eure grundsätzliche Haltung, mit der ihr dies tut, keinen Spaß gemacht hat.

Es gibt an sich keinen Grund, sich so etwas *nicht* zu überlegen oder anzuwenden, außer daß ihr euch bewußt selbst kasteien und es euch mit Absicht schlecht gehen lassen wollt. Ansonsten gibt es keine andere logisch nachvollziehbare Erklärung, einen Zustand, der euch kei-

nen Spaß macht und euch vielleicht auf Dauer sogar schadet, noch
sehr viel länger, nachdem ihr diese Erkenntnis hattet, aufrechtzuerhalten. Und zwar auf keiner Ebene. Ihr tut mit solch einem Verhalten
weder euren Mitmenschen etwas Gutes, noch nützt ihr euch selbst
damit, noch erschafft ihr dadurch etwas Gutes oder Sinnvolles!

Hört auf, euch für Dinge zu bestrafen, die ihr glaubt, in eurer
Vergangenheit falsch gemacht zu haben. Fangt an, das Leben als das
zu sehen, was es ist: als eine Spielwiese der diversen Manifestationsmöglichkeiten. Vielleicht wollt ihr die Erfahrung des Lernens
oder des Lehrens machen, oder vielleicht seid ihr auch hier, um
erlerntes Wissen auszuprobieren oder anzuwenden oder nur, um alte
Freunde und Seelengefährten wiederzusehen oder hier Urlaub zu
machen. Viele dieser Dinge sind euch noch nicht vollkommen
bewußt, aber im Unterbewußtsein gespeichert und können jederzeit abgerufen werden. Es ist Zeit, daß ihr mit eurer eigenen
Transformation beginnt oder weitermacht und daß ihr diese
Verhaftungen an veraltete Negativität und Schuldgefühle jetzt
loslaßt und eurem Körper jetzt liebevoll sagt und nach und nach
deutlich klar macht, daß ihr der wahre Herr im Haus, das heißt, in
eurem eigenen Körper seid. Eine solche Entscheidung für Positivität
und für ein tieferes Erkennen wird, wenn sie tief getroffen wird, deinen Lebensweg grundlegend ändern, und sie wird deine Seele nachhaltig berühren und heilen können.

All das beinhaltet natürlich ein Umlernen, ein Umdisziplinieren in
euch. Ihr habt in eurem jetzigen Leben und in vielen anderen Leben
gelernt, daß viele Dinge angeblich nicht möglich sind. Das muß im
wahrsten Sinne des Wortes sehr tief in eurem Inneren, in euren physischen und ätherischen Zellen verändert bzw. umprogrammiert werden. Das funktioniert aber nur, wenn ihr das auch selbst wirklich
wollt. Und wenn ihr dann genau die gleiche Disziplin aufbringt,
Positives zu erschaffen, wie ihr sie bislang noch hauptsächlich dafür
aufbringt, Negatives zu erschaffen.

Ihr neigt dazu, fast 23 Stunden am Tag begrenzt bis negativ zu
denken. Was glaubt ihr, was möglich wäre, wenn diese niedrig
schwingenden Energien in klare, hochschwingende Lichtenergien
umgewandelt werden würden? Wenn ihr also 23 Stunden am Tag
hauptsächlich positiv denkt, grundsätzlich vom Besten ausgeht,
eine klare, verzeihende und selbstbewußte Grundhaltung in euch
habt, kann und wird viel Positives in eurem Leben geschehen.
Wenn ihr dies tut, wäre es aber eine unpassende oder falsche
Grundhaltung zu erwarten, daß schon nach sehr kurzer Zeit, zum
Beispiel nach ein paar Tagen, ein Wunder zu geschehen hat. Denn
positives Manifestieren hat mit Wundern nichts zu tun, sondern
mit einer konsequenten psychischen, physischen und energetischen
Ausrichtung. Das Ergebnis eurer Manifestation entspricht dann
natürlich und selbstverständlich und logisch eurer Ausrichtung.

Es gibt keine Zufälle, so wie es auch keine sogenannten Wunder
gibt – wobei wir diese Ansicht oder Schlußfolgerung aus gewissen
Geschehnissen aus euren Denkmustern heraus nachvollziehen und
daher verstehen können. Wenn eine Ausrichtung auf eine Sache klar,
tief und stetig genug ist, manifestiert sich auf Dauer immer die dieser Frequenz und Ausrichtung angepaßte Wirklichkeit. Es kann gar
nicht anders sein. Es ist ein Gesetz. Ihr könnt dieses Gesetz ignorieren oder sogar dagegen arbeiten, indem ihr euch zum Beispiel nach
wie vor als Opfer sehen wollt. Oder ihr könnt dieses Gesetz für euch
nutzen und bewußt wählen und die Entscheidung treffen, auf welcher Wirklichkeits- oder Seinsebene, auf welcher Manifestationsebene
ihr euch aufhalten wollt und euch dann entsprechend ausrichten.

Wenn ihr also auf eurem neuen Weg dauernd zaudert und
hadert, wieder und wieder aufhört und zögert, andauernd wieder
einen Schritt zurück macht, dauert es natürlich sehr viel länger, bis
ihr die nächste Stufe eurer Entwicklung erreicht. Manchmal zögert
ihr ein Leben lang so sehr, daß ihr niemals da ankommt, wo ihr
eigentlich wirklich gerne ankommen oder schon sein würdet.

Negatives geschieht nicht, weil ihr bestraft werdet oder Opfer seid usw. Wenn hier auf Erden viel Negatives geschieht, entspricht dies einfach den universellen Gesetzmäßigkeiten, denn diese Negativität wird manifestiert durch die Ausrichtung eurer Gedanken und Handlungen. Wenn ihr das nach längerem Nachdenken und Nachprüfen anerkennen könnt, müßtet ihr doch auch anerkennen können, daß die andere Seite, nämlich die Positivität, nach der gleichen Logik funktionieren müßte bzw. funktioniert. Überlegt, wie es wäre, wenn ihr mit euren Energien ab jetzt anfangen würdet, eure Welt so zu erschaffen, wie ihr sie haben wollt. Und da ihr ja auch die Welt, in der ihr jetzt gerade lebt, mitmanifestiert und miterschaffen habt, ist es logisch, daß auch in eine neue Richtung alles möglich ist.

Noch einmal: Alles ist möglich. Alles, was sich ein Mensch hier auf der Erde im Geiste vorstellen kann, ist als physische Manifestation auch praktisch möglich. Überprüft für eure Manifestationen regelmäßig, ob die Haltung oder Motivation hinter euren Wünschen noch stimmt und ob ihr genügend motiviert seid, euch für die Verwirklichung eurer Wünsche und Träume auch weiterhin diszipliniert einzusetzen. Überprüft das und dann ändert gegebenenfalls etwas, bis ihr eine klare Ausrichtung eurer Gedanken und Handlungen habt – dann ist alles möglich!

Oder was glaubst du, der dieses gerade liest, was hindert dich daran, dich voll auszudrücken und deine Träume, Wünsche und Ziele zu verwirklichen? Ist es der Staat, ist es dein Partner, ist es der Mangel an Geld? Beende jetzt diesen Zustand in dir, daß du glaubst, daß dich letztlich irgend jemand oder irgend etwas daran hindern könnte, dich frei zu fühlen und dich frei deiner Bestimmung entsprechend ausdrücken zu können. Wisse, du bist letztendlich für alles in deinem Leben verantwortlich. Aus dieser Erkenntnis heraus kannst du alles erschaffen, was du dir von Herzen, aus der Tiefe deiner Seele wünschst.

### Die Schöpfer

Ihr erschafft eure Welt, und zwar jeder einzelne von euch. Das heißt, jeder einzelne von euch lebt in genau der Welt, in genau der Umgebung, die er für sich gewählt und erschaffen hat. Die meisten von euch haben diesen Satz schon oft gehört oder gelesen. Die wenigsten von euch haben ihn aber bisher wirklich zu Ende gedacht und ihn in seiner wahren Bedeutung verstanden. Dieser Satz beinhaltet, daß *alle* Veränderungen zum Positiven und zum Negativen auf eurer Erde und in dem euch umgebenden Universum letztlich durch dich, der du gerade diese Zeilen liest, geschehen. Durch deine Gedanken und Taten hast du einen immensen Einfluß auf das Geschehen in deinem Leben, auf das in deiner Umgebung, auf das auf der Erde und auf das des Universums. Deshalb ist das Wichtigste, was wir dir mitteilen können: Sorge dafür, daß du ein glückliches und erfülltes Leben lebst! Laß deine Schönheit, Güte, Liebe, Lebendigkeit und neugewonnene Kraft auf deine Umgebung abfärben. Nähre dich und die dich umgebende Welt durch die von dir ausgehenden Energieströme und laß sie durchströmen von immerwährenden Farben, Klängen, Gesängen, von Poesie und Leichtigkeit. Dies alles geschieht von allein, wenn du glücklich bist.

Glaubt ihr, daß einer von euch auf Dauer in einer verschmutzten oder in einer völlig zerstörten Landschaft glücklich wäre? Wenn ihr euch ein glückliches Leben vorstellt, dann ist in eurem Geist doch auch eure Umgebung schön, heil und gesund, nicht wahr? Ihr wärt doch nicht glücklich in einem atomverseuchten Land – nicht wirklich. Wenn ihr also daran arbeitet, es euch ab jetzt gut gehen zu lassen, seid ihr dadurch die Mitschöpfer einer Welt, der es dann logischerweise auch gut gehen muß. Geist erschafft Materie. Ein harmonischer und friedvoller Geist wird nach und nach auch eine harmonische und friedvolle Umgebung erzeugen.

Was im Kleinen, also von euch in eurem Leben erschaffen bzw. manifestiert wird, wird sich über kurz oder lang auch auf eure Umgebung ausdehnen. Es wird im wahrsten Sinne des Wortes auf die Welt, auf das Universum abfärben.

Wenn ihr es euch schon nicht um eurer selbst willen gut gehen lassen wollt, dann macht es doch einfach nur deshalb, damit dadurch eine bessere Welt entstehen kann. Aber anders als früher wird ein solcher Anreiz auf Dauer nicht mehr funktionieren. Durch den immensen Zuwachs an Erkenntnissen und Wissen in naher Zukunft würdet ihr euch ein schöneres Leben in Wirklichkeit nicht mehr um des Weltfriedens willen erschaffen können und wollen, denn ihr würdet wissen, daß es letztendlich immer nur um euch selbst geht. Ihr werdet erkennen, daß ihr alles in Wirklichkeit immer nur für euch selbst getan habt, für euch selbst tut und tun werdet. Da ihr für alle eure Gedanken und Taten letztlich immer nur vor dem Großen Ganzen, vor Gott, der Quelle verantwortlich wart, seid und sein werdet, kann auch der Nutzen oder Schaden aller von dir ausgeführten Taten letztendlich nur für dich selbst geschehen.

Deswegen wird es auch immer weniger funktionieren, wenn jemand versuchen würde, an euer Gewissen zu appellieren oder euch ein schlechtes Gewissen zu machen, indem er euch zum Beispiel den schlechten Zustand der Natur, den Hunger auf der Welt und ähnliches vor Augen hält und euch dadurch zu einer Umkehr oder zu einer Veränderung in eurem Leben bringen will. Und das ist gut so. Ihr solltet euch kein schlechtes Gewissen mehr machen lassen. Ihr solltet aus freien Stücken und aus Liebe und aus einer Erkenntnis heraus handeln, damit die Veränderungen wirklich von Nutzen und von Dauer sein können. Alles ist gut, ist letztendlich so in Ordnung, wie es war, ist und sein wird – und daraus wird sich alles andere ergeben. So wie es geschrieben steht, stand und stehen wird.

Ihr versteht und spürt inzwischen immer mehr, daß ihr und alles Leben auf der Erde und im Universum geliebt werdet, geliebt wart und geliebt sein werdet und daß ihr alle Gutes und Schönes als euer Geburtsrecht verdient habt. Wenn ihr immer mehr und immer schneller praktisch erfahrt, daß sowohl eure konkreten Lebensumstände als auch der allgemeine Zustand der Welt sich immer mehr zum Positiven hin entwickeln kann und wird, wenn ihr an euch selbst arbeitet, werdet ihr immer mehr und immer tiefer verstehen, wie groß eure Macht als Mitschöpfer und Manifestatoren in Wirklichkeit ist.

Diejenigen aber, die nicht bereit sind, an sich und ihren Lebensumständen zu arbeiten, werden in Zukunft den anstehenden Energieveränderungen gegenüber immer mehr Widerstände entwickeln und sich zunehmend als Opfer ihrer Umwelt fühlen. Auf einer bestimmten Seinsebene werden sie sich zusammen mit Gleichgesinnten eine eigene, speziell zu diesen Energien passende Umwelt erschaffen, in der sie dann die Auswirkungen ihrer Manifestation, die durch ihre Geisteskraft erschaffen worden ist, praktisch erfahren.

Was wir hier sagen, bedeutet nicht, daß ihr euch ab sofort entweder übertrieben oder gar nicht mehr um den Zustand eurer Umwelt bzw. der Welt kümmern sollt. Es reicht für eine positive Frequenzveränderung jedoch meistens schon aus, wenn ihr euch aufrichtig bemüht, das Beste aus eurer jetzigen konkreten Lebenssituation zu machen. Keiner von euch ist für den gesamten Weltfrieden verantwortlich oder zuständig, aber jeder von euch ist es für den Frieden in *seinem eigenen* Leben.

Wenn ihr die Welt verändern wollt, dann verändert euch erst einmal selbst. Wenn sich jeder dieser Zusammenhänge bewußt wäre und sich dann seiner vollen Macht und Verantwortung stellen und danach handeln würde, würde es ihm und natürlich auch seiner Umgebung schnell gut gehen. Der Weltfrieden wäre inner-

halb kürzester Zeit da. Glückliche und von ihrem Dasein erfüllte
Wesen führen keine Kriege. Daher ist der Friede und das Paradies
auf Erden letztendlich nur auf diesem Wege zu erlangen.

Es gibt viele Möglichkeiten einer positiven Weiterentwicklung für
die Menschheit. Ob du dann aber in einer Welt lebst, in der diese
positiven Möglichkeiten, sei es technologisch, politisch, den Kontakt
mit Außerirdischen oder geistige Fähigkeiten betreffend, realisiert
werden, hängt unter anderem davon ab, inwieweit du selbst deine
persönlichen Möglichkeiten der Weiterentwicklung nutzt. Danach
entscheidet sich, ob du mit deiner persönlichen Ausstrahlung dann
in eine Welt hineinpaßt, in der Frieden und Wohlstand herrscht, in
der die Menschen freundlich und höflich miteinander umgehen und
in der sie verläßlich, mutig und selbstbewußt ihren jeweiligen
Aufgaben nachgehen und Spaß an ihrem Leben haben. Der
Schlüssel zu all dem ist Glaube und Tatkraft.

Überprüft eure alten Glaubenssätze, eure Denk- und Verhaltens-
gewohnheiten, und verändert sie, wo es notwendig ist. Setzt die
Erkenntnisse, die den neuen Gesetzmäßigkeiten und Energien
angepaßt sind und die viele von euch schon längst kennen, einfach
praktisch in die Tat um. Danach entscheidet sich, ob ihr den Übergang in das neue Zeitalter hier auf der Erde harmonisch, glücklich
und erfolgreich vollziehen werdet.

Vieles hat sich in den letzten Jahren bereits geändert. Doch die
Veränderungen, die noch kommen werden, und sie werden in jedem
Fall kommen, werden alle bisherigen Veränderungen in den Schatten
stellen. In diesem Buch sprechen wir direkt oder indirekt über viele
Themen, die alle mehr oder minder von diesen Veränderungen
betroffen sein werden: Technik, Wirtschaft, Wissenschaft, Kultur,
das Zusammenleben, Sexualität, spirituelle Erfahrungen. *Alles* wird
sich verändern und verwandeln. Wir sind hier, um euch bei diesen
Veränderungen zu unterstützen und zu begleiten. Das Wesentliche
aber können wir euch nicht abnehmen: die Veränderungen selbst

innerlich anzunehmen, zu verarbeiten und daran zu wachsen. Es
sind letzlich *eure* Erfahrungen, *euer* Lebensgefühl, *euer* Bewußtsein,
*euer* inneres Selbst, *eure* Umwelt, die sich verändern können und es
so oder so auch tun werden.

Das Ziel der Veränderungen und der Zeitenwende ist, daß ihr
euch der wahren Natur eures Seins bewußt werdet. Ihr werdet die
Chance haben, euch endlich die Frage zu beantworten: „Wer bin
ich wirklich?" Ihr werdet die Antwort, daß ihr nämlich allumfassende geistige Wesen seid, nicht nur theoretisch wissen, sondern als
Tatsache am eigenen Leib und im eigenen Geist praktisch erfahren. Die Veränderungen geschehen letztlich nicht außerhalb von
euch, sie geschehen *in* euch und können dadurch in den verschiedensten äußerlichen Manifestationen erscheinen.

Eure Gedanken, Gefühle und Wahrnehmungen werden sich
langsam verändern. Ihr werdet neue Dinge sehen und hören oder
alte Dinge neu wahrnehmen und verstehen können. Der Gebrauch
der Sinne wird sich verändern. Und es werden neue Sinne hinzu-
kommen. Das, was ihr zum Beispiel den *sechsten Sinn* nennt, eure
*Intuition,* wird eine wichtige Rolle in eurem alltäglichen Leben
spielen. Ihr werdet plötzlich Antworten *wissen,* ohne irgendeinen
äußerlichen Beweis für euer Wissen nennen zu können. Ihr werdet
nach und nach das Selbstbewußtsein entwickeln, euch auf dieses
Wissen zu verlassen, und ihr werdet dann aufhören, nach äußeren
Beweisen für dieses Wissen zu suchen, um euer inneres Wissen vor
euch selbst oder anderen zu rechtfertigen. Ihr werdet nach und
nach ein neues Lebensgefühl entwickeln können: wissend, verstehend, selbstbewußt, liebevoll, heiter, gelassen, tatkräftig und stark.
Wenn ihr euch auf die energetischen Veränderungen einlaßt, wird
dies viel leichter sein, als ihr glaubt.

Auch eure Sprache wird sich ändern. Die Wörter werden allmählich eine andere Bedeutung bekommen: entweder die Bedeutung, die sie in ihrem Kern schon immer hatten und die euch

wieder bewußt werden wird; oder sie werden eine neue Bedeutung bekommen, die den Veränderungen im neuen Jahrtausend angepaßt sein wird. Die Art eures Zusammenlebens wird sich ändern, und dies hat Einfluß auf eure Sprache.

Die vielen verschiedenen Sprachen, die ihr auf der Erde sprecht, waren in der Vergangenheit zum Teil dazu da, euch die Möglichkeit zu geben, euch leichter in den verschiedensten Leben mit ihren unterschiedlichen Lern- und Lehrmöglichkeiten voneinander abgrenzen zu können. Je nach dem Grad des Vergessens eurer wahren Herkunft und einer manchmal zu starken Verbindung mit der Materie, hat das aber teilweise auch dazu geführt, negative Mauern von Mißtrauen und Heimlichtuerei zwischen euch aufzubauen, was zusätzlich noch von dem Glauben genährt wurde, daß ihr gewisse Aktivitäten und Dinge auf Dauer voreinander verbergen könnt. Was natürlich nicht der Wahrheit entspricht.

Unterschiedliche Sprachen waren und sind unter anderem auch jetzt noch dazu da, unterschiedliche Gefühle und Denkweisen kennenlernen und ausdrücken zu können. Spanisch zu sprechen erzeugt oft ganz andere Gefühle oder Denkvorgänge in einem Wesen als etwa Deutsch, Französisch, Englisch oder Russisch. Dadurch, daß ein Wesen in den unterschiedlichsten Ländern zu den unterschiedlichsten Zeiten inkarniert, kann es die Welt auf unterschiedlichste Weise wahrnehmen und erfahren und somit seine Lernerfahrungen noch sehr vertiefen. Der gleiche Effekt wird dadurch erreicht, daß viele Wesen, die vom selben Heimatplaneten stammen oder auf andere Weise miteinander verbunden sind, zur gleichen Zeit, verteilt in den unterschiedlichsten Ländern auf den verschiedenen Breiten- und Längengraden eurer Erde in dieser Dimensionsebene inkarniert sind.

Wenn ihr jetzt nach und nach zu einer Weltgemeinschaft zusammenwachst, werden die unterschiedlichen Sprachen auf Dauer nicht mehr in der Weise benutzt und benötigt werden, wie das heute zum

Teil noch notwendig ist. Ihr werdet dann lernen, intuitiv zu wissen und telepathisch zu empfangen, was andere denken und ausdrücken wollen. Die rein geistige Übermittlung von Botschaften geschieht durch das Formen und Aussenden bzw. Empfangen und Dekodieren elektrischer Impulse. Dadurch werden die äußerlich noch mit dem Mund übermittelten unterschiedlichen Sprachen auf Dauer überflüssig, weil es dann eine für alle Wesen verständliche Einheitssprache gibt.

Die Besonderheiten oder Eigenheiten der einzelnen Sprachen werden, wenn es von den einzelnen Wesen gewünscht wird, trotzdem nicht verlorengehen bzw. mit der Botschaft zusammen übermittelt werden. So werden also am Beginn, wenn die Menschen lernen, immer mehr telepathisch miteinander zu kommunizieren, die gewünschten Eigenarten einer Sprache oder Kultur gleichzeitig mit der Botschaft übermittelt werden, und zwar in der gewünschten Deutlichkeit und Intensität. Denn es ist in der Tat möglich, die unterschiedlichen Charakteristika der einzelnen Sprachen telepathisch mit auszudrücken, genauso wie man dann Gerüche, Gefühle, Farbeindrücke, Klänge und noch vieles mehr in eine telepathische Kommunikation integrieren kann.

Diese Art der Kommunikation wird sehr hilfreich sein, Mißverständnisse nicht mehr geschehen zu lassen, die manchmal durch das ungenaue Übersetzen einer Botschaft von einer Sprache in die andere entstehen können. Zusätzlich könnt ihr sehr viel Zeit gewinnen, weil eine Botschaft erst gar nicht mehr übersetzt werden muß, sondern ohne Zeitverlust von vielen Wesenheiten auf einmal verstanden werden kann. Auch können mit dieser Methode weitaus komplexere Botschaften und Nachrichten übermittelt werden, als es mit einer durch die Materie begrenzten Sprache jemals möglich wäre.

Ihr werdet anfänglich vielleicht noch daran interessiert sein, ob eine Botschaft von einem Menschen aus Spanien oder einem Menschen aus Kenia stammt oder ob gerade eine Frau oder ein Mann mit euch Kontakt aufnimmt oder ob es ein Naturwesen hier

von der Erde oder ein Außerirdischer von Alpha Centauri ist. Auch
solche Dinge werden nach und nach immer weniger wichtig für
euch werden, denn eine telepathische Kommunikation bietet so
viele und großartige Entwicklungsmöglichkeiten, von denen ihr
zur Zeit noch nicht einmal träumt. Ihr werdet mit dem wachsen-
den Wissen und Verständnis gewisser Zusammenhänge einfach
immer weniger Wert auf solche Dinge legen.

Grundsätzlich läßt sich die Entwicklung zu einer zukünftigen
telepathischen Kultur nicht mehr aufhalten, sondern nur noch
unnötig verzögern. Eure Gedanken werden auf Dauer für alle sichtbar, hörbar, lesbar werden, ob ihr es nun wollt oder nicht. Es wird
euch in naher Zukunft also nicht mehr möglich sein, irgendwelche
Geheimnisse voreinander zu haben. Gewöhnt euch lieber an diesen Gedanken und sorgt dafür, daß ihr dann, wenn es soweit ist,
nichts Unangenehmes mehr zu verbergen habt und ihr euch für
nichts mehr zu schämen braucht. Beginnt also, nach und nach euer
Leben in Ordnung zu bringen.

Ihr kommt der Einheit immer näher. Wir haben die Veränderung
der Bedeutung von Sprachen und die Ausweitung und Macht-
zunahme der Telepathie erwähnt und damit nur *ein* Beispiel der
zukünftigen Veränderungen angesprochen und ein wenig erläutert.
In Zukunft werden jedoch *alle* Barrieren und Mauern, die ihr im
Laufe eurer bisherigen Entwicklung aufgebaut habt, abgebaut und
aufgelöst, sei es zwischen Staaten, Kulturen, Völkern und Religionen, zwischen den Geschlechtern, zwischen den Menschen und
der Natur und den Naturwesen, zwischen der Menschheit und
außerirdischen Wesenheiten, zwischen eurem Tages- und Nacht-
bewußtsein und eurem Traumbewußtsein, zwischen den Lebenden
und den Verstorbenen, zwischen Vergangenheit, Gegenwart und der
Zukunft. Es wird letztlich zwischen *allen* Ausdrucksformen der
Schöpfung auf eurem Planeten und des euch umgebenden
Universums zu einem Quantensprung des Bewußtseins kommen.

Ihr Menschen habt in den nächsten Jahren und Jahrzehnten zum ersten Mal in eurer Evolution die Möglichkeit, euer einzelnes individuelles Bewußtsein weltumspannend und Welten-umspannend auszudehnen und zu einer universellen Gemeinschaft zusammenzuwachsen, deren Vorboten ihr jetzt schon erkennen könnt. Du wirst deine Mitmenschen und andere Wesen immer mehr als deine Brüder und Schwestern und Herzensverwandte erkennen. Wenn ihr Menschen euch einem größeren Ganzen verpflichtet fühlt, in diesem Fall der Weltgemeinschaft, und ihr euch dadurch mehr als Einheit und als zusammengehörig erfahrt, werdet ihr dann nach und nach auch erfahren können, daß *alles* Leben im Universum einem Großen Ganzen dient. Die dauerhafte Verschmelzung mit dem Großen Ganzen, die Rückkehr zur Quelle, die Einheit aller Existenzen und Lebewesen, stellt für uns die Essenz der Zeitenwende dar.

### Dem Universum vertrauen

Das Universum, die Schöpfung, Gott, die Quelle, wie auch immer ihr es nennen wollt, will das Beste für euch. Wenn etwas, was ihr euch wünscht, nicht geschieht, obwohl ihr glaubt, ihr habt euch wirklich dafür entschieden, habt ihr euch noch nicht genügend dafür eingesetzt oder es soll einfach nicht sein. Und zwar nicht, um euch zu schaden, sondern weil es dann noch etwas Besseres, etwas Passenderes für euch gibt. Überprüft dann noch einmal eure Entscheidung, geht noch tiefer oder hört auf das Universum, was es euch mitteilen will. Müßt ihr euch noch tiefer und entschlossener für euren Wunsch einsetzen, oder gibt es etwas anderes, Passenderes für euch?

Noch einmal: Das Universum, die Schöpfung, Gott oder die Quelle will euch niemals schaden. Niemals! Das Universum führt nur wertfrei das für euch aus, was ihr entweder sehr stark wünscht oder das, wo eure Aufmerksamkeit, wo eure Energie ist. Wobei das Universum, Gott, die Schöpfung im Zweifel immer wünscht, daß es dir gut gehen soll. Das gesamte Sein geht selbstverständlich davon aus, daß auch du wünschst, glücklich zu sein. Deshalb erfüllt es dir ja auch deine Wünsche, weil es davon ausgeht, daß das, was du dir wünschst, dich dann auch glücklich macht. Die Schöpfung hätte jedoch oftmals etwas ganz anderes für dich im Sinn, oft viel mehr, als du dir normalerweise selbst für dich wünschen oder überhaupt nur für dich vorstellen kannst. Ihr fragt die Schöpfung aber leider so wenig nach ihrer Meinung darüber, was sie eigentlich von einer Sache oder von einem Wunsch von euch hält. Und deshalb kann sie nur äußerst selten helfend eingreifen, außer wenn etwa sehr stark für eine Sache oder für eine bestimmte Person gebetet wird.

Hochentwickelte Wesen können alles manifestieren, was sie wollen, da sie die universellen Gesetzmäßigkeiten kennen. Sie kennen keinerlei Mangel, sondern sie leben ein Leben voller Freude und Liebe, in Fülle und im Überfluß. Sie haben verstanden, daß Manifestationen, die aus dem Herzen kommen, die Liebe des Universums ausdrücken und vermehren. Das ist ein Gesetz. Wir wünschen von Herzen, daß es euch ebenfalls gut geht und ihr an dem euch umgebenden stetigen Überfluß teilhaben könnt.

Wir sind bereit, mit euch Kontakt aufzunehmen. Bist du es auch? Verabrede dich mit uns, deinem Höheren Selbst oder einem anderen hochentwickelten Wesen, dem du von Herzen vertraust, wenn auch du zu einem Kontakt bereit bist und dieses tief in deinem Inneren als richtig, passend und gut wahrnimmst.

Wir alle hören und kennen deine Gedanken und auch den Termin, an dem es harmonisch für dich und deine Umwelt geschehen kann. Mache dir darüber also keine unnötigen Sorgen. Ziehe für dieses Treffen deine schönste Kleidung an, zünde eine Kerze an,

sorge für Blumen und schöne Musik, stelle das Telefon ab, mach es
dir gemütlich, lege einen Schutzmantel um dich herum und setze
oder lege dich entspannt hin. Halte Schreibutensilien bereit, falls
du dir später etwas aufschreiben möchtest. Schließe deine Augen,
atme ruhig und entspannt ein und aus und gewöhne dich an den
Gedanken, daß wir dann *wirklich* da sind. Sei darauf vorbereitet
und nicht zu sehr überrascht, wenn du dann *wirklich* auf einmal
neue, andere Gedanken in dir hörst oder wenn du dann *wirklich*
ein weiches, warmes, dir sehr vertrautes Gefühl in deinem Herzen
spürst. Habe Geduld und gebe nicht gleich auf, wenn es nicht
schon sofort beim ersten Mal geklappt haben sollte. Es ist bekanntlich nur sehr selten ein Meister vom Himmel gefallen.

   Wir möchten Spaß, Freude, Erfolg und Reichtum mit dir teilen
und erleben. Es ist nun endlich Zeit dafür. Es ist Zeit, es sich ab jetzt
und in Zukunft gut gehen zu lassen, damit auch die Vergangenheit
heilen kann. Laßt ein wenig den Perfektionismus los. Nehmt einfach ein wenig mehr Humor und Leichtigkeit in euer Leben. Wann
hast du eigentlich das letzte Mal so richtig gelacht?

   Hab keine Angst vor Veränderungen, vor der Zeitenwende, vor
dem Neuanfang. Es ist Zeit, aufzubrechen und neue Plätze,
Ebenen, Menschen, Dinge, Tiere und Pflanzen kennenzulernen.
Sie freuen sich darauf, deine Bekanntschaft zu machen, und es wartet sehr viel Liebe auf dich. Freudvolle, hingebungsvolle und alles
verzeihende Liebe, die jede Faser deines Körpers durchfluten, heilen und erneuern kann. Bist du nun bereit, diese Liebe anzunehmen und dein Herz für diese neuen Erfahrungen zu öffnen? Dein
Herz, das mit dem gesamten Universum verbunden ist, will nur
Gutes für dich, vertraue darauf.

   Das Universum ist liebevoll, großartig und zärtlich. Das
Universum kann sogar erotisch für euch sein. Es ist sehr intim, wie
ein Geliebter oder eine Geliebte. Es kennt euch genau, so wie auch
du das Universum eigentlich genau kennst. Es kann dadurch

Gefühle und Wahrnehmungen in dir wecken, die du eventuell hier auf Erden in dieser Form noch nicht erlebt oder wahrgenommen hast. Erlaube dir diese Gefühle, laß deine Zellen davon durchfluten, denn sie beinhalten pure Lebenslust und Lebenskraft. Du bist geliebt. Erlaube, daß dieses Wissen, daß diese Erkenntnis deine Seele berührt. Erlaube nur das Beste für dich, denn du hast es verdient. Alles ist möglich, wenn du es wirklich willst.

# 2. Kapitel

# Die neue Dimension

*Die ersten vier Dimensionen*

Nach eurer Definition des Raum-Zeit-Gefüges liegt die Erde zur Zeit in der dritten Dimension. Wenn wir die Erde aus der Sicht des Planetenlogos, aus der vierten Dimension bzw. aus noch höheren Ebenen, das heißt, wenn wir sie aus kosmischer Sicht betrachten, befindet sie sich zur Zeit in der ersten Dimension. Wir sehen sie als erste Dimension, weil hier auf der Erde jetzt zum ersten Mal für alle auf ihr lebenden Existenzen eine vollkommen freie Wahl möglich ist. Das heißt, die Erde und ihr als Bewohner der Erde habt hier zum ersten Mal die Möglichkeit, *alles* zu wählen, zu erbitten und zu fordern, was ihr euch wünscht. Ihr könnt nun sehr schnell in eine höhere Dimensionsebene aufsteigen, in die vierte nach euren Maßstäben, aber auch in die zweite oder in die erste Dimensionsebene absteigen. Unterhalb eurer Dimension gibt es also noch weitere Dimensionsformen, die nicht sehr hoch entwickelt sind und von denen wir euch nicht wünschen würden, daß ihr sie je erlebt oder je wiedererlebt.

Somit ist die Dimension, die zur Zeit für die meisten von euch hier auf der Erde vorherrscht, in dem nun folgenden Erklärungsmodell die Nummer Eins. Erst ab der ersten Dimension kann der Geist wirklich vollständig über die Materie herrschen, und man kann zum Beispiel lernen, die Begrenzungen der Körperlichkeit zu überwinden, zu materialisieren, zu teleportieren, den Körper ewig leben zu lassen usw. Auch habt ihr erst hier die Wahl, bewußt karmische Verstrickungen aufzulösen, so daß ihr vollkommen frei von ihnen werden könnt. Dies ist in den beiden tiefer gelegenen Dimensionen in dieser Form nicht möglich. Dort seid ihr äußeren

Dingen und karmischen Verstrickungen noch vollständig unterworfen nach dem Prinzip: Du tust mir etwas, und ich muß dir das
Gleiche antun. Dies geschieht in den unteren Dimensionen
unbewußt, und deshalb habt ihr keine Wahl. Der Körper altert
dort auf jeden Fall, und ihr müßt auf jeden Fall sterben und ähnliches. Das alles ist in der Dimensionsform, die jetzt auf der Erde
vorherrscht, anders. Das heißt, es ist anders geworden, weil die
Erde und die Menschen sich weiterentwickelt haben.

Hier auf der Erde habt ihr jetzt die Möglichkeit und die freie Wahl,
den vollständigen Erleuchtungszustand, das Christusbewußtsein, das
zu einem gewissen Teil auch schon in der jetzt auf der Erde vorherrschenden Dimensionsform vorhanden ist, zu erlangen und somit in
höhere Dimensionen aufzusteigen und vollständig ins Licht einzugehen. Ihr könnt in diesem Leben entscheiden, in welche Dimension
ihr übergehen wollt. Ihr könnt aufsteigen, absteigen oder auf eurer
jetzt gewählten Dimensionsebene bleiben. Es ist eine Art Privileg, zu
diesem Zeitpunkt hier auf der Erde leben zu dürfen, weil hier jetzt
alles möglich ist. Da aber eben alles möglich ist, könnt ihr den stei-
nigen Weg oder den leichten Weg wählen. Es liegt an euch. Keiner
der Wege ist besser oder schlechter, es geschieht einfach nur das, was
ihr wünscht und dadurch manifestiert.

## Weiterentwicklung innerhalb der dritten Dimension

Wenn ihr aufrichtig und ehrlich vor euch selbst die Entscheidung
treffen solltet, euch weiterentwickeln zu wollen, würde euer Leben
allein schon durch diese Entscheidung automatisch eine andere
Richtung einschlagen, und zwar ohne daß ihr es im einzelnen
bemerken würdet. Ihr würdet dann anders wählen, andere
Entscheidungen treffen, dadurch andere hierauf folgende Wahlmöglichkeiten bekommen und euch allmählich von einer Dimension in

eine andere Dimension hineinbewegen. Aber auch *innerhalb* einer
Dimensionsebene habt ihr viele unterschiedliche Wahlmöglichkeiten
und somit Gelegenheiten, euch weiterzuentwickeln. So gibt es allein
hier in eurer jetzigen Dimensionsform mindestens drei verschiedene Bewußtseinsebenen in der vertikalen Zeit- und Raumebene bzw.
deren diversen Überlappungen und Verschiebungen. Das heißt, die
dritte Dimension hat kein gleichförmiges, einheitliches Energieniveau, sondern beinhaltet verschiedene, einander überlagernde und
ineinandergreifende Ebenen mit dazugehörigen unterschiedlichen
Gesetzmäßigkeiten.

Wir möchten dies an einem Beispiel erläutern: Viele Channels
haben vorausgesagt, und dies wird auf einer bestimmten, nicht so
weit entwickelten Ebene der dritten Dimension auch geschehen,
daß es zu einer globalen Katastrophe kommen wird. Wenn ihr also
wirklich nur an diese alleinige Zukunftsvariante glaubt oder, besser gesagt, glauben wollt und es deshalb für euch also auch keine
andere Zukunftsvariante ohne einen sogenannten Weltuntergang
geben kann – und dieses dann auch geschehen muß, da letztendlich immer euer Wille geschieht –, habt ihr innerhalb dieser
Grundannahme trotzdem noch mindestens drei Wahlmöglichkeiten, die den drei verschiedenen Bewußtseinsebenen innerhalb
der dritten Dimension entsprechen.

Bei einer der drei Wahlmöglichkeiten hortet ihr zum Beispiel
Lebensmittel und Wasser für den Fall der Fälle. Ihr glaubt dann
also daran, daß die äußere Materie, hier in Form von Nahrung,
euer Überleben garantiert.

Bei der zweiten Möglichkeit vertraut ihr darauf, durch die Aufgestiegenen Meister, Außerirdische Freunde oder andere Lichtwesen
geschützt zu sein und jederzeit, wie auch immer, genügend Lebensmittel vorzufinden. Auf dieser Ebene ist der Glaube an eine geistige
Kraft, die euer Leben sichert, vorherrschend, wenngleich ihr noch
nicht vollständig daran glaubt, daß auch ihr selbst diese Kraft habt.

Als dritte Möglichkeit lernt ihr zum Beispiel, eurer eigenen inneren Führung, euren eigenen geistigen Kräften zu vertrauen bzw. sie zu aktivieren. Indem ihr dann lernt, euch von Äther- bzw. Lichtnahrung zu ernähren, würdet ihr ohne jegliche äußere, manifeste Nahrung auskommen können.

Alle diese Möglichkeiten und mehr gibt es also allein schon auf der Ebene, welche den Glauben an einen Weltuntergang beinhaltet. Natürlich ist auch die Erwartung, daß es einen Weltuntergang gibt, eine Frage deiner Wahl und Entscheidung und deinem daraus folgenden Denken und Verhalten. Es gibt also unendlich viele Manifestationsmöglichkeiten für euch, und eure jeweils getroffene Wahl oder Entscheidung wird dann natürlich dementsprechend euer weiteres Leben beeinflussen.

Der Lernprozeß, um sich innerhalb einer Dimensionsebene weiterzuentwickeln und zum Beispiel zu lernen, sich von Licht zu ernähren, wird durch den Wunsch, es zu lernen, ausgelöst. Der Prozeß wird verstärkt, indem man beispielsweise mit positiven Affirmationen arbeitet. Deren geistige Energie ermöglicht es dem physischen Körper nach und nach, sich harmonisch an seine lichtvolle Vergangenheit, Gegenwart und Zukunft zu erinnern und sich dadurch wieder der Ernährung durch reines Lichtplasma anzunähern und sich dafür zu öffnen. Die durch diesen Wunsch ausgelöste geistige Ausrichtung öffnet euch automatisch für die dazugehörende Unterstützung in Form von Seminaren, Büchern, Kassetten und anderen Informationsträgern wie Fernsehen, Videos und dem Internet.

Vertraut darauf, daß jeder von Herzen gedachte und ausgesprochene Wunsch nach Erfüllung strebt. Dadurch werden eurem Wunsch und eurem Entwicklungsstand entsprechende Möglichkeiten, die auch in diesem Buch besprochen werden, vom Universum bereitgestellt. Dazu gehören unterstützende Visionen, Lernen im Traum, die Aktivierung von Implantaten oder die Aktivierung bestimmter Geisteskräfte und diverser Drüsen.

Als weitere Möglichkeit werdet ihr, um bei dem Beispiel „Weltuntergang" zu bleiben, auch zu denen gehören können, die im Falle der Notwendigkeit von Außerirdischen abgeholt werden. Und zwar gleichgültig, welche von den drei genannten Wahlmöglichkeiten du gewählt hast, ob du also noch nicht so sehr oder schon sehr stark der Macht des Geistes bzw. der eigenen Manifestationskraft vertraust. Eine Evakuierung ist aber nur für diejenigen gedacht, die zwar gern noch alles für eine globale „Äther- oder Weltverbesserung" im weitesten Sinne tun würden, aber praktisch nicht mehr alles tun konnten. Es würden auch die abgeholt werden, die zwar die Möglichkeiten zum Aufstieg in die vierte oder fünfte Dimension hätten, aber aus Mitgefühl und Liebe in der dritten Dimension bleiben, um noch bis zum Schluß daran zu arbeiten, einen Weltuntergang auf dieser noch nicht so weit entwickelten Dimensionsebene zu verhindern. Denn vergeßt nicht: Wenn genügend Menschen in einer äußerlich bedrohlich erscheinenden Lage bereit sind, ihre Gedankenmuster drastisch zu verändern und positive Taten folgen zu lassen, ist auch das als eine weitere Wahlentscheidung jederzeit möglich.

Es ist für alle Wesen möglich, ihre Grundhaltung bzw. ihre Grundausrichtung jederzeit zu verändern. Äußerlich braucht ihr zunächst nichts dafür zu tun, denn diese Entscheidung trefft ihr erst einmal nur in eurem Inneren. Durch eine solche Umentscheidung könnt ihr noch in der letzten Sekunde eines Lebens darüber entscheiden, wie es in der darauffolgenden Existenz weitergehen soll und dann auch weitergehen wird. Aber wisse: Nicht nur die Wahl ist entscheidend, sondern letztendlich die Haltung dahinter. Wir sehen sehr wohl an eurer Aura, ob ihr aus purer Angst und Selbstsucht oder aus reiner Liebe und Mitgefühl handelt, und danach wird sich euer Schicksal entscheiden, das heißt, damit werdet ihr eure Zukunft bestimmen.

Liebe, Mut, Glauben, Vertrauen, Verantwortung und andere Qualitäten sowie die entsprechenden Taten mit der richtigen

Grundhaltung werden euch als Schlüssel dazu dienen können, in
die vierte oder fünfte Dimension aufzusteigen oder die dritte
Dimension zu dem Paradies zu machen, welches sie eigentlich
schon längst sein könnte.

Wir hoffen, daß euch diese Worte motivieren, diese sogenannten Wunder möglich zu machen. Bedenkt: Ihr seid nicht allein.


*Die neue Dimension*

Die zur Zeit stattfindende Energiebeschleunigung trägt viel zu
eurem Durcheinander auf der Erde bei. Vieles ist nicht mehr so,
wie es einmal war oder jemals von euch wahrgenommen worden
ist. Die Raum-Zeit-Ebenen verändern sich, und ihr müßt euer
Verhalten und Denken nach und nach den neuen Gegebenheiten
anpassen, wenn ihr hier auf der Erde harmonisch weiterexistieren
wollt. Die neuen Energien bewirken in der jetzigen Form dabei keinen Wechsel von der dritten in die vierte Dimension, sondern sie
sorgen zunächst dafür, daß sich die Wertigkeiten der einzelnen
Ebenen innerhalb der dritten Dimension verändern.

Die dritte Dimension besteht wie gesagt aus drei verschiedenen
Ebenen. Die unterste Ebene wird immer schwächer, und sie wird
sich in nächster Zeit vollständig auflösen bzw. in die zwei oberen
Ebenen integrieren, deren Einfluß immer stärker wird.

Vor der jetzt stattfindenden Energieverschiebung war es so, daß
im unteren Drittel der dritten Dimension äußere materielle
Gegebenheiten, wie zum Beispiel Nahrung, eine sehr große
Bedeutung bzw. Auswirkung auf euch hatten. Dies drückte sich
etwa in den Meinungen „Obst ist gesund, Zucker ist ungesund"
aus. Zum großen Teil war das dann auch so und konnte auch von
euren Wissenschaftlern nachgewiesen werden. Ihr habt also Obst
gegessen und wurdet dann unter anderem durch die Wirkung der

Vitamine und anderer Wirkstoffe im Obst gesund. Das heißt, die Materie hatte Wirkung auf euren materiellen und auf euren Energiekörper.

Im zweiten Drittel der dritten Dimension wird der Einfluß des Geistes immer stärker, und es gelten hier neue Spielregeln. Praktisch bedeutet dies, daß die innere Haltung, mit der ihr bestimmte Dinge tut, sich auch äußerlich manifestiert. Ihr lernt auf dieser Ebene, auf der sich die meisten Leser dieser Zeilen befinden, daß die Wirkung zum Beispiel von Nahrung vor allem davon abhängt, wie, also mit welcher inneren Haltung, sie gegessen wird. Die Wirkung entspricht der Haltung und diese kann entweder positiv, liebevoll und bewußt oder negativ, geringschätzig und unbewußt sein. Auf dieser Ebene hängt die Wirkung der einzelnen Nahrungsmittel also weniger davon ab, *was* gegessen wird, sondern vielmehr davon, *wie* etwas gegessen wird. Das heißt, hier hat dann eine liebevoll gegessene Schokoladentorte eine bessere, das heißt, gesundheitserhaltendere oder -fördernde Wirkung auf euren Körper als ein mit begrenztem Denken und mit wenig Appetit gegessener Apfel – und umgekehrt.

Im Zusammenhang damit lernt ihr auf der zweiten Ebene der dritten Dimension, eure Aufmerksamkeit mehr auf euer Inneres zu richten und eurem Körper und seinen Signalen zu vertrauen. Ihr seht ihn als einen Freund und behandelt ihn dann auch demgemäß, nämlich *seinen eigenen* Bedürfnissen entsprechend. Wenn der Körper in der heutigen Zeit Spinat haben möchte, bedeutet das zunehmend, daß er den Spinat nicht deshalb haben möchte und hoffentlich auch bekommt, weil Spinat angeblich gesund ist, sondern weil anscheinend irgend etwas in diesem Spinat enthalten ist, eventuell sogar nur energetisch, was euer Körper jetzt braucht, um euch als gesamtes Wesen darin zu unterstützen, gesund, heil und vollständig zu sein. Ihr vertraut dann also mehr eurer Intuition und nicht der angeblichen Wertigkeit eines Nahrungsmittels.

Und auf dieselbe Weise kann auch ein sehr kranker Mensch allein dadurch gesund werden, daß er lacht und es sich so richtig gutgehen läßt, was unter Umständen bedeuten kann, daß er trinkt, raucht und Süßigkeiten ißt. Das wird aber nur funktionieren, er wird also nur dann gesund, wenn eine solche Vorgehensweise auch wirklich seiner ureigensten inneren Wahrheit entspricht. Die innere Wahrheit eines Individuums ist der Fluß des Lebens. Wenn ihr euch eurer inneren Wahrheit anvertraut, seid ihr automatisch an die göttliche Quelle, an die unerschöpfliche Quelle der Urkraft, der Schöpfung angeschlossen. Durch die hohen positiven Frequenzen bzw. Energien, die dann zu euch fließen können, ist es möglich, euch entweder selbst zu heilen, ganzheitliche Heilungen durch andere Individuen anzunehmen oder andere tiefspirituelle Erlebnisse zu haben.

Lichtenergie erhellt jede Materie, und somit kann alles in das umgewandelt werden, was ihr bewußt wünscht bzw. auf dieser Stufe manchmal noch ein bißchen unbewußt, gewissermaßen „aus Versehen", eurem Instinkt folgend, manifestiert. Und zwar einfach, weil ihr ausschließlich etwas tut, weil es sich gut und richtig in eurem Herzen anfühlt, egal was die angeblichen äußeren Gesetzmäßigkeiten, das Massenbewußtsein, die Wissenschaftler oder auch Ärzte dazu sagen. Es ist, wie schon erwähnt, sehr wichtig, daß die Handlungen dann aus tiefstem Herzen, voller Liebe, Vertrauen und Eigenverantwortung geschehen.

Im oberen Drittel der dritten Dimension, nahe der vierten Dimension, wißt und versteht ihr dann *bewußt,* daß Gott, die Quelle, die Schöpfung reine Liebe, reines Licht, reine Freude, reines Vertrauen ist. Hier geschieht nichts mehr zufällig oder aus Versehen. Ihr werdet anfangen, entweder gar nichts mehr zu essen, weil ihr versteht und wißt, daß es letztendlich allein Gott ist, der euch in seiner unendlichen Liebe mit seiner Energielichtfrequenz ernährt. Oder ihr eßt nur noch, wenn es taktisch notwendig ist oder weil es euch einfach Spaß macht. Einmal nehmt ihr also nur noch materielle

Nahrung zu euch, weil ihr hier auf der Erde mit eurer Fähigkeit, aus
welchen Gründen auch immer, noch nicht auffallen wollt, oder aber
weil es euch noch so gut gefällt und euch noch so gut schmeckt. Ihr
habt in beiden Fällen aber immer die Gewißheit, daß ihr die
Nahrung nicht aus dem Grund zu euch nehmen müßt, um euren
materiellen Körper zu erhalten. Auf dieser und auf der mittleren
Ebene, also der zweiten Ebene der dritten Dimension, sind auch
Telepathie, Channeln, Teleportation usw. ganz normal, ebenso wie
nicht mehr oder nur noch ganz wenig schlafen zu müssen.

In der vierten Dimension schließlich ist ein Körper nicht mehr
notwendig. Ihr könnt zwar einen Körper erschaffen, aber das wird
in den seltensten Fällen geschehen, zum Beispiel wenn für manche
Menschen Wunder erschaffen werden sollen oder ähnliches. Man
kann auch in der vierten Dimension materielle Nahrung zu sich
nehmen, hier muß es jedoch absolut nicht mehr sein und wird
auch nur in den seltensten Fällen getan. In der vierten Dimension
erschafft man wie gesagt durch eine Frequenzveränderung zwar
noch Materie, wenn man es will, aber man ist nicht mehr davon
abhängig, das heißt, man braucht nicht mehr zu essen, nicht mehr
zu schlafen, noch sich überhaupt auf irgendwelche anderen
Körperfunktionen einzulassen. In der dritten Dimension ist die
Materie zum Teil noch „wirklich" äußerlich, in der vierten nur
noch in vollkommen vergeistigter Form vorhanden.

Ihr nähert euch zwar langsam der vierten Dimension an, dort, wo
nur die Gesetzmäßigkeiten des reinen Geistes wirken, aber noch sind
die meisten von euch hauptsächlich in der dritten Dimension mit
ihren diversen Ebenen und den dazugehörenden Spielregeln zu Hause.

Wie schon erwähnt, verändert sich die Einteilung innerhalb der
dritten Dimension bzw. hat sie sich zum Teil schon längst verändert.
Die erste, also unterste Ebene mit ihren Gesetzmäßigkeiten fällt nach
und nach weg und ist teilweise schon weggefallen. Alle Bücher,
Kassetten und anderen Dinge, die hauptsächlich dieser nun nach

und nach immer mehr veralteten ersten Ebene angepaßt sind oder
waren, könnt ihr unserer Ansicht nach langsam aussortieren und den
Inhalt vergessen. Denn die darin enthaltenen Ratschläge oder Regeln
könnt ihr nicht mehr auf die neue Dimensionsebene übertragen und
dort anwenden. Sie werden der neuen Dimension mit ihren Gesetzmäßigkeiten einfach nicht mehr gerecht. Die Dinge, Tips und
Regeln, die darin enthalten sind oder waren, sind dadurch nicht
falsch gewesen. Sie sind nur für die neue Dimension inzwischen
unpassend geworden, im wahrsten Sinne des Wortes nicht mehr
zeitgemäß. Dadurch sind sie häufig wenig hilfreich, weil nicht effektiv genug, um die nun auf euch zukommenden Veränderungen gut
verstehen und verkraften zu können.

Somit laßt alte, eingrenzende Bewußtseinszustände los und öffnet
euch für die neuen Energien, weil das die einzige Möglichkeit sein
wird, hier auf der Erde auf Dauer physisch überleben zu können.
Diejenigen, die an dem Alten festhalten wollen, können das tun,
aber sie werden dann auf Dauer ihre weitere Entwicklung auf einem
anderen Planeten, der dem jetzigen Entwicklungsstand der Erde entspricht, weiterführen müssen. Wenn sich aber bis dahin noch genügend Menschen oder andere Lichtwesen finden würden, die sich
schnell, effektiv, verstehend, voller Liebe und Verantwortung den
neuen Gegebenheiten anpassen wollen und es dann auch wirklich
tun, würde das den Rest der noch zu stark verhafteten Menschheit
automatisch mitreißen und somit den Kollaps auf dieser Ebene verhindern. Das ist nicht als Drohung zu verstehen, sondern als eine
Tatsache, die man nicht fürchten muß, bei der aber jeder Mensch
angesichts der tatsächlich vorhandenen Wahlmöglichkeiten bereit
sein muß, auch die Verantwortung für seine frei getroffene Wahl zu
übernehmen.

Zum jetzigen Zeitpunkt habt ihr hier auf der Erde nicht mehr
wirklich die Freiheit zu wählen, ob ihr euch *überhaupt* entscheiden
oder wählen wollt, euch weiterzuentwickeln. Das war früher mög-

lich, als die Erde als eigenständiges Wesen noch nicht *ihre* Wahl für
ihre Weiterentwicklung getroffen hatte. Sie hat diese Entscheidung
inzwischen gefällt. Und das hat jetzt auch für euch als auf ihr lebende Mitbewohner Folgen. Entweder ihr paßt euch den dadurch ent-
stehenden Veränderungen an oder nicht. Das bedeutet, daß ihr
eine indirekte Wahl treffen könnt, was jedoch keine vollkommen
freie Wahl darstellt. Denn wenn ihr wählt, hier auf der Erde zu
bleiben, dann *müßt* ihr auch bereit sein, euch weiterzuentwickeln,
um euch den nun kommenden Frequenzveränderungen anzupassen. Oder aber ihr wählt, daß alles so bleiben soll, wie es schon
immer war, daß ihr euch also nicht weiterentwickeln wollt, was
euer Recht ist! Das hat dann aber automatisch für euch zur Folge,
daß ihr diese eure Wahl auf einem anderen Planeten lebt, sprich:
Ihr müßt dann entweder sterben und an einem anderen Ort neu
inkarnieren, oder ihr werdet mit eurem jetzigen Körper auf die eine
oder andere Art und Weise dort hingebracht.

## Gesundheit und Krankheit

Lange Zeit habt ihr euch auf der ersten Stufe, der materiellen
Ebene, aufgehalten. Wenn jemand auf dieser Stufe eine schwere
Erkrankung, wie zum Beispiel Krebs, bekam und er felsenfest daran glaubte, daß er gesund werden kann, wenn er sich nur so schnell
wie möglich operieren läßt, sich vollkommen gesund ernährt und
die neuesten Medikamente einnimmt, konnte er mit dieser
Vorgehensweise auch wirklich wieder vollkommen gesund werden.
Sein Glaube also, daß materielle Äußerlichkeiten einen Einfluß auf
seinen Seinszustand haben, und sein dementsprechendes konse-
quentes Handeln ließen ihn wieder gesunden.

Auf der zweiten Stufe der dritten Dimension, auf der sich wie
gesagt die meisten Leser dieses Buches zur Zeit aufhalten, steht aber

allmählich immer mehr der Geist im Vordergrund. Denn in der Tat
entsteht eine Krankheit immer zuerst im Geist und manifestiert sich
danach auch äußerlich auf der körperlichen Ebene. Jetzt, da die geistigen Kräfte immer stärker werden, muß man daher genauer aufpassen, was man eigentlich wirklich denkt, ausspricht und dadurch
manifestiert. Wenn ihr also im Geist nicht klar und eindeutig seid
bzw. hauptsächlich negativ denkt, könnt ihr heutzutage viel schneller eine Krankheit manifestieren als früher. Gleichzeitig nimmt aber
auch die positive Kraft zu, also die Fähigkeit, etwas Positives manifestieren zu können.

Es gibt dabei immer die Möglichkeit, negative Gedanken sofort
wieder aufzulösen. Nachdem man etwas Negatives gedacht hat, kann
man zum Beispiel den Körper mit Farben reinigen, beten oder andere frequenzerhöhende Tätigkeiten ausführen und so die Negativität in
Positivität transformieren. Negative Gedanken an sich sind auch nicht
das größte Problem. Es kommt vielmehr darauf an, *warum* man etwas
denkt und *wie stark* man etwas denkt. Es geht also eher darum, die
Stärke und Intensität der Gedanken zu beobachten und zu verändern.

Dazu wird es immer wichtiger, ehrlich vor sich selbst zu sein und
sich wahrhaftig einzugestehen, warum man bestimmte Dinge
denkt, und sich die Wurzeln von begrenzten oder negativen Gedanken oder Gefühlen anzuschauen. Wenn man vielleicht merkt,
daß sich jemand eigentlich verändern sollte, er es aber einfach nicht
tut, dann sollte man sich bewußt machen, daß jeder Mensch einen
freien Willen hat, und zwar jeder seinen eigenen. Und wenn er oder
sie sich nicht ändern will, sollte man sich fragen, warum es einen
selbst ärgert, daß sich der andere nun partout nicht ändern will,
auch wenn man ihm doch angeblich so wertvolle Ratschläge gegeben hat. Es ist wichtig, sich die Wurzeln des eigenen Ärgers anzuschauen, und wenn *du* weißt, warum *du* dich ärgerst, kannst du den
Ärger mit den verschiedensten Techniken dann auch erlösen, auflösen bzw. transformieren. Es geht dabei nicht primär darum, sich

auf keinen Fall mehr zu ärgern oder solche Gefühle prinzipiell zu
unterdrücken, denn der Ärger und andere negative Gefühle haben
ihren Grund und ihre Daseinsberechtigung. Es ist vielmehr sehr
wichtig, sich den wahren Ursachen solcher Gefühle zu stellen. Wenn
ihr solche Emotionen nur unterdrückt oder verdrängt, erreicht ihr
keine wirklich tiefe und dauerhafte Veränderung eures Bewußt-
seinszustandes und damit eurer Situation.

Da die geistigen Kräfte mit ihren dazugehörigen Seinszuständen
und deren Gesetzmäßigkeiten immer stärker werden, muß man sich
auf der zweiten Ebene der dritten Dimension jetzt auch zunehmend
davor schützen und abgrenzen, was andere denken. Da manche
Menschen sehr empfänglich sind für Energien aller Art, ist es im
Moment für sie besonders wichtig, sich jetzt außergewöhnlich gut
zu schützen. Das Leid auf der Erde wird in der nächsten Zeit höchstwahrscheinlich nicht besonders stark abnehmen, sondern eine
Zeitlang sogar noch eher zunehmen. Dies geschieht unter anderem
einmal durch die Annäherung an die höhere Dimension – wie bei
einer Erstverschlimmerung in der homöopathischen Behandlung –
und zum anderen weil manche Menschen ihre Gedanken noch nicht
genügend positiv verändern wollen und sich diese durch die
Kraftzunahme des Geistes dann auch noch verstärkt manifestieren.

Wie eben schon erwähnt: Wenn ihr euch bemüht, bewußt in die
positive Richtung zu gehen, könnt ihr in diese Richtung auch
schneller manifestieren als früher. Es funktioniert in beide
Richtungen, und ihr habt die Wahl. Beide Wahlmöglichkeiten und
die dazugehörenden Realitäten werden sich in Zukunft noch deutlicher und für jeden sichtbar zeigen und noch eine Zeitlang nebeneinander existieren. Das heißt, Menschen, die ein positives, glückliches Leben leben wollen und dafür auch praktisch etwas tun, werden
noch glücklicher und erfolgreicher werden können. Wer unbedingt
weiter auf Negativität und Unglück besteht, wird es noch drastischer
manifestieren können als früher.

Geist erschafft Materie! Der Geist hatte zwar schon immer die
Grundherrschaft und wird sie letztendlich auch immer haben, aber
auf der ersten Stufe der dritten Dimension reagiert und manifestiert
er sich viel langsamer und verzerrter. Jetzt tritt die zweite Stufe und
deren veränderte Gesetzmäßigkeiten langsam in Kraft, aber die
Menschen haben noch nicht gelernt, mit dieser veränderten
Situation im Einklang zu sein. Sie verstehen noch nicht vollkommen, was geschieht, und übernehmen somit noch nicht bewußt die
Herrschaft über die Materie. Deswegen ist es zur Zeit auch verständlich, daß durch diese veränderte und noch ungewohnte
Situation mehr Negativität und Unglücke entstehen und mehr
Menschen an Krankheiten sterben. Und zwar nicht, weil es plötzlich mehr Krankheiten gibt als vorher, was manchmal so scheinen
könnte. Es ist vielmehr so, daß der menschliche Geist mehr Macht
als vorher bekommt und er sich durch sein manchmal noch starres
Festhalten an alten Glaubensmustern und sein Ungeübtsein dann
etwas anderes manifestiert, als ihm vielleicht lieb ist, oder wie er es
eigentlich wirklich gemeint oder gewollt hat.

Und tatsächlich werden die Menschen auch neue Krankheiten
erschaffen. Dies geschieht nicht, weil das Universum euch schaden
möchte, sondern weil ihr die wahre Ursache bzw. den inneren Kern
von Erkrankungen in ihren unterschiedlichen Erscheinungsformen
noch nicht wahrhaftig verstanden habt. Natürlich ist es möglich,
eine äußere Erkrankung, ein äußeres Symptom, wie zum Beispiel
einen Leberfleck, operativ zu entfernen. Jedenfalls dem äußeren
Anschein nach, nach dem ihr euch häufig noch zu sehr richtet.
Wenn ihr diesen Leberfleck aber auf eine ausschließlich äußerliche,
materielle Art und Weise entfernt, wie das in früheren Zeiten ja oft
geschehen ist, ist damit die innere Ursache, die zu diesem
Leberfleck geführt hat, meistens noch nicht wirklich beseitigt oder
geheilt worden. Im günstigsten Fall kehrt dann der Leberfleck
genau an der gleichen Stelle oder in unmittelbarer Nähe zurück.

Wenn die Ursache der Erkrankung unerlöst bzw. nicht wahrhaftig
verstanden worden ist, wird sie sich eine andere Erkrankung auswählen, um sich auszudrücken. Diese ist dann oft schwerer als die
frühere.

Das geschieht ausschließlich zu Lernzwecken und nicht aus
Rache. Ist eine Erkrankung, wie in diesem Fall ein Leberfleck, denn
auch dieser stellt nach geistigen Gesetzen eine Erkrankung dar, in
ihrer Wurzel erkannt und erlöst worden, kann sie sich auch in
ihrem äußeren Erscheinungsbild auflösen. Es ist daher jetzt und in
Zukunft noch leichter möglich, Leberflecke oder andere Formen
der Erkrankungen und Disharmonien durch Verstehen der
Ursachen oder durch bewußte geistige Arbeit aufzulösen.

Auf der zweiten Stufe der dritten Dimension manifestieren sich
sehr eindeutig eure inneren Glaubenssätze. Das heißt, ihr müßt
euch immer eindeutiger dafür entscheiden, ob ihr an die Kraft des
Geistes glaubt oder ob ihr glaubt, daß die Materie eurem Geist
übergeordnet ist. Es gibt dann im Krankheitsfall letztendlich nur
zwei Möglichkeiten: Man kann sich operieren lassen, Medikamente
nehmen oder ähnliches, aber man muß eindeutig daran glauben,
daß das auch wirklich hilft! Oder man hat die Möglichkeit, die
Krankheit mit rein geistigen Mitteln bzw. dem inneren Instinkt, der
inneren Stimme folgend, aufzulösen. In einer Zwischenstufe kann
man eine Zeitlang auch beide Möglichkeiten miteinander kombi-
nieren, bis man den Schritt zu einem eindeutigen Standpunkt
wählt, der dann in sich geschlossen und daher hoch wirksam ist.

Daher ist es im Moment sehr wichtig, ehrlich mit sich selbst darüber zu sein, woran bzw. an welche Methode man eigentlich wirklich glaubt. Wenn jemand wirklich an Ernährungsvorschriften,
Diäten usw. glaubt, soll er danach leben. Wenn jemand an die
Macht von Ärzten bzw. an ihre Behandlungsmethoden glaubt, dann
soll er sich von ihnen behandeln lassen. Wenn er nicht daran glaubt,
kann er es eigentlich auch sein lassen, da es nicht mehr funktionie-

ren kann und auch nicht mehr dauerhaft tun wird. Krankheiten wie
Krebs werden dann zum Beispiel trotz einer Operation aller
Wahrscheinlichkeit nach wiederkehren bzw. weiterwuchern. Denn
wenn der Patient nicht richtig an eine Operation oder eine andere
Methode glaubt und zusätzlich auch nicht einmal dazu bereit ist,
seine Verhaltens- und Glaubens- und als Folge davon seine Energiemuster, die nach unserer Ansicht ja erst zu dieser Erkrankung
geführt haben, zu verändern, kann sich auch die äußere Mani-
festationsform nicht verändern und somit auch nicht vollständig
heilen. Wie innen, so auch außen. Es ist immens wichtig, daß ihr
das Prinzip, das dem zugrunde liegt bzw. daß ihr diese Gesetzmäßigkeiten wirklich versteht und lebt. Es würde euch so unendlich großen Nutzen bringen!

Aber solange ihr die geistigen Gesetze mißachtet und einfach nur
versucht, Krankheiten äußerlich auszumerzen, werden sie entweder
immer wieder aufflackern, oder es werden ebenso schlimme oder
äußerlich noch gefährlichere Erkrankungen ausbrechen, bei denen
die Medizin zunächst wieder eine Zeitlang kein Gegenmittel hat. Nur
so ist es zu erklären, daß inzwischen sogar schon Kinder Herzinfarkte
bekommen können, ein Ebolavirus plötzlich auftaucht oder die längst
als besiegt geltenden Pocken wieder ausbrechen. Wenn ihr eure
menschliche Krankheitsgeschichte bewußt verfolgt, werdet ihr erkennen, daß es immer schon Geißeln für die Menschheit gab. Kaum
glaubte man, es endlich geschafft, sie also ausgerottet zu haben, tauch-
te eine neue Geißel auf, an der sich eure Mediziner wieder eine
Zeitlang die Zähne ausgebissen haben. Und so wird es immer weiter
gehen, bis ihr deren wahre Struktur und Ursachen verstanden habt.

Dabei kann für jede vom Geist erschaffene Erkrankung auf der
äußeren Ebene über kurz oder lang ein äußeres Gegenmittel gefunden werden, weil auch dieses vom Geist erschaffen wird. Nach dem
gleichen Prinzip könnte zum Beispiel jeder Schüler während einer
Klassenarbeit die Antworten finden. Sie sind im Äther enthalten,

weil der Lehrer bei der Vorbereitung der Arbeit auch die Antwort zu der Frage gedacht hat. Das Universum liefert genau wie der Lehrer zu allen Fragen die Antwort, ihr müßt nur lernen, das Universum zu beobachten und ihm zuzuhören.

Und wieviel einfacher und effektiver ist es auf Dauer, alle Erkrankungen mit geistigen Kräften aufzulösen, weil ihre wahren Ursachen ja auch im Geistigen liegen! Auf Dauer wird sich der Kreis sowieso schließen, wird das Licht der Erkenntnis alle Wesen erhellen, denn die Wahrheit kann nicht für immer zum Schweigen oder zum endgültigen Stillstand gebracht werden!

Das Erkennen der geistigen Gesetze geschieht hier auf der Erde zur Zeit sogar über die Erforschung der materiellen Ebene. Je mehr eure Wissenschaftler und Mediziner in den Mikrokosmos eures Makrokosmos-Körpers vordringen, und je kleiner die Teile sind, die sie noch entdecken werden, desto mehr werden sie auch die geistigen Gesetze, die das Große Ganze zusammenhalten und beherrschen, verstehen. Wissenschaftler wie Albert Einstein haben dieses zu einem gewissen Grade schon getan.

Auf der zweiten Stufe der dritten Dimension ist es wie gesagt sehr wichtig, so zu handeln, wie es euer inneres Gefühl vorgibt. Wenn ihr also bei dem Beispiel Krankheit an eine Kombination von Arzt und Geist glaubt, wird das zur Zeit auch noch funktionieren. Nur überprüft auf dieser Stufe immer wieder, ob ihr in letzter Instanz immer noch nach eurem eigenen inneren Gefühl, nach eurem eigenen Glauben handelt und ob ihr euch eurer absoluten Eigenverantwortlichkeit bewußt seid und auch danach handelt. Handelt nicht, weil jemand anderes behauptet, daß dieses oder jenes gut für euch sein soll oder müßte. Das mag ja für die andere Person gerne nach ihrem Glaubensmuster zutreffen und deshalb für sie auch so funktionieren. Handelt für euch nach *eurem* Glaubenssystem bzw. nach *euren* Erfahrungen und *euren* Gefühlen! Nur dann kann auf Dauer eine grundsätzliche Heilung eintreten.

Die Gefahr in der heutigen Zeit und bei den Menschen allgemein ist, daß sie zwischen den verschiedensten Techniken oder Dimensionen umherspringen, kaum etwas wirklich zu Ende bringen und somit auch nicht alles durch eigene Erfahrung verstehen und dadurch auch keinen wirklichen Erfolg manifestieren können. Wenn ihr euch in dieser Hinsicht anders verhalten würdet und in der Anwendung bestimmter Gesetzmäßigkeiten konsequent wärt, wäre es überhaupt erst möglich, wahren Glauben und echtes Vertrauen in sich selbst und in das Universum, in Gott, die Schöpfung, in die allumfassende Quelle aufzubauen. Die meisten Erkrankungen haben in diesem Umstand ihre wahre Ursache. Letztlich werden sie manifestiert durch das Nicht-Zuende-Bringen von Dingen und den damit verbundenen negativen Emotionen wie Haß, Wut, Neid, Groll, Bitterkeit usw. und dem dadurch ausgelösten Gefühl, nicht Eins zu sein, nicht richtig zu sein, unvollkommen zu sein, versagt zu haben oder besser: sich im wahrsten Sinne des Wortes von Grund auf einfach nicht erfolgreich oder in der letztendlichen Ordnung, im Fluß zu fühlen. Wenn ihr zum Beispiel all eure Versprechen halten und nur solche geben würdet, die ihr auch wirklich bereit seid einzuhalten, würdet ihr hier auf der Erde nicht solche immensen Probleme haben.

### Das Verhältnis von Arzt/Patient und Therapeut/Klient

Wenn ihr wirklich an etwas glaubt, dann handelt danach, und zwar bis in die letzte Konsequenz, Tat oder Handlung. Viele Menschen springen unklar zwischen den Dimensionen umher und wenden zum Teil die verschiedenen Gesetzmäßigkeiten der unterschiedlichen Ebenen *gleichzeitig, aber dabei vollkommen unklar und unbeherrscht* an. Da sich aber auch die Dimensionen inzwischen nicht mehr so klar voneinander abgrenzen wie früher, zum Teil

sogar schon überlappt sind, und dabei gleichzeitig die Kraft des
Geistes immer mehr zu und die Kraft der Materie langsam immer
mehr abnimmt, haben sich inzwischen manche Ärzte und auch
schon einige andere Therapeuten durch solches Umherspringen an
Erkrankungen, die früher für euch als nicht ansteckend galten, wie
beispielsweise Krebs, angesteckt.

Wenn Ärzte zum Beispiel noch operieren, zeigen sie dadurch oftmals, daß sie noch stark mit der materiellen Ebene verbunden sind
und noch sehr an sie glauben, was an sich ja legitim und erlaubt
ist. Andererseits finden dieselben Ärzte es inzwischen eventuell
auch wichtig – aber nicht so wichtig wie das Operieren –, auf die
Emotionen der Patienten einzugehen. Außerdem finden sie es wiederum eigentlich angeblich auch ganz wichtig, beim Patienten geistige Ursachen zu heilen, finden aber auch gleichzeitig, daß die
Patienten arme Opfer ihrer Ärzte, anderer, früherer, nur operierender oder ihrer Ansicht nach zu schnell operierender Ärzte oder
sowieso Opfer der Gesellschaft sind. Das ist in sich unlogisch,
ungeordnet, das geht so nicht alles auf einmal! Entweder ihr glaubt
durchgängig an etwas, oder ihr tut es nicht. Oder ihr gesteht euch
wenigstens ein, daß ihr noch nicht so recht wißt, an was ihr eigentlich glauben sollt bzw. an was ihr weiterhin glauben wollt. Solch
ein Eingeständnis einer Zwischenstufe gibt euch dann wieder eine
etwas eindeutigere Ausstrahlung bzw. ein etwas eindeutigeres
Energieniveau und schützt daher eine Zeitlang wieder gut, bis ihr
euch für eine Seite, eine Methode oder eine Vorgehensweise entschieden habt und es dann auch lebt und praktisch anwendet.

Ein anderes Beispiel: Es entspricht nicht der Wahrheit zu
behaupten, ich manifestiere mir den Schnupfen selbst, aber nicht
den Krebs. Man kann ebenfalls nicht sagen, ich kreiere meinen
Krebs selbst, aber nicht den Arzt oder den Therapeuten, der mich
gerade behandelt. Was ist das für eine Logik, nach der man in dem
einen Fall der Täter oder der Verantwortliche einer Situation ist, in

dem anderen Fall aber dann plötzlich das Opfer oder das angeblich
verantwortungslose Hascherl ist. Das gibt keinen Sinn und entspricht in keiner Weise den geistigen Gesetzen. Entweder bin ich
für *alles* in meinem Leben zuständig bzw. daran „schuld", oder ich
muß die Verantwortung für alles abgeben und sagen, daß andere
die Herrschaft, die Verantwortung für meinen Körper und daher
auch für mein Leben übernehmen und zum Beispiel der Arzt im
wahrsten Sinne des Wortes nun „der Gott in Weiß" ist.

Wenn ihr die Verantwortung für euer Leben wirklich bis zur
letzten Konsequenz anderen übergebt, wird euer Leben in einer
begrenzten Form und für eine gewisse Zeit auch wirklich sehr erfolgreich sein, weil euch dann euer tiefer Glaube an den Arzt und seine Fähigkeit heilen wird. Nur ist es in Wirklichkeit dann nicht der
Arzt, sondern euer Glaube an ihn, der euch heilt. Das gilt nicht nur
für Ärzte, sondern auch für andere Therapeuten. Aber irgendwann,
über kurz oder lang, werdet ihr auch auf dieser Ebene Schwierigkeiten bekommen, da der Evolutionsprozeß der Erkenntnis, daß
jeder für alles in seinem Leben Erschaffene selbst verantwortlich
ist, auf Dauer nicht aufgehalten werden kann, gerade weil die Erde
entschieden hat, sich weiterzuentwickeln.

Wegen der immer mehr zunehmenden bzw. immer deutlicher
zutagetretenden Selbstverantwortlichkeit und Macht der Menschen
muß man als Therapeut inzwischen sehr aufpassen, wie stark man
sich mit den Energien des ratsuchenden Patienten oder Klienten
vermischt. Er sollte sich auf keinen Fall mehr als notwendig und
auf keinen Fall über die gemeinsamen Termine hinaus zu sehr mit
dem Klienten vermengen bzw. mitleiden und sich in dessen letztlich selbstgewähltes Schicksal in einer im wahrsten Sinne des
Wortes ungesunden Art und Weise einmischen oder sich sogar für
dessen Leben mitverantwortlich fühlen. Ihr dürft andere Menschen
gerne unterstützen, aber immer mit dem Wissen, daß jeder, letztendlich jede Seinsform, für sein Leben und Schicksal selbst ver-

antwortlich ist. Jeder Mensch kann nur dann etwas verändern,
wenn er selbst tatsächlich bereit ist, den dafür notwendigen Preis
zu zahlen, das heißt, alle Konsequenzen, die der Wunsch nach
Veränderung beinhaltet, auch praktisch zu ziehen. Der Preis für die
Heilung wären dann notwendige Kursänderungen in seinem
Leben, dessen alter Kurs ja erst zu dieser Erscheinungsform, hier
einer Erkrankung am materiellen Körper, geführt hat.

Wenn man daran glaubt, daß ein Patient wirklich für sein Leben
selbst verantwortlich ist und daß es keinen Zufall gibt, und wenn
man als Therapeut sein Bestes getan hat, und ein Patient stirbt
dann trotzdem, dann ist es nicht die Schuld des Therapeuten.
Genauso wie es nicht die Schuld oder das wirkliche Verdienst des
Therapeuten ist, wenn der Patient lebt. Beide haben sich – aus welchem Grund auch immer – einfach nur für ein gemeinsames
Treffen verabredet. Die Gründe für eine Heilung oder für eine
Nicht-Heilung sind dann von Person zu Person oder von Situation
zu Situation immer unterschiedlich und müssen für jeden einzelnen Fall herausgearbeitet werden.

Wenn also einem Patienten irgend etwas Negatives geschieht,
kann und sollte er unserer Ansicht nach nicht einfach nur den Arzt
dafür verantwortlich machen und ihn gleich verklagen. Noch einmal: Der Patient hat sich den Arzt ausgesucht, und es ist genau das
geschehen, was sich der Patient selbst, vielleicht auf den ersten Blick
nicht unbedingt mit bewußter Absicht – die müßte erst mit Hilfe
etwa eines guten und erfahrenen Therapeuten herausgefunden werden – genau so manifestieren wollte. Wenn der Arzt grob fahrlässig
gehandelt hat, kann der Patient ihn dann natürlich die
Konsequenzen seiner Tat fühlen bzw. verantworten lassen. Das gilt
besonders dann, wenn dem Arzt die Zusammenhänge nicht bewußt
waren. Sollten ihm die Zusammenhänge bewußt werden, würde er
oft auch von sich aus auf einer Form der Wiedergutmachung bestehen. Das macht den Patienten oder Klienten aber dennoch nicht

davon frei, schauen zu müssen bzw. zu dürfen und zu können –
wenn er es zwecks Machtübernahme für sein eigenes Leben will –,
warum ihm das, was immer das gerade war, eigentlich passiert ist.

Das gilt natürlich, und das in Zukunft sogar noch mehr, auch
für sogenannte positive Begebenheiten und Ereignisse. Gleiches
zieht verstärkt Gleiches an! Damit ist der Bewußtseinszustand und
die dahinterstehende Haltung gemeint bzw. die damit verbundenen Verhaltens-, Glaubens- und dadurch gewählten Energiemuster
und deren Ausstrahlung sowie die diesen Energien entsprechenden
äußeren Manifestationsmöglichkeiten.

Um es noch deutlicher zu machen: Jeder hat sich sein Schicksal
bzw. das, was ihm zustößt, selbst ausgesucht und es letztendlich
selbst zu verantworten. Das hat aber nichts mit sogenannter
„Schuld" oder „Rache" zu tun, wie es irrtümlicherweise noch ver-
einzelt angenommen wird. Jeder ist für sein Leben und für seinen
Tod selbst verantwortlich, ob euch das nun gefällt oder nicht, und
deshalb sollte immer das Erste sein, wonach ein Individuum fragt:
Warum ist mir das zugestoßen, warum habe ich das für mein
Leben gewollt, was wollte ich dadurch lernen, was habe ich vermeiden oder eben nicht vermeiden wollen? Denn erst aus diesen
Fragestellungen und den daraus folgenden Antworten ist es einem
Menschen möglich, verantwortlich auf eine Situation zu reagieren
und zu erkennen, welches Machtpotential eigentlich in ihm steckt.
Je länger ihr jemand anderem die Schuld für eine Situation gebt,
die euch zugestoßen ist, desto länger gebt ihr unnötig Macht ab,
die ihr ansonsten dafür einsetzen könntet, euer Leben nach und
nach zu heilen bzw. so zu verändern, wie es euch gut tut, euch
selbst gefällt und Freude bringt.

Wenn jemand stirbt, obwohl er angeblich leben wollte, dann hat
er nicht die Wahrheit gesagt, aus welchen Gründen auch immer.
Und sei es nur aus dem Grund, seine Angehörigen oder sich selbst
vor irgendwelchen äußeren Eingriffen schützen zu wollen. Denn

ein ausgesprochener Todeswunsch würde hier auf der Erde oft noch eine psychiatrische Behandlung des vermeintlichen Selbstmord-kandidaten nach sich ziehen, was auf dieser Zeitebene aus der Sichtweise der Angehörigen durchaus nachvollziehbar und ver-ständlich ist.

Und wenn jemand angeblich wirklich sterben möchte, und er lebt noch, dann sagt er ebenfalls nicht die Wahrheit, denn sonst wäre er schon längst tot. Jeder, der wirklich sterben will, findet die notwendigen Materialien, Möglichkeiten, Orte, Helfer oder was auch immer alles dafür notwendig ist zu sterben. Für jemanden, der wirklich beschlossen hat zu sterben und bei dem es auch zusätz-lich in Harmonie mit dem Großen Ganzen ist, stehen auf dieser Ebene schon längst sehr schnelle und effektive Möglichkeiten der Selbsttötung zur Verfügung. Ihr alle könntet lernen, allein nur durch einen geistigen Entschluß und Willen ausgelöst, innerhalb weniger Minuten schnell und schmerzlos zu sterben. Auch das mag unglaubwürdig oder gefühllos klingen, was es aber in Wirklichkeit nicht ist. Wir sprechen nur die schlichte Wahrheit aus, und weil diese noch nicht in euer Weltbild paßt oder für euch noch nicht vorstellbar ist, muß das dann natürlich für eure Ohren grausam klingen. Aber seht, wie noch so viele Menschen hier auf der Erde auf, aus unserer Sicht, so unnötige, schmerzvolle und langsame Art und Weise sterben.

In der Tat, manchmal kann die Erkenntnis darüber sehr erschüt-ternd sein, wie unendlich grausam die Menschen manchmal noch mit sich selbst oder mit anderen Lebewesen umgehen. Und das alles geschieht dann nur aus purer Unwissenheit bzw. ihrem jetzi-gen Entwicklungszustand entsprechend, wobei das dann schon wieder die Erklärung – nicht Entschuldigung! – für ihre Taten oder Nicht-Taten ist.

Daß das Sterben oft so grausam ist, liegt also nicht daran, daß es noch nicht anders möglich wäre, sondern daran, daß ihr noch

nicht bereit seid, euch wirklich angstfrei und verantwortlich mit
dem Thema Tod und den unterschiedlichsten Arten und Ursachen
des Sterbens zu befassen. Wann endlich wollt ihr die sogenannten
Geheimnisse und Spielregeln des Todes kennen, verstehen und
dadurch lieben und achten lernen? Dadurch könnte der Tod zu
eurem Freund werden, und ihr könntet ihn für euch nutzbar
machen, das heißt, ihn in seiner höchsten und reinsten Form für
euch alle anwendbar machen. Dann wäre es auch kein allzu großer
Schritt mehr zur sogenannten Unsterblichkeit, denn das eine hat
mit dem anderen sehr viel zu tun. Ignoriert man einen Teil der
Wahrheit bzw. der Einheit, kann man nicht zur vollständigen,
ganzheitlichen und dann oft ganz einfachen und schlichten Lösung
kommen.

Ihr seid wie gesagt für euer Leben und Sterben, für eure Gesundheit und eure Krankheit vollkommen selbst verantwortlich.
Manche Ärzte und andere Therapeuten fühlen sich aber nicht nur
einfach als Arzt eines Patienten, sondern sie fühlen sich auch als
deren Vertrauter, Übervater, Geldeinnehmer oder aber als deren
Liebender und Beschützer für ihre Patienten verantwortlich.
Deswegen frustriert es manche von ihnen dann auch sehr, wenn
ihre Patienten von anderen Ärzten, Therapeuten, Mitmenschen
oder Familienangehörigen in der Vergangenheit nicht ihren
Wünschen und Glaubenssätzen entsprechend behandelt wurden,
wie sie gerade in der Gegenwart behandelt werden oder wie sie in
einer möglichen Zukunft behandelt werden könnten. Oder es frustriert sie, wie der Patient oder Klient gerade selbst mit seiner
Krankheit oder Gesundheit umgeht, wie er in der Vergangenheit
diesbezüglich gehandelt hat oder wie er in Zukunft handeln könnte. Sie können oft noch nicht den Gedanken und die Wahrheit
akzeptieren, daß ihre Patienten letztendlich so behandelt worden
sind, wie sie es selbst in ihrem Inneren gewünscht bzw. durch ihre
Verhaltens- und Glaubensmuster manifestiert haben.

Menschen würden oft gar nicht mehr so schwer erkranken, wenn sie verantwortlicher mit ihrem Leben bzw. den ersten Anzeichen von Krankheiten umgehen würden. Dann würde es so gut wie unnötig werden, die Verantwortung für den eigenen Heilungsprozeß auf jemand anderen zu übertragen und somit einem Arzt oder anderen Menschen soviel angebliche und doch dann oft so manifeste Macht über das eigene Leben oder die eigene Gesundheit zu geben. Noch einmal: Ein Arzt kann niemals einen anderen Menschen gegen dessen ausdrücklichen inneren Willen bzw. dessen innere Zustimmung wirklich heilen. Er kann nur mithelfen zu heilen, und dieses oft nur durch die Macht des Glaubens an seine angebliche Macht als Heiler.

Jetzt, da der Geist an Kraft zunimmt, solltet ihr euch also sehr bewußt darüber sein und sehr darauf aufpassen, welches Glaubensmuster ihr vertretet. Denn zu den jeweiligen Denk- und Glaubensmustern gibt es entsprechende Energieformen und Gesetzmäßigkeiten. Euch sollte also bewußt sein, welchen Gesetzmäßigkeiten ihr euch gerade aussetzt bzw. ihr euch durch eure Glaubensmuster zuordnet und wie ihr euch dann demgemäß verhaltet und anpaßt bzw. abgrenzt und schützt. Es ist also sehr wichtig, die verschiedenen Gesetzmäßigkeiten der diversen Dimensionsebenen zu kennen, sich dann in seinem Glauben festzulegen und sich entsprechend der getroffenen Wahl eindeutig auszurichten.

Wenn ihr zum Beispiel Arzt oder Therapeut seid, wollt ihr ja heilen, und wenn ihr dann zum Beispiel mit einem Krebspatienten zusammenkommt, sollt ihr ihn natürlich nicht aus Angst vor einer möglichen Ansteckung einfach aus eurer Praxis oder aus eurem Leben aussperren oder ihn wegschicken, sondern lieber die verschiedenen Gesetzmäßigkeiten kennen und einfach anwenden. Zumal ein Wegschicken eine nicht wirklich verantwortungsvolle, weil primär aus einer starken negativen, in diesem Fall angstvollen Motivation, begründete Handlungsweise ist. Ein Wegschicken könnte dann oft einen gegenteiligen, für euch nicht wünschenswer-

ten Effekt haben, denn ihr hättet ja kaum so viel Angst vor einer
Krankheit, wenn sie nicht, aus welchen Gründen auch immer, auf
die eine oder andere Art und Weise mit euch zu tun hätte. Ihr wollt
euch aber oft noch nicht dieser Angst oder dem dahinterliegenden
Schmerz stellen und die Gründe eurer Widerstände und eurer Ängste genau anschauen, um sie zu verstehen, aufzulösen und zu heilen.
Und andererseits wird oft *genau das* manifestiert, was mit starken
Emotionen gedacht wird, und zwar egal, ob diese positiv oder negativ sind, denn das Universum ist in dieser Hinsicht bewertungsfrei.

Somit achtet darauf, was ihr ganz stark *nicht* wollt, daß es euch passiert, und heilt dieses, indem ihr die dahinter verborgenen Ängste
erkennt und durch ganzheitliches Wissen und Verstehen auflöst und
erlöst, damit ihr nicht prompt genau das in eurem Leben manifestiert, vor dem ihr solche Angst habt. Wenn ihr euch etwas wünscht
und in eurem Leben manifestieren wollt, solltet ihr dieses genau und
deutlich ausdrücken, ehrlich und von ganzem Herzen, denn ihr zählt
ja vor eurem Weihnachtsmann auch nicht ausgerechnet alles das auf,
was ihr nun partout von ihm *nicht* bekommen wollt, oder?

Ihr könnt euch durch reine Liebe oder durch vollkommenes
Verstehen und Wissen bewußt vor einer unerwünschten Energievermischung mit zum Beispiel einem Patienten schützen bzw. von
ihm abgrenzen. Wenn ihr lernt, wirklich ganzheitlich zu verstehen
und zu verzeihen, dann kann euch *nichts* etwas anhaben oder etwas
gegen euren ausdrücklichen Willen geschehen. Aber wenn ihr mitleidet, euch also während der Behandlung, und was noch wichtiger ist, euch auch noch darüber hinaus über die Maßen mit euren
Patienten oder Klienten vermischt, ist dies im Moment und noch
mehr in der Zukunft sehr gefährlich.

Da es dabei grundsätzlich um Energievermischung geht, kann
es zunehmend ebenfalls sehr unangenehme Folgen für euch haben,
wenn ihr euch in einer leichtsinnigen Art und Weise negative
Fernsehsendungen oder Kinofilme anseht, Bücher lest, Kassetten

anhört, das Internet benutzt, Computerspiele spielt und ähnliches.
Achtet sehr darauf, daß ihr euch dabei nicht auf eine unnötige Art
und Weise mit den dann freigesetzten Energien vermischt, zu sehr
mitgeht oder mitleidet bzw. euch dann hinterher nicht gründlich
genug wieder von diesen Energien trennt.

Umgebt euch vor solchen Aktivitäten am besten immer mit
einem Lichtschutzmantel oder sprecht vorher ein Gebet, in dem
ihr um Schutz bittet, und macht solche Dinge vor allem nur, um
dies als eine Möglichkeit zu nutzen, negative Emotionen und
Traumata in euren verschiedenen Energiekörpern auszuleben, her-
auszulösen und abzuleiten. Macht das so bewußt wie möglich, jed-
wede andere unbewußte Nutzung wäre auf Dauer für euch und
eure Umwelt schädlich, selbstzerstörerisch bzw. unverantwortlich.

Aber bedenkt auch, daß es bei Energievermischungen, bei
Ansteckungen oder bei Anziehungen positiver oder negativer Art
nach dem Gesetz „Gleiches zieht Gleiches an" letztlich nicht wirklich um die äußeren Taten, sondern um die dahinter stehenden,
manchmal auch etwas tieferliegenden wahren Gedanken- und
Glaubensmuster geht! Sogenannte Anziehungen von irgendwelchen
Dingen, Angelegenheiten, Erkrankungen oder sogenannten Zufällen
jedweder Art erfolgen also nie wirklich über eine rein äußere Form.

Wie wäre es sonst zu erklären, daß sich gewisse Menschen bei
sogenannten Epidemien nicht angesteckt haben, obwohl es aufgrund der äußeren Situation und früherer Erfahrungen auf jeden
Fall so hätte sein müssen. Dieser Umstand grenzt dann für euch an
ein sogenanntes Wunder. Für uns ist das kein Wunder, sondern vollkommen logisch. Diese Menschen hatten einfach ein auf unterschiedlichste Glaubensformen aufgebautes, in jedem Fall aber ein
andersgeartetes Energieniveau, ein anderes Energielevel als der
Erkrankte. Sie konnten sich einfach nicht anstecken, da sie an dem
möglichen Ansteckungspunkt einfach nicht da oder anwesend
gewesen und somit einfach nicht erreichbar oder angreifbar gewe-

sen sind. Der Grundglaube, die Grundausrichtung ist also die
Lösung. Die auf diesem Grundglauben aufbauenden, zum Teil
unterschiedlichsten Verhaltensformen, die aber auf ihre bestimmte
Art und Weise alle der großen Wahrheit, dem Großen Ganzen oder
dem göttlichen Plan entsprechen, funktionieren daher auch alle!

Es kommt also auf eure ureigenste Wahrheit an! Und die kann
sich im Laufe eures Lebens auch des öfteren verändern, weil sie sich
erweitert und sich dem Großen Ganzen immer mehr annähert.
Fragt und überprüft euch in dieser Hinsicht also immer wieder:

Was denke ich inzwischen wirklich über eine Sache?

Haben sich meine Ansichten verändert?

Für wen oder was schlägt inzwischen wirklich mein Herz?

Denke ich die Dinge, weil ich es selbst so glaube oder weil es
mir so beigebracht worden ist?

Was wäre so schlimm daran, etwas anders als die anderen zu
sehen oder zu denken?

Hatte denn in der Geschichte der Menschheit immer die
Masse recht?

Welche Wahrheit – und wir meinen wirklich *deine* Wahrheit
und nicht unsere – ist denn die, die *dich* glücklich macht und *dich*
erfüllt? Welche Wahrheit, Botschaft, Mission oder Aufgabe trägst
du in deinem tiefen Inneren *wirklich* in dir?

Wenn du dir diese Fragen beantwortest, dann sei dir bewußt,
daß es im Wertesystem des Großen Ganzen kein „richtig" oder
„falsch", sondern nur „passend" oder „nicht passend" gibt. Das
Urteil, daß etwas gut oder schlecht ist, war eine Zeitlang ein
Bestandteil des Dualitätsspiels hier auf der Erde. Da das Spiel, wie
vor langer Zeit abgesprochen, nun langsam beendet wird, lösen
sich auch die damit verbundenen Spielregeln und dazugehörenden

Begrenzungen langsam auf, und es ist Zeit, das nicht als Strafe oder als etwas Schlechtes zu empfinden, sondern als eine wunderbare Möglichkeit der Transformation und Erweiterung. Akzeptiert, daß das alte Spiel allmählich zu Ende geht und nun ein neues, erweitertes Spiel mit neuen Spielregeln, mit neuen Erfahrungs- und Erweiterungsmöglichkeiten begonnen hat. Viele Freunde des Lichts sind gekommen und werden noch kommen, um euch den Übergang so leicht wie möglich zu machen, wenn ihr es so wünscht und annehmt.

Bestimmte Spielregeln ändern sich jedoch nicht prinzipiell. Jeder Mensch hatte sowieso schon immer die Wahl, sein Leben so zu wählen und zu gestalten, wie er es selbst will. Das und vieles mehr ist jetzt nur noch viel aktiver, schneller und bewußter möglich. Somit ist das Leben, das ihr jetzt habt, ein exakter Spiegel von dem, was ihr bisher gewünscht und manifestiert habt. Wenn euch etwas in eurem Leben nicht gefällt, gesteht es euch endlich ehrlich ein, übernehmt dann die volle Verantwortung dafür und schaut, warum vieles so gekommen ist, wie es nun mal gekommen ist. Oder besser, weil für die Situation passender ausgedrückt: Wie das *alles* einfach geschehen mußte. Und dann ändert das, was euch in eurem Leben stört, einfach nach und nach kraftvoll, voller Liebe, Gottvertrauen und Hingabe um.

Wenn ihr diese Wahrheit wirklich bis zur letzten Tiefe und Konsequenz verstanden habt und das Gesetz von der Selbstverantwortlichkeit dadurch nicht mehr als hart und gefühllos, sondern in seiner tiefsten Tiefe als unendlich liebevoll und den freien Willen eines jeden Individuums achtend erkennen würdet, könntet und würdet ihr automatisch nicht mehr mit Bewohnern der Erde oder mit anderen Wesen blindlings mitleiden.

Wenn dann jemand sagt, daß es ihm schlecht geht und ihr im Gespräch nachhakt, ob er denn bis jetzt schon wirklich alles getan hat, um seine mißliche Situation abzuändern, oder ob er bereit ist, ab jetzt sofort wirklich *alles* Notwendige dafür zu tun, um seine Situation abzuändern, werdet ihr feststellen können, daß dies nicht der Fall war oder ist. Dieser Zusammenhang wird euch vollkommen bewußt, wenn ihr das Gesetz der Selbstverantwortung wirklich verstanden habt.

Denn wenn die Person wirklich *alles* getan hätte, was nicht der Fall gewesen sein kann, denn sonst wäre die Situation der betreffenden Person ja eine ganz andere, würde es ihr jetzt schon viel besser gehen, als es ihr gerade geht. Ihr müßtet dann nur noch feststellen, ob die Person wirklich *jetzt schon* bereit ist, alles zu tun, zu verändern, zu handeln und unter welchen Bedingungen.

Wenn das Wesen, aus welchen Gründen auch immer, dazu noch nicht bereit ist, wäre das auch nicht schlimm, negativ oder verurteilenswert. Ihr wüßtet dann nur, wo ihr und diese Person gerade steht, wie ihr mit ihr dran seid. Ihr könntet dann ohne schlechte Gefühle abwarten, bis die Person sich entscheidet, etwas an ihrer Situation zu ändern. Ihr würdet euch auch nicht mehr wundern, warum die Situation der Person gerade so ist, wie sie dann nun mal logischerweise ist. Ihr würdet dann auch liebevoll Grenzen setzen können, wenn sich die Person einfach nur bei euch über ihre Situation beschweren möchte, obwohl nun für beide ganz klar ist, daß sie in Wirklichkeit so ist, wie sie sie gerade gewählt hat und auch jederzeit abändern könnte, wenn sie es denn so will und manifestiert.

Das ist einer der Schlüssel für ein verantwortliches Miteinander unter euch Menschen und anderen Individuen. Unter diesen Voraussetzungen könnten auch Therapeuten, Ärzte, Klienten und Patienten in einer liebevollen, effektiven, verantwortlichen und ganzheitlichen Art und Weise miteinander umgehen.

Die erste Stufe, auf der ihr der Materie sehr viel Macht über euch eingeräumt habt, löst sich, wie schon mehrfach erwähnt, gerade nach und nach auf. Ihr seid im Moment nicht ganz Fisch und nicht ganz Fleisch bzw. nicht ganz Fleisch und nicht ganz Geist. Deshalb

sind Bücher, Kassetten, Seminare usw., die nur die erste Stufe der
dritten Dimension repräsentieren und denen, auf welchem Gebiet
auch immer, die Annahme zugrunde liegt, daß nur die Materie
Macht über euch hat, nicht mehr wirklich hilfreich oder die letzte
Wahrheit. Sie waren eine Zeitlang gut und passend, aber langsam
werden sie überholt bzw. veraltet sein. So wie es in einem bewußten,
unendlichen Leben mit allem, was euch eine Zeitlang sehr wichtig,
lieb und teuer war, geschieht bzw. geschehen wird, seien es Hobbies,
die Arbeit oder Dinge wie ein Wandschmuck.

Alles unterliegt der Veränderung und dem Wachstum und der sich
langsam annähernden Entwicklung, der Eingliederung, der Verschmelzung mit dem Großen Ganzen, der Quelle, mit Gott oder wie
immer ihr es nennen wollt. Dinge und frühere Handlungsweisen
und Angewohnheiten werden durch diese Entwicklung aber nicht
schlecht oder sind nachträglich schlecht geworden. Sie sind nur überholt und durch etwas ersetzt bzw. erweitert worden, was nun dieser
Zeit, dieser Dimension und dem jetzigen Entwicklungsstand angemessener und somit unterstützender und daher am effektivsten ist.

Das wird logischerweise auch irgendwann einmal diesem Buch
geschehen, es sei denn, es wird über die Jahrhunderte hinweg
immer wieder auf den neuesten Stand gebracht und den neuesten
Entwicklungen und den dazugehörenden Übermittlungsformen
und -stufen angepaßt werden.


*Ernährung*

Auf Dauer wird der Geist den Körper auch ohne materielle
Nahrungsaufnahme allein durch den Äther oder durch reine Licht-
bzw. Lebensenergie ernähren, heilen, verjüngen und erhalten. Als
Zwischenschritt dahin ist es wichtig, sich daran zu gewöhnen und
es zu trainieren, die Nahrungsaufnahme unter energetischen

Gesichtspunkten zu verstehen und zu praktizieren. Das heißt, es wird immer wichtiger, darauf zu achten, was für eine Energiequalität hinter der Nahrung steht, bzw. was für Gedanken und Energien ihr in ein Nahrungsmittel legt. Dementsprechend wird es in Zukunft auch immer wichtiger werden, das zu essen, was man wirklich mag, und nur so viel zu essen, wie der Körper wirklich haben will.

Eure Körper werden in Wahrheit vom Äther oder von Prana, welches euch ständig umgibt und durchflutet, ernährt und erhalten. Jeder von euch hat die Fähigkeit dazu und kann trainieren, sich an diese Tatsache zu erinnern und seinen Körper harmonisch auf diese Art der Nahrungsaufnahme umzustellen. Aber auch wenn man bis in die letzte Konsequenz verstanden hat, daß man Geist ist und der Geist nährt, bedeutet das nicht, daß man sofort aufhören sollte zu essen, denn das Essen hat auf der Erde noch sehr viel mit gesellschaftlichen Normen und Zwängen zu tun. Es gibt auf der Erde zum Beispiel eine Frau, die sehr bekannt bei euch ist *(Jasmuheen: Lichtnahrung, Koha-Verlag, Anm. des Hrsg.)*, und die seid 1993 ohne Nahrung lebt bzw. nur noch dann ißt, wenn sie wirklich Lust darauf hat. Diese Frau wurde immer seltener eingeladen, da sich Leute aus den verschiedensten Gründen in ihrer Gegenwart immer unwohler fühlten bzw. begrenzt reagierten, wenn sie nicht mitaß. Ähnliches ist auch schon anderen Personen mit anderen Talenten, wie zum Beispiel Gedanken lesen zu können, geschehen, und das wird auch noch eine Zeitlang so sein.

Der Effekt ist ähnlich, wenn wir zum Beispiel sagen, daß ihr unserer Ansicht nach für alle eure Mißstände in eurem Leben und für alle Erkrankungen, auch den Krebs, letztendlich selbst verantwortlich seid. Anstatt sich nun über die Chancen der Macht-, Heilungs- und Verantwortungsmöglichkeiten zu freuen, regen sich manche von euch dann lieber darüber auf und empfinden es sogar als eine große Zumutung oder Härte, wenn wir sie mit solchen Möglichkeiten überhaupt konfrontieren.

Ihr könntet das Gesagte statt dessen doch erst einmal in Ruhe zu Ende denken. Ihr könntet dann die zugrundeliegende Logik überprüfen und die dieser Aussage innewohnende tiefe Liebe erkennen. Ihr könntet euch dann noch einmal die in ihr enthaltenen unermeßlichen Möglichkeiten und die unendliche Macht, die das Gesagte auf euer gesamtes Leben hätte, vor Augen führen. Wieviel könntet ihr dann erkennen und verstehen! Ihr müßt das Gesagte oder das als wahr Erkannte ja nicht sofort praktisch anwenden. Ihr solltet es nur als eine von vielen Möglichkeiten, zwischen denen ihr jederzeit frei wählen könnt, akzeptieren und integrieren. Allein das würde schon einen Quantensprung in eurer Entwicklung bewirken.

Was ist also wirklich mit dieser Frau los? Was für ein Problem haben denn nun wirklich manche Menschen mit ihr? Sie lebt euch im Moment doch nur praktisch vor, ohne euch damit weiter zu schaden, daß man auch ohne Essen überleben und dabei sogar noch lebensfroh, Mutter, schön und erfolgreich sein kann. Und trotzdem sind viele Menschen aus den unterschiedlichsten Beweggründen darüber wütend, daß sie es überhaupt wagt, die gesamte Menschheit darauf aufmerksam zu machen, daß es nicht nur theoretisch, sondern wirklich auch praktisch ohne jegliche Gesundheitsstörungen möglich ist, ohne feste Nahrung auszukommen.

Dabei sagt diese Frau nicht, daß jetzt jeder das gleiche machen soll oder muß. Sie beweist mit diesem Verhalten nur, daß es überhaupt möglich ist. Und sie zeigt zusätzlich, daß sich auf diese Art und Weise mit einem dazugehörigen Training viele der Probleme, die mit der angeblich überlebensnotwendigen Nahrungsaufnahme für alle Menschen, Tiere und Pflanzen hier auf der Erde zusammenhängen, nach und nach aufgelöst werden könnten. Statt dessen regt ihr euch lieber auf und stellt diese oder andere Personen dann im Extremfall sogar lieber als Lügner dar, statt erst einmal grundsätzlich über solche Möglichkeiten nachzudenken. Und zwar deshalb, weil viele voraussetzen bzw. große Angst davor haben, daß sie als Folge davon, daß sie anerkennen, daß das jemand kann und es wirklich funktioniert, diese Fähigkeiten dann auch automatisch gegen ihren Willen anwenden müssen. Das entspricht aber nicht den Tatsachen.

Es geht bei den Widerständen vieler Leute also oft gar nicht wirklich um die Tatsache, daß diese Frau keine feste Nahrung mehr zu sich nehmen muß, sondern vielmehr darum, ob sie selbst dann auch mit dem Essen aufhören müssen. Vielen Menschen macht es also einfach schon große Angst, sich überhaupt einmal *Gedanken* um Essen und Trinken und seine Bedeutung für ihr Leben und für ihre Umgebung zu machen und was eine Änderung der Gewohnheiten für Konsequenzen für sie haben *könnte*. Dabei *muß* kein Wesen irgend etwas gegen seinen freien Willen tun. Man kann Erleuchtung zum Beispiel sehr wohl auch mit Nahrungsaufnahme erlangen. Es kommt nur darauf an, wie die innere Haltung zu einer Sache, hier also der Nahrungsaufnahme ist, ob man also die göttliche Wahrheit, die hinter allem verborgen liegt, vollkommen verstanden hat.

Arbeitet erst einmal daran, daß ihr euch langsam bewußt werdet, wie oft ihr Nahrung so einsetzt, daß sie euch schadet. Ihr eßt zum Beispiel häufig noch Dinge, bei denen euer Körper euch oft deutlich genug signalisiert, daß ihm die Art der Nahrung oder aber die Art und Weise der Nahrungsaufnahme nicht guttut. Viele Menschen hören noch nicht genügend auf die Signale ihres Körpers. Ihr eßt zum Beispiel häufig noch weiter, obwohl euer Körper genug hat, ihr also satt seid. Auch essen viele von euch noch zu lieblos, zu hastig, einfach nebenbei, ohne Achtung und Respekt für die Nahrung oder deren Aufnahme, die ja auch, so wie ihr, ein Teil der Schöpfung ist. Ihr nehmt noch häufig Essenseinladungen an, obwohl ihr an dem Tag weder Lust noch richtigen Hunger oder

Appetit habt, euch auch weder das Restaurant noch die Auswahl des Essens dort oder einfach die Art und Weise der Zubereitung der Nahrung dort, und sei es nur in dem Moment, wirklich zusagt. Zusätzlich tragen noch viele von euch Glaubenssätze wie „Ohne aufzuessen, gibt es keinen Nachtisch", „Alle müssen das essen, was auf den Tisch kommt", „Du mußt doch auch mal etwas Anständiges essen" oder „In anderen Ländern sterben Menschen, und du ißt dein Essen nicht auf" usw. in sich. All dies und noch viel mehr hat grundsätzlich etwas damit zu tun, wie ihr mit euch, eurem Körper und der Nahrung umgeht.

Als nächsten Schritt ist es also für die meisten Menschen wichtig, sich bewußt zu machen, *warum* sie *wann welche* Nahrung *wie* zu sich nehmen. Etwas später geht es darum zu trainieren, sie bewußt zu essen, sie zu genießen und in die Lebensmittel das an Energien hineinzulegen, was man hineinlegen will. Dies könnt ihr tun, indem ihr einfach voller Liebe und gut gelaunt esst oder indem ihr die Nahrung bewußt mit Licht reinigt und aufladet. Das alles kann auch unauffällig, allein durch die Anwendung eurer Gedankenkraft geschehen.

Wenn ihr wirklich verstanden habt, daß zur Zeit die Nahrungsaufnahme durch eine grundsätzliche Vereinbarung aller Menschen auf einer bestimmten Ebene für die Aufrechterhaltung eurer körperlichen Existenz auf diesem Planeten steht, und wenn ihr dann noch verstanden habt, daß ihr in Wirklichkeit reiner Geist seid, euch also grundsätzlich dadurch auch durch Geist ernähren und erhalten könntet, und wenn ihr gleichzeitig gelernt habt, mit Nahrung bewußter umzugehen, das heißt, so, daß sie euch durch euren Willen darin unterstützt, in eurem ganzen Sein gesund und heil zu werden und zu sein, dann könnt ihr den nächsten Schritt tun. Dann nämlich könnt ihr lernen, nur noch die Nahrungsmittel zu euch zu nehmen, die ihr auch wollt, unabhängig von irgendwelchen Nährstoffen. Dann nämlich könnt ihr in euer Essen bewußt

hineinprogrammieren, welche Wirkung es auf euren physischen
Körper haben soll. Oder ihr entscheidet euch dann sogar bewußt,
euch nur durch den reinen Geist bzw. vom Äther allein zu ernähren.

Macht euch bewußt, daß man auch ohne Nahrung bzw. deren
Aufnahme glücklich und erfüllt sein kann. Viele Menschen haben
zur Zeit noch zu sehr Angst davor, dann auf etwas verzichten zu
müssen. Materielle Nahrung kann und soll eine Zeitlang noch sein.
Aber überlegt euch doch schon mal, was ihr mit all der Zeit machen
würdet, die ihr gewinnen würdet, wenn ihr nicht mehr essen
*müßtet,* sondern es nur noch tun würdet, wenn ihr es *freiwillig* wollt!

Stellt euch vor, wie es *wirklich* wäre, wenn ihr nicht mehr Essen
und Trinken einkaufen *müßtet,* nicht mehr kochen *müßtet,* nicht
mehr essen *müßtet* und nicht mehr abwaschen *müßtet,* wenn ihr
das alles also nur noch tun würdet, weil es euch erfüllt und Spaß
macht! Überprüft dann bitte auch eure eventuell auftauchenden
Ängste davor, nichts mit der dann freigewordenen Zeit anfangen
zu können, wenn man nicht mehr ißt, trinkt, einkauft, kocht und
abwäscht, und wie einen wohl die Nachbarn, Freunde und Ärzte
anschauen und behandeln werden. Euch würde auch auffallen, wie
oft man sich eigentlich nur zum Essen trifft bzw. wie oft man sich
eigentlich nur beim Essen unterhält. Ihr müßtet euch dann
Gedanken darüber machen, wie man Treffen mit anderen Personen
in Zukunft bewerkstelligen könnte, ohne sich dabei unwohl zu
fühlen, weil man währenddessen nichts mehr mit den Händen,
dem Mund und den Verdauungsorganen zu tun hätte. Zusätzlich
wäre es gut, darüber nachzudenken, wie man dafür Sorge tragen
kann, daß sich Familienmitglieder, Freunde, Geschäftspartner auch
weiterhin in eurer Gegenwart wohl fühlen, obwohl ihr nicht mehr
mit ihnen gemeinsam eßt bzw. nur mit dabei sitzt. Allein solche
Überlegungen zeigen, daß es vorteilhaft ist, wenn man *jederzeit* frei
entscheiden kann, ob und wann man freiwillig wieviel ißt und
trinkt und wann nicht. Auch würde euch bewußt werden, wie oft

ihr die Nahrungsaufnahme als reine Vermeidungsreaktion benutzt, wie das zum Beispiel auch noch oft mit dem Rauchen geschieht.

Das Grausame an dem Beispiel der Nahrungsaufnahme ist nur, daß zur Zeit noch so viele Menschen verhungern, und das, obwohl jetzt schon viele Menschen praktisch vorleben und auch früher schon vorgelebt haben, daß die angebliche Zwangsläufigkeit des Verhungern-Müssens anscheinend doch nicht wirklich am Mangel von Nahrungsmitteln liegen kann. Sie liegt vielmehr an dem Massenbewußtsein bzw. dessen Festhalten an alten Glaubens- bzw. Verhaltensmustern gegenüber der materiellen Nahrungsaufnahme.

Auch hier ist das wahre Problem also nicht wirklich die äußere Materie, sondern der Umgang mit ihr. Selbst wenn es nur an der äußeren Materie läge, würde es auch jetzt schon diverse äußere Möglichkeiten geben, den Hunger auf der Welt sofort zu beenden. Daß auch das nicht schon längst getan wurde, hat seine wahren Ursachen in den inneren, nichtmateriellen Welten und dem Nicht-Ändern-Wollen manch laufender Gedankenprogramme und den daraus resultierenden Verhaltensmustern.

Würde sich etwas *in* den Menschen verändern, indem sie eine Sache wirklich ganzheitlich verstehen, so würde sich automatisch auch ihr äußeres Verhalten der inneren Erkenntnis anpassen. Keiner auf der Erde müßte dann mehr vor Hunger sterben, denn durch einen solchen Bewußtseinswandel würde auch das ethische Bewußtsein erhöht werden. Man würde dann selbstverständlich allen Menschen genügend Nahrung zur Verfügung stellen, die faktisch gesehen *jetzt* schon für alle Menschen, Tiere und Pflanzen ausreichend vorhanden ist. Zweitens würde dann auch automatisch durch diese innere ethische und materielle Veränderung sehr schnell die Erkenntnis wachsen, daß auf Nahrung vollkommen verzichtet werden kann, da auch diese Themen, wie schon Tod und Unsterblichkeit, sehr eng beieinanderliegen. Versteht man das eine, versteht man auch sehr schnell das andere.

Es sind also, genau wie bei dem Thema Patient-Arzt-Verhältnis, hauptsächlich nur die einzelnen Bewußtseins- und dadurch Glaubenszustände und die daraus folgenden Verhaltensweisen wirklich ausschlaggebend. Somit verraten die äußeren Verhaltensweisen natürlich auch sehr viel über die innere Glaubensstruktur und die Glaubensmuster der einzelnen Wesen, Nationen und Welten.

Auf der immer mehr vorherrschenden zweiten Stufe der dritten Dimension ist es sehr viel leichter als früher möglich, ohne materielle Nahrungsaufnahme zu leben, da der Geist immer stärker wirksam wird. Aber wie gesagt, keiner *muß* es tun. Das wirklich praktisch gelebte Wissen, daß letztlich Gott, die Quelle, die Schöpfung euch ernährt und daß ihr ein Teil und Ausdruck davon seid, erreicht ihr vollkommen bewußt zuerst auf der dritten Stufe der dritten Dimension. Auf dieser Ebene seid ihr dem reinen Geist schon sehr, sehr nahe. Auf dieser Stufe würdet ihr *nur* noch das essen, was ihr *wirklich* essen wollt. Auch würdet ihr euch weder durch Atomkraft- noch Sonnenstrahlung oder Rauchen oder irgendwelche anderen materiellen Dinge bzw. Erscheinungsformen beeindrucken lassen, weil ihr dann *genau* wüßtet, daß euch *nichts,* aber auch gar nichts etwas anhaben kann, wenn ihr es nicht so wollt, wünscht oder selbst manifestiert! Auf dieser Stufe wärt ihr sicher, und ihr würdet auch keine Krankheiten bekommen, die ihr nicht haben wollt, oder ihr könntet sie dann sofort wieder umwandeln.

Noch halten sich die meisten von euch auf der zweiten Stufe der dritten Dimension auf. Um diese Stufe zu integrieren und sich auf die dritte Stufe vorzubereiten, ist es notwendig, nach und nach euer Leben auch praktisch umzustellen. Ihr könntet euch in diesem Zusammenhang überlegen, wie es wäre, ohne oder mit viel weniger Schlaf auszukommen. Wie es zum Beispiel wäre, wenn ihr wirklich nur vier Stunden schlaft bzw. schlafen müßtet. Es sind wirklich nur insgesamt vier Stunden zur Körper- und Geistregeneration hier auf

Erden nötig, wenn man überhaupt noch Schlaf braucht. Vorausgesetzt, man ist von vornherein körperlich, geistig und seelisch so entspannt, daß man nicht erst einmal zusätzlich vier Stunden Schlaf braucht, um sich zu entspannen. Allein aus diesem Grund brauchen noch viele Menschen acht Stunden Schlaf oder sogar noch mehr, obschon in der Regel vier Stunden vollkommen ausreichend wären. Weil aber viele Menschen noch so angespannt sind, brauchen sie, wie gesagt, vor dem „wirklichen" Schlaf mindestens noch vier Stunden zur reinen Entspannung oder Vorbereitung. In dieser Entspannungsphase werden nach und nach die einzelnen Kanäle geöffnet, und die Energien werden erst in den folgenden vier Stunden Schlaf in die diversen Ätherkörper und den materiellen Körper eingelagert. Man kann diese vier Stunden „wirklichen" Schlafs natürlich auch gleichzeitig nutzen, um Astralreisen zu machen oder auf andere Planeten zu gehen, usw.

Diejenigen Menschen, die einen Partner haben, könnten sich überlegen, wie es für ihre Partnerschaft wäre, wenn sie sich um 24.00 Uhr zum Schlafen hinlegten, um dann um 4.00 Uhr morgens ausgeruht wieder aufzustehen. Wenn ihr das dann wirklich praktiziert, seht ihr vielleicht die ersten vier Wochen viel fern, dann lest ihr die folgenden Wochen alle Bücher, die ihr lesen wolltet, dann beantwortet ihr sämtliche Post und fangt anschließend an, den gesamten Haushalt zu putzen – und dann kommt irgendwann bei manchen von euch die große Langeweile. Deswegen wollen viele auch gar nicht wach sein, weil sie denken, daß sie dann die einzigen wachen Menschen auf der ganzen weiten Welt sind und sie nicht wissen, was sie mit all der dazugewonnenen freien Zeit wirklich anfangen sollen. Denn das ist der häufigste Grund, warum so viele Menschen und andere Wesen wie zum Beispiel Hunde und Katzen so viel schlafen: pure Langeweile, bzw. weil sie nichts Sinnvolles mit der ihnen gegebenen Zeit anzufangen wissen. Das heißt, sie wissen entweder nicht, wie sie ein für sie erfüllendes und Spaß bringendes

Leben leben können, oder sie haben nicht die Motivation, praktische Schritte dafür zu tun, oder sie können sich nicht vorstellen, daß das alles wirklich möglich ist und ihnen auch zusteht!

Wenn ihr wirklich die Dinge leben würdet, die nicht nur wir vorschlagen, sondern die ja auch zum Beispiel in vielen anderen, nicht gechannelten Büchern *(Ein Beispiel von vielen ist „Sorge Dich nicht – lebe!" von Dale Carnegie, Anm. d. Hrsg.)* stehen, hättet ihr genügend Interessen und Hobbys, denen ihr dann während dieser Zeit nachgehen würdet. Aber das würde euch von anderen Menschen unterscheiden, weil ihr dann sehr erfüllt, glücklich und gesund wärt. Das ertragen viele von euch noch nicht. Stellt euch vor, ihr wärt immer wirklich glücklich, ihr würdet euer Leben wirklich genießen, und zwar jeden Tag. Ihr müßt dies alles nicht tun, aber es ist wichtig, daß ihr euch bewußt macht, daß ihr es aus den unterschiedlichsten Gründen, die ihr aber nur für euch selbst herausfinden und euch eingestehen könnt, nicht tut.

Um die zweite Stufe der dritten Dimension wirklich zu integrieren und die dritte Stufe zu erreichen, müßt ihr bereit sein, euch eure Verhaftungen einzugestehen und dann an ihnen zu arbeiten und sie nach und nach aufzulösen bzw. in reines Licht und reine Manifestation umzuwandeln. Wenn du das im Moment noch nicht willst, was vollkommen legitim ist, ist es wichtig, sich mit den Spielregeln der zweiten Stufe anzufreunden und zu lernen, mit ihnen umzugehen. Es ist zur Zeit, wie gesagt, sehr wichtig, nicht ständig hin- und herzuspringen, das heißt, euch zum Beispiel einerseits Ernährungsbücher zu holen und die ein paar Wochen anzuwenden, dann wieder zu glauben, Sport machen zu müssen, um gesund zu sein, und dann im nächsten Moment zu sagen: Das brauche ich alles gar nicht, ich kann auch mit Licht arbeiten. Auf diese Art funktioniert nichts von all dem richtig. Traut euch, herauszufinden oder euch einzugestehen, an was ihr wirklich glaubt. Für eure Ernährung bedeutet dies: Wenn ihr mit innerem Abscheu

einen angeblich gesunden Bio-Apfel eßt, aber nicht wirklich daran
glaubt, daß es der sogenannte biologische Anbau ist, der ihn
gesund sein läßt, dann solltet ihr es lieber lassen. Dann solltet ihr
unserer Ansicht nach lieber nur Dinge essen, die euch wirklich
schmecken und daher auch guttun und gut bekommen.

Es wäre gut, sich in dem, woran ihr glaubt bzw. glauben wollt, für
einen längeren Zeitraum festzulegen und konsequent danach zu handeln, denn nur dann kann eine Sache wirklich erfolgreich sein und
euch überzeugen. Mindestens sechs Monate sind dazu erforderlich,
besonders gut und überzeugend sind 1–2 Jahre. Der Zeitraum ver-
kürzt oder verlängert sich natürlich je nach dem Umfang eurer ange-
wandten Übungen und Hausaufgaben und der Ausdauer, Disziplin
und dem Glauben und der Grundhaltung, die ihr dabei habt. *(Eine
Sammlung einfacher praktischer Übungen ist in dem Buch „Un-
Mögliches möglich machen" von Beate Bock enthalten. Anm. d. Hrsg.)*
Wenn jemand noch zu sehr an die angeblich gesund- bzw. krank-
machende Kraft von Nahrungsmitteln glaubt, was, wie wir ja schon
vorher mitgeteilt haben, auf der ersten Ebene der dritten Dimension
auf jeden Fall seine Berechtigung hat und auf der zweiten Ebene ja
auch teilweise zutrifft bzw. zugetroffen hat, aber nicht dementsprechend handelt, wird er nach und nach Probleme bekommen. Wenn
sich jemand zum Beispiel dafür entscheidet, nur das zu essen, worauf der Körper Lust hat, und der Körper sagt dann am Ende wirklich wochenlang „Gummibärchen", und er dann Zweifel bekommt,
dem nicht vertraut und befürchtet, krank zu werden, dann ist das
äußerst gefährlich. Wenn ihr zur Zeit noch an das Materielle glauben wollt, ist das jetzt noch möglich, da die Materie noch entsprechend beschaffen ist, und es wäre dann gut, sich auch dementsprechend zu verhalten.

Wenn ihr irgendwann merkt, daß ihr auf die andere Ebene geht,
dann müßt ihr euch bewußt umentscheiden. Wenn sich also jemand
dafür entscheidet, in Nahrungsmittel aller Art, sei es Fleisch,

Alkohol, Obst, Süßes usw., energetisch alles hineinzulegen, was der
Körper braucht, dann sollte er alle Gesundheitsbücher wegtun, um
diese Entscheidung zu bekräftigen. Alle Bücher also, die sagen, daß
man soundsoviel Vitamine, Mineralstoffe usw. braucht, um gesund
zu bleiben, und die zusätzlich behaupten, daß dies dann nur durch
den Verzehr bestimmter Nahrungsmittel erreicht werden kann, solltet ihr dann unserer Ansicht nach aussortieren. Solche Bücher werden euch in dieser Zwischenphase ansonsten negativ programmieren
oder negativ beeinflussen können, weil sie eventuell auftauchende
oder aufflackernde Ängste und Zweifel verstärken und euch dadurch
unnötig verunsichern.

Entweder glaubt ihr, daß Gott euch mit seiner Lichtenergie
ernähren kann, und tut bewußt Schritte in diese Richtung, wie
zum Beispiel täglich ein Musikstück oder Lied mit einer Frequenz
zu hören, welches euch immer wieder an diese Energie erinnert,
andockt bzw. angleicht. Ein anderer Schritt kann sein, daß ihr täglich Gymnastikübungen macht, nicht aus rein sportlichem
Leistungsstreben heraus, sondern um dem Körper zu zeigen, daß
ihr ihn liebt und schätzt. Oder ihr lest entsprechende Bücher,
Artikel oder andere Berichte. Ihr könnt auch Kassetten oder CDs
anhören, also alles Dinge, die euch in eurem Glauben führen und
unterstützen können und sollen.

Oder aber ihr glaubt nicht an diese Möglichkeiten bzw. wollt
noch nichts davon glauben. Dann solltet ihr euch mit dem eben
Genannten auch nicht unnötig befassen, weil es euch dann auch
verunsichern kann. Dann solltet ihr euch an die altbekannten,
gewohnten Dinge halten.

Man muß und sollte auf der neuen Dimensionsebene im übrigen
nicht mehr in der Weise Sport treiben wie früher. Man sollte praktische Übungen für den Körper machen, um ihm, wie gesagt, zu zeigen, daß man ihn liebt. Das heißt, die Muskeln mit Licht, Luft und
Energie anfüllen, um den Geist in die Materie zu senken und den

Körper somit zu erleuchten. Ihr solltet Sport also nicht deshalb
betreiben, weil ihr glaubt, den Körper nur so gesund zu erhalten,
sondern um ihm liebevolle Aufmerksamkeit zu schenken. Auch an
diesem Beispiel könnt ihr sehen, daß sich auf der zweiten Stufe der
dritten Dimension eure innere Einstellung den Dingen gegenüber
manifestiert. Das heißt, 20 verbissene Klimmzüge mit der Haltung,
dem eigenen Körper zu zeigen, wo es langgeht und wer hier das
Sagen hat, bzw. ihm zu zeigen, wie ihr ihn besiegen könnt, werden
ihn auf Dauer krank und schwach machen. Zwei Klimmzüge mit
der Haltung, den Körper liebevoll zu trainieren, erhalten und pflegen zu wollen, machen ihn dagegen gesund und kraftvoll.

Die meisten, die gerade dieses Buch lesen, haben noch einen
physischen Körper. Das heißt, daß es eben noch einen Grund, eine
tiefere Bedeutung hat, mit dem Körper „zusammen" hier zu sein.
Viele von euch haben das Ziel, ihn zu erleuchten, ihn also in andere Ebenen mitnehmen zu können. Das geht aber nur, wenn man
den Körper liebt, respektiert und achtet, indem man ihn zum
Beispiel pflegt und auch anders auf ihn acht gibt. Man zeigt ihm
dadurch, daß man ihn annimmt, versteht und liebt, wie er ist. Kurz
nach diesem wirklichen Verstehen und Annehmen ist es dann auch
möglich, den Körper so zu verändern, wie man es möchte. Es
könnten sämtliche Speckröllchen, Pickelchen, Hängebusen und
krumme Nasen verschwinden, aber, wie gesagt, *nachdem* ihr sie mit
jeder Zelle eures Seins so angenommen habt, wie sie jetzt gerade
sind. *Erst dann* ist es möglich, den Körper zu verändern, weil erst
dann durch die Liebe genügend Licht in der Materie aktiviert werden kann, um den Transformationsprozeß in Gang zu setzen.

Wenn ihr diese Macht entwickelt habt, würdet ihr es allerdings
oft gar nicht mehr machen wollen, denn ihr habt dann ja gelernt,
euch so zu lieben, wie ihr seid, und häufig dadurch auch praktisch
erfahren, warum ihr euch gerade diesen Körper für genau diese
Mission ausgesucht habt. Ihr hattet die freie Wahl, als ihr euch

euren Körper für diese Mission hier auf Erden ausgesucht habt, und ihr werdet wieder die freie Wahl haben, ihn so zu verändern, wie ihr es wollt, wenn es Zeit dafür geworden ist!

Ihr müßt euch damit abfinden, daß sich jetzt die erste Stufe der dritten Dimension nach und nach auflöst und jetzt neue Gesetzmäßigkeiten kommen. Es ist einfach so. Ob nun zum Beispiel Ärzte daran glauben oder nicht, daß nun auch Krebs energetisch ansteckend ist und in bestimmten Fällen auch schon immer ansteckend war, ist nicht unser Problem oder das Problem derjenigen Menschen, die schon längst davon wissen. Es ist einfach so, ob man daran glaubt oder nicht. Wir haben die universellen Gesetze nicht gemacht, wir informieren euch nur über diese Gesetze.

Dieses ist nur eine Information, die, wie bei früheren Entdeckungen auch schon, erst einmal als utopisch abgetan und später dann doch als nachvollziehbar und durch noch zu entwickelnde Gerätschaften auch als beweisbar gelten wird. Die Zeit arbeitet für uns und ist unser Verbündeter, auch wenn die meisten Menschen diese Gesetzmäßigkeiten und Veränderungen zur Zeit noch verdrängen oder sie nicht wahrhaben wollen. Aber es ist jetzt Zeit, daß ihr aufwacht. Wir empfehlen euch, alte Denk- und Verhaltensmuster loszulassen und euch noch mehr dem Neuen zu öffnen und auf die Macht eures Geistes, eures Glaubens und eurer Intuition zu vertrauen. Es gibt wirklich nichts zu befürchten, ihr könnt letztendlich nichts dabei verlieren, sondern nur gewinnen. Denn wenn ihr euch innerlich und durch praktisches Tun auf die Energien der neuen Dimensionsebene ausrichtet, auf euer Herz hört und eine positive, verzeihende, verstehende und klare Grundhaltung habt, könnt ihr auf der zweiten Stufe auch sehr schnell ein erfüllendes und glückliches Leben manifestieren, was dann wieder eine gute Vorbereitung ist für die weitere Entwicklung der Erde zu einem erleuchteten Planeten. So sei es, so ist es und seid gegrüßt!

# 3. Kapitel

# Multidimensionales Sein

*Unterschiedliche Dimensionen auf anderen Planeten*

Wenn man von dem Bewußtseinsstand dieser Raum-Zeit-Ebene und den damit verbundenen Erklärungsmodellen ausgeht, die gerade die Grundlage für unsere Kommunikation sind, kann man sagen, daß jeder hier inkarnierte Außerirdische einen Heimatplaneten hat. Die verschiedenen Heimatplaneten sind unterschiedlich entwickelt, beherbergen unterschiedliche Rassen mit unterschiedlichen Verhaltensweisen, Zeremonien usw. Zudem gibt es auf den jeweiligen Heimatplaneten – so wie auf der Erde – ebenfalls verschiedene Dimensionsebenen. Es gibt beispielsweise auch auf der Venus oder auf Alpha Centauri mehrere Dimensionen. In einer Dimension ist die Venus noch ein sehr wilder Planet. Die Energie des Planeten ist dort sehr männlich, sehr kraftvoll, sehr „erd"gebunden. Auf einer anderen Dimensionsebene ist die Venus wiederum sehr viel weiter entwickelt als die Erde auf eurer jetzt vorherrschenden Dimensionsebene.

Jeder „positive" Außerirdische liebt seinen Heimatplaneten und würde ihn gegen keinen anderen Planeten eintauschen wollen. Er würde seine Heimatwelt in den blühendsten Farben beschreiben, und sie wäre für ihn der wunderschönste Planet. Aber viele von ihnen würden zur Zeit trotzdem nicht da sein wollen, weil dort zum jetzigen Zeitpunkt eben nicht ihr wahres Seelen-Zuhause ist und sie das spüren bzw. einfach wissen. Es ist eben momentan nicht „ihr" Planet, und sie würden dort im Moment auch nicht hinpassen. Zum einen, weil vielleicht gerade andere Dinge für ihre eigene Entwicklung wichtig sind, oder weil sie gerade eine bestimmte Mission, einen bestimmten Auftrag haben, der sie von ihrer Heimat fernhält.

Es ist keine Beurteilung darin enthalten, wenn gerade hier auf der Erde zu diesem Zeitpunkt die verschiedensten Wesenheiten von den unterschiedlichsten Planeten quasi inkognito inkarniert sind. Auch wenn manchmal ein Planet auf den ersten Blick unterentwickelt aussieht, ist er es doch nicht. Oder es ist so, daß gerade dort sehr hochentwickelte Wesen als Führer leben. Manche der sogenannten Aufgestiegenen Meister inkarnieren oder manifestieren sich oft auf nicht so weit entwickelten Planeten, wenn dort gute Lehrer, Wissenschaftler oder andere Wegbereiter gebraucht werden. Das geben wir hier als Erklärung für euch, weil manche von euch am liebsten nur auf den am weitesten entwickelten Planeten sein wollen. Dies entspricht aber nicht dem Verhalten von weitentwickelten Wesen. Diese gehen dorthin, wo sie mit ihren Talenten am nötigsten gebraucht werden und wo es sie nach dem großen Plan, dem alles zugrundeliegt, hinzieht.

Es gibt natürlich auch Momente, in denen wir eine Zeitlang nur Urlaub machen, uns ausruhen, heilen, inspirieren lassen oder für unser eigenes Wohl sorgen. Dieses kann auf den Heimatplaneten, in bestimmten Inkarnationen, Heiltempeln oder ähnlichem geschehen. Dieser Urlaub kann gemacht werden, während wir schlafen oder nur ein paar Stunden am Tag, während wir also gleichzeitig inkarniert sind, oder aber nach eurer Zeitrechnung auch ganze Inkarnationen lang. Denn sogar das Ausruhen kann nach gewissen Gesetzmäßigkeiten notwendig sein. Es gibt so viele Ausdrucksformen des Großen Ganzen und so viele Möglichkeiten der Manifestation.

Es wird auch immer wieder vergessen, daß es Außerirdische wie Sand am Meer gibt, daß es unendlich viele Planetensysteme gibt, die auf verschiedenste Art und Weise auf den verschiedensten Dimensionen bzw. deren unterschiedlichsten Raum-Zeit-Ebenen bewohnt sind. Nur weil die Menschen zum Beispiel andere Planeten ihres Sonnensystems nicht als bewohnt ansehen, heißt das nicht, daß diese Planeten auch unbewohnt sind. Sie nehmen „die anderen" nur oft noch nicht wahr, weil sie entweder noch nicht die Möglichkeit haben, in die Dimensionsebene zu gelangen, in der sie bewohnt sind; oder weil sie ihre Sinne noch nicht so weit entwickelt haben, um die Dinge sehen zu können, die eigentlich jetzt schon vor ihren Augen sind. Euer Mond, die Sonne, der Saturn, der Mars, die Venus, um nur ein paar zu nennen – alle Planeten eures Sonnensystems sind auf die eine oder andere Art bewohnt. Vieles, was die Menschen noch nicht sehen und wahrnehmen können, ist trotzdem real und existiert. Um es noch einmal zu betonen: Ihr könntet vieles davon jetzt schon sehen und wahrnehmen oder spätestens dann, wenn ihr eure Frequenz noch ein klein wenig mehr erhöhen würdet. Denn manchmal seid ihr wirklich schon sehr, sehr nahe! Frequenzerhöhung ist *ein* Schlüssel, Glauben und die Anwendung eurer Manifestationskraft in eurer jetzigen Realität ein anderer, um die Dimensionen zu wechseln und somit gewisse Dinge erst sichtbar zu machen.

### *Der Unterschied zwischen Dimensionen und parallelen Welten*

Es gibt mehrere, einander überlappende Dimensionen. An genau der Stelle, an der der Leser sich gerade befindet, während er diese Zeilen liest, gibt es auch noch andere Dinge, die dort sind oder stattfinden, die er nicht bemerkt, wenn er nicht in der entsprechenden Frequenz ist. Verschiedene Dimensionen unterscheiden sich also hinsichtlich ihrer Frequenz. Frequenzen wiederum sind unterschiedliche Energieformen in unterschiedlichen Ausdrucksstärken. Frequenzen und Frequenzveränderung könnten euch durch das „Beamen" aus der Fernsehserie *Raumschiff Enterprise* bewußt werden: Dabei löst sich jemand „in Luft auf", er entmaterialisiert sich, er wird unsichtbar. Danach materialisiert sich diese Person, dieses Wesen oder der Gegenstand wieder an einem anderen Ort, wird dort also wieder sichtbar.

Innerhalb der dritten Dimension wird die Frequenz also erhöht und dadurch die Konsistenz und das Aussehen der Materie verändert. Die Materie selbst verändert sich also kurzfristig bei diesem Vorgang. Auf dieser neuen Ebene gelten andere Raum-Zeit-Gesetzmäßigkeiten. Auf ihr können dann, wie in den Filmen gezeigt, große Entfernungen augenblicklich zurückgelegt werden. Man kann am Bestimmungsort wieder in die ursprüngliche Frequenz zurückwechseln, und die Materie wird dann in ihrer ursprünglichen Form auf der ursprünglichen Ebene wieder sichtbar, sie rematerialisiert sich also.

Auf der Erde und auf anderen Planeten existieren mehrere Welten übereinander und nebeneinander, und zwar nicht nur, weil es unterschiedliche Dimensionsebenen gibt, die sich durch ihre unterschiedlichen Frequenzen voneinander unterscheiden. Es gibt hier und auch anderswo zeitgleich, also innerhalb *einer* Dimensionsebene mehr Lebensformen, als sich manche von euch vorstellen können oder wollen. So gibt es auf einer Dimensionsebene auf derselben Ebene angesiedelte Parallelwelten.

Im Gegensatz zu den verschiedenen Dimensionen ist der Entwicklungsstand der Wesen in parallelen Welten sehr oft fast gleich. Obwohl die Stufen 1, 2 und 3 innerhalb einer Dimensionsebene im Verhältnis nur wenig voneinander entfernt oder getrennt sind, können sie doch sehr unterschiedliche Ausdrucksformen von Leben hervorbringen. Und doch sind die äußeren Spielregeln immer ungefähr gleich, egal wohin man auf dieser Dimensionsebene geht.

Die Parallelwelten bieten die Möglichkeit, auf einer Dimensionsebene noch weitere unterschiedliche Ausdrucksformen und -stärken zu manifestieren. Sie sind auf eine gewisse Weise auch leichter zu erreichen als andere Dimensionen. Man muß sich dazu nur gewissermaßen nach links oder rechts bewegen und nicht grundlegend sein Gedanken- und Verhaltensgefüge verändern. Ihr könnt

also theoretisch vollkommen „die Alten" bleiben, müßt also nicht
eine zu große Bereitschaft haben, euch verändern zu wollen, und
habt trotzdem die Möglichkeit, in Meditationen oder, wenn ihr
weiter entwickelt seid, mit eurem gesamten Körper ähnliche und
trotzdem andere Ausdrucksformen des Seins im gleichen Raum-
Zeit-Gefüge eurer jeweilig vorherrschenden Existenz kennenzulernen.

Hierbei gibt es auch die Möglichkeit, euch selbst anzutreffen, das
heißt, ihr würdet euch selbst und auch anderen Personen aus eurer
näheren Umgebung, die ihr kennt, liebt oder haßt, in einer anderen Welt begegnen und sie in einem anderen Kontext kennenlernen. Ihr hättet hierbei die Möglichkeit, euch selbst dabei zuzu-
schauen, was geschehen wäre und wie euer Leben weiter verlaufen
wäre, wenn ihr euch in gewissen Situationen anders entschieden
hättet und einen anderen Weg gegangen wärt.

Ihr könnt aber auch euer eigenes Schicksal beeinflussen, entweder dadurch, daß ihr eurem anderen Ich einen Tip gebt, indem ihr
ihm zum Beispiel in dessen Vergangenheit einen Brief zukommen
laßt. Dies könnt ihr entweder nach eurem Verständnis real tun,
indem ihr den geschriebenen Brief zum Beispiel in einem Wald
unter einen Stein legt und uns, die göttliche Gegenwart oder wen
auch immer, darum bittet, ihn an seinen Bestimmungsort zu beför-
dern. Ihr könnt die Botschaften an euer anderes Ich aber auch energetisch übermitteln, was nach unserem Verständnis genauso real,
wenn nicht sogar realer ist, indem ihr den geschriebenen Brief zum
Beispiel verbrennt und uns geistige Freunde dabei bittet, den Inhalt
dem parallelen Ich zu übermitteln, und euch dabei sehr klar und
deutlich vorstellt, daß der Inhalt bei ihm ankommt.

In dieser Botschaft könnt ihr ihm mitteilen, daß ihr in dieser
oder jener Situation wahrscheinlich so und nicht anders reagiert
hättet, wenn ihr selbst dies oder jenes damals schon gewußt hättet. Dabei kann es um berufliche Entscheidungen gehen, um

familiäre Angelegenheiten oder um zutiefst persönliche Erfahrungen. Und da ihr das nun wißt, wollt ihr dieses Wissen jetzt eurem anderen Ich zukommen lassen, damit es eventuell anders reagieren kann – wenn es denn will –, damit sein Leben, also das Leben des anderen Ich dadurch anders und vielleicht schöner und glücklicher verläuft. Diese Methode ist natürlich auch für euer eigenes Leben anwendbar. Ihr könnt zum Beispiel einen Brief an euer vergangenes Ich schreiben und es über positive oder negative Konsequenzen bestimmter Entscheidungen, die ihr in eurer Vergangenheit getroffen habt, informieren. Dies könnte vieles zum Positiven verändern.

Ihr existiert neben eurer jetzigen Form, zum Beispiel als Leser dieser Zeilen, nicht nur in parallelen Welten, sondern natürlich gleichzeitig auch auf anderen Dimensionsebenen. Dort wäre euer Aussehen aber oft schon leicht bis sehr stark verändert, so daß ihr euch äußerlich kaum bis gar nicht erkennen würdet. Ihr würdet euch aber immer allein an der Frequenz, an eurer Ausstrahlung erkennen, und wenn auch kurz nach einer Begegnung, da ihr sie kennt, weil sie im Ursprung ja von euch selbst stammt. Und doch wäre diese Person trotz alledem offensichtlich eine andere, und zwar weil sie sich durch andere Entscheidungen, die auch gleichzeitig noch das Raum-Zeit-Gefüge betreffen, verändert hat. Denn nur durch solche Entscheidungen könnt ihr letztendlich bewußt die Dimensionen wechseln. Sei es, daß ihr durch solche Entscheidungen die letztendliche Relativität von Materie anerkennt; oder selbst die Relativität des Raum-Zeit-Gefüges und der dadurch geschaffenen Möglichkeit, es aufzulösen und zu verändern, was praktisch die tatsächlich angewandte Materialisation, Telepathie, Teleportation und ähnliches beinhaltet. Alles dies sind Dinge, die mit den relativen Auswirkungen von Zeit und Raum zu tun haben bzw. mit der letztendlichen Auflösung und Relativierung dieses Gefüges durch ihre geistige Beherrschung.

Parallele Welten könnt ihr unter anderem in euren Träumen auf-
suchen. Ihr könnt auch gedanklich mit diesen Welten Kontakt aufnehmen und euch zum Beispiel vorstellen, was geschehen wäre,
wenn ihr in bestimmten Situationen eine andere Entscheidung
getroffen hättet. Allein das könnte für euer jetziges Leben sehr
unterstützend sein, denn es könnte euch dahingehend trainieren,
eure jetzigen Entscheidungen daraufhin zu überprüfen, welche
Auswirkungen sie für euer weiteres Leben haben. Euch könnte
dadurch noch bewußter werden, daß ihr wirklich die Verantwortung und Macht über euer Leben habt und, wie ihr es ausdrückt, wirklich eures Glückes Schmied seid.

Ihr könnt parallele Welten auch mit eurem physischen Körper
mittels Teleportation besuchen, was dann beinhaltet, daß ihr die
Gesetzmäßigkeiten des Raum-Zeit-Gefüges beherrscht und eure
Körper durch Frequenzveränderung ent- und rematerialisieren
könnt. Das beinhaltet wiederum, daß ihr dadurch auch Zugang zu
anderen Dimensionsebenen erhaltet und ihr dadurch automatisch
weiter entwickelt wärt als eine parallele Existenz von euch auf dieser Dimensionsebene. Ihr könntet deshalb auch deren Lehrer sein,
so wie es andere Existenzen von euch gibt, die eure Lehrer sind.

Ihr könnt dieses parallele Leben aber auch einfach als Tourist besuchen, einfach weil ihr neugierig seid, und euch dabei zu erkennen
geben oder nicht. Ihr könntet, wenn ihr möglicherweise entscheidet,
diese andere Existenz von euch zu lehren, euch als dessen parallele
Existenz zu erkennen und ihm dann Tips für dessen Weiterentwicklung geben. Ihr könnt euch aber auch nicht zu erkennen geben
und trotzdem eure parallele Existenz durch viele andere Möglichkeiten unterstützen, die euch dann zur Verfügung stehen, wenn
ihr euch zwischen den Dimensionen hin und her bewegen könnt.

Wenn ihr parallele und andere Welten mittels Teleportation
besucht, ist all dies möglich, und alles ist legitim. Allerdings müßt
ihr euer eigenes Leben so sehr lieben, daß ihr gerne wieder in eure

Welt zurückkehren wollt, sonst könnte es passieren, daß ihr den Weg nicht mehr zurückfindet. Andererseits ist es fast unmöglich, diese dimensionsüberschreitenden Fähigkeiten zu entwickeln, ohne gleichzeitig auch gelernt zu haben, sein zur Zeit als Mittelpunkt gewähltes Leben und seine Welt zu lieben.

Eine andere Möglichkeit, parallele Welten oder andere Dimensionen zu besuchen, besteht darin, daß ihr von einem Aufgestiegenen Meister, einem Außerirdischen oder einem anderen weitentwickelten Wesen dorthin mitgenommen werdet. Das geschieht dann in der Regel zu Lernzwecken. Hier möchten wir das Buch *EinsSein* von Richard Bach empfehlen, in dem dies und viele weitere Erfahrungen mit parallelen Existenzen beschrieben werden.

## *Zeittore, Dimensionsschleusen und Zeitlöcher*

Wesen aus weiterentwickelten Ebenen können euch leicht wahrnehmen, aber auch Wesen von niedrigeren Entwicklungsstufen haben oft kurzzeitige Erscheinungen bzw. durch bewußtseinserweiternde Erfahrungen oder durch einen Riß in eurer Dimension Einblicke in eure Dimensionsebene. So haben ja manche Menschen schon Erfahrungen mit Engeln gemacht, was entweder bedeutet, daß sie sich in ihrer Frequenz hochgeschraubt haben oder daß die Engel ihnen entgegengekommen sind. Auch andere Phänomene sind so erklärbar, zum Beispiel Sichtungen von verstorbenen Personen, das Wahrnehmen von Gerüchen, Musik, Gesängen, Ufos, Zwergen und Raum-Zeit-Verzerrungen, wenn zum Beispiel jemand das Gefühl hat, daß sich der Weg, auf dem er geht, langsam aufzulösen oder zu verbiegen beginnt.

Neben vielen anderen Möglichkeiten gibt es auch die, durch *Zeittore* in andere Zeiten auf der gleichen Dimensionsebene zu gelangen. Das kann so geschehen, daß die Menschen in der ande-

ren Zeit euch sehen können, was für euch dann ziemlich unangenehme Folgen haben kann. Oder ihr seid dann unsichtbar, was
euch ermöglichen würde, vieles von dieser Zeitepoche zu lernen,
und euch befähigen würde, eure Geschichtsbücher zu verändern,
zu verbessern oder zu vervollkommnen. Das ist natürlich für die
Wesen „auf der anderen Seite" auch möglich.

In euren Büchern überwiegt sehr oft die subjektive Meinung
eines oder einer Gruppe von Menschen, so daß eure Geschichte entweder falsch, verzerrt oder ungenau aufgeschrieben worden ist. Ein
Adliger im Mittelalter hat eine andere Sicht der Dinge als ein einfacher Bauer und würde eine Begebenheit ganz anders erzählen als
dieser. Auch heutzutage würden ja ein Arbeitgeber und ein
Arbeitnehmer eine Unternehmenssituation völlig unterschiedlich
darstellen. Auch wenn beide Beschreibungen von dem jeweiligen
Standpunkt aus vollkommen richtig sein können, waren oder wären
es zwei vollkommen andere Geschichten. Und in diesen Beispielen
sind nicht einmal absichtliche Manipulationen enthalten.

*Dimensionsschleusen* wiederum ermöglichen euch den Zugang zu
anderen Dimensionsebenen. Ihr könntet eure mögliche Zukunft
oder auf eurer Ebene versunkene Kulturen wie Atlantis oder das
Inkareich besuchen. Avalon ist ebenfalls erreichbar durch Dimensionsschleusen, genau wie das Elfen- und Feenreich. Zeittore
und Dimensionsschleusen, die es jetzt schon gibt und von denen
einige auch schon entdeckt worden sind, was aber verheimlicht
wird, würden euch auch den Kontakt zu hier auf der Erde lebenden Außerirdischen und ihren *hier* stationierten Basen auf und
unter der Erde bzw. dem Wasserspiegel ermöglichen. Aber es befinden sich genügend Außerirdische hier bei euch auf dieser
Dimensionsebene, so daß ihr für eure Weiterentwicklung keine von
diesen Toren bzw. Schleusen bräuchtet!

Daneben gibt es als natürlich auftretendes Phänomen auch noch
*Zeitlöcher,* die sich meistens auch verändern und ungleichmäßig auf-

treten. Manche Menschen verschwinden durch Zeitlöcher und kehren nicht mehr zurück. Zeitlöcher können von sich aus wachsen,
sich verkleinern und verschwinden oder auch veröden und geschlossen werden. Sie können positive und negative Auswirkungen haben.
Sie sind, wie andere natürliche Phänomene, wie zum Beispiel das
Ozonloch, oft eine Reaktion auf andere Ursachen.

### Dimensionssprünge und Zeitreisen

Wenn es Wesen gelingt, Dimensionssprünge zu machen – nicht
Zeitsprünge! –, müssen sie automatisch sehr weit entwickelt sein.
Durch die allgemeine Frequenzerhöhung eures Planeten wird es
euch auf lange Sicht möglich sein, die Dimensionen und
Parallelwelten willentlich zu wechseln. Im Verlauf dieser Entwicklung werdet ihr als Vorstufe auf der jetzigen Dimensionsebene
immer „mobiler" werden. Die Menschen sind sehr kurz davor,
geplante, also gewollte Zeitsprünge machen zu können, ohne dafür
die schon teilweise entdeckten Zeitschleusen oder -tore benutzen zu
müssen. Wir meinen damit vor allem Zeitsprünge auf *einer*
Dimensionsebene. Als eine Möglichkeit – wir können sie hier die
Stufe 1 nennen – „springt" ihr dann zum Beispiel von Deutschland
nach Amerika. Ihr würdet dann in Amerika äußerlich genauso aussehen wie in Deutschland, ihr wärt also nicht gealtert oder in
irgendeiner anderen Form verändert. Man würde diesen Zeitsprung
nur dadurch beweisen oder erklären können, daß diese Personen
oder Dinge eindeutig nicht so lange wie üblich gebraucht haben,
um von Deutschland nach Amerika zu kommen. Nebenbei
bemerkt wäre es natürlich noch ein kleiner Nebenbeweis, daß sie
sich in dem Augenblick des Sprunges vor den Augen anderer, und
das wäre zur Zeit eher eine kleine Gruppe von zumeist
Wissenschaftlern und Politikern, auflösen würden. Es ist ein Zeit-

sprung, weil die Zeit außer Kraft gesetzt wird. Man könnte auch
von einem Zeit-Raum-Sprung sprechen, weil sich die Personen oder
Dinge auch durch den Raum bewegt haben.

Raum und Zeit sind auf eurer Dimensionsebene wie zwei Seiten
der gleichen Medaille. Verändert ihr euer Verhältnis zur Zeit, verändert sich automatisch auch euer Verhältnis zum Raum – und
umgekehrt. Experimente mit Teleportation führen euch über kurz
oder lang zu Zeitreisen, denn auch Teleportationen setzen zumeist
die Zeit außer Kraft. Es liegt auf dieser Ebene alles so dicht zusammen, daß man solche Zusammenhänge in eurer, noch auf eine
begrenzte Sichtweise ausgerichteten Sprache und ihrem oft unge-
nauen oder falschen Gebrauch, kaum noch wirklich harmonisch
trennen bzw. erklären kann, ohne begrenzt oder falsch in den
Erklärungen zu sein. Wenn wir also von Zeitsprüngen reden, sprechen wir davon, daß sich jemand von Amerika, diesem jetzigen
Amerika in dieser Zeit, sofort hierher nach Deutschland in der
gleichen Zeitkonstante materialisieren kann.

Als zweite Möglichkeit – die Stufe 2 – gibt es den Sprung durch
die Zeit, zum Beispiel in die Steinzeit oder in die Zukunft, wie es
ja auch in der Fernsehserie *Time Tunnel* zu sehen ist. Ihr bewegt
euch auf dieser Stufe zwar in der Zeit, bleibt aber am gleichen Ort.
Die Stufe 1 ist leichter zu erreichen, weil dabei nur die Variable der
Materie, also nur ihre Frequenz verändert werden muß. Bei der
Stufe 2 muß die Frequenz der Materie verändert werden und
zusätzlich das Zeitgefüge, was aber an sich dann nicht mehr allzu
schwer ist, wenn man einmal die Stufe 1 erreicht hat.

Beide Möglichkeiten sind in der Tat hier auf der Erde schon in
Arbeit, weil beides wie gesagt eng miteinander zusammenhängt.
Wenn man das eine kann und dann eine Variable ändert, kann
man das andere auch. Aber noch sind die Menschen nicht so weit,
ohne Gefahr für Leib und Seele beide Stufen von Zeitsprüngen
machen zu können. Obwohl schon seit ein paar Jahren ein paar

Dinge, aber auch schon Körper mit mehr oder minder großem
Erfolg von einem Ort zum anderen geflogen sind. Aber noch verschwinden sie nicht aus eurem jetzigen Zeitgefüge, was gut ist, weil
eure Wissenschaftler noch große Schwierigkeiten hätten, sie wieder in dieses Zeitgefüge, das heißt, in eure Zeit zurückzuholen. Um
das zu können, benötigt man noch eine Konstante, die bis zum
heutigen Tag von den Menschen auf der Erde noch nicht entdeckt
bzw. entschlüsselt worden ist.

Bei der Stufe 1 könnte zum Beispiel eine in Deutschland gestar-
tete Person vorher eine Telefonnummer in Amerika anwählen,
dann den „Sprung" machen und in Amerika selbst ans Telefon
gehen. Ihr könnt euch vorstellen, daß das eine leichtere Übung ist,
als wenn sich jemand plötzlich in der Steinzeit wiederfindet und
von dort exakt wieder an den Ort und in die Zeitebene eintreten
soll, von der er gestartet ist. Bei dem ersten Beispiel fliegt er im
Zweifel dann einfach wieder von Amerika aus mit einem Flugzeug
zurück nach Deutschland. Bei dem zweiten Beispiel könnte es für
ihn ziemlich unangenehme Folgen in der anderen Zeitebene oder
Zeitschlaufe haben, wenn noch keine 100%ige sichere Möglichkeit
besteht, zurückkommen zu können.

Als dritte Möglichkeit – die dritte Stufe – könnte jemand von
Amerika nach Deutschland telefonieren und dann in Deutschland
als die gleiche Person sofort ans Telefon gehen und sich dann mit
sich selbst unterhalten. Er wäre dann also nicht für die Zuschauer
vor deren Augen verschwunden, sondern würde sich einfach in
deren Raum-Zeit-Ebene verdoppeln und gleichzeitig durch deren
Raum-Zeit-Ebene reisen. Hier würde ich mich also selbst bzw.
würdet ihr euch selbst anrufen. Ihr könntet auf der dritten Stufe
willentlich zu jeder Zeit an jedem Ort der Welt sein, und zwar in
jedweder Anzahl eures Körpers! Diese Möglichkeit kommt einem
Dimensionssprung am nächsten, bei dem dann auch der materielle Körper vollständig verändert werden kann. Diese dritte Stufe

steht kurz vor dem Dimensionswechsel, die ersten beiden Stufen
sind etwas weiter davon entfernt, obwohl sie sich ab einem
bestimmten Punkt dann auch überlappen können, aber es würde
hier zu weit führen und das Ganze zu sehr komplizieren, wenn wir
hier weiter ins Details gingen.

Alle diese Möglichkeiten stehen Wesen aus der dritten Dimension
offen. Sie müssen dann zwar auf gewissen Gebieten schon sehr große
Fortschritte gemacht haben, dabei aber ethisch nicht unbedingt sehr
weit entwickelt, also automatisch besonders „gute" Wesen sein. Wenn
es jedoch jemand schafft, sich von der vierten Dimension auf die dritte „herunterzuspannen", um euch zu besuchen, könnt ihr davon ausgehen, daß dies ein positives Wesen ist, weil man mindestens das
Christusbewußtsein und höhere Bewußtseinsebenen erlangt haben
muß, um solches tun zu können. Mit dem Erreichen dieser Fähigkeit
ist die göttliche Ethik automatisch mit der Körperlichkeit verbunden,
weil es zu dieser Dimension gehört, daß der Geist vollständig die
Materie überwunden haben muß. Und um das tun zu können, muß
der Geist vollständig auf das Große Ganze/die Quelle/die Schöpfung,
wie immer ihr es nennen wollt, ausgerichtet sein.

Für manche negative Wesen in der dritten Dimension, wie auch
für viele andere, vor allem außerirdische Wesen, ist es gar nicht so
schwer, in der dritten Dimension in Sekundenschnelle von einem
anderen Planeten hierher zur Erde zu springen. Sie wären in
Sekundenschnelle hier und wären vorher auf ihrem Planeten genauso zu sehen wie hier auf der Erde – das ist die Stufe 1. Sie haben aber
noch nicht die Möglichkeit, sich zwischen den Dimensionen hin
und her zu bewegen und werden sie auch niemals erreichen, wenn
sie nicht bestimmte ethische Grundsätze praktisch leben. Sie haben
nur die Möglichkeit, sich in der Horizontalen, innerhalb der dritten
Dimension, zu bewegen. Die meisten sogenannten negativen Wesen
brauchen dazu noch Raumschiffe, nicht alle, aber die meisten. Viele
der sogenannten positiven Außerirdischen, zum Beispiel von den

Plejaden, brauchen für ihre Zeitsprünge eigentlich keine Raumschiffe
mehr, auch wenn sie sie manchmal noch für euch Menschen benutzen, um die Kontaktaufnahme zu erleichtern. Nebenbei gibt es
natürlich auch auf den Plejaden die verschiedensten Dimensionsformen, worauf aber zum jetzigen Zeitpunkt nicht näher eingegangen werden soll, weil auch das euch unnötig verwirren würde.

Die Menschen sind wie gesagt nicht mehr so weit davon entfernt, auch solche Sprünge machen zu können. Es ist nicht so
schwierig, dies zu können oder, wie ihr sagt, ein so großes Wunder.
Die Menschen werden dies wahrscheinlich in 100 Jahren vollständig manifestiert haben, denn die ersten Versuche sind zum Teil
schon geglückt. Die Wissenschaftler bringen das noch nicht an die
Öffentlichkeit, damit sie es erst einmal vervollkommnen können,
weil zum Teil eben noch nicht alle Versuche gelingen.

Es gibt auch Außerirdische, die Zeitsprünge machen und in der
Vergangenheit negative Dinge zum Positiven verändern. Wobei es
hier darauf ankommt, auf welcher Ebene das stattfindet oder stattfinden darf und wieviel verändert werden darf. Es geschieht des
öfteren, daß sogenannte positive Außerirdische sogenannte negative Außerirdische daran hindern, eure Zeitdimension zu euren
Ungunsten zu verändern, wobei es dabei auch zu Kämpfen kam
und es sie teilweise auch noch gibt. Viele Menschen wollen sich
nicht bewußt machen, daß manche negative Formen auch die
Möglichkeit haben, auf der linearen Zeit zum Beispiel in die
Steinzeit zurückzugehen – die Stufe 2 – und dadurch Dinge bzw.
Ereignisse verändern können. So etwas wurde in dem Film
„Zurück in die Zukunft, Teil 2" hier auf der Erde gezeigt. In diesem Film war jemand in die Vergangenheit gereist, um Dinge zu
seinen Gunsten zu verändern, so daß sich seine Gegenwart entsprechend veränderte. Dieser Film ist realistischer, als es sich die
meisten Menschen noch vorstellen können. Sie würden zwar solch
eine auf einer bestimmten Raum-Zeit-Ebene ausgelöste Gegen-

warts- und dadurch auch Zukunftsveränderung kaum bewußt
bemerken, und doch hätte solch ein Geschehen manchmal eine
immens negative Auswirkung auf das Große Ganze.

Deshalb arbeiten wir sehr daran, negative Außerirdische daran
zu hindern, solches zu tun. Positive bzw. ganzheitlich entwickelte
Wesen würden so etwas nicht tun, weil das ein Eingreifen in die
Privatsphäre eines Menschen bedeutet, seinen freien Willen ignoriert bzw. verletzen kann oder in die persönliche Lebenslektion ein-
greift. Stellt euch vor, ein Außerirdischer verändert euer Leben,
ohne daß ihr es wünscht! Gewollte und dann auch bewußte
Veränderungen sind nur in Ausnahmefällen möglich, wenn etwa
ein Wesen darum bittet und es aus verschiedenen Gründen möglich und erlaubt ist – nur dann würden wir das auch tun.

Wenn ihr die Möglichkeit habt, etwas, zum Beispiel euren
Körper, bewußt zu verändern, ist es jedoch meistens so, daß ihr es
dann nicht mehr als notwendig erachtet, dies zu tun. Denn mit
dem Erreichen der Fähigkeit, etwas bewußt nach eurem Wunsch
verändern zu können, habt ihr so viel Verständnis für den großen
Plan und eure eigene Mission entwickelt, daß ihr vieles akzeptiert
und annehmt, wie es ist. Ihr habt dann verstanden, wie alles miteinander verwoben ist und welcher Sinn, welche Absicht hinter all
dem steckt, so daß ihr viele Dinge so sein lassen könnt, wie sie eben
gerade sind. Ihr beginnt dann das Große Ganze und den Sinn der
verschiedenen Lebenslektionen zu verstehen und könnt deshalb
Frieden in eurem Inneren schließen.

Und wenn ihr dann die verschiedenen Dinge in eurem Leben, die
euch vielleicht noch stören, mit eurem Herzen angeschaut habt, werdet ihr selbst wissen, was so akzeptiert und hingenommen werden
darf, soll und gegebenenfalls sogar muß und was wirklich verändert
werden kann, soll und gegebenenfalls sogar muß. Mit solch einem
Bewußtseinsgrad hat man sich dann meistens auch vollständig von
seinem Karma gelöst.

*Persönlichkeitsaspekte*

Nicht jedes existierende Wesen auf der derzeit vorherrschenden
Dimensionsebene hier auf der Erde oder auf anderen Planeten hat
andere, zu seinem umfassenderen Sein zugehörige Persönlichkeitsstrukturen. Ihr dürft nicht vergessen, daß manche Wesen überhaupt nur einmal inkarniert sind und bei dieser einen Inkarnation
gar nicht auf die Erde kommen. Es gibt auf der anderen Seite
Wesen, wie zum Beispiel einen Planetenlogos, die nach und nach
sehr viele verschiedene Persönlichkeitsstrukturen übernommen
haben oder übernehmen. Das heißt, daß sie immer mehr
Persönlichkeitsstrukturen der unterschiedlichsten Wesenheiten in
sich „hinein-integrieren" und dadurch immer umfassender werden.
Diese Wesen tun das, um überhaupt zu solch einem Logos heran-
reifen bzw. solch einen Job ausführen zu können, wobei auch diese Art von Entwicklung oder Arbeit letztendlich nicht wirklich
etwas über den Bewußtseinszustand eines Wesens aussagt.

Die meisten von euch, die dieses Buch gerade lesen, haben 7–12
verschiedenste Persönlichkeitsstrukturen, mit denen ihr euch in
diesem Leben nach und nach verbinden dürft bzw. könnt. Das findet zum Teil bewußt, manchmal auch unbewußt statt, wobei es das
Ziel ist, sich dieser Dinge nach und nach bewußt zu werden und
sie auch bewußt zu erleben.

Diese zu euch gehörenden Aspekte leben in verschiedenen
Zeiten, Dimensionen, Planeten oder parallelen Leben innerhalb
dieser Zeit auf der Erde. Ihr könntet einer anderen Persönlichkeitsstruktur von euch zum Beispiel physisch auf der Erde begegnen.
Ihr würdet sie als einen zu euch gehörenden Anteil erkennen, den
ihr als Teil eures Seins integrieren dürft, damit ihr durch das all-
mähliche Vollständig-werden die Erleuchtung erlangt. Nur durch
die bewußte Aktivierung und Kontaktaufnahme mit diesen verschiedenen Persönlichkeitsstrukturen und die immer bewußtere

Integration dieser einzelnen Teile von euch selbst wird es euch
überhaupt erst möglich sein, die vollständige Einheit zu erlangen.
Es ist jedem von euch in diesem Leben möglich.

Wenn ihr es wünscht, könnt ihr eure Anteile zunächst durch
eine eher äußere Kontaktaufnahme besser kennenlernen, ohne
sofort mit diesen Persönlichkeiten körperlich zu verschmelzen.
Das kann mit den unterschiedlichsten Methoden geschehen: entweder von Angesicht zu Angesicht, indem man sich durch verschiedene Techniken gegenseitig in den anderen Leben bzw.
Dimensionen und Ebenen besucht, oder über bestimmte
Traumtechniken, Ätherschriftverkehr, Astralreisen, Projektionen
und ähnliches.

Ob diese Persönlichkeitsstruktur nicht so weit entwickelt ist wie
ihr, ist unerheblich, denn ihr könnt ihr von einer höheren Warte
aus soviel Wissen, Verständnis und Liebe, das heißt Erleuchtungs-
energien schicken, daß sie sich ausdehnt und wächst. Ihr wißt,
Wachstum kann innerhalb eines Tages, einer Stunde oder einer
Minute geschehen. Es ist nicht von der Zeit begrenzt, außer ihr
definiert euch und euer Leben ausschließlich über die Zeit.

Aber jeder hier, der das Buch liest – denn sonst würde er von diesem Buch nicht „zufällig" angezogen worden sein –, hat einen
höherentwickelten Persönlichkeitsaspekt auf seinem Heimatplaneten, der dort auf seiner Dimensionsebene ein eigenständiges
Leben führt. Jeder von euch kann mit dieser Persönlichkeitsstruktur Kontakt aufnehmen und von ihr lernen, was ein wunderbares und sehr erfüllendes Erlebnis sein könnte. Ihr alle, die ihr das
jetzt lest, seid also zum momentanen Zeitpunkt hier auf der Erde,
auf dieser Raum-Zeit-Ebene, noch nicht so weit entwickelt wie diese andere Person auf dem anderen Planeten. Sogar wenn dieser
andere Planet noch nicht zu den höchstentwickelten zählt, kann er
euch bei eurer weiteren Entwicklung immer noch nützen. Denn
wenn dessen Entwicklungsstand hier auf der Erde erreicht werden

würde, wäre das schon ein sehr großer und ein sehr schöner Schritt für euch alle. Es würde für jeden von euch einen Quantensprung bedeuten.

Bei dem Kontakt mit anderen Persönlichkeitsstrukturen wird jeder Mensch anders gefordert, weil es unterschiedliche Entwicklungsniveaus sowohl der Menschen als auch der Persönlichkeitsstrukturen gibt. Doch für jeden ist das Ausmaß der Herausforderung eigentlich gleich. Denn ob jemand nicht so weit entwickelt ist oder schon sehr weit entwickelt ist, die Herausforderung ist gleich. Der Quantensprung zur nächst höheren Entwicklungsstufe mit ihren auf dieser Entwicklungsstufe gestellten Prüfungen und Anforderungen ist von der jeweiligen Warte aus gesehen gleich groß. Das Gemeinsame ist, daß jeder gewisse Richtlinien gleich anwenden muß, um das nächste Niveau zu erreichen. Denn mit 100%igem Einsatz auf der ersten Stufe erreicht man im Verhältnis einen genauso weiten Sprung wie mit 100%igem Einsatz auf der zweiten oder dritten Stufe. Es ist wie bei einer Treppe, bei der der Stufenabstand gleich groß ist, ob man nun auf der ersten oder auf der letzten Stufe steht. Uns interessiert nicht, wie ihr mit eurem jetzigen Wissen vor fünf Jahren gehandelt hättet, denn natürlich würdet ihr jetzt viele Dinge anders machen. Uns interessiert, ob ihr jeweils im JETZT, auf der Stufe, auf der ihr gerade steht, alles gebt, denn das ist genug.

Verschwendet keine Zeit und keine Kraft darauf, euch zu fragen, was ihr früher hättet tun können oder was ihr später mit eventuell entwickelten Fähigkeiten tun könntet, sondern lebt *jetzt* zu 100 Prozent, denn so kann sich die Vergangenheit nach und nach selbst heilen, und so kann auch eine gute Zukunft erschaffen werden. Denn wenn ihr im Jetzt glücklich seid, werdet ihr automatisch Techniken finden und Dinge tun, um die Vergangenheit zu heilen. Vertraut darauf und lebt ganz im Hier und Jetzt. Denn alles andere ist eine Ablenkung und Vermeidung eures eigentlichen Auftrages. Ihr alle seid es wert, euch von euren „Altlasten", von

alten Schulden zu lösen, auf allen Ebenen zu heilen und somit ein
Lichtwesen zu sein, das sich mit voller Kraft und Aufmerksamkeit
in den Dienst der einen großen Sache stellt.

Haltet euch bitte nicht zu sehr mit euren einzelnen alten Leben
auf. Denn wenn ihr alle alten Leben, in denen irgend etwas angeblich einmal nicht richtig gelaufen ist – denn im Großen Ganzen
hat sowieso alles seinen Sinn und seine Richtigkeit – einzeln reinigen wollt, dann seid ihr in 1000 Jahren noch nicht fertig damit. Es
ist unserer Ansicht nach viel wichtiger, ein Verständnis für das
Große Ganze zu erreichen, und das ist nur möglich, wenn ihr euch
von den Kleinigkeiten des Alltags, denen ihr manchmal so unnötig
viel Aufmerksamkeit schenkt, löst. Es ist erlaubt, sich mit manchen, energetisch wichtigen Leben zu befassen. Wir nennen sie die
Meridianknotenpunkte-Leben, in denen mehrere energetisch für
sich allein gesehene „nicht so wichtige" Leben komplett in ein
Leben münden und dort zusammentreffen. Allein dadurch
gewinnt es dann an Kraft und Wichtigkeit. Es reicht vollkommen
aus, wenn ihr dieses „einzelne" Leben, welches in Wirklichkeit mit-
unter von Hunderten oder auch Tausenden von einzelnen Leben
gespeist wird, bearbeitet, versteht und dann befreit. Dafür gibt es
die verschiedensten Techniken. Das ist unserer Ansicht nach ein
produktives und erfolgreiches Arbeiten mit vergangenen Leben.

Bei vielen inkarnierten Außerirdischen ist es so, daß sie auf
ihrem Heimatplaneten einen Persönlichkeitsaspekt haben, der entweder Künstler oder Wissenschaftler ist oder ein Kommandant ist,
also Führungsqualitäten besitzt. Diese Tätigkeiten könnten bei
einer Kontaktaufnahme auf euer jetziges Menschenleben abfärben
und euch so ein ungeahntes Lern- und Lehrpotential ermöglichen
und großartige Quantensprünge in eurem Sein erlauben. Viele der
Kommandanten versammeln sich zum Beispiel mit ihren
Raumschiffen im All, um an Friedensverhandlungen für die verschiedensten Planeten teilzunehmen, wobei immer ein Abgesandter

von jedem Planeten dabei ist, und dann wird miteinander verhandelt. Und das verbindet euch alle miteinander, daß ihr alle am Frieden in der großen Föderation im Weltall arbeitet, und ihr seid auf der Erde, um auch hier Frieden zu stiften.

Noch einmal: Alle von euch haben einen weiterentwickelten Persönlichkeitsaspekt in einer Künstler-, Wissenschafts- oder Führungs- bzw. Kommandofunktion, der mit euch Verbindung aufnehmen kann und es zum Teil auch schon tun. So wie auch ihr von eurer Seite aus Verbindung aufnehmen könnt, damit ihr seine schon weiterentwickelten Fähigkeiten hier auf der Erde nach und nach durch seine positiven Einflüsse entwickeln könnt. Jeder von euch wird also auf die eine oder andere Art und Weise versuchen, auf den Weltfrieden hinzuwirken. Und je nachdem wie stark der Einfluß eures weiterentwickelten Persönlichkeitsaspektes ist, wird es euch immer mehr am Herzen liegen, daß sich negative Einstellungen wie falsch verstandener Patriotismus oder Egoismus auflösen, und es wird euch immer wichtiger werden, Wissen und die Künste Landesgrenzen überschreitend zu fördern.

Da sich die Erde auf dieser Seinsebene entschlossen hat, das große Spiel der Schule zu beenden, wird es auch zur Auflösung der verschiedenen Landesgrenzen, Sprachen und Währungen kommen, damit die Menschheit nach und nach mit dem Großen Ganzen verschmelzen kann. Keine Angst, es wird immer genügend Raum für die verschiedensten Talente und Neigungen für alle einzelnen Individuen geben. Es ist also nicht der Wunsch oder das Ziel des Großen Ganzen, vollkommen gleich bzw. einheitlich zu werden. Im Gegenteil: In der Zukunft wird es für alle einfacher sein, seinen Talente entsprechend leben zu können. Wenn jemand Musik liebt, wird er mit anderen Menschen Musik machen, üben, sie aufführen, mit ihr experimentieren und sein Musiktalent wirklich ohne jegliche äußere Begrenzungen ausleben können. Also auf eine vollkommen unbegrenzte, urteilsfreie und von äußeren

Umständen vollkommen unabhängige Art und Weise, wie das zur Zeit hier auf der Erde nur sehr selten der Fall ist. Jedes Individuum wird also wirklich genau das so lange machen können, wie es sein Herz begehrt.

Es wird euch auch nach und nach möglich sein, euch an frühere oder zukünftige Leben oder an jetzige Parallelleben zu erinnern. Ihr habt alle die Möglichkeit, das zu tun, wobei es am besten für diejenigen wäre, die mehrere Persönlichkeitsaspekte haben, sich mit weiterentwickelten Aspekten zu verbinden und von ihnen so viel zu lernen, daß die anderen, noch nicht so weit entwickelten Persönlichkeitsstrukturen durch die positive Energie bzw. durch den Lichtschub automatisch unterrichtet und ausgeweitet werden. Das nennen wir effektives Arbeiten.

Ihr könnt bewußt Kontakt mit euren Persönlichkeitsstrukturen aufnehmen. Die meisten spüren eure Kontaktaufnahme am besten während des Schlafes in einem sogenannten Wachtraum oder während einer Regenerations- oder Ruhephase. Es ist auch kein Problem, wenn der andere gerade wach und in einer Aktivitäts- oder Arbeitsphase ist. Es hängt nur davon ab, wie bewußt und wie weit entwickelt ihr oder euer Persönlichkeitsaspekt ist, ob euch die verschiedenen Situationskombinationen noch etwas ausmachen.

Es ist möglich, daß ihr erstens euren Körper im Schlaf zurück-laßt und im Traum in der anderen Dimension erscheint und eine Persönlichkeitsstruktur besucht. Dann ist es möglich, daß ihr zwei-tens euren Körper bewußt verlaßt und ihr sie dann trefft. Wenn ihr so weitentwickelt seid, ist es auch möglich, euch drittens zu ent-materialisieren und euch dort vor eurer eigenen Persönlich-keitsstruktur zu re- bzw. zu materialisieren. Bei allen Beispielen gibt es die Möglichkeit der Programmierung, das heißt, ihr würdet dann nur Kontakt aufnehmen, wenn die andere Person schläft, da das für den Anfang leichter ist. Ab Beispiel Zwei, spätestens bei Beispiel Drei ist es für euch unerheblich, ob die andere Person

wach ist oder schläft. Und da in diesen Beispielen die andere Person
weiterentwickelt ist, wäre es für diese Person unerheblich, ob ihr
sie im wachen oder schlafenden Zustand antrefft, weil sie dann
nicht überrascht ist, wenn ihr vor ihr auftaucht, da sie euren
Besuch schon längst erwartet hat und euch sogar darauf vorbereitet hat. Bei nicht so weitentwickelten Persönlichkeitsstrukturen
muß man weitaus vorsichtiger sein.

Es ist sehr wichtig, die Kontaktaufnahme in einem geschützten
Rahmen zum Beispiel unter der Anleitung eines Lehrers zu trainieren, denn sonst könnte es gefährlich werden. Wenn ihr etwa
gerade in einer niedrigen Frequenz seid und in dieser Frequenz eine
Persönlichkeitsstruktur besucht, die nicht so weitentwickelt ist wie
ihr, seid ihr trotzdem automatisch deren Lehrer und laßt dann
allein durch das plötzliche Auftauchen eurer Person diesem Wesen
Lehren zukommen, egal ob es euch in diesem Moment bewußt ist
oder nicht. Ihr könnt zwar die durch diesen Vorgang oft ausgelöste Liebes-, Verehrungs- und Dankbarkeitsenergie dieser Wesen für
euch annehmen, ihr müßt aber bei solchen Wesen und Frequenzen
immer ein wenig aufpassen, daß sie euch nicht zu viel Energien
abzapfen oder wegnehmen. Das könnte passieren, wenn ihr euch
in einem nicht so ausgeglichenen oder stabilen Zustand befindet.
Wenn ihr dagegen mit einem weiterentwickelten Lehrer Kontakt
aufnehmt, solltet auch ihr darauf aufpassen, daß ihr nicht versucht,
von ihm zuviel Energien abzusaugen. Da er weiterentwickelt ist
und davon weiß, würde er zwar auf sich aufpassen, doch ist es gut,
immer auch von eurer Seite aus verantwortlich und höflich mit solchen Treffen umzugehen. Ihr seid bei diesen Beispielen einmal in
der lehrenden und einmal in der lernenden Position.

Ihr könnt diesen bewußten Kontakt immer mehr trainieren,
indem ihr euch wünscht, in Träumen dorthin zu reisen, indem ihr
Botschaften sendet in Briefen, die ihr verbrennt, indem ihr betet
oder Kontakt aufnehmt von Höherem Selbst zu Höherem Selbst.

Ihr könnt euch auch jederzeit mit einem Schutzmantel gegen die Einwirkung anderer Persönlichkeitsstrukturen schützen, wenn ihr deren Kontaktaufnahme nicht wünscht. Ihr könnt bei anderen, höherentwickelten Persönlichkeitsstrukturen anfragen oder darum bitten – wie sie es auch bei euch tun werden –, ob sie Kontakt aufnehmen möchten. Wenn sie es möchten und es erlaubt ist, tun sie es. Und ihr könnt auch mit einer weniger entwickelten Persönlichkeitsstruktur Kontakt aufnehmen, wenn ihr es wünscht.

Der Kontaktwunsch sollte jedoch immer bedingungslos sein, das heißt, ohne Forderungen an die andere Persönlichkeitsstruktur. Es sollte also bei allen Bitten oder Wünschen immer der göttliche Wille über dem eigenen Willen stehen. Eine weitentwickelte Persönlichkeitsstruktur merkt sofort und sehr genau, mit welcher Absicht und Grundhaltung ihr jemandem entgegentretet.

Macht euch keine Sorge, ob ihr ein Wesen „stören" könntet, wenn ihr versucht, mit ihm Kontakt aufzunehmen. Höherentwickelte Wesen entscheiden immer freiwillig – so wie ihr das natürlich auch könnt –, ob sie Kontakt mit euch aufnehmen. Wenn sie dies wünschen, tun sie es in einer sehr angenehmen und harmonischen Art und Weise. Sendet eine Botschaft aus und bittet bedingungslos, dem Sinn und Zweck eurer Seelen entsprechend, in harmonischer und gesunder Art und Weise. Dann kann nichts Negatives geschehen.

Bei einer Kontaktaufnahme könnt ihr als ein zusätzliches Schutzsymbol ein Kreuz tragen. Das Kreuz ist für viele von euch hier auf der Erde ein Symbol des auferstandenen Christus. Es ist für euch nicht ein Symbol der Kreuzigung, also des Todes, sondern ein Symbol des Versprechens der Auferstehung, also des ewigen Lebens. Dieses Symbol kann sehr viele negative, tiefschwingende Energien während der Tag- und Nachtphasen von euch fernhalten, weil die Energien, die durch das Symbol aktiviert werden, schützen. Sehr hoch entwickelte Wesen können natürlich auch ein

Kreuzsymbol überwinden, aber niedrigere müssen weichen, weil es
durch Jesus, den Christus, einen erleuchteten Meister, als Schutzsymbol aktiviert worden ist.

Ihr könnt natürlich auch andere Schutzsymbole benutzen, entweder weil ihr an ihre Kraft glaubt oder weil ihr wißt, daß sie mit
Positivität aufgeladen sind. Aber vergeßt nie: Das Symbol soll letztendlich euren Glauben und euer Vertrauen in euch selbst stärken.
Es ist niemals das Symbol als solches, das schützt, sondern nur euer
Glauben, euer Vertrauen und eure Kraft, die ihr in es legt. Vergeßt
das niemals!

Es gibt viele Dinge, die wir euch gelehrt haben, lehren und lehren
werden. Damit es euch wirklich etwas nützt und voranbringt, ist es
wichtig, daß ihr beginnt, diese Dinge praktisch anzuwenden!
Vertraut eurem eigenen Gefühl, eurer Intuition, und wenn eure
innere Stimme zu etwas positiv eingestellt ist, also mit ganzem
Herzen „Ja" sagt, wie beispielsweise zu dem Namen eures Heimatplaneten – wie etwa Alpha Centauri, Venus, Plejaden –, dann
benutzt ihn als Symbol, egal ob es euer letztendliche Heimatplanet
ist oder derjenige, der euch im Moment bei eurer Weiterentwicklung
unterstützt. Wenn ihr diesen weiterentwickelten Heimatplaneten
mit einem Symbol am Körper tragt oder ein Symbol des Planeten
schön gerahmt in euer Zuhause hängt, wird euch das im
Unterbewußtsein darin unterstützen, die euch sehr nahe stehende
Persönlichkeitsstruktur anzunehmen.

7–12 verschiedene Persönlichkeitsstrukturen umgeben dich. Eine
davon ist bereits ein Teil von dir, das heißt, du bist schon jetzt mit
einer anderen Persönlichkeitsstruktur verschmolzen. Jeder von euch,
der dieses Buch liest, hat darüber hinaus eine weiter entwickelte
Persönlichkeitsstruktur in sich, die außerirdisch ist und bereit ist,
Kontakt aufzunehmen. Das heißt, *jeder* von euch kann jetzt schon,
wenn er es wünscht, von einer anderen Persönlichkeitsstruktur
Dinge lernen, die für diese Welt im Moment wichtig sind. Denn

viele von diesen Wesen wissen und erinnern sich mehr, als viele von
euch es momentan hier auf der Erde tun, wobei die Möglichkeiten
sich zu erinnern an beiden Orten gleich sind.

Wir möchten in diesem Zusammenhang aber noch einmal betonen, daß diese Persönlichkeitsstrukturen keine fremde, außerirdische Macht sind, sondern sie sind Teile von dir. Daher ist es
wichtig, mit ihnen auf Dauer – die Zeitpunkte legst du fest – zu
verschmelzen, um endgültig „Eins" zu werden, oder anders ausgedrückt: um in die Einheit zurückzukehren. Werdet euch langsam
bewußt, daß dann nicht nur irgendeine Persönlichkeitsstruktur mit
dir Kontakt aufnimmt, die weiter entwickelt ist als du, sondern daß
du sehr viel mit dieser Persönlichkeit zu tun hast, daß du letztendlich *sie* bist, weil sie schon immer ein Teil von dir war, ist und sein
wird. Es gibt zwar gleichzeitig unterschiedliche Persönlichkeitsstrukturen, sie haben aber immer das Ziel „EINS" zu werden, also
zu verschmelzen. Das ist einfach so und wird immer so sein bis es
endlich vollständig geschehen ist!

Die Integration eines Persönlichkeitsaspektes kann sehr unterschiedlich geschehen. In einem Fall kann sich euer materieller
Körper vollständig auflösen, bzw. vollständig zu Licht werden. Das
kann zur Folge haben, daß ihr dann im Tagesgeschehen bewußt
eure Frequenz senkt, um euer Leben nach außen normal fortzu-
führen und nur nachts alchimistisch oder in anderer Weise tätig
werdet. Das bedeutet, daß in diesem Fall eure Familien nicht ein-
geweiht sein müßten, aber es, wenn gewünscht, sein könnten.

In einem anderen Fall könnte mit dem Verschmelzungsprozeß
eure Aufgabe hier auf Erden auf einer oder allen Dimensions- und
Bewußtseinsebenen beendet sein, und ihr verlaßt euer Leben und
eure Familie mit einem bewußten und sehr lichtvollen Erleuchtungs-
Aufstieg. Das gibt den Zurückbleibenden die Gewißheit und den
Trost, daß es euch gut geht, und daß sie nicht wirklich und nicht auf
Dauer verlassen worden sind. In einem anderen Fall wiederum ver-

ändert sich nach einem Erleuchtungserlebnis „nur" euer gesamtes
Leben. Es kommt dann darauf an, auf welcher Entwicklungsstufe
ihr vor diesem Prozeß gestanden habt und wie weit die integrierte
Persönlichkeitsstruktur mit ihrer Frequenz, das heißt, mit ihrem
Wissen und mit ihrer gelebten Liebe entwickelt gewesen ist. Es kön-
nen dann plötzlich Fähigkeiten und Talente wie Hellsehen,
Telepathie, Sprachbegabungen, besseres Seh-, Geschmacks- und
Hörvermögen, Fähigkeiten zu Zeit- und Dimensionssprüngen ent-
wickelt sowie Spontanheilungen ausgelöst werden.

Ihr könnt also sehr viel von dem Kontakt mit einer weiterentwickelten Persönlichkeitsstruktur profitieren – und sie von euch!
Es gibt auch Wesen, die noch nicht so weit entwickelt sind, und
auch von denen könnt ihr viel lernen, sei es ein besonderes Talent,
sei es Herzenswärme oder eine besondere Sicht der Dinge, die euer
Herz berührt. Auch ihr könnt ihnen sehr viel geben, wenn ihr
bereit seid, sie liebevoll zu lehren. Die Position des Lehrens ist für
euch wichtig, und ihr werdet das in Zukunft häufiger tun dürfen,
um auch diesen Wesen Unterstützung zu geben, denn sie werden,
so wie ihr es früher getan habt, vor euch sitzen, euch anschauen
und lernen wollen. Sie sind noch nicht so weit entwickelt, um es
ganz allein schaffen zu können. Und auch sie sind Teile von euch,
die geliebt, gehegt und integriert werden dürfen.

Um ganz bzw. vollständig zu werden, müßt ihr auch lehren, denn
sonst werdet ihr nicht das Christusbewußtsein erlangen. Man kann
auf Dauer nicht nur nehmen, man muß auch bereit sein zu geben.
Deswegen ist es unendlich wichtig, die eigenen Werte anzuerkennen, um überhaupt entdecken zu können, was ihr lehren könnt, wo
also eure Stärken liegen, die ihr anderen vermitteln könnt. Nicht
jeder hat Schwierigkeiten, sich *lernend* und demütig nach „oben"
auszurichten, manche haben eher Schwierigkeiten, sich *lehrend* und
selbstbewußt nach „unten" auszurichten. Einige von euch würden
unendlich gern immer nur Lernende bleiben nach dem Motto: Ich

bin so klein und so dumm. Ich muß ständig weiter belehrt werden. Andere von euch sehen dagegen überhaupt nicht ein, daß sie noch lernen müssen. Auch das gibt es. Beides, lernen und lehren, ist wichtig, um in seiner Entwicklung weiterzukommen.

Auch die weiterentwickelten Persönlichkeitsstrukturen, die mit euch sprechen – auch ich/wir –, haben immer noch einen Lehrer oder mehrere Lehrer über sich. Und trotzdem schmälert das nicht eure Erfahrung, wenn sie ihr Wissen an euch weitergeben, weil es für euch immer noch ein höherentwickeltes, also über euch stehendes Wesen ist, das auf jeden Fall mehr bewußtes Wissen hat als ihr.

Manche von euch wollen immer gleich bei den höchsten Wesen anfangen und mit ihnen Kontakt aufnehmen. Vielleicht ist das Wesen, das euch jetzt gerade lehrt, noch Schüler eines solchen hohen Wesens. Aber vielleicht braucht ihr gerade noch das Wissen dieses jetzigen Lehrers und könnt von ihm profitieren. Und vielleicht wärt ihr noch von dem Wissen und den Energien eines höheren Wesens überfordert, da ihr in eurer eigenen Entwicklung noch nicht in dessen näherem „Einzugs- oder Wirkungsbereich" angekommen seid. Euer Lehrer, der vielleicht noch ein Schüler dieses höheren Wesens ist, ist als Lehrer für euch nicht schlechter, sondern in diesem Fall sogar besser, passender, weil er euch angemessener ist. Er versteht euch oft noch besser, kann sich euch besser anpassen, da er eurer Art zu denken, zu sprechen und zu fühlen noch näher ist und euch dadurch, natürlich nur mit eurer Mithilfe, leichter auf die nächste Ebene hochhelfen kann. Während er euch lehrt, lernt er selbst und entwickelt sich weiter, und irgendwann hat er die Stufe seines Lehrers erreicht und kommt auf dessen Stelle.

Das heißt jedoch nicht, daß dann automatisch eure Lehrzeit bei diesem Lehrer vorbei ist. Vielleicht wird die Lehrzeit nur kurz unterbrochen. Vielleicht macht ihr nach einer kurzen Pause genau dort weiter, wo ihr beim letzten Treffen aufgehört habt, oder fangt einen ganz neuen Entwicklungsabschnitt an. Vielleicht erkennt ihr euren früheren Lehrer gar nicht mehr bewußt wieder, denn er hat sich ja ziemlich stark in seiner Frequenz verändert. Früher kanntet ihr ihn unter einem bestimmten Namen, auf seiner nächsten Entwicklungsstufe hat er vielleicht einen anderen Namen angenommen. Und eventuell findet er es aus den verschiedensten Gründen auch nicht besonders wichtig, euch über die Tatsache, daß ihr euch schon früher gekannt habt, aufzuklären, denn letztendlich ist in ihm auch noch der frühere Lehrer enthalten. Der frühere Lehrer bleibt für immer in dem höheren Wesen integriert, und zwar in Form einer einzelnen, feststehenden Persönlichkeitsstruktur.

Zusätzlich kann es sogar sein, daß der in einem höheren Wesen integrierte Lehrer als euer wirklicher Lehrer von früher zeitweise anstelle dieses höheren Wesens mit manchen Menschen oder anderen Wesenheiten Kontakt aufnimmt. Wobei alle sich letztlich zu diesem hohen Wesen entwickeln werden und natürlich zu noch mehr. Es geht immer höher und höher, bis wir alle wieder in dem Großen Ganzen verschmolzen sind, bis wir alle wieder EINS geworden sind.

Natürlich könnten sich sehr weitentwickelte Wesen auf die Frequenz des euch angemessenen Lehrers herunterspannen, so daß sie genauso wie sie wären und auch so denken und sprechen könnten. Aber warum sollten sie das tun, wenn auch andere Lehrer, die sich euch nicht erst in der Frequenz anpassen müssen, die für euch wichtigen und passenden Botschaften übermitteln können? Denn ihr vergeßt oft, daß auch dieser Lehrer ein Teil eines höherentwickelten Wesens ist – so wie auch ihr ein Teil eines höheren Bewußtseins seid –, und somit ist er nicht schlechter oder besser. Es gibt nur passende Lehrer, nicht gute oder schlechte.

Deshalb hört bitte auf, immer gleich zur höchsten Kraft, zum machtvollsten Lehrer oder was auch immer gehen zu wollen. Setzt nicht automatisch voraus, daß ein Lehrer, bei dem ihr manchmal Stunden braucht, um überhaupt einen Satz zu verstehen, in dem Moment auch der beste, also passendste Lehrer für euch ist. Dann benutzt diese Stunden lieber dazu, angemessen, effektiv, lustvoll und nutzbringend für euch zu lernen.

Außerdem bedenkt, daß ein Lehrer nicht unbedingt wirklich weit entwickelt sein muß, nur weil er auf den ersten Blick manchmal so wirkt und kompliziert und für euch unverständlich daherredet. Und nur, weil sich ein Wesen zum Beispiel Saint Germain nennt, muß es nicht wirklich Saint Germain sein. Überprüft mehr, *was* gesagt wird und wie sich die Frequenz oder Energie dabei für euch anfühlt. Daran werdet ihr die wahren oder die für euch passenden Lehrer erkennen.

Ihr lernt bei den passenden Lehrern angenehm und weitgehend angstfrei und habt doch das Gefühl, daß ihr langsam, aber sicher vorankommt. Eure Lehrer sollten euch dabei immer ein kleines Stückchen voraus sein. Zu einem Lehrer, der euch zu weit voraus ist, könntet ihr aus einem Gefühl der Hoffnungslosigkeit heraus auf Dauer den Kontakt verlieren, weil ihr glaubt, daß ihr ihn niemals einholen oder jemals so gut oder weit sein könntet wie er oder sie. Auch empfehlen wir, das Gesagte oder Gelernte immer wieder regelmäßig mit gleichgestellten Menschen oder Wesen auszutauschen, miteinander zu teilen und praktisch anzuwenden. Das alles ist für den Lern- und Lehreffekt sehr hilfreich und effektiv. Ihr solltet am besten nicht mit jemandem trainieren, der nicht den gleichen Entwicklungsstand hat wie ihr und deshalb nicht wirklich unterstützend für euch sein kann. Ihn sollte man in dem Moment besser lehren.

Und einem Lehrer oder einer Lehrerin, welche ihr, aus welchen Gründen auch immer, ab einem gewissen Zeitpunkt für euch als überholt, als nicht mehr passend erachtet, solltet ihr danken, sie ehren und dann friedvoll ihrer Wege ziehen lassen. Ihr solltet euch liebevoll und verantwortungsvoll von ihnen trennen und dann euren eigenen Lebensweg voller Vertrauen, Hingabe und Mut weitergehen. So einfach ist das.

# 4. Kapitel

# Wer inkarniert wie und warum?

*Der Unterschied zwischen Menschen und Außerirdischen*

Die Tatsache, daß Außerirdische hierher zur Erde kommen, um die Menschen bei ihrer Weiterentwicklung zu unterstützen, wird von den Menschen häufig einseitig bewertet: Auf der einen Seite stehen die wunderbaren, vorbildlichen Außerirdischen und auf der anderen Seite die armen, unterentwickelten Menschen. Wißt, daß eine solche Sichtweise nicht der Wahrheit entspricht. *Letztendlich* gibt es keinen Unterschied zwischen den verschiedenen Ausdrucksformen der Schöpfung, denn in allen Wesen existiert als Kern der gleiche göttliche Funken.

Wie wäre es, *alle* menschlichen Lebewesen auf dem Planeten Erde als Außerirdische zu sehen, denn kein einziger Mensch kommt hier von der Erde. Alle Wesen, ob ihr sie nun als Menschen oder als Außerirdische bezeichnet, haben eine Seele, und die Seele ruht in Gott, der Quelle, dem Ursprung allen Seins. Sie ist nicht gebunden an irgendeinen Planeten oder an irgendeinen Zeitabschnitt. Sie existiert jenseits von Raum und Zeit. Sie ist weder irdisch noch außerirdisch, sie ist eher „überirdisch". Es ist unmöglich, mit euren Worten wahrhaftig zu übermitteln, was die Seele ist. Das kann nur von jedem selbst erfahren und letztlich nur durch diese Erfahrung wirklich verstanden werden.

So haben einige Seelen entschieden, sich überhaupt nur einmal auf der physischen, dreidimensionalen Ebene zu inkarnieren, um sie zu verstehen und zu integrieren. Wenn diese Seelen die vollständige Erleuchtung oder Auferstehung auf einem anderen Planeten vollendet haben, könntet ihr sie zwar als Außerirdische bezeichnen, im weitesten Sinne sind sie es aber nicht. Ebenso bezeichnen wir keinen Menschen als außerirdisch – was er aus unserer Sicht ja wäre –, wenn dieser seine Auferstehung hier auf der Erde vollendet hat. Wir schauen auf den Entwicklungsstand eines Wesens, und wenn es die vollständige Erleuchtung erlangt hat, fragt keiner danach, woher es kommt, denn nur die Seelenqualität ist wichtig, und diese ist nicht an Raum und Zeit gebunden.

Nur ein kleiner Teil der Seelen inkarniert ausschließlich auf der Erde. Die meisten Seelen inkarnieren viele Male auf der Erde und auf anderen Planeten, wobei sie Erfahrungen auf sehr unterschiedlich weit entwickelten Planeten sammeln. Es können Planeten darunter sein, die so weit entwickelt sind, daß die Bezeichnung Energiesystem passender ist, weil die materielle Ebene dort schon so sehr vergeistigt ist. Auch kann sich ein Aspekt eurer allumfassenden Seele, der in einem weitentwickelten System inkarniert ist, aus den verschiedensten Gründen dafür entscheiden, gleichzeitig auch hier auf der Erde zu inkarnieren. Die weitaus meisten Menschen tragen also sogenannte außerirdische Erfahrungen in sich. Der einzige Unterschied zwischen den inkarnierten Menschen besteht unserer Ansicht nach darin, inwieweit sie sich dieser außerirdischen Erfahrungen bewußt sind.

Wir betrachten es als unsere Aufgabe, die Menschen in ihrem harmonischen Wachstum und auf ihrem Weg, die Wahrheit ihres Seins zu erkennen, zu unterstützen. Zu Beginn seines Wachstums erfährt ein Mensch zum Beispiel, daß er noch ein anderes, zweites Leben hat. Dann kommt später die Information hinzu, daß er mehrere vergangene Leben hatte. Danach erfährt er, daß er sowohl vergangene als auch zukünftige Leben hat. Im Laufe seiner Bewußtwerdung erkennt er dann, daß er *gleichzeitig* mehrere Leben lebt und zum Beispiel sowohl Häftling als auch Wärter, Täter und Opfer war oder gleichzeitig auch ist oder sein wird. Je nach seiner Entwicklung integriert er dann auch die Information,

daß er hier auf der Erde auf mehreren parallelen Ebenen und in
verschiedenen Dimensionen existiert. Und danach kommen
noch andere Planeten mit ihren unterschiedlichsten Reifegraden
und Dimensionsebenen hinzu. Im Verlauf dieser Bewußtseins-
erweiterung wächst in dem Menschen die Erkenntnis, daß er
sogar die Inkarnation eines bekannten oder berühmten Menschen war, ist oder sein wird, oder daß er die Inkarnation eines
weiterentwickelten, außerirdischen Seelenaspekts ist. Am Ende
dieses Prozesses steht in jedem Fall die vollständige Erkenntnis
eures wahren Seins und das Verschmelzen mit dem Großen
Ganzen.

Wenn wir von Menschen und Außerirdischen sprechen, tun wir
dieses also meistens, um Menschen, die sich allmählich daran erinnern, daß sie außerirdischen Ursprungs sind, von Menschen, die
sich zur Zeit noch nicht daran erinnern, zu unterscheiden. Ihr alle,
die ihr dieses Buch lest, seid Menschen, da ihr hier als Mensch
inkarniert seid. Und gleichzeitig seid ihr noch weitaus mehr als ein
Mensch. Je nach Erfordernis in eurer persönlichen Weiterentwicklung ist es manchmal wichtig, euch an euer Mensch-Sein
zu erinnern, und manchmal ist es wichtig, euch an euer mehrdi-
mensionales Sein zu erinnern.


### *Warum Außerirdische auf der Erde inkarnieren*

Es hat in der Tat schon immer Außerirdische gegeben, die sich
hier inkarnieren, und es kommen immer mehr Außerirdische aus
weitentwickelten Systemen auf die Erde. Die Zeit ist gekommen,
in der es notwendig ist, der Erde und den Menschen bewußte
Unterstützung zu geben. Viele Wesen kommen inzwischen hierher,
weil sie etwas zu geben haben. Sie haben auf anderen Planeten
schon hohe Fähigkeiten entwickelt und wunderbare Dinge voll-

bracht, die auf der Erde bislang noch nicht vollbracht worden sind, die nun aber auch hier geschehen können, geschehen werden und die jetzt auch schon geschehen.

Wenn es einem Planeten nicht gutgeht und er Hilfe braucht und dieser Ruf durch Gebete ins All gesandt wird, dann werden Wesen auf weiterentwickelten Planeten, die diesen Ruf hören, euch natürlich unterstützen. So würdest auch du handeln, wenn ein Mitmensch dich um Hilfe bitten würde, oder? Was wir geben können und dürfen, geben wir aus vollstem Herzen.

Als eine Möglichkeit der Hilfestellung sind viele Außerirdische bereit, sich zu inkarnieren. Früher war es so, daß inkarnierte Außerirdische meistens keine Notwendigkeit sahen, sich während der Inkarnation auf der Erde zu erinnern, da die Erde und die Menschen noch nicht so weit entwickelt waren und weitentwickeltes außerirdisches Wissen keinen fruchtbaren Nährboden gehabt hätten. Zur Zeit ist es dagegen immer öfter so, daß viele Außerirdische inkarnieren, um sich zu gegebener Zeit an ihren außerirdischen Ursprung zu erinnern, um dadurch ihre Fähigkeiten zu aktivieren und sie praktisch vorzuleben, damit die Menschen dann von ihnen lernen können. Im Vergleich zur unendlichen göttlichen Gegenwart ist ein Erdenleben für uns – und eigentlich auch für euch Erdenmenschen, wenn ihr es erkennen würdet – nur so lang wie ein Wimpernschlag. Sie sind bereit, für einen „Ausflug" hierher zu kommen, um bestimmte Erkenntnisse und Lernschritte weiterzugeben und sie auf der Erde zu integrieren oder sie vorzubereiten, damit sich der Samen zu gegebener Zeit entfalten kann.

Viele Völker und Menschen lernen nicht besonders gut oder dauerhaft, wenn ihnen etwas von außen aufgezwungen wird oder wenn ihnen zu viel auf einmal von einer – aus ihrer Sicht – sogenannten höher stehenden Persönlichkeit gezeigt wird, wenn sie also das Gelernte oder angesammelte Wissen nicht weitgehend selbst entdeckt und erfahren haben. Das heißt also, daß die meisten Menschen in Wirklichkeit nur dann effektiv lernen, wenn sie von einem anderen, gleichgestellten Menschen Erkenntnisse annehmen, sie dann praktisch anwenden und somit das Erdgeschehen dauerhaft verändern. Oftmals findet deswegen diese Maskierung in einer menschlichen Inkarnation statt.

Es ist nicht damit getan, einem Menschen seine Hilfe aufzuzwingen oder gewisse Dinge zu forcieren, wenn er noch nicht bereit dazu ist. Manche von euch können das noch nicht vollständig verstehen und akzeptieren. Sie interpretieren das aus einem Mißverstehen heraus sogar manchmal als Lieblosigkeit und Härte. Aber wißt, daß Hilfe, die nur angenommen wird, weil sie von einem angeblich höherstehenden „offiziellen" Außerirdischen stammt, auf Dauer nicht die gewünschten Resultate erbringen wird, wenn ihr Menschen noch nicht bereit seid, die volle Verantwortung für euch und euren Heimatplaneten zu übernehmen. Der innere Wunsch nach echter, tiefer Veränderung muß vorher in euren Herzen entstanden sein, erst dann können wir effektiv helfen – auch offiziell als Außerirdische.

### Unterschiedliche Formen der Inkarnation

Außerirdische inkarnieren auf sehr unterschiedliche Weise auf der Erde. Eine Form ist, daß ein Außerirdischer als Walk-In in den Körper geht. Das heißt, die Seele eines Erdenmenschen hat, aus welchen Gründen auch immer, entschieden, den Körper, die äußere Hülle zu verlassen. Im Moment des eigentlichen Todes kommt in diesem Fall ein Außerirdischer in den Körper hinein, so daß der Körper weiterlebt, als ob nichts geschehen wäre. Das heißt also: Die „menschliche" Seele verläßt den Erdenmenschenkörper und die „außerirdische" Seele geht in diesen Körper hinein. Bei manchen Körperwechseln bleibt dann sogar nur die äußere Hülle des Menschen erhalten. Das Innere, unter der Haut sozusagen, ist dann vollkommen außerirdisch, was ein Arzt auch feststellen könnte. Diese Wesen gehen jedoch entweder zu keinem Arzt, oder sie gehen zu eingeweihten Ärzten.

In beiden Fällen erinnert sich der betreffende Mensch vor diesem Seelen- oder Körperwechsel meistens nicht an etwas Außerirdisches. Eine Ausnahme bilden da sehr hochentwickelten Wesen, die sich ihrer vergangenen, jetzigen, parallel laufenden und zukünftigen Leben voll bewußt sind.

Bei einem Seelen-Walk-In geht die Seele des Außerirdischen von seinem ursprünglichen Körper zu dem menschlichen Körper über, häufig für den Rest der Lebenszeit des neuen Gastkörpers. Das heißt, daß er bei diesem Körperwechsel seinen früheren außerirdischen Körper verliert, dieser also stirbt. Es geschieht aber auch, daß ein vollkommener, nämlich beidseitiger Seelen- und Körperwechsel stattfindet, daß also auch ein Wechsel von der Seele des Menschen zum Körper des Außerirdischen stattfindet. Das wiederum kann entweder für eine kurze Zeitspanne geschehen oder aber auch für die restliche Lebenszeit des jeweiligen Gastkörpers. Dieser Vorgang kann von einer hochentwickelten Seele beliebig oft wiederholt werden – sie kann also eine Zeitlang von Körper zu Körper springen.

Es ist auch möglich, daß der ursprüngliche außerirdische Körper in eine Art von Koma fällt, während ein Teil der Seele und des Geistes des Außerirdischen sich in dem menschlichen Gastkörper aufhält, der von seiner früheren Menschenseele eventuell für immer verlassen worden ist oder aber auf anderen Dimensionen und Ebenen unterrichtet wird, während der menschliche Körper von der außerirdischen Seele besetzt ist. In diesen beiden Fällen kehrt die außerirdische Seele in den alten Körper zurück, wenn der menschliche Körper, also die ihn umgebende Hülle, stirbt.

In allen diesen Fällen muß sich der Mensch aus den verschiedensten Gründen nicht unbedingt an diesen Wechsel erinnern oder ihn bemerken, denn der Schock des Übergangs kann eine kurzzeitige Amnesie auslösen. Viele Menschen, denen dieses geschieht, wobei ein solches Vorgehen immer auf anderen Ebenen abgesprochen ist, werden sich dann entweder nach und nach von allein daran erinnern oder auf die eine oder andere Art und Weise daran erinnert werden.

In manchen Fällen nimmt ein Außerirdischer auch nur den Platz eines verstorbenen Menschen ein, indem er die äußere Gestalt dieses Menschen annimmt und er sich vorher genau über dessen Leben erkundigt hat. Diese Außerirdischen wissen dann natürlich ganz genau, daß sie außerirdisch sind.

Für manche Außerirdische werden auch menschliche Leben mit den dazugehörenden Biographien erfunden und diese durch gefälschte Urkunden abgesichert. Solche Außerirdische haben entweder schon von vornherein menschliches Aussehen, oder sie werden entsprechend äußerlich verändert.

Negativ gestimmte Außerirdische tauschen auch einfach lebende Menschen gegen gleich aussehende Roboter oder gegen genau gleich aussehende außerirdische Wesen aus. Manche Menschen bekommen auch Implantate, die sie unter die Herrschaft solcher Außerirdischen stellen, oder sie werden mit Drohungen gegen ihre Familie zu manchen Taten gezwungen. Diese negativen Formen kommen nicht allzu häufig vor.

Bis zum Jahr 1975 – in eurer jetzigen Zeitrechnung – wurden hier auf der Erde positive oder gute Außerirdische, wie ihr es in eurem Sprachgebrauch ausdrücken würdet, am häufigsten als Walk-In in den menschlichen Körper hineingeboren. Es war bis zu diesem Zeitpunkt noch ein wenig schwierig, ein Leben als Außerirdischer zu leben, wenn er sich einfach materialisierte und er zum Beispiel keine Geburtsurkunde hatte, weil zum einen noch

zu viele Staatssysteme zu sehr auf Urkunden aufgebaut waren, euer
Wissensstand und zum Teil auch der der außerirdischen Freunde
noch zu gering gewesen ist und es auch sonst noch nicht in das
Zeitgeschehen gepaßt hätte. Es war damals in der Regel noch viel
einfacher, den Körper zu übernehmen, als sich Lebensläufe auszu-
denken und Urkunden zu beschaffen. Die außerirdischen Freunde
hatten dann einfach schon eine Geschichte. Du kauftest einfach
das Inventar des Körpers mit ein, auch dessen Karma, und hattest
damit zusätzlich zu deinen eigenen noch ein paar Aufgaben mehr
zu erledigen.

Das ist mit eine Erklärung, warum sich einige von euch auf einmal an ihre außerirdische Existenz erinnert haben. Euer Körper
konnte sich oftmals vorher gar nicht erinnern, weil die außerirdischen Anteile nicht aktiviert waren, oder anders ausgedrückt:
Die außerirdische Seele ist erst kurz vor dem Erinnern in den
Körper hineingekommen, und durch dieses Hineingehen und die
stärkere Aktivierung der außerirdischen Anteile in euch wurde die
Erinnerung lebendig.

Das hat sich nun verändert. Es gibt seit dieser Zeit durch den
damals aktivierten und beschleunigten immensen Energieanstieg
und die dadurch ausgelöste Transformation nun die verschiedensten Möglichkeiten des sich Erinnerns. Die Zeit des großen
Erwachens ist gekommen und breitet sich immer weiter aus!

Eine weitere Variante auch heutzutage ist, daß die Seele oder der
Körper eines hier auf der Erde lebenden Wesens so lange mit dem
Erinnern wartet, bis ein anderer Außerirdischer ihn hier auf seinem
Lebensweg trifft. Dazu sprechen sich die zwei Individuen vorher
entweder auf ihrem Heimatplaneten oder aber in den Zwischenwelten vor einem erneuten Körpereintritt ab und verabreden zum
Beispiel: Wenn ich zu einem bestimmten Zeitpunkt an einem
bestimmten Ort bin und wir dann zusammenkommen, dann wirst
du dich erinnern. Erst wenn wir uns treffen, ist die Zeit reif, und

dann wirst du dich erinnern, weil ich dann da bin, um dich zu beschützen, zu unterstützen oder um dich zu begleiten. Du bist dann nicht allein. Das können Begegnungen mit einem Lebenspartner, mit Geschäftspartnern, mit Lehrern oder auch Begegnungen ganz anderer Art sein.

Manchmal kommt euch leider das mangelnde Selbstwertgefühl in die Quere. Der Zeitpunkt der Erinnerung ist gekommen, und doch weigert ihr euch, weil ihr euch inzwischen für so begrenzt oder auch für so menschlich haltet, daß ihr euch nicht vorstellen oder es akzeptieren könnt, ein Außerirdischer zu sein, weil ihr Außerirdische als etwas Besseres oder in der Entwicklung Höherstehendes betrachtet. Dann arbeiten wir mit euch daran, euer Selbstbewußtsein wieder aufzubauen und eure Selbsterkenntnis zu aktivieren.

Wenn der Körper den Wechsel vollzogen hat und er sich zu erinnern beginnt, macht er oftmals deutliche Veränderungen durch. Du bist dann nicht mehr derselbe, du schlägst einen neuen Kurs ein. Du hast als Außerirdischer ja festgestellt, daß du diesen menschlichen Körper in genau diesem Lebensumfeld gut gebrauchen kannst. Und dann, etwa nach einem Walk-In, verändert sich die Lebensausrichtung. Das zeigt sich manchmal in einem Bruch in der Lebensgeschichte eines Menschen, wenn er zum Beispiel von heute auf morgen sein gesamtes Leben umkrempelt. Die Vergangenheit des Körpers wird bei einem Erwachen oder Seelenwechsel ja nicht relativiert. Aber gerade bei einem Walk-In ist es oft notwendig, erst einmal in dem Leben des vorherigen Körpers oder „Hüllenbesitzers" aufzuräumen. Denn der Wechsel kam ja manchmal erst dadurch zustande, weil das Leben des Menschen nicht aufgeräumt war und er daher keine Lust mehr hatte, hier auf der Erde weiterzuleben. Oder ihr wollt einfach ein etwas anderes Leben führen als der Vorbesitzer des Körpers, weil ihr jetzt ja auch wirklich jemand anderes seid.

Somit übernimmt der Walk-In im normalen Fall bewußt, zusätzlich zu den Anteilen, die er selbst mitbringt, einen Körper mit all seinem alten Inventar, seien es Krankheiten, Geldmangel, unaufgeräumte Wohnungen oder unglückliche Partnerschaften. Er muß dann erst einmal renovieren und aufräumen und das alte Inventar entweder verändern, aussortieren, umsortieren, wegwerfen und verschenken oder zurückgeben – eben das tun, was notwendig ist, um für die neue Aufgabe vorbereitet zu sein. Oder er muß das beenden, was die andere Seele noch nicht vollendet hatte, was aber noch zu ihrem Seelenplan dazugehört hätte. Und erst dann kann sich die neue Seele mit voller Kraft ihrer eigenen Aufgabe widmen.

Die neue Seele ist sich der auf sie zukommenden Aufgaben und Aufräumaktionen vorher voll bewußt und nimmt sie auch in Kauf, weil das der Preis für den Körper ist. Die Walk-In-Seele erhält dafür eine Geschichte, Urkunden und ähnliches.

In den seltensten Fällen findet ein Seelenwechsel statt, weil sich die Seele, die in dem Menschenkörper war, schon so hoch entwickelt hat, daß sie den Körper einfach so verläßt, weil sie ihre Aufgabe hier vollständig erfüllt hat und dieses menschliche Leben beenden kann. Sie stellt dann den Körper einer anderen Seele zur Verfügung, die mit ihm hier noch einiges anfangen kann.

### Erweckung und Erinnerung

Viele Menschen sind nun langsam wirklich dazu bereit, Verantwortung zu übernehmen. Das macht es uns möglich, uns nach und nach zu enttarnen. Das heißt, wir werden uns zu erkennen geben und schlafende Brüder und Schwestern aufwecken und sie über ihre wahre Herkunft aufklären.

Viele von euch fragen, wann bei ihnen denn endlich der Moment gekommen ist, daß sie sich erinnern. Unsere Antwort darauf ist: „Der richtige Zeitpunkt wird kommen!" Es ist nicht harmonisch, sich zu erinnern, wenn ihr nicht entsprechend dafür vorbereitet seid. Der richtige Zeitpunkt ist da, wenn ihr wirklich bereit seid, die Konsequenzen, die sich aus dem Erinnern automatisch ergeben würden, zu ziehen. Ihr müßt daher nicht nur theoretisch, sondern auch praktisch bereit sein, euer Leben durch entsprechende Taten zu verändern und eure Mission zu erfüllen. Ihr spürt dann unmißverständlich, wann der richtige Zeitpunkt gekommen ist. Entweder *ihr selbst* merkt es einfach und wißt es innerlich – und diesen Satz können nur diejenigen von euch verstehen, denen es schon geschehen ist oder bei denen der Prozeß gerade beginnt – oder ihr werdet auf die unterschiedlichsten Arten und Weisen *von uns* auf diesen Zeitpunkt aufmerksam gemacht.

Das kann telepathisch geschehen durch Gedankenverschmelzung, also durch einen sogenannten inneren Einfluß. Oder es geschieht durch äußere Einflüsse, indem zum Beispiel ein Außerirdischer, den ihr schon jahrelang als angeblichen Menschen kennt, seine wahre Identität preisgibt und durch Beweise untermauert. Das kann aber auch dadurch geschehen, daß wir ausgewählte Personen in einem realen Ufo mitnehmen, ihnen manchmal auch fremde Planeten und deren Bewohner vorstellen, ihnen neue Technologien zeigen und andere Bewußtseinszustände und auch sonst lebensverändernde Erfahrungen vermitteln, die ihnen unumstößlich beweisen, daß es uns gibt. Zur Glaubensvertiefung lassen wir auch Photos von uns und unseren Raumschiffen machen oder lassen irgendwelche realen Geschenke wie Schmuckstücke, Pflanzen, Geschirr oder auch Kristalle zurück, die entweder von anderen Planeten stammen oder von uns vor ihren Augen manifestiert worden sind. Oder wir selbst materialisieren uns plötzlich vor euch zum Beispiel in eurer Wohnung – alles ist möglich! All diese Erfahrungen bewirken in der Regel, daß die betreffenden Menschen sich ebenfalls für ihre eigenen außerirdischen Anteile öffnen.

Wenn man nicht auf äußerliche Sensationen aus ist und sie auch nicht benötigt und es auch sonst einfach nicht passend ist, kann die Kontaktaufnahme auch im Stillen, durch *inneres,* aber dennoch genauso reales Erkennen in eurem ganz normalen irdischen Körper stattfinden. Dadurch erwacht das Wissen um eure Herkunft nach und nach in euch, und die Person wird sich dann bewußt, daß sie außerirdischer Natur ist. Diese Erkenntnis ist genauso wahr und realistisch, als wenn wir sie von außen offiziell überbracht hätten. Diese Personen haben es dann auf Grund der so tiefen Erfahrung und dem damit einhergehenden großen inneren Wissen und Verstehen oft nicht nötig, sich als Außerirdische zu erkennen zu geben.

Manche Menschen haben auch so starke außerirdische Anteile in sich, daß sie sogar von anderen Menschen, die schon „wissend" sind, allein durch ihr äußeres Erscheinungsbild oder durch ihre Augen – die bekanntlich ein Fenster zu eurer Seele sind – als einer der ihren erkannt werden, auch wenn diese betreffenden Personen ihre wahre Herkunft selbst noch gar nicht erkannt haben. Somit würden wir empfehlen, nicht zu sehr nach oben zu schauen und darauf zu warten, daß Außerirdische mit ihren Raumschiffen landen, sondern lieber eure Mitmenschen anzuschauen! In der Tat: An den Augen oder Auren werdet ihr sie erkennen, oder ihr werdet daran erkannt werden.

Oft nehmen wir auf eine Art und Weise Kontakt auf, daß nur du etwas auffällig findest, so daß nur du allein weißt, daß es außerirdische Wesen sind. Und nur du mußt es dann wissen und kein anderer. Wir haben in der Vergangenheit viele, die mit uns Kontakt hatten und auch noch immer haben, sogar darum gebeten, dies nicht preiszugeben. Denn diese Personen wußten und wissen ja, daß sie Kontakt haben. Sie brauchen es niemandem zu beweisen. Und sie werden das Wissen, das sich daraus ergibt, schon richtig und verantwortlich anwenden, wenn sie bei solch einem Kontakt zum Beispiel einen Auftrag erhalten.

Manche bekommen etwa den Auftrag, ihr Wissen anderen mitzuteilen, und zwar entweder sofort oder zu einem späteren
Zeitpunkt, der ihnen manchmal schon im voraus von uns gesagt
wird. Oder sie werden zu diesem betreffenden Zeitpunkt von uns
kontaktiert und darüber informiert, *wie* sie am besten an die
Öffentlichkeit treten sollen. Zum Beispiel durch Bücher oder
Vorträge, durch Medien wie Fernsehen, Zeitschriften und dem
Internet oder dadurch, daß mit einzelnen Menschen, die von uns
bestimmt werden, Kontakt aufgenommen wird. Andere wiederum
arbeiten im Stillen an ihren Aufträgen, ohne dieses Wissen zu verbreiten. Das gilt besonders für Menschen in wissenschaftlichen
Bereichen, die ihre „Entwicklungshilfe" bei bestimmten wissenschaftlichen Entdeckungen als ihren eigenen Beitrag ausgeben und
ihre wahre außerirdische Herkunft oder Informationsquelle nicht
preisgeben. Es gibt in der Tat weitaus mehr Menschen unter euch
als ihr glaubt, die Außerirdische getroffen haben, und es gibt weitaus mehr Wesen unter euch, die ihr außerirdisch nennen würdet.
Um den Prozeß des Erinnerns in Gang zu setzten, gibt es die
Möglichkeit der Aktivierung von Implantaten, was für euch
manchmal noch furchteinflößend klingt, das aber meistens nicht
sein muß und gerade in solchen Fällen nichts Erschreckendes hat.
Diese Implantate können euch Botschaften innerlicher oder
äußerlicher Natur senden. Sie können teilweise auch bei einer
Routineuntersuchung von euren Medizinern gefunden werden,
ohne daß deren Inhaber weiß, woher sie stammen oder wie sie zu
ihnen gekommen sind. Aber auch die Botschaften dieser
Implantate, zum Beispiel Informationen über ein früheres Leben
als Außerirdischer auf einem anderen Planeten, wären dann so
intensiv und glaubhaft, daß es für den Menschen, für den diese
Botschaften bestimmt sind, nicht den Hauch eines Zweifels geben
würde. Oft würden dann auch zusätzlich noch Informationen
gegeben werden, was derjenige tun kann, um mit uns Kontakt auf-

zunehmen. Oder ihm würden gleich der Ort und der Zeitpunkt der Kontaktaufnahme genannt werden, bei dem wir dann gerne mit ihm zusammentreffen möchten.

Bei manchen von euch gibt es auch verschiedene innere Programme, die sich durch ein bestimmtes vorhersehbares oder vorherbestimmtes Ereignis aktivieren. Oder sie aktivieren sich nach einem vorher festgelegten Zeitraum, der auch wieder von verschiedenen Faktoren abhängt.

Das alles ist aber nur ein verschwindend kleiner Teil der Möglichkeiten, die uns für eine Kontaktaufnahme zur Verfügung stehen. Die wenigen, die wir genannt haben, könnt ihr euch noch besonders gut vorstellen bzw. logisch nachvollziehen. Es gibt in Wirklichkeit Möglichkeiten wie Sand am Meer, und sie würden für euch wie reinste Science-fiction klingen, manchmal sogar noch unvorstellbarer, und doch sind sie wahr. Für jedes Wesen gibt es die richtige und passende und daher harmonische Art und Weise der Kontaktaufnahme. Wenige sind gleich und doch sind sie alle effektiv.

### Die Phasen des Erinnerns

Es war früher meistens so eingerichtet, daß sich die Menschen im Schnitt 20 Jahre nicht an ihre außerirdischen Ursprünge erinnerten. Inzwischen geht es oft sehr viel schneller. Das geschah in der Regel, um euch zu schützen. Es gab aber immer Menschen, die schon in ihrer Kindheit merkten oder sich daran erinnerten, daß sie irgendwie anders oder außerirdisch sind. Sie können zum Beispiel Wesen in den Astralwelten sehen. Diese Menschen haben vor allem in früheren Zeiten häufig sehr viel Ärger bekommen, wenn sie beispielsweise von den verschiedensten Raumschiffantrieben erzählten oder daß sie von woanders herkommen, daß sie heute Nacht gerade wieder jemanden in dieser Realität oder in den Zwischenwelten getroffen hätten. Ihnen wurde dann oft nicht geglaubt. Meistens konnten sie mit diesem Wissen zu der Zeit auch noch gar nichts ausrichten oder es einsetzen. Im schlimmsten Fall sind diese Menschen dann bei einem Psychotherapeuten oder in einer geschlossenen psychiatrischen Anstalt gelandet, da man sie für krank oder sogar für gefährlich hielt. Gerade auf der Erde, wo die Kinder eine Zeitlang sehr abhängig von den Erwachsenen sind, ist es leichter, sich nicht zu früh zu erinnern, sondern erst dann, wenn aus den Kindern Erwachsene geworden sind. Dann können sie die volle Verantwortung für ihr eigenes Leben übernehmen und können auch nach eurem Rechtssystem tun und lassen, was sie wollen, solange sie anderen Menschen keinen Schaden zufügen.

Es gibt ein paar Ausnahmen, wo Kinder sich in einem geschützten, familiären Rahmen erinnern dürfen und können, wie zum Beispiel Enrique Barrios *(Enrique Barrios: Ami. Der Junge von den Sternen. Ch. Falk-Verlag. Anm. d. Hrsg.),* doch in der Regel ist das Vergessen ein Schutz für euch, und es ist eurer Aufgabe entsprechend festgelegt, wie lange ihr im Dunkeln bzw. in der Unwissenheit lebt. Ihr habt dann zuerst ein völlig normales Erdenleben, und ihr erinnert euch während dieser Zeit nur sehr schwach oder gar nicht. Dann kommt, je nach Absprache, der Zeitpunkt, an dem ihr langsam erweckt werdet. Da wir euch lieben und ihr euch liebt, wird dieser Zeitpunkt so gelegt, daß das Erinnern in der Regel harmonisch und langsam geschieht. Was hätten wir davon, euch völlig durcheinanderzubringen? Denn wir haben Zeit, da wir wissen, daß auch ihr Zeit habt. Alles geschieht nach dem einen göttlichen Plan.

Für diesen Erweckungsprozeß werden meistens 5 bis 10 Jahre eingeplant. Dann sind die Menschen zur vollen Blüte erwacht und können verantwortlich handeln. Diese 5 bis 10 Jahre werden

genutzt, um euch bewußt zu machen, daß ihr anders seid, und um
euch an eure Verantwortung zu erinnern. Dann ist es auch keine
Strafe mehr für euch, sondern einfach eine Tatsache, wenn wir
sagen: Du mußt dich mehr zusammenreißen und anstrengen als die
Menschen, die sich zur Zeit noch nicht erinnern, weil du ein
Außerirdischer oder eine Außerirdische mit einer Mission und einer
Aufgabe bist und du zum Beispiel den Rang eines Kommandanten
hast!

Wenn man diese Tatsachen jahrelang nicht wußte, ist es am
Anfang manchmal sehr schwierig, so etwas anzunehmen. In dieser
Phase denken viele: „Warum immer ich? Warum muß gerade ich
mich zusammenreißen, während die anderen Menschen sich gehen
lassen und die Erde ruinieren?" Jahrelang hatten viele von euch das
Gefühl, zu diesen Menschen dazuzugehören. Und ihr hattet
dadurch sehr viel Wut oder Trauer in euch, auch aus dem Gefühl
heraus, an dieser Zerstörung mitschuldig zu sein. Wir möchten
euch bewußt machen, daß ihr immer noch zu den Menschen
gehört, daß die Familie, die ihr hier habt, immer noch zu euch
gehört und daß ihr der Erde in Wirklichkeit sogar noch mehr verpflichtet seid als vorher, als ihr noch nichts von eurem außerirdischen Ursprung wußtet.

Aber erinnere dich auch daran, daß es so etwas wie Schuld oder
Unschuld nicht wirklich gibt, sondern letztendlich nur Erinnern
oder Nicht-Erinnern und dadurch ausgelöstes Wissen oder Nicht-
Wissen! Und erinnere dich zusätzlich daran, daß der Mensch, über
den du dich aufregst, vielleicht ein Bruder oder eine Schwester von
den Sternen ist, der nur darauf wartet, daß du gewisse Dinge liebevoll und verantwortlich praktisch vorlebst, damit er sich dann in
dieser von dir erschaffenen Atmosphäre leichter erinnern und
ändern kann.

Die Fluchtgedanken werden in dem Moment aufhören, wenn
euch bewußt wird, was ihr hier zu tun habt. Ihr wißt dann, daß es

nicht harmonisch ist zu gehen, bevor die Mission, die ihr euch selbst ausgesucht habt, erledigt ist. Wir verlassen uns auf euch. Wir erledigen die uns gestellten Aufgaben, und wir erwarten, daß auch ihr eure Aufgaben gut erledigt.

Es ist für die meisten eurer Missionen wichtig, nicht unnötig Aufsehen zu erregen, um so in Ruhe eure Aufgabe erfüllen zu können. Das ist ein Grund, weshalb ihr euch hier inkarniert und vieles vergessen habt und euch nicht mit eurer vollen Erinnerung als Außerirdischer hier unter die Menschen „eingeschleust" habt. Wenn Außerirdische auf der Erde inkarnieren, haben sie ganz natürlich zum Beispiel eine Geburtsurkunde, eine Familie und eine Geschichte. Das ist unauffällig und gibt einen gewissen Schutz. Natürlich können hochentwickelte Außerirdische solche Urkunden einfach fälschen oder materialisieren, so daß diese Urkunden dann vollkommen echt und legal wären. Aber ihr dürft nicht vergessen, daß es auch bei Außerirdischen unterschiedliche Entwicklungsstufen und Reifegrade gibt. So setzt die Fähigkeit, sich in einen Körper hineinzuinkarnieren nicht voraus, Dinge materialisieren zu können. Auch die Fähigkeit, ein Raumschiff fliegen zu können, setzt nicht automatisch voraus, auch Raum-Zeit-Sprünge machen zu können. Das vergeßt ihr manchmal.

Noch einmal: Es dauert zur Zeit noch meistens ca. 5 bis 10 Jahre, um einen gewissen Reifegrad zu erlangen, um dann aufrichtig sagen zu können: „Ja, ich bin außerirdisch. Ja, ich bin bereit, auf der Erde zu bleiben. Ja, ich bin bereit, meine Verantwortung zu übernehmen und damit in Frieden zu sein." Diese Zeitspanne wird sich in den kommenden Jahren immer mehr verkürzen, je nachdem wie schnell sich die Erde und ihre Bewohner auch in Zukunft weiterentwickeln werden.

Die ersten fünf Jahre der außerirdischen Bewußtwerdung – wenn das Aufwachen ein wenig länger dauert – sind anfänglich meistens durch Gedanken geprägt wie: „Was ist denn das? Ich war jahrelang zufrieden mit mir und meiner Umwelt, und auf einmal fühle ich mich nicht mehr so wohl in meiner Haut. Ich bin plötzlich irgendwie anders. Ich bin hier so allein. Keiner versteht mich. Ich möchte hier weg. Holt mich doch ab, bitte!"

Dies alles geschieht nicht, um euch zu strafen oder um euch wehzutun. Wir bemühen uns mit allen Kräften, daß diese Phase für euch so harmonisch und so kurz wie möglich ist. Manche Tränen gehören ganz einfach noch zu der Verarbeitung und Befreiung solcher Gedanken und Gefühle und zur Reinigung und Körperveränderung dazu, und ihr solltet nicht allzu viel Angst vor ihnen haben. Es finden zum Teil chemische Umwandlungsprozesse statt, denn natürlich soll euer Körper auf Dauer den außerirdischen Frequenzen angepaßt werden. Er muß dafür meistens gereinigt und von Schlacken befreit werden.

Häufig entwickelt ihr dann das Bedürfnis, Nahrung anders einzusetzen. Es geht dabei nicht um strenge Diäten, sondern darum, daß ihr euch bewußt macht, daß außerirdische Wesen Nahrung meistens viel bewußter einsetzen. Durch den entsprechenden Einsatz von Nahrung könnt ihr energetisch und physisch, je nachdem wie es gebraucht wird, zum Beispiel leicht werden wie ein Luftballon oder schwer wie ein Stein. Leicht wie ein Luftballon sollte man sein, wenn man zu Lernzwecken in Raumschiffe geht, weil dann die Lernkapazität für manche Bereiche größer ist und das Verstehen mancher Zusammenhänge erleichtert wird. Wenn man aber weiß, daß man jetzt hier auf der Erde ein paar wichtige erdgebundene Dinge zu tun hat, wie zum Beispiel eine Steuererklärung oder Geschäftsbesprechung, dann ist es gut, schwerer, also erdverbundener zu sein.

Für solche Zwecke würdet ihr also lernen, Nahrung einzusetzen. Ihr würdet auch lernen, daß diese oder jene Nahrung nicht automatisch schlecht ist, nur weil sie einen schwerer machen kann, sondern, daß ihr diese Nahrung wertfrei für eure Zwecke und

Bedürfnisse einsetzt und sie so nutzt, wie es für manche Aktivitäten notwendig ist. Wenn ihr euch zu schwer fühlt, könnt ihr euch leicht machen. Und umgekehrt könnt ihr mittels Nahrungs- aufnahme Blei anlegen, wenn ihr energetisch vielleicht fast weg- fliegt – so einfach ist das. Später, in einem höher entwickelten Stadium, relativiert sich das hier Gesagte wieder, da ihr dann kei- ne äußeren Hilfsmittel mehr benötigen werdet, um eure Frequenz zu verändern.

Ich, Titus, der jetzt als Sprecher der Außerirdischen fungiert, sage euch, ich kann alles essen, was ich möchte, obwohl ich es eigent- lich gar nicht brauche. Ich tue es manchmal, wenn ich mich hier in einer menschlichen Form materialisiere und euch Menschen treffe. Ich sehe dann wie ein normaler Mensch aus, setze mich in ein Café und trinke Kaffee. Als sogenannter „Gesundheits- fanatiker" würde man eher auffallen, was oftmals, besonders in der Vergangenheit, nicht im Sinne der Mission gewesen wäre. Wenn man sich in der Öffentlichkeit aber Kaffee und ganz gewöhnliches Gebäck bestellt und dann über außerirdische Missionen spricht, kann man das in der Regel vollkommen ungestört tun.

Auch wenn euch immer klarer wird, daß ihr außerirdischen Ursprungs seid, versucht also weiterhin, so schlicht und unauffällig wie möglich zu erscheinen. Wenn es notwendig sein sollte, Bot- schaften oder Erlebnisse weiterzugeben, werden sie dann in der Öffentlichkeit oder bei euren Freunden meistens viel ernster genom- men. Auch die meisten hier auf der Erde stationierten Außerirdischen benehmen sich so unauffällig oder so souverän wie möglich, um ihre Mission nicht zu gefährden und um in Ruhe arbeiten zu können. Dennoch gestalten sie sich nebenbei ihren Aufenthalt hier auf der Erde so angenehm wie möglich. Denn warum sollten wir das Leben auf dem wundervollen Planeten Erde mit all seinen Vorzügen und Vorteilen nicht genießen, wenn wir schon mal da sind. Und das soll- tet ihr auch tun!

### Lebensziele und -aufgaben

Viele von euch fragen sich und uns immer wieder nach ihrer Aufgabe hier auf der Erde. Sie glauben oftmals, daß ihr Leben nur *einem* Ziel dient und daß sie nur *eine* bestimmte Lebensaufgabe haben. Wir sagen, ihr kommt zwar mit einem Grundziel hierher, und das könnt ihr auf Dauer herausfinden, wenn ihr euren Neigungen und Interessen nachgeht, mutig seid und wirklich das tut, was euch im Herzen erfüllt. Aber erinnert euch daran, daß ihr selbst euch das Ziel ausgesucht habt, das bedeutet, ihr selbst könnt dieses Ziel auch jederzeit wieder verändern. Manche haben eine Aufgabe zum Beispiel für 30 Erdenlebensjahre übernommen. Auf einmal merken sie, daß es ihnen hier auf der Erde Spaß macht, und sie würden die Mission gern verlängern. Dann können sie auf anderen Ebenen die Entscheidung umändern und sagen: „Ich über-nehme jetzt noch einen Auftrag, der noch einmal 30 Jahre dauert."

Gleichzeitig kann das natürlich auch umgekehrt geschehen. Ein Wesen nimmt sich für eine bestimmte Aufgabe 80 Jahre vor und merkt dann nach 60 Jahren, daß es sie schon vollständig erledigt hat, und es sieht keine Notwendigkeit darin und verspürt auch nicht den Wunsch, den Aufenthalt zu verlängern. Es stirbt dann nach der Erfüllung des Auftrages nach 60 Erdenjahren. Wir spre-chen dabei nicht vom vorzeitigen Verlassen des Körpers, von Selbstmord oder ähnlichem. Der Tod ist dann in vollkommener Harmonie, und diese Menschen sterben auch angstfrei, weil sie wissen, daß sie ihre Aufgabe zur vollen Zufriedenheit aller erledigt haben. Das Leben war erfüllt, in sich abgeschlossen.

Es hat nicht immer etwas mit der Länge eines Lebens zu tun, ob es in sich abgeschlossen, befriedigend und somit vollständig ist. Man sollte in diesem Zusammenhang besser von der Intensität bzw. Qualität des jeweiligen Lebens sprechen. Oder von dem Gefühl, das sich einstellt, wenn man sich fragt: „Habe ich mein

Leben wirklich ausgefüllt, habe ich meine Aufgabe erledigt, bin ich
zufrieden mit mir, habe ich wirklich gelebt?" Im Grunde seines
Herzens weiß man das. Man ist dann einfach in Harmonie mit sich
und dem Universum und übernimmt dann eventuell gleich nach
diesem Leben auf einem anderen Stützpunkt eine neue Aufgabe.

### *Eine Botschaft für inkarnierte Außerirdische*

Es ist manchmal nicht leicht, als „Bodenpersonal" auf einem
fremden Planeten zu arbeiten. Wir wissen, daß es zwischendurch
sehr schwierig ist und daß viele Menschen euch manchmal sehr viel
zumuten und daß die Geduld auf eine harte Probe gestellt wird.
Wir wissen auch, daß man zwischendurch manchmal vergißt,
woher man kommt und warum man hier ist. Deswegen melden
wir uns immer wieder, indem wir zum Beispiel gechannelte
Seminare geben, Bücher schreiben wie dieses hier oder uns „live"
melden. Gerade in der jetzigen Zeit sind wir hier, um euch daran
zu erinnern, daß ihr uns gleichgestellt seid. Wir sind in
Wirklichkeit Brüder und Schwestern. Und wir erinnern euch daran, daß ihr alle eine Aufgabe hier auf Erden übernommen habt.

Auch in der Vergangenheit ist immer wieder dafür gesorgt worden, daß ihr daran erinnert werdet, was ihr seid, wer ihr seid, warum ihr hier seid und wo ihr hingehen werdet. Uns ist bewußt, daß
ihr das zwischenzeitlich braucht, um dann frisch gestärkt weitermachen zu können.

Ihr seid hier auf der Erde nicht allein. Viele Gleichgesinnte sind
da, und alle verfolgen letztendlich das gleiche Ziel. Eure
Einsamkeitsgefühle, das Gefühl, ihr seid vergessen, verloren oder
ausgesetzt worden, das Gefühl von Fremdsein an diesem Ort habt
ihr also nicht allein. Wenn ihr euch ab jetzt auf die innere und
äußere Suche macht und den verschiedensten für euer Herz irgend-

wie auffälligen Menschen in die Augen schaut, werdet ihr oft erkennen können: „Du auch!" Das kann dir ein sehr starkes Gefühl von Heilung, ein Gefühl von Verstehen und ein Gefühl von Kraft geben. Sucht und findet also die Nähe von Gleichgesinnten, damit ihr euch geborgen, aufgehoben und sicher fühlen könnt.

Gerade wenn ihr in Seminare geht, muß euch bewußt sein, daß ihr dort höchstwahrscheinlich Seelenverwandte treffen werdet, mit denen ihr schon oft die verschiedensten Inkarnationen gelebt habt. Wenn ihr solch ein Wesen trefft, erkennt ihr euch oft auf den ersten Blick. Auch solche Begegnungen geben die Gewißheit: Ich bin nicht allein! Wir empfehlen, diese Kontakte zu pflegen und aufrechtzuerhalten, um mit einem solchen Rückhalt eure Mission hier auf Erden so schnell und effektiv wie möglich vollenden zu können.

Wir möchten euch an dieser Stelle noch einmal an eure Verantwortung der Menschheit gegenüber erinnern. Viele Menschen benehmen sich zugegebenermaßen in manchen Dingen zur Zeit noch nicht besonders verantwortungsbewußt. Das wissen wir sehr wohl. Man könnte auch sagen, daß sich viele noch sehr dumm verhalten, weil sie noch unwissend sind. Denn welches „schlaue" oder hochentwickelte Volk vergiftet schon freiwillig seine eigenen Lebensmittel? Solch ein Verhalten könnte man aus der Sicht der Außerirdischen als sehr kurzsichtig bezeichnen. Das läßt manche von euch erwachenden Wesen noch zu oft sehr traurig und mutlos sein, und ihr zweifelt dann daran, ob es die Erde überhaupt schaffen kann und wozu das alles gut ist.

Wir wissen und sehen, daß sich alles zum Guten wenden kann, und uns ist schon längst bewußt und wir möchten euch daran teilhaben lassen und euch daran erinnern, daß sich immer mehr Erdenmenschen um das Wohl ihrer Brüdern und Schwestern Gedanken machen und beginnen, sich auch um euren wunderbaren Planeten zu kümmern, den viele von euch „Mutter Erde" nennen, was ein wunderschöner Begriff ist und der Wahrheit sehr nahe kommt.

Woher kommt ein zum Teil so offensichtlich dummes Verhalten
mancher Menschen? Aus Unwissenheit. Diesen Menschen fehlt es
schlicht an Wissen und dadurch fehlt es ihnen oft auch an
Verstehen, Liebe und Selbstliebe. Denn wenn Menschen verstehen,
wenn sie *wirklich* verstehen, sind sie nicht mehr verzweifelt und
schlagen nicht mehr um sich. Ein verstehender, wissender und
daher liebender Mensch kann nicht seine eigene Umwelt und seinen oder einen anderen Körper wissentlich zerstören oder quälen,
es wäre ihm einfach nicht mehr möglich.

Wenn jemand einem anderen wehtut, könnt ihr daran erkennen,
wie verzweifelt er sein muß und wie sehr er noch in seinem eigenen
inneren Selbst verletzt sein muß, daß er zu so etwas imstande ist.
Jemanden, der verletzt ist, noch mehr zu verletzen, indem man gegen
ihn Rache übt, ihn ohne Sinn und Verstand bestraft oder ihm vehe-
ment vorwirft, daß er ein böser Mensch ist, hilft niemandem. Diese
Person wird sich dadurch höchstwahrscheinlich nicht zum Besseren
verändern. Es ist vielmehr wichtig, das Gute in diesen Menschen zu
sehen und zu unterstützen, ihnen in liebevoller Art und Weise
Grenzen zu setzen und ihnen Wege aufzuzeigen, wie sie sich verändern können, damit sie Hoffnung bekommen, daß es wirklich die
Anstrengung lohnt, sich zu verändern. Was diese Menschen brauchen, ist liebevolle Unterstützung und Unterweisung, sie brauchen
Lehrer, die sie an ihr ureigenstes Wissen, Verstehen und Gerechtig-
keitsempfinden erinnern.

Wir wissen, daß es vielen von euch aufgrund der großen
Verantwortung, die dadurch eurem Gefühl nach auf euren
Schultern lastet, zwischendurch schwerfällt, sich zu erinnern oder
sich erinnern zu wollen. Du bist nicht allein, vergiß das nicht! Du
bist einer von vielen, du bist einer von uns, und durch den Prozeß
des Erwachens werdet ihr immer mehr, und so wird es in der
Zukunft auch immer leichter werden, sich nicht mehr so allein zu
fühlen. Auch die Angst, als verrückt zu gelten oder in irgendeiner

Form bestraft werden zu können oder das Gefühl in dieses Leben oder diesen Körper eingesperrt zu sein, werdet ihr dann nach und nach auflösen können.

Manchmal ist es vielleicht ein wenig schwierig, geduldig zu bleiben oder nicht wütend auf die Menschen oder andere Wesenheiten zu werden. Dann macht euch bewußt, daß viele wie kleine Kinder sind, die in eure Arme gelegt und euch anvertraut worden sind, und sie brauchen eure Liebe, euer Mitgefühl, euer Verständnis, eure Fürsorge, euer Verantwortungsbewußtsein und eure Kraft. Denn viele von ihnen schaffen es im Moment hier auf der Erde noch nicht ganz allein, wobei der Moment der Prüfung nicht mehr fern ist, an dem sie es allein tun können und zum Teil dann auch müssen.

Wenn ihr Bücher lest, in denen von Außerirdischen gesprochen wird, heißt es, daß sie oft auf die Erde gekommen sind, um Menschen zu unterstützen, um sie zu lehren. Sie wurden häufig die geistigen Anführer der Menschen. Sie kamen in „flimmernden" oder „feurigen Wagen" vom Himmel geflogen. Die flimmernden Wagen waren oft Raumschiffe, und viele Außerirdische, die manchmal auch als Boten Gottes, also Engel, angesehen wurden, sind dann „als Menschen getarnt" auf der Erde geblieben. In der Regel waren sie geistig und körperlich überlegen und wurden daher häufig zu Anführern erwählt. Sie haben den Menschen zum Beispiel in der sogenannten Vergangenheit gezeigt, wie man Abwässerkanäle oder Häuser bauen kann, um Seuchen zu verhindern oder zu beenden, wenn etwa die Verschmutzung in den Straßen wieder einmal überhand genommen hatte.

Ihr alle – also auch du, der du gerade dieses Buch liest – habt eine gewisse Verpflichtung, einen Auftrag oder eine Mission den Menschen gegenüber übernommen, die sich zur Zeit noch nicht erinnern. Eure Aufgabe ist, sie zu lehren, zu unterstützen und sie an Dinge zu erinnern, sonst wäre euch dieses Buch nicht in die

Hände gefallen. Ihr seid zu diesem Buch geführt worden, da könnt ihr sicher sein. Denn: Es gibt keine Zufälle, vergeßt das nicht! Das Große Eine, die große Schöpferkraft sei mit euch! Seid gegrüßt!

## Lehren als Aufgabe

Ab einem bestimmten Stadium des Erinnerns oder eurer Erweckung werdet ihr euch bewußt, daß ihr etwas zu geben habt, daß ihr euch verpflichtet habt, andere darin zu unterstützen, sich zu erinnern. Dann fangt ihr an zu lehren mit dem Ziel, die Menschen zu einem besseren, glücklicheren und erfüllteren Leben hinzuführen. Aber ihr macht das oft mit anderen Mitteln und auf anderen Wegen, als man das von den meisten Lehrsystemen der Menschen her gewohnt ist. Es geht darum, das Wertesystem der Menschen zu ändern, indem ihr andere Wertigkeiten vorlebt, und das kann in alltäglichen Lebenssituationen geschehen. Das ist sehr wichtig zu verstehen.

Wenn ihr zum Beispiel die Erde als ein Raumschiff mit einer Besatzung seht, dann gibt es kein unnötiges Leben und keine unnötige oder wertlose Tätigkeit. Sonst würde das Ganze, hier das Raumschiff, nicht funktionieren. Von der Putzfrau bis zum Captain sind alle wichtig! Denn der Captain könnte seine Aufgabe nicht vollständig erfüllen und eventuell lebenswichtige Entscheidungen für die gesamte Crew treffen, wenn nicht jemand für ihn voller Liebe sein Essen zubereiten würde, seine Wohn- und Arbeitsstelle in Ordnung halten oder seine Entscheidungen und entsprechenden Befehle in die Tat umsetzen würde. Das Raumschiff käme sonst nicht einmal vom Raumdock weg.

Alle von den verschiedensten Wesenheiten besetzten Positionen hier auf der Erde sind wichtig und dienen dem Großen Ganzen, und somit wird auch in jeder Position gleichberechtigt gelehrt und

gelernt! Lehren heißt in diesem Zusammenhang einfach, eine positive Wirkung auf seine Außenwelt zu haben. Das kann zum
Beispiel bedeuten, daß jemand „nur" Hausfrau ist, drei Kinder
großzieht und doch eine der größten Lehrerinnen ist, indem sie
zum Beispiel sehr vielen Frauen vorlebt, wie liebevoll sie mit ihren
Kindern umgeht und wie sie die Kinder lehrt, liebevoll zu sein,
indem sie sich und ihren Mann glücklich macht und so vielen als
Vorbild dient, oder indem sie „nur" zur Zeitungsfrau und zur
Verkäuferin freundlich ist und diese Menschen sich gesegnet
fühlen, wenn sie dieser Person begegnen. Ein solcher Mensch kann
manchmal ein viel größerer Lehrer sein als jemand, der auf einem
Podium steht und glaubt, bedeutende Dinge zu sagen.

Lehren kann also völlig unspektakulär aussehen und trotzdem
äußerst effektiv sein. Kinder aufzuziehen ist zum Beispiel sehr wichtig, denn die Kinder sind die Saat der Zukunft. Wir wollen euren
Fokus auf die Veränderung eures Wertesystems lenken. Nach eurem
Wertesystem haben Mütter oder Putzfrauen in der Regel einen
niedrigeren Status als Menschen, die viel Geld verdienen. Wir wollen damit Geld nicht verurteilen. Geld an sich ist nicht schlecht, es
ist neutral. Nur verursachen eure einseitige Bewertung – daß ihr rei-
che Menschen *automatisch* für bedeutender und wichtiger haltet –
und der damit zusammenhängende verantwortungslose Umgang
mit Geld auf eurem Planeten die größten Probleme. Indem wir
euch auf solche Einseitigkeiten hinweisen, wollen wir ein
Gleichgewicht zwischen den verschiedenen Strahlen der Ausdrucksformen Gottes wiederherstellen.

Ihr solltet den Frauen danken, die sich Zeit für ihre Kinder nehmen und ihnen Liebe in die Herzen pflanzen und sie nicht mit
Computerspielen, Fernsehen und anderen rein materiell ausgerichteten Gegebenheiten ruhigstellen, um es einmal etwas plakativ
und verurteilend auszudrücken. Frauen, die vielleicht auf einige
Geldausgaben verzichten, dafür aber in die Natur gehen und den

Kindern innere Werte beibringen, haben damit oft schon den
Samen für eine gesündere Gesellschaft gelegt. Oftmals können
gerade diese, mit Liebe, Respekt, Selbstwertgefühl und Stärke aus-
gestatteten Kinder später die wichtigen Entdeckungen machen und
große Wissenschaftler werden und zum Beispiel mit Außerirdischen zusammenarbeiten, um hier Frieden zu schaffen. Denn
um gewisse Entdeckungen überhaupt machen zu können, braucht
man ein gewisses Maß an Liebe in seinem Herzen. Und zur Zeit ist
es sehr, sehr wichtig für euren Planeten, daß gerade diese
Entdeckungen endlich gemacht werden können. Somit ist es wichtig, den Wert dieser Art von Lehrer-Sein anzuerkennen, ohne die
andere Seite damit automatisch gering zu schätzen. Es geht uns
darum, wie schon so oft betont, einen Ausgleich zu schaffen und
das Gleichgewicht wiederherzustellen.

Wir wollen Hoffnung geben. Zu viele von euch glauben noch,
daß sie ein ganz großartiges und außergewöhnliches Leben haben
müssen, um glücklich zu werden oder um wichtig für die Evolution,
für die Menschheit und das Große Ganze zu sein. Doch ist es oft das
einfache, schlichte Leben, was ein Wesen und die mit ihm zusammenhängende nähere Umgebung glücklich macht. Und solch ein
Leben ist für alle äußerst beglückend, erfüllend und wertvoll. Ein
Vogelzwitschern, das ihr euch in der Morgendämmerung auf eurem
wunderschönen Planeten bewußt anhört, kann euch für den ganzen
Tag glücklich machen. Oder wenn ihr euch einen Blumenstrauß einmal genau anschaut und euch dann überlegt, daß eure Mutter Erde
solch zauberhafte Geschöpfe hervorbringt, Pflanzen mit den unterschiedlichsten Gerüchen, Farben und Formen, und daß gerade die
unterschiedlichen Pflanzen zusammen erst einen wunderschönen
Blumenstrauß ergeben – dann wird euch bewußt, daß *jede* Pflanze
wichtig für den gesamten Strauß ist. Nicht jede Pflanze ist auffällig,
und doch ist jede einzelne für sich einzigartig und wertvoll, und erst
gemeinsam ergeben sie eine wunderbare Komposition.

Für das Verschmelzen zu einer Einheit braucht ihr euch nicht aufzugeben und jemand anderes zu sein als der, der ihr seid. Ihr könnt eine Rose bleiben oder eine Lilie oder ein Vergißmeinnicht. Es gibt keine bessere Blume als Ausdrucksform für euch, als die, die ihr für eure jetzige Existenz ausgesucht habt. Alle sind schön. Manche von euch versuchen immer noch eine Rose zu werden, und zwar nur, weil sie glauben, daß ein Vergißmeinnicht nicht so viel wert ist. Aber das entspricht nicht der Wahrheit. Stellt euch einen Planeten vor, auf dem nur Rosen wachsen. Das wäre auf Dauer langweilig. Es ist schön und macht Spaß, daß es diese verschiedensten Manifestationen und Möglichkeiten gibt.

Wir können es auch anders ausdrücken: Jeder von euch ist wie ein Instrument. Und ein Orchester, also das Große Ganze, setzt sich aus verschiedenen Instrumenten zusammen, und erst mit allen Instrumenten kann die Sinfonie des allumfassenden Lebens vollständig erklingen. Einmal ist der eine im Vordergrund, das andere Mal der andere, aber erst die Gemeinsamkeit macht das Gesamtkunstwerk der Schöpfung aus.

### Frequenzerhöhung

Wenn ihr euch harmonisch höheren Frequenzen annähern wollt, ist es wichtig, euch dem großen gemeinsamen Ziel unterzuordnen und mit der inneren Haltung zu leben und sich darauf auszurichten, daß *allein der göttliche Wille, der dem Großen Ganzen dient, geschehe.* Ihr könnt auch den Satz in euch tragen und dementsprechend handeln, daß das, was ich *jetzt* gebe, *jetzt* das Maximum ist und daß das, was ich *jetzt* tun kann, *jetzt* vollkommen ausreicht.

Ihr seid zu oft unglücklich, weil ihr mit dem, wo ihr jetzt steht, unzufrieden seid. Doch dort, wo ihr jetzt steht, ist es perfekt. Es ist der perfekte Ausdruck Gottes, des Großen Ganzen. Macht also ab

jetzt das Beste aus eurem jetzigen Augenblick und schaut nicht in
einer ängstlichen oder schwermütigen Haltung darauf, was die
Zukunft euch wohl „zufälligerweise" bringen wird oder wie die
Vergangenheit hätte sein können, wenn ihr das Wissen vom Hier
und Jetzt schon damals gehabt hättet. Da die meisten von euch noch
nicht genau wissen, wie diese für euch noch diffuse Zukunft einmal
genau aussehen wird, ist es logisch, immer das Beste aus jedem Tag
zu machen und glücklich zu sein. Die Summe der ganzen Tage ergibt
dann ein glückliches Leben und damit auch eine von dir allein mani-
festierte glückliche Zukunft. Und wenn ihr wirklich um eure
Manifestationskraft wüßtet, würdet ihr euch nicht solche destrukti-
ven Gedanken über die Vergangenheit oder die Zukunft machen,
sondern bewußt produktiv an eurem jetzigen Leben arbeiten, was
automatisch auch euer weiteres Leben, also eure Zukunft, bestimmt.

Ihr könnt inneren und äußeren Frieden erschaffen und positive
Manifestationskraft wirklich lernen, wenn ihr die Grundhaltung
habt, daß ihr euch bemüht, jeden Tag so harmonisch, liebevoll und
verantwortlich wie möglich zu sein, und wenn ihr einmal schlechte Laune habt, daß ihr euch bemüht, sie so kurz wie möglich zu
halten, aber sie auch nicht übermäßig zu unterdrücken. Es ist
dumm, schlechte Laune, also negative Energien, prinzipiell zu
unterdrücken und etwas anderes darzustellen, als man eigentlich
ist. Wenn ihr traurig oder ärgerlich seid, schaut lieber nach, warum dem so ist und ob ihr es ändern könnt bzw. wollt. Wenn ihr im
Moment glaubt, es nicht ändern zu können, akzeptiert dieses als
eure jetzige Wahl. Es wird irgendwann der Augenblick kommen,
in dem ihr es ändern wollt und könnt.

Wenn ihr euch beobachtet und ihr irgendwann innerlich spürt:
„Jetzt ist genug, jetzt habe ich lange genug getrauert, jetzt möchte
ich es ändern", dann ist das der perfekte Augenblick, es zu ändern.
Es werden immer einmal wieder solche Gefühle in dir aufsteigen.
Zum Teil kann man Gute Tage nur an schlechten Tagen messen,

und es wird nicht immer nur gute Tage geben. Es kommt vielmehr darauf an, wie lang die schlechten Tage dauern, und das kannst letztlich nur du bestimmen. Die Länge wird sich nach und nach verändern und später auch die Intensität. Dann wird euer Weg immer mehr ins Licht führen.

Ihr dramatisiert noch zu oft eure negativen Regungen, und dadurch bekommen sie zu viel unnötige Aufmerksamkeit und dadurch erst soviel Energie und Kraft. Laßt sie doch einfach auftauchen und beobachtet sie wertungsfrei. Die meisten von euch sind zur Zeit einfach noch sehr menschlich, und die allerwenigsten von euch werden durch den Prozeß des Erinnerns gleich einen weitentwickelten Kommandanten wie Titus darstellen können. Aber ihr alle könnt ihn als Ideal nehmen und euch fragen, wie sich Titus in einer bestimmten Situation verhalten würde. Auch Titus würde sich zeitweise sogenannten negativen Emotionen hingeben, wenn es notwendig, heilsam und lehrreich wäre. Er würde sie dann aber auch so schnell wie möglich beenden, wenn sie nicht mehr nötig sind. Und er würde seine Gefühle sicher nicht überdramatisieren oder sie gar verurteilen.

Somit seid nicht traurig oder wütend, wenn eure Wohnung einmal nicht perfekt ist, wenn ihr unpünktlich oder unzuverlässig wart oder ähnliches. Schaut nach, wie ihr das Beste daraus machen könnt und wie ihr die Situation zu eurem Vorteil ändern könnt. Ein weitentwickeltes Wesen würde sich sicherlich nicht über eine unaufgeräumte Wohnung beschweren oder sich darüber beklagen, wenn sie klein, eng oder teuer ist. Es würde entweder das Beste aus der Situation machen, oder es würde die Situation ändern und einfach umziehen. Wenn ihr kein Geld habt, um umzuziehen, dann macht das Beste aus eurer Wohnung. Wenn ihr kein Geld habt, um Kleidung zu kaufen, dann zieht euch eben euren Möglichkeiten entsprechend so sauber und so gepflegt wie möglich an, bis ihr die Situation ändern wollt, und dann zum Beispiel eine Möglichkeit findet, mehr Geld zu verdienen. Quält euch und eure Umgebung nicht unnötig mit negativen

Emotionen, denn solch ein Verhalten ist unproduktiv, Energie- und
Zeitverschwendung. Macht das Beste aus einer Situation oder verändert sie nach eurem Gutdünken. Das ist etwas, was jeder von euch
sofort tun kann, um seine Frequenz zu erhöhen.

Zu viele von euch sind auch nicht in Frieden mit ihrem irdischen Körper. Macht euch bewußt, daß eure Körper eurer Aufgabe
entsprechend ausgesucht worden sind, und zwar mit eurer
Zusammenarbeit und euren Wünschen entsprechend. Es wurde
auf anderen Ebenen vorher genau besprochen, was jemand tun
möchte und was dafür notwendig sein wird, um ihn bestens bei
diesem Vorhaben, dieser Mission zu unterstützen. Es gibt für die
unterschiedlichsten Aufgaben die unterschiedlichsten Körper.
Nicht jeder Körper eignet sich für jede Aufgabe. Ihr könnt davon
ausgehen, daß keiner hier auf der Erde in irgendeiner Form bestraft
wurde. Für uns sind eure Körper alle gleichberechtigt und gleich
wertvoll, weil sie alle einer größeren Aufgabe dienen und zum
Gelingen des Großen Ganzen entsprechend ausgewählt wurden.
Wenn ihr nach und nach beginnt, an eure Einzelmission zu glauben und den dahinterstehenden größeren Plan zu erkennen, würdet ihr euch nicht mehr über euren Körper beschweren oder
unglücklich über ihn sein. Ihr versucht dann immer mehr zu verstehen, warum ihr euch gerade diesen Körper ausgesucht habt, mit
diesen besonderen Lebensumständen. Und wenn ihr versteht, dann
heilt ihr in eurem Herzen. Und dann könnt ihr die volle Verantwortung übernehmen und euer Leben und euren Körper
bewußt so verändern, wie ihr es wünscht.

Man erkennt den weiterentwickelten Raumschiffkommandanten
daran, daß er mit den Seinszuständen oder den Menschen und
Dingen, die ihn umgeben, so gut, respektvoll und höflich umgeht,
wie es geht. An solch einem Verhalten euch selbst und eurer
Umgebung gegenüber mißt man auch euch. Auf eurer jetzigen
Entwicklungsstufe ist es noch notwendig, daß man mit seinem

Körper achtsam umgehen muß, damit er euch gute Dienste leisten kann. Er sollte also regelmäßig in einer liebe- und achtvollen Haltung gepflegt und gewaschen werden. Wenn er noch Nahrung zu sich nehmen muß oder noch Schlaf benötigt, sollte auch dafür verantwortlich gesorgt werden.

All diese eben genannten Dinge werden nicht mehr notwendig sein, wenn ihr gelernt habt, mit Schlaf, Nahrung, Farben, Energiezuständen und ähnlichem gut umzugehen. Dann gelangt ihr auf eine höhere Ebene und habt diese Äußerlichkeiten nicht mehr nötig, auch deshalb, weil ihr mit diesen vorgegebenen Spielregeln der vorhergehenden oder anderen Ebenen gut und verantwortlich umgegangen seid. Ihr habt dann diese Ebenen überwunden und integriert. Aber das ist nur möglich, wenn man mit diesen Gegebenheiten Freundschaft geschlossen, sie verstanden, respektiert und so gut wie möglich angewendet hat.

Ein weiteres Beispiel ist die hier auf der Erde so häufig noch negativ besetzte Steuererklärung. Es ist unserer Ansicht nach einfach ein Zeichen von Unreife, wenn man Dinge, die hier getan werden müssen, nicht erledigt. Bestimmte Angelegenheiten gehören nun einfach aus den verschiedensten Gründen noch zu den Spielregeln auf der Erde. Unserer Ansicht nach sollte man sich hier so höflich, respektvoll, verantwortlich und im Zweifel unauffällig benehmen, weil man in Wirklichkeit ganz andere Dinge hier zu erledigen hat und auf diese seine volle Aufmerksamkeit und Kraft fokussieren sollte. Das heißt, wenn eine Spielregel hier gilt und diese nicht vollkommen unmenschlich oder verantwortungslos dem einzelnen Individuum und daher dem Großen Ganzen gegenüber ist, sollte man nicht gegen diese Spielregel angehen und rechthaberisch sein, sondern Reife zeigen, und sie einfach beachten. Zumal sich viele von euch einfach aus Prinzip, aus dem Massenbewußtsein heraus oder schlicht aus Unwissenheit der Steuerbehörde und den dort angestellten Menschen gegenüber verweigern oder sie ungerechtfertigter Weise anklagen. Wobei auch euer Geld- oder Steuersystem auf Dauer eine Grunderneuerung braucht und auch bekommen wird.

Neben eurer wahren Mission könnt ihr natürlich versuchen, auch andere begrenzte Spielregeln der Erde nach und nach zum Positiven zu verändern. Da die Menschen aber noch zu unwissend sind und deshalb oft eine Sache im voraus verurteilen, ohne wirklich beide Seiten verstanden und in Ruhe angehört zu haben, wird, wie in diesem Beispiel, die Steuererklärung gar nicht oder schlecht gemacht, anstatt sie oder das Steuersystem nach und nach zu verbessern. Denn das wäre Reife: Die Dinge, die anliegen und erst einmal so abgesprochen sind, zu erledigen und *dann* zu sagen, was euch auffällt und Vorschläge zu machen, wie man manches vereinfachen und effektiver gestalten könnte. Das ist die Vorgehensweise, mit der auch die auf der Erde stationierten oder arbeitenden Außerirdischen mit diesen Dingen umgehen.

Ihr würdet einen Außerirdischen äußerlich nicht erkennen, außer vielleicht daran, daß er besonders verläßlich, pünktlich, gepflegt und liebevoll ist, daß man sich also in jeder Hinsicht auf ihn verlassen kann. Die Wohnung wäre aufgeräumt, und er wäre gut auf euch vorbereitet, wenn er euch zum Essen erwartete. Aber er würde dabei nicht angestrengt wirken, sondern er wäre ein netter Freund, der ein Vorbild ist, sich aber gleichzeitig nicht über euch stellt, sondern jemand, der einfach charmant und zuvorkommend ist. Da diese Wesen nicht wollen, daß ihr ihnen gegenüber ein Gefühl der Minderwertigkeit entwickelt, fällt dieses höfliche Verhalten oft gar nicht auf. Es ist wie selbstverständlich in ihrer Aura enthalten. Ihr erkennt Außerirdische, die das Christusbewußtsein erlangt haben und hier zur Zeit in einem Körper leben, um nicht erkannt zu werden, nur an Freundlichkeit, Herzenswärme und dem tiefen Respekt vor eurem Leben, dem Leben anderer und eurer Erde in ihrem gesamten Sein, mit all ihren verschiedenen Ausdrucksformen. So sei es, so ist es, Amen!

## 5. Kapitel

# Positive und negative Außerirdische

*Woran man negative Außerirdische erkennt*

Es gibt viele verschiedene Möglichkeiten, sogenannte positive von negativen Außerirdischen zu unterscheiden. Wenn wir jetzt auf euer Gedankenbild eingehen, das noch sehr stark von der Polarität Gut und Böse bestimmt ist, gibt es sehr wohl verkörperte Außerirdische, die schon allein durch ihr äußeres Erscheinungsbild klar erkennen lassen, daß sie böse sind, ähnlich wie es meistens in euren betont polaren Spielfilmen dargestellt wird. Das Aussehen solcher Außerirdischer entspricht in diesem Fall ihrer energetischen Ausstrahlung, und sie wirken boshaft und gefährlich. Das heißt, ihr könnt oft schon an Äußerlichkeiten erkennen, ob ihr einem positiven oder einem negativen Außerirdischen gegenübersteht, gleichgültig ob dieses Wesen einen weißen oder einen schwarzen Raumanzug trägt, um auf einen von euch häufig benutzten Mythos zurückzugreifen, nach der die Guten Weiß und die Bösen Schwarz tragen. Das übrige Aussehen wird in jedem Fall eindeutig genug sein.

Die Äußerlichkeit ist natürlich nicht nur auf die Kleidung beschränkt. Es ist auch die Haltung, die Mimik, das allgemeine Gebaren und Verhalten einer Person gemeint. Und dann kommt natürlich noch die Ausstrahlung hinzu, die ihr durch euer Herz wahrnehmen könnt. Ihr wißt und spürt alle sehr genau, ob ihr euch in der Gegenwart einer Person wohlfühlt oder nicht. In solchen Momenten ist es dann wichtig, dem Herzen zu vertrauen und euch nicht zu fragen, *warum* ihr dieser Person jetzt eigentlich nicht traut oder euch in ihrer Gegenwart nicht wohl fühlt. Es wäre gut, dann erst einmal eurem Gefühl zu folgen bzw. zu gehorchen und

sich, soweit es geht, von dieser Person fernzuhalten oder keine län-
gerfristigen Geschäftsbeziehungen einzugehen, ohne es in dem
Moment vielleicht logisch vom Kopf her erklären zu wollen oder
zu können. Denn bis ihr mit dem Verstand auf die Antwort für
eure innere Frage nach den Gründen für euer ungutes Gefühl
gekommen seid und eine logische Erklärung dafür erhalten habt,
könnte es für einen Rückzug oder eine Umentscheidung schon zu
spät sein, und ihr könntet euch zum Beispiel schon vertraglich an
einen Geschäftspartner gebunden haben.

Wir möchten euch also darum bitten, bei diesem Thema in
eurem eigenen Interesse und als Unterstützung für euch noch einige Zeit weltliche Maßstäbe anzusetzen. Wenn ihr zum Beispiel in
einer Großstadt seid und eine Gruppe von Leuten seht, ist es auch
hier auf der Erde auf den ersten Blick eindeutig, ob es sich um eine
Straßengang oder um eine Touristengruppe handelt, ob ihr ihnen
auf den ersten Blick also eher trauen könnt oder nicht. Ähnliche
Maßstäbe sind auch bei Außerirdischen anzulegen.

Viele Menschen, die dieses Buch lesen, sind sich oft schon
bewußt, daß es noch mehr gibt als die äußere Körperlichkeit, daß
es also sehr wohl Außerirdische gibt, die ihren Körper ent- und
rematerialisieren können und ähnliches. Für diejenigen, die schon
in der Wahrnehmung von unterschiedlichen Energien bzw.
Frequenzen, das heißt, den verschiedenen Ausstrahlungen geschult
sind, gibt es dann natürlich zusätzlich noch die Möglichkeit, ein
Wesen über dessen Frequenz zu überprüfen. Es gibt dann absolut
keinen Zweifel, ob es positiv oder negativ ist. Menschen, die
Erfahrungen mit Frequenzen haben, wissen, daß das die Wahrheit
ist und daß diese Methode immer sicherer ist, als ein Wesen nur
über sein äußeres Erscheinungsbild zu beurteilen.

Denn es ist natürlich so, daß nicht jeder Außerirdische, der für
viele von euch äußerlich, sei es durch seine außergewöhnliche
Größe, durch die besondere Beschaffenheit seiner Haut, durch

andersartige Gliedmaßen oder ähnliches, sehr fremd oder sogar furchteinflößend aussieht, von vornherein ein sogenannter negativer Außerirdischer ist. Allgemein reagieren viele Menschen leider noch zu oft in einer übertrieben ängstlichen oder aggressiven Weise auf etwas für sie Neues und Fremdes. Es wird häufig von vornherein mit Negativität gleichgesetzt. Viele Menschen sind dabei mehr von ihren Urinstinkten geleitet als von ihrer Intuition oder ihrem Verstand. Das hat in der Vergangenheit leider zu manchen Mißverständnissen zwischen Menschen und außerirdischen Wesen geführt und zu unnötig belastenden Situationen für beide Seiten. Es geht hier also wirklich mehr um das Wahrnehmen des inneren Gefühls – nicht des Instinkts – und um das Erspüren der Frequenz eines anderen Wesens. Und die kann von jedem, der die innere Ruhe bewahrt, wahrgenommen werden.

### Was negative Außerirdische tun

Es gibt negative Außerirdische, die Menschen entführen, aber bevor ihr solche Handlungen voreilig verurteilt, solltet ihr euch fragen, warum sie es eigentlich tun und tun können. Ihr solltet euch darüber im Klaren sein, daß solche Außerirdischen zur Zeit noch dem momentanen Entwicklungsstand der Menschen entsprechen.

Warum führen Menschen Kriege? Warum sperren Menschen Tiere in Versuchslabore ein? Warum foltern Menschen andere Menschen und zerstören ihre eigene Umwelt? Solch ein Verhalten ist nur erklärbar durch den Bewußtseinszustand eines Wesens. Da manche Außerirdische ethisch noch nicht weiterentwickelt sind als die Menschen, haben diese ebenfalls Heimatplaneten, die sie mit wenig Respekt und Liebe behandeln. Auch sie haben bei sich zu Hause Umweltverschmutzung, Krankheit, Armut und Tod. Solche Außerirdische sind den Menschen in vielen Bereichen sehr ähnlich.

Vergeßt nicht: Solche Wesen werden von euch doch nur deshalb „Außerirdische" genannt, weil sie von einem anderen Planeten stammen. Allein dadurch haben sie für viele ein gewisses Image, nämlich etwas anderes und automatisch etwas Besseres zu sein. Aber letzten Endes sind diese Wesen manchmal auch nur „Menschen", die einfach auf einem anderen Planeten leben und vielleicht eine andere Bezeichnung oder einen anderen Namen für sich haben. Nur weil sie auf einem anderen Planeten leben und vielleicht anders aussehen, heißt das nicht, daß sie automatisch auch einen weiterentwickelten Bewußtseinszustand haben. Nur weil Außerirdische, die die Erde besuchen, den Menschen noch eine kurze Zeit den einen technischen Schritt voraus sind und Raumschiffe haben, können sie sich auf ihrem Planeten doch noch genauso benehmen wie viele Menschen auf der Erde. Somit wenden sie natürlich den Bewußtseinszustand, den sie auf ihrem Planeten haben und leben, meist auch automatisch auf die Menschen an.

Manche tun es, weil sie glauben, daß die Menschen wie Tiere zu behandeln sind, und zwar in der gleichen Weise, wie manche Menschen glauben, *ihre* Tiere behandeln zu können. Diese Außerirdischen vertreten die Meinung, daß sie mit euch machen können, was sie wollen, weil die Menschen ihrer Meinung nach noch nicht hoch entwickelt und dumm sind und entsprechend behandelt werden müssen und nichts Besseres verdienen. Genauso sind auch bei euch manche sogenannten Entdecker mit den einheimischen Menschen, zum Beispiel mit den Indianern, Aborigines oder Inkas umgegangen, weil sie glaubten, Menschen zweiter Klasse vor sich zu haben.

Manche Wesen wiederum haben Schwierigkeiten mit ihrer Evolution und möchten ihre Gene auffrischen, weil sie beispielsweise verschiedenste Experimente gemacht haben und dadurch unfruchtbar geworden sind. Sie brauchen die Spermien oder die Eizellen, die sie dann ihrer Genetik anpassen, um ihre Rasse weiterleben lassen zu können. Menschliche Embryonen werden nicht nur wegen der Gene benötigt, sie werden auch als Haustiere, Freunde, Versuchstiere, Sklaven oder einfach nur zum näheren Kennenlernen aufgezogen. Manchmal benutzen Außerirdische diese Menschen, um bestimmte menschliche Gene in die DNS der Außerirdischen einzuarbeiten, und sie benutzen dann menschliche Frauen, diese Embryonen für sie auszutragen, weil sie dieses aus den unterschiedlichsten Gründen selbst nicht mehr machen können.

Auch dies ist ein Spiegel für euch Menschen. Denn auch auf der Erde wird heutzutage damit experimentiert, Tiere als Leihmütter für andere Rassen oder Arten zu benutzen. Schweine, Rinder und andere Tiere werden unter anderem dafür genutzt, aussterbende Rassen überleben lassen zu können. Befruchtete Eizellen von fremden Rassen werden in ihre Körper implantiert, sie tragen diese Frucht bis zu einem gewissen Grad aus, und dann werden diese Wesen durch Kaiserschnitt entnommen. Diese Untersuchungen werden noch streng geheimgehalten, und doch gibt es sie, wobei auch diese Techniken jetzt zum Teil schon wieder überholt sind, weil inzwischen neue Erkenntnisse dazugekommen sind.

Manche Außerirdische haben eben gerade diese Fähigkeiten entwickelt und benutzen in Versuchslaboren Menschen dazu, für sie fremde Wesenheiten auszutragen, um Dinge über sie zu lernen, sie nicht aussterben zu lassen oder ähnliches. Wie gesagt, für die gleichen Zwecke benutzen die Menschen Schweine und Rinder. Hinterher werden viele dieser Menschen getötet, weil sie aus der Sicht dieser Wesen unbrauchbar geworden sind oder weil sie keine Zeugen leben lassen wollen. Es klingt zum Teil unglaublich und sehr hart: Manche Menschen verschwinden wirklich allein aus diesem Grund spurlos hier von der Erde.

Außerirdische, die Menschen entführen, müssen nicht immer auch körperlich anwesend sein. Sie können auch durch verschiedene Bewußtseinstechniken Menschen hypnotisieren und durch

Telepathie zwingen, gegen ihren eigenen bewußten Willen irgendwo hinzugehen. Manchmal benutzen sie auch elektronische Fesseln oder Frequenzschlingen, so daß sich ein Mensch nicht mehr bewegen kann, oder sie betäuben die Menschen. Es gibt die unterschiedlichsten Möglichkeiten und Waffen.

Dann gibt es Außerirdische, die einen Auftrag von anderen Außerirdischen haben, die ihnen wiederum überlegen sind, Sklaven zu besorgen. Es werden Sklaven gesucht, um Handlangerarbeiten auf ihren Planeten ausführen zu können, um zum Beispiel Pflanzen anzubauen, Bodenschätze abzubauen oder das, was die Außerirdischen nicht mehr selbst machen wollen. Diese Außerirdischen bekommen eine Art Geld oder entsprechend für sie wertvolle Dinge für die abgelieferten Menschen. In gewisser Weise findet ein Sklavenhandel wie in eurer Vergangenheit in Afrika oder Amerika statt. Vieles, was hier im Kleinen stattgefunden hat und stattfindet, findet auch draußen im Weltall statt. Wir möchten zur Zeit keine Zahlen nennen, weil das unnötig Angst machen könnte. Aber es gibt mehr außerirdische Rassen, die solches tun oder tun würden, als euch Menschen lieb wäre. Es geschieht zur Zeit noch ziemlich viel Schlimmes auf manchen Ebenen, was auf Dauer abgeändert werden muß und auch wird.

Natürlich gibt es auch Außerirdische, die zwar eher negativ, aber nicht so gefährlich sind. Es gibt viele Zwischenstufen von äußerst gefährlichen bis zu harmlosen Außerirdischen. Manche von ihnen töten zwar keine Menschen, aber sie untersuchen sie, weil sie neugierig sind. Das ist auch einer der Gründe dafür, daß manche von euch Narben haben, von denen sie nicht wissen, woher sie eigentlich stammen. Diese Außerirdischen sind häufig wie unbedarfte, unterentwickelte, naive oder abgestumpfte Menschen, die nicht wissen, daß man gewisse Dinge eigentlich nicht machen darf. Sie glauben unter anderem, daß sie alles tun dürfen, wenn sie etwas herausfinden oder verstehen möchten. Es ist ihnen dann egal, ob dieser Weg mit unnötigem Leid für andere verknüpft ist. Sie nehmen dies noch nicht einmal bewußt wahr. Diese Wesen möchten die Menschen nicht willentlich oder absichtlich töten, auch wenn dieses einmal vorkommen kann und dann als eine bedauerliche, aber mögliche Randerscheinung ihrer Experimente hingenommen wird. Es wird dann als ein „einzukalkulierendes Betriebsrisiko" abgetan und ist kein Anlaß für sie, besonders über ihr Handeln nachzudenken oder es gar abzuändern. Bei den Menschen und bei den anderen Wesen, die überleben, und das ist die Mehrzahl, machen sie eine Art von Gehirnwäsche, damit sie sich nicht an die Untersuchungen und an all das, was damit zusammenhängt, erinnern. Danach bringen sie alle Menschen wieder zurück.

Ein Teil des Massenbewußtseins der Menschen spiegelt sich zur Zeit noch in den eben genannten außerirdischen Typen wider. Seht, wieviele Menschen sich noch Nachrichten und verschiedenste Fernsehsendungen ansehen und sich daran ergötzen, das Leid anderer zu beobachten und wie wenig populär Sendungen mit guten Nachrichten oder sogenannten Wundern noch sind, sonst würden sie ja weitaus mehr gesendet werden. Zur Zeit ist das Massenbewußtsein der Menschen noch zu sehr an dem Sensationellen und Furchteinflößenden an Außerirdischen interessiert und darauf ausgerichtet. Es ist in der Tat gefährlich, was ihr an Negativem über Außerirdische denkt, denn dadurch werden noch sehr viele solcher Außerirdischen angezogen. Sie sind ein Spiegel für die noch anhaltende Negativität der Menschen. Seid also ab jetzt achtsamer, welche Art von Filmen, Büchern oder Zeitschriften ihr euch eigentlich – manchmal tagtäglich – anseht oder lest, bzw. mit welcher Haltung ihr es tut, denn eure Gedanken erschaffen eure tägliche, zukünftige und vergangene Wirklichkeit. Dieser Umstand ist auch die große Hoffnung für die menschliche Weiterentwicklung: Wenn ihr euch weiterentwickelt, werdet ihr automatisch immer mehr positive Außerirdische anziehen. Denn ihr solltet die Tatsache nicht aus den Augen verlieren, daß es auch sehr viele gute, positive Außerirdische gibt, die euch beschützen, helfen, die einfach für euch da sind und euch immer mehr positive Erfahrungen und Erkenntnisse machen lassen wollen.

### Schutz vor negativen Außerirdischen

Um euch vor negativen Außerirdischen zu schützen und sie nicht anzuziehen, solltet ihr das zuvor Genannte beherzigen. Erwartet zum Beispiel innerlich, eher von positiven Außerirdischen besucht zu werden als von negativen Außerirdischen. Achtet darüber hinaus auf eine positive Lebensführung und darauf, eine gesunde und bewußte Bewußtseinshaltung zu entwickeln, weil die Aura, die ihr dann ausstrahlt, euch schützt wie ein Schild. Menschen oder andere Wesen, die positiv denken, die an sich arbeiten, die lernen, die verantwortlich sind, können zum Beispiel nicht entführt werden. Ihre Aura wirkt wie ein Schutzmantel oder wie eine Jalousie, die sich glatt um den Körper herumlegt, so daß sie nicht angreifbar sind.

Was ihr negativ oder böse nennt, ist aus unserer Sicht begrenzt. Solche Außerirdischen sind unserer Ansicht nach in Wirklichkeit unwissend und in ihrer Sicht- und Handlungsweise einfach nur sehr kurzsichtig. Begrenzte Wesen können Menschen mit einer entsprechenden Aura einfach nicht mitnehmen, auch weil, etwa durch Gebete ausgelöst, zusätzlich noch genügend Schutzengel herbeigerufen werden, bzw. einfach da sind und praktisch helfen können. Diese Schutzengel können die Menschen wirklich verteidigen und unter anderem verhindern, daß sie von irgend jemandem entführt werden. Es ist begrenzten Außerirdischen einfach nicht erlaubt und auch nicht möglich, Wesen mit einem

bestimmten Bewußtseinsstand mitzunehmen. Sie prallen einfach
von ihnen ab, weil ihre Dimensions- und Daseinsebene so nied-
rigschwingend ist, daß sie es nicht schaffen, diesen Wesen etwas
anzuhaben.

Alle Wesen sind *automatisch* dem Willen eines in Liebe höher
entwickelten Wesens unterworfen. Liebe ist die höchste Frequenz
im Universum – sie kann *alles* in Licht umwandeln, ihr müßt es
nur genügend wollen und glauben. Wenn ein Mensch daran arbeitet, seine Frequenz zu erhöhen bzw. sich positiv auszurichten, wird
er niemals Angst vor anderen Wesen jedweder Art haben müssen,
da sie es nicht schaffen werden, ihm irgendetwas gegen seinen
Willen und sein Einverständnis anzuhaben. Einerseits schaffen sie
es nicht, weil sie den Menschen dann nicht mehr wahrnehmen, da
sie auf anderen Dimensionsebenen sind – in diesem Fall auf einer
niedrigeren – und die „negativen" Wesen dann beispielsweise an
jemandem vorbeigehen können, ohne ihn wahrzunehmen.
Andererseits sind sie so stark von seinem Licht geblendet, daß sie
es nicht schaffen, näher als zehn Erdenmeter an ihn heranzukom-
men. Oder aber, weil der Mensch keine Angst vor ihnen hat oder
darum bittet, daß Schutzengel, Schutzmeister oder eine andere
positive Kraft, an die er glaubt und die ihm hilft, etwas also, was
in dem Moment eine noch größere Macht hat als der Mensch
selbst, ihm zur Seite stehen und ihn beschützen. Wenn jemand
positiv ausgerichtet ist, wird er, sie oder es auch dann des öfteren
in Situationen beschützt, in denen es einem selbst nicht einmal
bewußt ist, daß man gerade eventuell in Gefahr ist bzw. war.

In Ausnahmefällen kann es zu einer Konfrontation auf der physischen Ebene kommen, aber wenn diese Person positiv ausgerichtet und dadurch geschützt ist, wird sie sich „zufälligerweise" selbst
so verteidigen können oder verteidigt werden, daß ein feindseliges
Wesen diesem Menschen nichts anhaben kann. Sein Schutzengel
oder auch seine eigene Intuition wird ihn automatisch zu Techniken

hingeführt haben, die ihm eine Verteidigung ermöglichen. Diese Techniken können geistiger Natur sein, indem man zum Beispiel Energiekugeln wirft und dadurch der anderen Person einfach für eine gewisse Zeit einen Ohnmachtsanfall beschert und man selbst flüchten kann. Es können auch körperliche Techniken wie Selbstverteidigung oder ähnliches sein, die man „zufälligerweise" gerade gelernt hat. Oder es liegt zufällig irgendein Gegenstand in der Nähe, wie ein Kreuz, vor dem das Wesen zurückweichen muß, oder ein Stock, mit dem man sich körperlich verteidigen kann.

Höhere Wesen haben viele Möglichkeiten, von denen ihr noch nicht einmal träumt. Sie können Außerirdische beeinflussen und manipulieren. Sie können ihnen einfach Gedanken, Schlaf oder Ohnmachtsanfälle eingeben. Sie können sie gegen ihren Willen wegfliegen lassen. Es gibt für höher entwickelte Wesen einfach keinerlei Begrenzungen und somit auch keine Angst oder Befürchtungen jedweder Art. Wenn man sich den positiven, lichtvollen Mächten zuwendet, ist man geschützt. Es kann einem dann wirklich nichts passieren. Je größer der Glaube und das Vertrauen in das Allmächtige sind, desto größer ist die Macht, die man hat.

Wir möchten betonen, daß wir nur eingreifen oder helfen können, wenn ihr darum bittet und auch wirklich bereit seid, euch beschützen zu lassen, weil ihr euch und euer Leben liebt und euch für wertvoll genug erachtet, beschützt zu werden und weil ihr akzeptiert, daß ihr in dem Moment noch nicht allein die Macht habt, euch selbst zu beschützen. Dann gibt es wie gesagt verschiedenste Möglichkeiten, sich effektiv zu schützen.

Negative Außerirdische können auch im Traum versuchen, euch zu manipulieren, doch wenn jemand sich genügend erhebt und zum Beispiel vor dem Schlafengehen betet und er sich auch sonst nicht von Negativität in irgendeiner Art und Weise beeindrucken läßt und der positiven Macht der allumfassenden Liebe vertraut, ist er automatisch geschützt. Wenn man diesen Außerirdischen im Traum ohne Angst seine Meinung sagt, erhebt man sich automatisch über sie. Oft werden dann durch diese positive, mutige Geisteshaltung die Körper, der „echte" und der Traumkörper, von geistigen Wesen in Sicherheit gebracht. Es kann auch bewußt trainiert werden, den Körper selbst mitzunehmen bzw. den liegenden Körper zu schützen.

Bei der spirituellen Ausbildung im alten Ägypten gab es die sogenannte „Sargprüfung". Sie wurde dadurch bestanden, daß man zuerst mit seinem Ätherkörper den geschlossenen Sarg verlassen mußte, um dann den Wächtern der Prüfung mitteilen zu können, daß man jetzt auch mit dem materiellen Körper den Sarg verlassen möchte. Diese Technik wäre für den Fall wichtig, daß ihr es auf der äußeren Ebene erst einmal nicht schafft, der Gefangennahme zu entgehen, weil ihr vielleicht schon hypnotisiert worden seid und es euch nicht mehr gelingt, sofort etwas zu eurem Schutz zu tun. In solch einem Moment wäre es euch dann sehr leicht möglich, euren physischen Körper zu verlassen und uns auf dieser Ebene, der Ebene der geistigen Welten, um Hilfe zu bitten – und sie würde euch gewährt werden.

Wenn ihr euch weiterentwickelt habt, könntet ihr dann sogar selbst der Gefangennahme entgehen, indem ihr euch einfach körperlich entmaterialisiert und somit verschwindet und euch dann an einem anderen, sicheren Ort wieder materialisiert! Ihr seht, es gibt auch hier viele Möglichkeiten in den verschiedensten Kombinationen, je nachdem wie hoch euer Bewußtseinszustand bzw. eure geistige und körperliche Entwicklung gediehen ist.

### *Positive Außerirdische*

Positive Außerirdische sehen äußerlich sehr ästhetisch und schön aus, denn Positivität erschafft immer Schönheit und Harmonie. Gerade auf Alpha Centauri, wo die Wesenheiten äußerlich oft noch so aussehen wie Menschen und wo nach eurem

Sprachgebrauch solche Wesen Menschen genannt werden, sind
alle sehr schön. Alle Bewohner von Alpha Centauri tragen schöne
Kleidung. Alle haben kostbare Juwelen. Sie sind höflich, charmant
und lebensfroh. Das macht das Volk eines glücklichen Planeten
aus. Die Partnerschaften dort sind sehr harmonisch, weil die
Wesen vom Herzen her wissen und spüren, wer zu wem gehört.
Das Leben und die Würde anderer Wesen und allgemein alles
Lebendige wird respektiert und geachtet, und somit ist auch die
Natur mit allen ihr innewohnenden Lebewesen gesund. Die
Menschen dort sind ausgeglichen und glücklich, das heißt, man
hört dort niemals unangenehme Geräusche, wie agressives
Geschrei oder ähnliches. Es gibt dort einfach keine negativen und
verantwortungslosen Verhaltensweisen, wie Lügen, Streit, Mord
und Umweltverschmutzung.

Die Raumanzüge und die togaähnliche Kleidung im Privatleben
sind sehr ästhetisch. Die Kleidung ist für den Körper sehr angenehm. Sie ist immer so, daß sie Luftzirkulation zuläßt, daß sie
nicht zu eng sitzt, sondern bequem ist, aber immer gut geschnit-
ten aussieht. Die Kleider bestehen aus sehr weichen Stoffen, die
fließend aussehen und sich dem Körper anpassen. Es würde niemals modische Kleidung getragen werden, die unbequem und
ungesund für den Körper ist, und trotzdem sind alle Kleidungsstücke nach euren Maßstäben hochmodern, wertvoll und sehr
schön. Die Kleidung ist aus einem Material, das vor Erwärmungen
von außen schützt, aber die Luftzirkulation sehr gut bewerkstel-
ligt und dafür sorgt, daß die Menschen, die diese Kleidung tragen,
nicht schwitzen.

Die Frauen sehen sehr weiblich aus und die Männer sehr männlich, auch wenn sie einen Raumanzug tragen. Sie sind alle bereit,
die Frequenz des gewählten Geschlechts darzustellen, weil sie wissen, daß diese Form, das heißt das Geschlecht, bis zur endgültigen
Verschmelzung immer wieder wechselt. Kein Mann muß übertrie-

ben weiblich sein und keine Frau besonders männlich, weil sie genau wissen, daß sie in verschiedensten Inkarnationen die verschiedenen Seiten darstellen, und somit füllen sie die Inkarnation, die sie gerade leben, vollkommen aus.

Diese Wesen sind alle sehr angenehm in ihrem Auftreten und Aussehen. Sie zeichnen sich vor allem durch ihre Herzlichkeit, Anmut, Höflichkeit und durch ihre Fröhlichkeit aus. Sie sind weder zu dünn noch zu dick, weil auch ihre Ernährungsweise vollkommen gesund und ausgeglichen ist. Niemand benutzt Nahrung in negativer Weise oder um sich schlecht zu fühlen. Somit ist der Körper immer straff, lebendig und beweglich, weil es auch keine Schlacken gibt, die sich in irgendeiner Form ablagern. Es gibt keinen Mundgeruch und ähnliches. Kurzum: Man könnte diese Wesen fast als überirdisch schön und attraktiv bezeichnen, und es ist sehr angenehm und für viele eine Ehre, mit ihnen Zeit verbringen zu dürfen.

Außerirdische Wesen sind auf einer gewissen Ebene anders als die sogenannten Aufgestiegenen Meister. Die Außerirdischen sind nicht primär Lehrer, wie es die Meister sind, denn Meisterschaft ist auch ein Zeichen dafür, daß gelehrt wird. Das heißt, von den Meistern geht eine gewisse Distanz innerhalb der Liebe aus, die diese Außerirdischen nicht haben, weil sie einfach nur Personen sind, die auf einem anderen Planeten leben und glücklich sind. Ayla und Akon von Alpha Centauri beispielsweise haben des öfteren Missionen auf anderen Welten, leben aber sonst ihr eigenes Leben. Sie befinden sich noch in der dritten Dimension. Auch daran könnt ihr ermessen, was ihr noch innerhalb der dritten Dimension an Positivem erschaffen könnt. Die dritte Dimension kann, wie schon gesagt, sehr hochentwickelte Fähigkeiten beinhalten, die noch nicht genügend anerkannt und ausreichend praktisch gelebt werden, die aber trotzdem schon *jetzt* den Garten Eden hier auf eurer wunderschönen Erde erschaffen könnten.

Alpha Centauri könnte für euch ein Vorbild für den nächsten Schritt sein, der für euch möglich ist. Es ist nur *ein* Schritt, und er ist sehr nah. Es ist aber leider auch möglich, einen halben Schritt vor der Quelle zu verdursten. Dann ist es wieder egal, wie weit man noch von ihr entfernt ist, denn das Ergebnis ist das Gleiche, tot ist tot. Aber in einer anderen Sichtweise ist es eben nicht egal, weil es eben nur ein halber Schritt vor dem eigentlichen Ziel war, bei dem man aufgegeben hat.

Obwohl die Wesen auf Alpha Centauri in der Entwicklung nur einen Schritt der Erde voraus sind, sind sie im Vergleich zu vielen von euch Menschen hochentwickelte Wesen und euch in vielen Dingen noch weit überlegen. Auf der anderen Seite könntet ihr den gleichen Bewußtseinsstand mit seinen praktischen Konsequenzen für euch und euren Planeten ebenfalls erlangen. Denn die Bewohner von Alpha Centauri haben Fähigkeiten, die auch für euch Menschen sehr schnell zu entwickeln sind, da ihr dafür nicht erst auf eine andere Dimensionsebene überwechseln müßt. Ihr habt jetzt schon alle Anlagen dafür, ihr müßtet sie einfach nur konsequenter trainieren.

Das trifft zum Beispiel auf eure Sinnesorgane zu, die zwar äußerlich vorhanden sind, in Wirklichkeit aber in ihren möglichen Funktionen noch äußerst eingeschränkt benutzt werden. Andere Möglichkeiten bzw. Funktionen in euren Körpern müßtet ihr erst einmal entdecken und aktivieren. So gibt es manche chemischen Vorgänge im Körper, die noch völlig brachliegen und dadurch in ihrer möglichen Funktionsweise im Großen Ganzen noch nicht völlig verstanden und eingesetzt werden können. Manche Drüsen in eurem Körper, deren Aktivierung euch auf einen Schlag die ewige Jugend ermöglichen könnten, werden noch gar nicht oder nur teilweise verstanden und benutzt.

Wenn ihr beginnen würdet, eure verschiedenen Sinne *wirklich* zu erfahren, *wirklich* euer Gehirn zu benutzen in der Form, wie es schon *jetzt* benutzt werden könnte, würden sich viele von den

Fähigkeiten und auch gewisse Verhaltensweisen, wie sie auf Alpha Centauri normal sind, automatisch einstellen. Gewisse Bewußtseinzustände implizieren automatisch eine gewisse Art von Ordnung, Schönheit, Höflichkeit und Wissen. Umgekehrt ist es nicht möglich, ohne Disziplin, Hingabe, Liebe und Demut solch einen Bewußtseinszustand zu erlangen. So einfach ist das. So sei es. So ist es. Amen!

# 6. Kapitel

# Stellungnahme der Außerirdischen zum Thema „Evakuierungen"

Viele Menschen erhoffen sich, einfach nur mal so mit einem Raumschiff mitgenommen zu werden. Wir können diesen Wunsch verstehen, möchten aber noch einmal betonen, daß es eigentlich nichts Besonderes ist, mit einem Raumschiff durch das All zu reisen. Es ist für uns etwas Normales, so wie für euch das Autofahren, und auch ihr würdet euch schnell daran gewöhnen. Ihr seid ja auch nicht mehr übermäßig aufgeregt, wenn ihr mit dem Auto von einer Stadt in eine andere Stadt fahrt. Autos gehören inzwischen zu eurem normalen Leben. Genauso wie das Fliegen mit einem Flugzeug. In gleicher Weise sind auch wir nicht sonderlich aufgeregt, wenn wir von Alpha Centauri zu den Plejaden fliegen. Für euch ist es – noch – etwas Großartiges, für uns ist es etwas Normales. Wenn wir euch von der Erde nach Alpha Centauri bringen, ist das also für uns sehr einfach, und auch ihr würdet feststellen, daß es schnell zu lernen ist und ihr euch schnell daran gewöhnen würdet.

Das Problem liegt also nicht darin, daß wir nicht mit euch fliegen wollen. Das würden wir jetzt schon sehr gern mit euch machen und es euch auch beibringen, zumal es bei den einfachen Ufo-Modellen sehr leicht zu erlernen ist. Das eigentliche Problem oder die Frage ist: Wie verhaltet ihr euch an Bord und dann auf Alpha Centauri? Benehmt und verhaltet ihr euch dort anders als auf der Erde? Wir wissen, daß sich ein Mensch nicht unbedingt verändert, wenn er einmal mit einem Raumschiff (mit)geflogen ist. Die Geistesverwandtschaft bzw. die Bereitschaft zur Veränderung muß viel tiefer sein und muß letztendlich durch etwas anderes ausgelöst werden.

Viele Menschen wünschen sich, daß Außerirdische schon jetzt offenkundiger in das Erdgeschehen eingreifen oder daß sie sogar Evakuierungen durchführen sollten. Einige Gründe haben wir schon genannt, warum wir das nicht oder noch nicht tun werden. Wir möchten nun auf ein paar andere Aspekte eingehen und auf die fast an Naivität grenzende Verherrlichung bzw. Verallgemeinerung von Außerirdischen eingehen.

Wir denken, daß niemand besonders daran interessiert ist, von Außerirdischen abgeholt oder kontaktiert zu werden, die technisch vielleicht ein wenig weiterentwickelt sind als im Moment die Menschen, aber nicht ethisch und dann vielleicht auf einem Planeten zu landen, auf dem es noch schlimmer zugeht als hier zur Zeit auf der Erde. Niemand denkt an diese Möglichkeit, wenn er den oben genannten Wunsch äußert, aber dennoch könnte das geschehen. Manchmal kann es sogar ein Glück sein, daß sich niemand meldet oder wir dafür sorgen, daß manche fremde Völker erst gar nicht von eurer Existenz erfahren. Wenn sich also ein Mensch mit Außerirdischen in Verbindung setzen möchte, aus welchem Grund auch immer, würden wir ihm dringend raten, sich an positive Außerirdische mit einem höheren Entwicklungsstand zu wenden. Am besten an Außerirdische aus dem Christusbewußtsein oder aus noch höheren Ebenen, weil hier die ethische Entwicklung mit der technologischen konform geht.

Sogenannte positive Außerirdische aus dem Christusbewußtsein kommen hierher zur Erde, um die Menschen primär zu lehren, *sich selbst weiterzuentwickeln,* also nicht, wie manchmal erhofft wird, um für euch eure Erde zu retten und also auch nicht, um euch einfach abzuholen. Sie können euch lehren und dabei helfen, euren Planeten in ein Paradies zu verwandeln, weil sie es auf ihrem Planeten schon geschafft haben und daher wissen, wie es funktioniert.

Wenn ihr euch wirklich daran erinnert oder euch nur vorstellen könnt, daß es weitentwickelte Planeten gibt, auf denen die Natur heil ist, die Wesen gesund sind und Frieden herrscht – und ihr könnt auf einer geistigen Ebene sehr wohl wahrnehmen, daß es solche Welten gibt –, dann könnt ihr euch auch sagen: Wenn die Anwendung geistiger Gesetze auf einem anderen Planeten so viel Schönheit hervorgebracht hat, kann es auch hier funktionieren. Und es wird funktionieren! Ihr müßt eben nur die geistigen Gesetze, die schon auf diesen anderen Planeten Anwendung gefunden haben und auch hier auf der Erde ihre Gültigkeit haben, ebenso hier anwenden. So einfach ist das. Denn wenn es auf Alpha Centauri oder anderen Planeten funktioniert hat, warum dann nicht auch hier auf der Erde? Was spricht dagegen? Die universellen Gesetzmäßigkeiten sind überall die gleichen! Das bedeutet, ihr seid hier, um euch an diese Gesetze zu erinnern bzw. daran erinnert zu werden! Der Erde und auch euch würde es nicht besser gehen, wenn hier eine Massenflucht einsetzen würde.

Es ist zur Zeit sogar gefährlich, zu viel an Evakuierungen zu denken und sie sich zu wünschen, denn unbewußt wünscht und manifestiert ihr euch dadurch eine Situation, in der es für euch offensichtlich ist, daß die Erde nicht mehr zu retten ist und ihr doch jetzt endlich abgeholt werden müßtet. Solch ein Verhalten ist nicht verantwortlich und entspricht in keiner Weise dem, was wir Außerirdische oder der göttliche Plan euch und eurer Erde wünschen. Und meistens ist der Wunsch, von seinem jetzigen Heimatplaneten, in diesem Fall von der Erde, abgeholt zu werden, in seinen konkreten Auswirkungen auch nicht wirklich bis zu Ende gedacht.

Denn was würde wirklich passieren, wenn wir Massenevakuierungen durchführen würden? Wir würden Raumschiffe für Hunderttausende oder Millionen von Menschen manifestieren – was für uns kein Problem wäre –, die eurem jetzigen Bewußtseinsstand und den daraus resultierenden körperlichen, seelischen und geistigen Bedürfnissen entsprechen würden. Das heißt, diese Raumschiffe müßten noch Vorrichtungen für Nahrungsaufnahmen, für Körperausscheidungen und zum Schlafen haben. Ihr wärt zwar alle zusammen auf diesen Transportschiffen, aber nicht automatisch mit uns vereint, denn viele von uns haben völlig andere Umgangsformen als ihr. Diese werden unter anderem bestimmt durch praktisch gelebte Fähigkeiten wie Teleportation, telepathische Kommunikation, Zeitreisen usw. So etwas ist bei uns ganz normal, würde aber bei vielen von euch noch eine Art Kulturschock auslösen. Ihr würdet euch dadurch in unserer Gegenwart auf Dauer nicht wohlfühlen, euch eventuell minderbemittelt vorkommen, was zum Teil dazu führen würde, daß ihr dann lieber unter euch bleiben würdet.

Wo sollten wir euch aber hinbringen? Auf unseren Heimatplaneten würden wir euch nicht siedeln lassen, denn aus unserer Sicht seid ihr dann Menschen, die ohne wirkliche äußere Not von ihrem jetzigen Heimatplaneten geflohen sind. Diese Frequenz von fehlendem Verantwortungsbewußtsein, von Ängstlichkeit und übertriebener Hoffnungslosigkeit würde nicht zu uns passen. Euer Körper würde die hohe Frequenz, die wir haben, nicht vertragen und sehr schnell krank werden und eventuell sogar sterben.

Es ist auch wahr, daß äußerliche Erlebnisse euch so sehr berühren können, daß ihr eine Umentscheidung trefft. Ein fremder Planet oder die Erde aus der Sicht des Weltalls könnten euch mit ihrer Schönheit und Anmut so berühren, daß ihr euch verändern wollt. Aber die *letztendliche* Entscheidung zu einer Veränderung in eurem Denken und Verhalten findet immer *in* euch statt und ist nicht wirklich von Äußerlichkeiten abhängig. Die sogenannten äußeren Umstände – in diesem Fall der Zustand der Erde –, die angeblich zu eurem Wunsch, von der Erde abgeholt zu werden, geführt haben, sind ja erst durch eure innere Haltung entstanden. Deshalb ist die Äußerlichkeit eines Planeten, was euren Veränderungswillen angeht, letztlich nicht wichtig, sondern euer Inneres.

Wir könnten natürlich auch für euch einen neuen Planeten erschaffen – dies stellt für uns ebenfalls kein Problem dar–, dort wärt ihr jedoch wieder unter euch und keineswegs mit weiterentwickelten Außerirdischen vereint, die euch helfen könnten. Ihr würdet zwar von uns Grundgüter für einen technologischen und sozialen Neuanfang bekommen, dann müßtet ihr aber allein weitermachen. Und oftmals würden dann in kürzester Zeit auch auf dem neu besiedelten Planeten wieder ähnliche Probleme wie hier auf der Erde auftreten, da ihr euch nicht unbedingt durch den Flug bzw. Umzug von einem Planeten zu einem anderen vollständig verändert habt.

Wir könnten für euch auch bei schon bewohnten Planeten anfragen, die in etwa eurem Entwicklungsstand entsprechen, ob sie euch aufnehmen würden. Nun sind aber die meisten Menschen, die nach Evakuierungen fragen, oft noch unsicher, haben Angst oder sind nicht verantwortungsvoll und sehr verurteilend anderen Menschen, anderen Wesenheiten oder der Erde gegenüber. Als Folge davon benehmen sich viele von ihnen auch nicht besonders vorbildlich auf der Erde und würden sich eventuell sogar auf einem Raumschiff wegen ihrer verschiedenen Einstellungen und Meinungen in die Haare geraten.

Viele von euch sind noch keine zuvorkommenden, höflichen und großzügigen Gastgeber und Gäste, würden es aber von den außerirdischen Freunden erwarten. Gerade ihr aus der sogenannten westlichen Welt, die ihr oft glaubt, aufgrund des technischen Fortschritts weiterentwickelter als andere Völker zu sein, benehmt euch im Urlaub in einem anderen, angeblich unterentwickelten Land häufig sehr unfreundlich. Ihr ordnet euch oft nicht der dort herrschenden Kultur unter, sondern glaubt, die dortige Kultur müsse sich euch unterordnen. Häufig verschmutzt ihr die Strände, seid unhöflich und respektlos Einheimischen gegenüber, indem ihr sie zum Beispiel ungefragt fotografiert. Ihr entweiht heilige Plätze wie beispielsweise Kirchen, indem ihr unpassend angezogen seid, lärmend umhergeht und euch auch sonst ziemlich rücksichtslos aufführt.

Viele Menschen reisen in andere Länder und lassen sich dort gehen. Sie verhalten sich in der Öffentlichkeit so, wie sie das „zu Hause" niemals machen würden und wie sie es anderen „Ausländern" in ihrem Haus oder Land niemals erlauben würden. Warum machen sie es dann in einem anderen Land? Dort sind die Menschen oft noch gläubiger, und es verursacht ihnen weitaus mehr Schmerzen, wenn der Ort, an dem sie beten, durch respektloses Verhalten entehrt wird, indem Touristen in zu kurzen Hosen oder mit Bikini-Oberteilen in eine Kirche gehen.

Die Touristen nehmen sich oft die besten Strände, sie bauen oder erwarten genau dort Hotelketten, wo es am schönsten ist – deshalb werden sie dann ja auch genau dort gebaut. Und die Einwohner, die *in diesem Land leben,* dürfen dann diesen Platz nicht mehr betreten, weil sie den schönen Anblick oder Ausblick stören könnten, oder sie können dort nicht mehr sein, weil es für sie zu teuer geworden ist. Zudem erwarten viele Touristen oder setzen es voraus, unter sich sein zu können, und sie erwarten oft zusätzlich, ihre eigenen landestypischen Nahrungsmittel vorzufinden.

Wenn ihr schon die Kultur eines anderen Landes auf eurem Heimatplaneten nicht achtet, würdet ihr auch die Kultur auf einem anderen Planeten nicht achten. Und dem anderen Planeten, auf dem ihr mit solch einem Bewußtseinsstand eintreffen würdet, könnte es dann bald schlechter gehen, da eben nicht der Planetenwechsel euch und euer Verhalten, das ja erst zu dem augenblicklichen Zustand der Erde geführt hat, ändern kann. Nur ihr selbst könnt euch verändern. Dafür müßt ihr willentlich sehr tief in eurem Inneren die Entscheidung treffen, euer Leben äußerlich – mit allen Konsequenzen – auf allen Ebenen des Seins verändern zu wollen.

Wenn man zu einem anderen Planeten mitgenommen werden möchte, ist es sehr wichtig, bereit zu sein, sich im Zweifel der anderen Kultur unterzuordnen. Ihr seid dann ein Gast – ein Tourist – auf einem anderen Planeten und werdet lernen müssen, euch mit den dort herrschenden Gegebenheiten vertraut zu machen. Ihr müßt dann den Anspruch an euch haben, den Planeten in seiner *ihm* gegebenen Evolution zu unterstützen, was immer das auch in den verschiedensten Fällen bedeuten mag!

Ihr würdet und könntet außerdem in der Regel nicht als Sieger oder angeblich hochentwickelte Persönlichkeiten zu fremden Planeten kommen und die Außerirdischen zwingen, eure Kultur anzunehmen, manchmal zur Zeit noch zum Glück für beide Seiten. Denn erinnert euch daran, wie die Eroberer und Entdecker auf eurem Planeten oftmals mit den einheimischen Völkern umgegangen sind. Und meistens haben die Eroberer wirklich geglaubt, den Einheimischen mit den neuen Verhaltensweisen, der Kleidung, der Nahrung, den Religionen, die sie mitgebracht haben, etwas Gutes zu tun – und zum Teil haben sie das auch wirklich getan. Aber wenn euer Entwicklungsstand in eurer Kultur und das daraus resultierende Verhalten bis jetzt noch oft zu Krieg, Umweltverschmutzung und ähnlichem geführt hat, seid im Zweifel *ihr* es, die noch viel zu lernen haben.

Im Falle einer Massenevakuierung wären viele der Planeten, zu denen ihr dann dauerhaft gebracht werden könntet, noch nicht sehr weit entwickelt. Und ihr könntet dort trotzdem noch sehr viel Schlimmes anstellen, da ihr über die dort lebenden Wesen Macht hättet. Einige sind, wie hier auf der Erde manche Naturvölker und Naturwesen, besonders naiv und gutgläubig und könnten gewisse Informationen von euch und über euch noch nicht wirklich abschätzen. Sie würden euch fast blind vertrauen, wie eure Kinder, die manches einfach nur deshalb machen, weil sie es so bei ihren Eltern gesehen haben.

Wiederum möchten manche Wesen, die es vielleicht gerade eben geschafft haben, Frieden auf ihrem Planeten zu erschaffen, nicht jemanden von der Erde bei sich aufnehmen, der dann eventuell wieder Neid, Mißgunst und Eifersucht mitbringt, da der Frieden bei ihnen noch nicht fest genug verankert ist.

Viele Menschen, die eine Evakuierung herbeisehnen, fühlen sich isoliert und ausgesetzt auf der Erde. Aber erkennt ihr das Muster? Ihr würdet euch auch auf einem anderen Planeten isoliert und ausgesetzt fühlen, ebenso bei uns. Meistens arbeiten diese Menschen unserer Ansicht nach nicht konsequent genug an ihrer Weiterentwicklung, denn sonst könnten sie, also viele von euch, uns jetzt schon mit ihren erweiterten Sinnen wahrnehmen und würden sich nicht mehr so allein fühlen. Oder sie wüßten im Herzen, daß wir da sind und es im großen Plan verankert ist, daß sie zum jetzigen Zeitpunkt hier auf der Erde inkarniert sind.

Viele, die anerkennen, daß es uns wirklich gibt und feststellen, daß sie selbst inkarnierte Außerirdische sind, halten sich und uns dann oftmals irrtümlicherweise für etwas Besseres. Wenn überhaupt sind wir nur wissender, und zwar deshalb, weil wir uns besser als die meisten Menschen an die großen Zusammenhänge und Wahrheiten erinnern. Wißt, fast alle Menschen haben außerirdische Aspekte, nur erinnern sich einige deutlicher daran als andere. Die Aufgabe der Wesen, die sich ihrer außerirdischen Herkunft bewußter sind, ist es, die anderen Menschen, die auch ihre Brüder und Schwestern sind, liebevoll zu erinnern und sie so bei ihrer Weiterentwicklung zu unterstützen. Denn es geht letztendlich nur darum, Wissen weiterzugeben, und das ist am effektivsten, wenn ihr anderen positive außerirdische Qualitäten praktisch vorlebt. Das ist eure Mission, deswegen seid ihr hier. Liebende, wissende, verstehende und verantwortungsbewußte Menschen nehmen ihre Mission ernst.

Um es noch einmal zu sagen: Einfach nur auf einen anderen Planeten umzusiedeln, verändert einen Menschen nicht dauerhaft, und er würde dort seine irdischen, oft landespezifischen Verhaltensweisen nicht automatisch ablegen. Der Planet, zu dem er kommt, könnte dann sehr schnell wie die Erde aussehen, und im schlimmsten Fall würden die Menschen durch ihre Anwesenheit diesen Planeten zerstören.

Wir hoffen, daß dies alles nicht verurteilend oder verletzend klingt, denn nichts liegt uns ferner. Wir möchten euch wirklich in keiner Art und Weise wehtun oder verletzen. Nur möchten wir noch einmal von Herzen beschreiben und darlegen, welchen Eindruck wir Außerirdische oft von euch Menschen bekommen, wenn wir euch beobachten. Auch könnten wir noch einmal deutlich machen, warum wir bisher noch keinen offiziellen Kontakt hergestellt haben: Ihr wart einfach noch nicht weit genug entwickelt, um für uns wirklich als interessant oder als gleichberechtigte Partner zu gelten. Was hätten *wir,* realistisch gesehen, bis jetzt von einer offiziellen Kontaktaufnahme gehabt? Dabei haben wir euch während eurer gesamten Evolution auf die eine oder andere Art und Weise begleitet, wobei wir äußerst selten „nur" Beobachter waren. Meistens waren wir als Lehrer, Wissenschaftler, Anführer und Künstler unter euch zu finden, um eure geistige Entwicklung zu unterstützen oder sogar voranzutreiben.

Früher haben wir auch manchmal Durchgaben über Evakuierungen unterstützt, die einigen von euch immerhin etwas Hoffnung gegeben haben. Eure Unwissenheit und oft auch Naivität zum Thema „Evakuierungen" und euer Glaube daran haben euch bislang vor negativen Konsequenzen solcher Fluchtgedanken geschützt. Doch die Zeitenwende ist die Zeit des Erwachens, der Steigerung der Eigenverantwortung und der Zunahme der geistigen Macht. Wenn ihr euch deshalb trotz der Informationen, die wir euch hier geben, auf Dauer immer noch weigert, Verantwortung für die Erde zu übernehmen und nach wie vor wünscht, abgeholt zu werden, könnte es sein, daß ihr dadurch Außerirdische anzieht, die einem solchen Bewußtseinsstand entsprechen. Und das könnte dann manchmal nicht besonders erfreulich für euch werden. Denn es gibt sehr wohl Außerirdische, die zwar Raumschiffe haben, euch aber keineswegs freundlich gesonnen und ethisch nicht sehr weit entwickelt sind.

Raumschiffe von sogenannten positiven Außerirdischen werden also entgegen solchen angeblichen Prophezeiungen niemals oder nur in sehr seltenen Ausnahmefällen kommen, um euch zu evakuieren. Solche Informationen wurden euch zum Teil auch von niederen Wesen eingegeben, die euch nichts Gutes wollten. Oder unsere Botschaften wurden gefärbt durchgegeben, weil der Channel selbst eine Evakuierung herbeisehnt. Oder ein Channel gibt sowieso nur das durch, was sich die Klienten wünschen, und nicht das, was sie eigentlich hören müßten bzw. was der umfassenderen Wahrheit entspricht, weil dies vielen Klienten, die dem Channel Bewunderung oder Geld einbringen, vielleicht nicht gefallen könnte, und sie dann wegbleiben könnten. Oder weil der Channel Angst davor hat, Klienten zu verletzen, wenn er sie mit unbequemen Wahrheiten konfrontiert und nicht ertragen kann, sich dann vielleicht von ihnen trennen zu müssen oder von ihnen verlassen zu werden.

Jedoch werden Evakuierungsankündigungen vereinzelt immer noch von hohen Wesen durch einen weitentwickelten Channel durchgegeben, aber dann hauptsächlich als Notlüge, wie ihr es ausdrücken würdet, damit ein Mensch überhaupt wieder etwas Hoffnung bekommt und somit beginnt, sein Leben in Ordnung zu bringen. Oft ist es nämlich so, daß ein Mensch erst einmal wieder aufgebaut werden muß und solche Botschaften benutzt, um sich selbst aufzubauen und aufzurichten und er dadurch erst in der Lage ist, gewisse Zusammenhänge besser zu verstehen. Häufig kann er dann über den wahren Sachverhalt aufgeklärt werden, und es ist ihm erst dann möglich, seine Mission hier auf Erden verantwortlich zu erfüllen.

Eine Evakuierung wird also nicht in der Form, wie oft gedacht oder erhofft, und auch nicht für jeden, der denkt, daß er automatisch dazugehört, stattfinden. Ausschlaggebend für eine Evakuierung, wenn überhaupt notwendig – und wir gehen zur Zeit nicht davon aus –, ist ausschließlich der Entwicklungsstand des jeweiligen Wesens. Wenn es aber zu einem Kollaps kommen sollte – und für uns ist zum Beispiel ein lokaler Atomkrieg noch kein Kollaps, wovon wir aber auch nicht ausgehen –, würden nicht alle Menschen mit ihrem physischen Körper abgeholt werden. Das ist ein Wunschtraum, und es ist an der Zeit aufzuwachen und sich der manchmal gar nicht so schlechten Realität zu stellen.

Wenn überhaupt notwendig werden nur die Verantwortlichen, die sich bis zum letzten Augenblick für die Erde und die Menschen eingesetzt haben und wissen, daß sie durch ihre Verantwortlichkeit hier auf der Erde Dinge verändern können, auch mit ihrem Körper abgeholt, aber erst im letzten Moment! Wir holen, als Beispiel, nicht jemanden 10 Jahre vor einem eventuellen Kollaps ab. Man kann in diesen 10 Jahren noch sein Bestes geben, die Krise zu bewältigen. Und wenn es trotz aller Bemühungen doch nicht geklappt hat, greifen wir ein und holen euch rechtzeitig ab, aber, wie schon gesagt, erst kurz vorher, wenn das Unglück *wirklich* nicht mehr umgeändert werden kann oder darf.

Manche würden dann trotzdem nicht abgeholt werden, weil sie wissen, daß der Tod eine Illusion ist und daß sie sowieso mit ihrer Seele zu ihrem Heimatplaneten zurückkehren werden, falls sie sterben sollten. Oder sie legen einfach ihren Körper hier ab und nehmen sich auf ihrem ursprünglichen Heimatplaneten oder woanders einen neuen. Oder sie nehmen den Körper einfach mit, indem sie sich ent- und rematerialisieren.

Für einige Menschen kann es auch gar nicht so vorteilhaft sein, mit ihrem Körper gerettet zu werden, weil sie dann immer noch an ihren begrenzten Körper gebunden sind, denn manchmal kann man auf den Zwischenebenen viel schneller und leichter lernen. Das heißt, manchmal ist es besser und einfacher, unauffällig zu sterben, also alles Alte zurückzulassen und abzustreifen, um woanders unerkannt und neu anzufangen. *Alles* hat also seine zwei

Seiten, das heißt, *alle* Dinge und Geschehnisse haben ihre Vor- und Nachteile. Es kommt nur darauf an, von welchem Standpunkt aus man die verschiedenen Möglichkeiten betrachtet und was für die weitere Entwicklung der einzelnen Seele am effektivsten und passendsten ist.

Ein weiterer Aspekt ist, daß nicht nur Menschen, sondern auch andere Wesen jetzt schon abgeholt werden und zwar, weil sie ihre Aufgabe schon erfüllt haben und sie auf anderen Planeten neue Aufgaben übernehmen wollen. Solche Fälle, bei denen das Abholen abgesprochen und in Harmonie ist, denn einige haben sich zum Beispiel nur für ein Jahr oder zehn Jahre verpflichtet, sind die sogenannten Ausnahmen. Wenn sie ihre Aufgabe erledigt und ihre Mission, die sie sich vorgenommen haben, erfüllt haben, gehen sie zu anderen Planetensystemen, denn die Erde ist mit ihrer Problematik nicht einzigartig. Sie reisen von Planet zu Planet und kommen nur kurz vorbei, um etwas Praktisches zu tun oder einfach nur, um manche Menschen zu lehren. Sie unterstützen Menschen darin, bestimmte Dinge anwenden zu können, gewisse Entdeckungen zu machen und ähnliches. Wenn das getan ist, ziehen sie weiter. Aber das sind wie gesagt die Ausnahmen.

Diejenigen, die sich aber schon heute oder aber für die nächsten Jahre eine Evakuierung wünschen, machen, wenn sie in einem solchen Bewußtseinsstand sterben, meistens einen Umweg mit einer neuen Inkarnation über einen anderen Planeten, weil sie ihre Mission und Aufgabe hier noch nicht vollständig erfüllt haben und dadurch oftmals noch nicht die Frequenz ihres Heimatplaneten (zurück)erlangt haben, die ja häufig höher ist als auf der Erde. Denn auf einem erleuchteten Planeten erleuchtet zu leben, ist kein Problem. Deswegen ist es – als Prüfung und um für neue, umfassendere Aufgaben gewappnet zu sein – immer einmal wieder notwendig zu überprüfen, inwieweit ein Wesen das auf einem erleuchteten Planeten in Theorie und Praxis schon gewußte und gelebte

Wissen auch auf einem unerleuchteten Planeten aus eigener Kraft anwenden kann. Denn die theoretischen Voraussetzungen hierfür sind auch auf der Erde gegeben. Die einzelnen Bauelemente müssen nur zusammengesetzt und in ihrer Gesamtheit verstanden und angewendet werden, um auch hier die Erleuchtung zu erlangen. Außerdem stellen sich weiterentwickelte Wesen immer wieder Herausforderungen, Aufgaben und Missionen, die wiederum ihrer Weiterentwicklung dienlich sein können. Wir betonen dabei hier noch einmal: Jede Mission und Prüfung ist freiwillig gewählt!

Viele Außerirdische sind immer noch da, weil sie glauben, daß immer noch etwas verändert werden kann. Manche Außerirdische, die sich dem Schicksal der Erde und der Menschen nicht so verpflichtet fühlen, haben die Erde schon verlassen. Sie unterschätzen oder ignorieren sogar den großen Zusammenhang, daß es sehr wohl auch etwas mit ihnen zu tun hat und auch Auswirkungen auf ihr eigenes Leben und ihren Planeten haben kann, wenn sie die Erde jetzt schon verlassen. Obwohl es den freien Willen gibt und dieser auch in keinerlei Weise angetastet wird, haben aber Entscheidungen und Nicht-Entscheidungen immer eine Konsequenz, weil sogar ein Nicht-Handeln eine Wahl ist, aus der Konsequenzen folgen. Somit steht es natürlich außerirdischen Kulturen frei, in die Geschicke anderer Planeten hilfreich einzugreifen. Tun sie es nicht – was in ihrer freien Wahl liegt –, müssen sie trotzalledem mit den Auswirkungen ihres eventuellen Nicht-Eingreifens und den dadurch ausgelösten oder nicht ausgelösten Ereignissen umgehen. Manche Außerirdische, die die Erde schon verlassen haben und sich nicht mehr verpflichtet fühlen, unterschätzen im Zweifel den großen Zusammenhang und die Auswirkungen, die ihr Verhalten für ihr eigenes Leben, ihre eigene Kultur und ihre eigene Fortentwicklung haben werden – im Positiven wie im Negativen. Wobei die Gründe für solch ein Verhalten unterschiedlichster Natur sein können.

Manche haben euch einfach aufgegeben, weil sie selbst durch einen begrenzten Bewußtseinszustand hoffnungslos und auch ratlos sind, denn nur weil man Ufos fliegen kann, ist man wie gesagt nicht automatisch hoch entwickelt! Andere haben im Moment woanders etwas Dringenderes zu erledigen, wollen aber später wieder vorbeischauen oder warten zur Zeit die weitere Entwicklung einfach ab. Kommt euch dieses Verhalten irgendwie bekannt vor? Wie oben, so unten, wie im Kleinen, so im Großen, wie auf der Erde, so im All! Aber es sind noch genügend starke, ausgebildete, liebevolle und weitentwickelte außerirdische Freunde unter euch und für euch da!

Auf den ersten Blick mag das, was wir sagen, sehr hartherzig klingen, aber es drückt sich darin nur unsere unendliche Liebe und unser Vertrauen in euch und unser Respekt vor eurer *eigenen* Macht und eurem freien Willen aus. Das heißt, *ihr* habt die Macht, hier ein Paradies zu erschaffen, wenn ihr es wirklich wollt. Wir möchten euch deshalb Mut machen, hier auf der Erde euer Bestes zu geben, um sie bei ihrer Weiterentwicklung zu unterstützen. Somit appellieren wir noch einmal, mehr Disziplin in eurem Leben zu üben, Ordnung, bedingungslose Liebe, Ehrlichkeit, Höflichkeit, Zum-Wort-Stehen und diese Verhaltensweisen, die euch oft wie verstaubte Reliquien vorkommen.

Wenn jemand grundsätzlich bereit ist, sich anderen Kulturen anzunähern und zum Beispiel Sprachen lernt, Sitten und Gebräuche studiert, um sich angemessen benehmen zu können, heißt es nicht, daß er dabei immer perfekt sein muß. Eine andere Kultur, Rasse oder Zivilisation spürt sehr wohl, wenn ihr euch bemüht und aus Versehen einen Fehler macht. Dann wird darüber gelacht und darüber hinweggesehen. Allein das Bemühen, die respektvolle Haltung dahinter ist wichtig. Wißt ihr eigentlich, wie sehr sich Menschen aus anderen Ländern freuen, wenn zum Beispiel deutschsprachige Menschen probieren, radebrechend ihre Sprache zu sprechen? Es kann alles völlig falsch klingen, überhaupt keinen Sinn ergeben, aber sie sind gerührt, daß man sich überhaupt bemüht. Das ist das Geheimnis. Bemüht euch um eine Annäherung an andere Menschen und andere Kulturen oder um eine Verbesserung eurer Allgemeinsituation bzw. um eine Erhöhung der Grundfrequenz hier auf Erden. Es geht dabei wie gesagt nicht um Perfektionismus, sondern um Spaß, Hingabe und Liebe!

Wir bitten euch, dieses zu beherzigen und in eurem Leben anzuwenden. Wenn es euch ernst mit uns als außerirdische Freunde ist, dann ist es für uns sehr wichtig zu sehen, daß ihr daran arbeitet. Noch einmal: Wir sagen nicht, daß ihr perfekt sein müßt. Wir sagen, wir möchten sehen, daß ihr wünscht, euch den Verhaltensweisen eurer außerirdischen Freunde anzunähern – ohne euch selbst dabei zu verlieren – und daß ihr bereit seid, dafür alles Notwendige zu tun. Uns ist daran gelegen, euch *hier* zu lehren und zu erziehen, und wenn ihr es *hier* gut macht, dann nehmen wir euch mit Freuden mit.

Wir möchten euch Mut machen, hier euer Bestes zu geben, um die Erde bei ihrer Weiterentwicklung zu unterstützen. Auch wenn das Goldene Zeitalter in absehbarer Zeit, also innerhalb eines Menschenlebens, theoretisch und praktisch möglich ist, ist dieser Zeitraum bei eurem jetzigen Verhaltensstand nicht realistisch. Denn dafür müßten sich die Menschen schon sehr drastisch in ihren Verhaltens- und Denkweisen ändern, was theoretisch zwar möglich, aber praktisch kaum zu erwarten ist. Aber auch das ist nicht die ganze Wahrheit, denn auf manchen, wenigen Seinsstufen wäre es jetzt schon möglich, doch auf diesen Entwicklungsstufen befinden sich noch nicht allzuviele Menschen.

Das Goldene Zeitalter wird also nicht über Nacht beginnen, sondern dann, wenn viele Menschen in Liebe dem Großen Ganzen dienen, und zwar dort, wo sie gerade sind. Es wäre bzw. ist möglich, daß die Samenkörner des Goldenen Zeitalters und die Entwicklungen, die aus diesen Samenkörnern entstehen werden, schon in kurzer Zeit zu sehen sind, also auch für euch, die ihr diese Botschaften lest. Und allein diese Samenkörner könnten euch schon vorkommen wie das Paradies, und ihr könntet ein vollkommen glückliches Leben hier auf der Erde leben. So sei es, so ist es, und seid gegrüßt!

# 7. Kapitel

# Partnerschaft

*Frauen und Männer*

Die Partnerschaften, die euch in der Regel am meisten bedeuten, sind die Lebensgemeinschaften von Frauen und Männern. Aus unserer Sicht lebt ihr in vielen verschiedenen Partnerschaften, sei es mit Freunden, in Familien, mit Bekannten, mit dem Arbeitgeber, mit Arbeitnehmern oder mit Geschäftspartnern. Für all diese Bereiche gelten im Grunde die gleichen universellen Gesetze, denn es geht in allen diesen Fällen um das Zusammenleben verschiedener Individuen. Wenn ihr diese Gesetzmäßigkeiten nach und nach in eurem Leben erkennt und danach lebt, können aus euren alltäglichen Beziehungen fruchtbare, unterstützende, erfolgreiche und erfüllende Partnerschaften werden. Das gilt natürlich auch für die Lebensgemeinschaften von Frauen und Männern.

Männer und Frauen auf der Erde und auf anderen Planeten haben im Grunde keine unterschiedlichen Aufgaben. Sie bringen auch keine unterschiedlichen Voraussetzungen mit, um ihre Aufgaben erfüllen zu können. Ein anderes Geschlecht bietet nur eine weitere Möglichkeit, sich selbst in den vielfältigen Existenz- und Lernmöglichkeiten des Seins zu erfahren und besser kennenzulernen. Natürlich kommt es wiederum auf die verschiedenen Situationen und Standpunkte, die Dimensions- oder Zeitebenen mit ihren verschiedenen Spielregeln und Anforderungen an, und je nachdem ergeben sich dann manchmal scheinbar unterschiedliche Aufgaben. Doch auch wenn äußerlich manchmal noch verschiedene Rollen für verschiedene Aufgaben gespielt werden, würde den Frauen ohne die Männer etwas fehlen und den Männern würde es ohne die Frauen ebenso gehen. Sie wären nicht vollständig. Männer und Frauen hier auf der Erde ergänzen sich, und zwar in einem viel tieferen Sinne, als die meisten von euch sich das zur Zeit vorstellen können.

Diese Tatsache hat aber an sich nichts mit den Geschlechtern, sondern mit partnerschaftlichem Verhalten im engsten Sinne zu tun. Uns geht es also nicht darum, daß sich nur Mann und Frau als Lebenspaar ergänzen, das können auch gleichgeschlechtliche Partner. Das andere Geschlecht oder der Lebenspartner repräsentiert und spiegelt einen anderen Teil eines Menschen bzw. eine andere, ihn ergänzende Frequenz, ohne die er häufig nicht vollständig ist. Das Problem ist, daß viele Frauen und viele Männer im Moment noch nicht auf diese Frequenz, also auf das andere Geschlecht oder den Lebenspartner zugehen und die jeweiligen Talente und Vorteile in ihm sehen und anerkennen. Das liegt unter anderem daran, daß viele als Mann oder als Frau etwas darstellen wollen, was sie nicht sind und entsprechend in dem anderen Geschlecht oder Partner etwas sehen wollen, was es bzw. er nicht ist. *Das* kann man beiden Geschlechtern ankreiden, aber nicht die Vor- und Nachteile der beiden Spezies.

Frauen haben, genau wie Männer, in ihrer Ausdrucksweise Vor- und Nachteile, denn hier auf der Erde herrscht noch Polarität, und die Geschlechter stellen diese Polarität dar. Aber die Menschheit wird sich nur weiterentwickeln können, wenn die verschiedenen Polaritäten harmonisch ausgeglichen werden, das heißt in diesem Fall: wenn beide Geschlechter bzw. Frequenzen in Frieden leben, aufeinander zugehen, sich annähern, zum Teil miteinander verschmelzen und sich dadurch erkennen und verstehen. Wir betonen noch einmal, daß diese Frequenzen letztendlich auch in gleichgeschlechtlichen Partnerschaften harmonisch erlebt und gelebt werden können, wie das häufig in anderen Planetensystemen der Fall ist, gerade wenn die Fortpflanzung nicht mehr über den rein körperlichen Akt vollzogen wird.

Einseitig gesehen sieht es so aus, als ob Frauen jahrhundertelang unterdrückt wurden, sie also reine Opfer gewesen sind. Vielleicht können inzwischen manche von euch erkennen, daß auch Männer jahrhundertelang unterdrückt wurden und heute noch werden. Viele Sichtweisen kehren sich heutzutage um, lösen sich auf, relativieren sich oder werden als falsch erkannt. Selbst wenn die Wesen, die in manchen ihrer Existenzen als Männer inkarniert waren, wirklich jahrhundertelang nur allein die Fehler gemacht haben sollen, ist es nicht besonders gut, intelligent oder förderlich, wenn die Wesen, die jetzt als Frauen inkarniert sind, anfangen, sich das Recht herauszunehmen, auch jahrhundertelang Fehler machen zu können oder mit den gleichen Waffen zurückzuschlagen. Es ist wichtig zu erkennen, daß letztendlich nichts besser wird oder sich zum Guten entwickelt, wenn man sich für etwas rächt, sondern daß sich vieles dann sogar zum Gegenteil hin entwickelt und noch schlechter wird. Solch ein Verhalten eines Individuums oder einer Gruppe zeigt sehr oft, daß gewisse Zusammenhänge, Botschaften und Verantwortlichkeiten in ihrer vollen Tragweite noch nicht wirklich verstanden worden sind.

Zu solch einem verantwortungslosen Verhalten, wie in diesem Fall „Rache nehmen", würde sich kein weiterentwickeltes, wissendes, verantwortungsbewußtes Wesen mit Blick auf die daraus resultierenden Konsequenzen für sich selbst, seine nähere Umgebung oder für das Große Ganze hinreißen lassen. Was nicht heißt, daß wir diese zeitweiligen negativen Regungen nicht verstehen oder sie verurteilen, aber diese Regungen sollten unserer Ansicht nach kontrolliert, effektiver bearbeitet und in etwas Wertvolleres, im weitesten Sinne Nutzbringendes umgewandelt werden.

Denn noch einmal: Wenn jemand, in diesem Fall also das sogenannte andere Geschlecht, jahrhundertelang etwas „Negatives" oder „Falsches" getan hat, dann war das ein Fehler. Es zeugt aber nicht von besonders viel Intelligenz, Wissen oder Verständnis für die

Situation, wenn man die gleiche Handlung bzw. den gleichen Fehler, den man ertragen mußte und unter dem man über Jahrhunderte hinweg gelitten hat, dann auch selbst macht. Irgendwann sollte ein solch destruktives Spiel unterbrochen werden. Es wäre doch ein wunderbarer Beweis eurer entwickelten Spiritualität, das Gelernte jetzt wirklich auch praktisch anzuwenden, bei manchen Themen endlich gegenseitig einzulenken oder überhaupt erst einmal die Bereitschaft zu entwickeln, friedlich aufeinander zugehen zu wollen.

Unserer Ansicht nach ist das grundlegende Problem der Menschen, daß sie oft dazu neigen, Dinge zu verallgemeinern und zum Beispiel behaupten, daß dieses oder jenes Verhalten typisch männlich oder typisch weiblich sei. So gibt es entgegen der weitverbreiteten Meinung sehr wohl Männer, die liebevoll, sensibel und telepathisch sind und gleichzeitig verantwortlich, erfolgreich und männlich. Es gibt natürlich auch Männer, die sich sehr unverantwortlich verhalten. Das möchten wir überhaupt nicht in Frage stellen, gutheißen oder entschuldigen, obwohl wir im Gegensatz zu manchen von euch sehr wohl die Zusammenhänge verstehen und die wahren Ursachen sehen können, die zu solch einem Verhalten oder Spiel führen bzw. geführt haben. Es sind und waren aber nicht alle Männer so, sondern im Verhältnis immer nur ein paar von ihnen.

Es gibt und gab auch sehr verantwortungslose Frauen, aber es sind eben nicht alle Frauen so. Auch sagen viele Männer – und sogar Frauen – gerne, daß erfolgreiche Geschäftsfrauen angeblich kalt, hart, rücksichtslos, eben unfraulich sind. Das ist unserer Erfahrung nach nicht wahr. Das ist nur ein Bild oder ein Klischee, das von vielen aufrechterhalten wird. Es gibt sehr faire, weiche und schöne Erfolgsfrauen, die weder für ihren Erfolg durch irgendwelche Betten marschiert sind noch über „Leichen" gegangen sind, und sie tun auch sonst nicht alles nur für den Erfolg. Solche Vorurteile und Verallgemeinerungen sind nur Bilder, die man entwirft, um oberflächlich gesehen Recht zu behalten.

In dem Moment, in dem du *wirklich* erkennst, daß du schon
sehr oft inkarniert warst und in Zukunft sein wirst, und zwar
sowohl als Frau als auch als Mann, mußt du dich den daraus folgenden Tatsachen und den daraus zu ziehenden Schlußfolgerungen
stellen. Wenn du zum Beispiel im letzten Leben gewisse Gesetze
aus einseitiger männlicher Sicht erlassen hast und dann in dem darauf folgenden Leben als Frau wiedergeboren wirst, wie würdest du
dich dann mit diesen, von dir selbst erlassenen Gesetzen fühlen?
Wenn du als verantwortungsloser, reicher Mensch vor den Küsten
eines armen Landes in unverantwortlicher Art und Weise hochgif-
tiges Material versenkt hast und du dann im nächsten Leben genau
in diesem Land ohne äußere Mittel der Macht wiedergeboren werden würdest, wie würdest du dich dann fühlen? Ihr solltet euch im
allgemeinen so verhalten, daß ihr mit euren Taten und mit deren
möglichen Folgen in einem anderen, vielleicht schon nächsten
Leben, gut leben könntet.

Auf Dauer werdet ihr lernen, daß das wahre Problem nicht in
Äußerlichkeiten wie beispielsweise in den unterschiedlichen
Geschlechtern liegt, sondern in euren inneren Welten zu finden ist.
Das Problem ist euer mangelndes Bewußtsein dafür, daß ihr schon
viele Leben in den verschiedenen Geschlechtern, Rollen und
Positionen in den verschiedensten Ländern und zu verschiedensten
Zeiten gelebt habt und daß ihr euch nicht für eure anderen Leben
und Taten verantwortlich fühlt, weil ihr euch von diesen Leben
und auch insgesamt von der Schöpfung noch getrennt fühlt. Viele
behaupten zwar äußerlich, daß sie an Reinkarnation glauben, sie
tragen aber noch nach wie vor Verurteilungen über andere
Menschen, andere Kulturen, Zeitalter, Geschlechter, Länder, politische Systeme usw. in sich, ohne sich für manche dieser teilweise
sehr alten Gedanken und Verhaltensweisen wirklich verantwortlich
zu fühlen. Es wäre dann sehr wichtig, diese aufzuspüren und aufzulösen, das heißt die Vergangenheit, in der sich diese Gedanken

und Verhaltensweisen entwickelt haben, loszulassen und wirklich und endlich im Hier und Jetzt anzukommen. Das ist sehr, sehr wichtig, um sich der jetzigen Frequenzveränderung besser anpassen zu können und in der Gegenwart ein paar wichtige Veränderungen und Anpassungen vorzunehmen, damit dadurch eine gute, erfolgeiche und friedenbringende Zukunft beginnen kann.

Denn noch einmal: Ihr erinnert euch zum Teil zwar an eure verschiedenen Existenzformen und Leben, zieht aber oft nicht die richtigen Schlüsse aus diesen Erinnerungen und versteht noch nicht wirklich, wie stark ihr in eurem jetzigen Leben unbewußt von diesen sogenannten früheren Leben beeinflußt seid. Häufig erkennt ihr noch nicht den Zusammenhang, daß ihr gerade oft die Personen oder Haltungen in früheren Leben dargestellt habt, die ihr in eurem jetzigen Leben verurteilt. Das bedeutet positiv ausgedrückt, daß automatisch viele Verurteilungen und Verstrickungen mit sich ständig wiederholenden Situationen oder mit bestimmten Menschen, Tieren, Pflanzen und anderen Lebewesen aufgelöst werden würden, wenn ihr euch wirklich an andere Leben erinnert. Das funktioniert aber nur, wenn ihr diese Erinnerung ernst nehmt und sie nicht aus Bequemlichkeit verdrängt und somit ein wirkliches Umdenken vermeidet, und wenn ihr andere Leben nicht nur nach eurem Gutdünken, wie es euch gerade in der Situation angenehm ist, aufschlüsselt und deutet.

Auf Dauer werdet ihr lernen, daß alle Taten, Gedanken und Manifestationen immer zum Ausgleich, zur Mitte streben. Ihr werdet euch dementsprechend immer weniger in irgendwelchen Organisationen zu Hause fühlen, die Trennung oder Feindschaft predigen, zum Beispiel wenn in einer Vereinigung von Schwarzen gesagt wird, daß alle Weißen schlecht und Rassenhasser sind. Das stimmt einfach nicht. Auch ist weder „die" katholische noch „die" evangelische oder irgendeine andere Kirche oder Glaubensgemeinschaft automatisch schlecht. Es gibt viele Priester, die sich für positive Veränderungen einsetzen und sehr bemüht sind, ihre Aufgaben gut zu erfüllen. Solche Menschen verletzt ihr mit solchen Verallgemeinerungen auf unnötige und unverantwortliche Weise.

Ihr dürft lernen, die Mitte zu finden, denn nur mit einer solchen Haltung werdet ihr die wirkliche Wahrheit des Großen Ganzen erkennen können. Das wird euch am Anfang verunsichern, weil ihr bislang oft an bestimmten Überzeugungen festgehalten habt, nach dem Motto: typisch Mann, typisch Frau, typisch Staat, typisch Kirche. Wenn ihr auf solche Denkgewohnheiten achtet und beginnt, allgemein offener zu sein, werdet ihr sehen, daß es überhaupt nichts wirklich Typisches gibt.

Viele Menschen erwarten von uns, etwas über die Unterschiede zwischen den Geschlechtern zu erfahren in der Erwartung, die jeweiligen Urteile und Bewertungen von uns bestätigt zu bekommen. Wir sagen jedoch: Es gibt im Grunde nichts typisch Männliches und nichts typisch Weibliches. Versteht, daß aus unserer Sicht gerade diese Erwartungshaltung das eigentliche Problem darstellt und oft der Grund dafür ist, daß Partnerschaften euch nicht glücklich machen.

### Es gibt keine einzige, richtige oder die letzte Wahrheit

Das Denken und Handeln der meisten Menschen ist noch sehr geprägt von bestimmten Erwartungshaltungen und einem gewissen Schubladendenken. Das erschwert das menschliche Zusammenleben zur Zeit noch sehr stark. Jede Situation und jedes Wesen sind einzigartig, wobei die Art und Weise, wie ihr ein Wesen oder eine Situation wahrnehmt, *immer* von eurem Standpunkt abhängt. Was wir damit meinen, werdet ihr vielleicht am besten verstehen, wenn ihr euch ganz bewußt Reportagen im Fernsehen anschaut. Dort werden gewisse Personenkreise wie Politiker, Polizisten und Beamte fast immer als schlecht dargestellt. Die verschiedenen Reaktionen und Handlungen dieser Personen werden, je nachdem welchen Standpunkt man einnimmt, meistens einseitig dargestellt, und die Situationen, über die berichtet wird, werden verzerrt.

So hat zum Beispiel ein Beamter gerade neue Richtlinien bekommen. Es ist ihm erklärt worden, wie wichtig sie seien, und er wird angewiesen, *keine* Ausnahmen zuzulassen. Zu diesem Beamten kommt dann im ersten Film ein Antragsteller, der typischerweise oft als arm, krank und bedürftig dargestellt wird, also vielleicht eine arme Frau mit Baby, und sie sagt: „Bitte seien Sie doch nicht so streng, ich möchte gerne eine Ausnahme haben." In der Regel wird dann der Beamte so dargestellt, daß er solch eine Ausnahme nicht zuläßt und er dann der Böse ist, der typische Beamte und Paragraphenreiter, der sowieso niemals eine Ausnahme macht.

Dieser Beamte kann eigentlich gar nichts für die Situation der armen Frau, und er hält sich nur an die vorgegebenen Regeln. Aber so ist der Mechanismus, nach dem ihr funktioniert: Ihr gebt häufig zuerst instinktiv dem recht, der äußerlich angeblich der Schwächere ist. Das soll aber nicht heißen, *nie* helfen zu sollen, doch dieser Mechanismus läßt erst einmal vollkommen die Eigenverantwortung eines jeden Individuums aus dem Spiel. Denn bei solch einem Mechanismus werden häufig gerade diejenigen von euch indirekt bestraft, denen es gut geht, die pünktlich, gesund und verantwortlich sind. Seht es doch einmal so herum: Wenn zum Beispiel ein Abgabetermin am Montag war, muß auch irgendwann einmal ein Schlußstrich gezogen werden. Warum sollte man sonst überhaupt noch irgendwelche Termine machen oder sie einhalten?

Im ersten Film macht also der Beamte für die bedürftige Antragstellerin keine die Ausnahme, und er wird dafür als schlecht dargestellt. Im nächsten Film kommt ein anderer Antragsteller zu dem Beamten. Der ist diesmal nicht ganz so auffällig bedürftig, sieht sogar etwas hinterhältig und gemein aus. Der Beamte wird

nun als lasch dargestellt, indem er als einziger in der Behörde und
eventuell sogar hinter dem Rücken seines Chefs nachgibt und sagt:
„In Ordnung, bei Ihnen drücke ich mal ein Auge zu." Dann pas-
siert dadurch irgend etwas Schlimmes für die Behörde oder für die
Allgemeinheit, und der Beamte wird verurteilt nach dem Motto:
Warum hat der verantwortungslose Beamte ein Auge zugedrückt?
Wir haben es doch alle gewußt, daß Beamte mal wieder ihren
Pflichten nicht nachkommen, sich nicht an die vorgegebenen
Regeln halten und daß dann so etwas passiert!

Ist euch der Zusammenhang wirklich bewußt? Wir haben hier
zwei Begebenheiten gewählt, in denen der Beamte unterschiedlich
reagiert hat, aber es trotzdem immer das gleiche Ende gibt, das
heißt immer die gleiche, verurteilende Schlußfolgerung gezogen
wird: „Typisch Beamter!" Und gerade diese Schlußfolgerung wird
meistens in Reportagen im Fernsehen benutzt. Merkt euch: Das
„Typische" wird oft nur für das eingesetzt, für was man es gerade
braucht, in diesem Fall, um Vorurteile gegenüber Beamten zu
bestärken. Und überlegt dann auch, wie oft ihr selbst innerlich
oder äußerlich sagt: „typisch Mann", „typisch Frau", „typisch
Politiker", „typisch deutsch", „typisch Mutter", „Vater", „Kind"
oder „typisch Kleingartenbesitzer" oder „typisch mein Chef".

Kennt ihr das? Versteht ihr, was gemeint ist? Es kommt *alles* auf
den Standpunkt an! Wenn ein Antragsteller *bloß vorgibt*, bedürftig
zu sein, es aber in Wirklichkeit nicht ist und dann der Beamte
nachgibt, und es passiert *nichts Schlimmes*, wird er als der typisch
naive, dumme und leichtgläubige Beamte dargestellt. Passiert aber
*etwas Schlimmes*, wird er als der schlechte, verantwortungslose und
unfähige Beamte dargestellt, der sofort entlassen werden sollte.
Dabei hat er in beiden Fällen genau das gleiche getan!

Es gibt natürlich Ausnahmen: In anderen Filmen wird ein
freundlicher Standpunkt der Allgemeinheit und des Volkes gegenüber Beamten eingenommen. Dazu wird der Antragsteller meistens

wieder als arm und bedürftig dargestellt, er oder sie kann in diesem Zusammenhang aber auch besonders freundlich, charmant oder sexy sein. Der Antragsteller kommt zu dem Beamten, ist in Not und fleht inständig: „Bitte, bitte, helfen Sie mir. Ich brauche unbedingt diese Ausnahme. Es passiert mir auch nie wieder, bitte, bitte!" Der Beamte wird nun als großzügiger Mensch gezeigt, indem er wiederum, wie in dem vorangegangenen Beispiel, als einziger in der Behörde und eventuell sogar wieder heimlich nachgibt und sagt: „In Ordnung, bei Ihnen drücke ich mal ein Auge zu." In diesem Fall würde die Allgemeinheit sagen: „Der ist aber mutig und nett. Daß es so etwas Hilfsbereites noch gibt!"

Merke: Es gibt nicht die einzige, richtige oder die letzte Wahrheit! Es kommt wirklich *alles* auf den Standpunkt an! Das ist dann der Moment, bei dem ihr das Gefühl entwickeln könntet, daß ihr verrückt werden und den Boden unter den Füßen verlieren könntet, da ihr euch auf Dauer an keinem Glaubensmuster mehr festhalten könnt.

Wenn ihr aber diesen Schritt macht und dadurch erkennt, daß es mehrere Wahrheiten gibt, daß es immer auf den Standpunkt ankommt und daß alle Wahrheiten und Standpunkte im Großen Ganzen letztendlich ihren Sinn haben, dann könnt ihr tiefen Frieden erfahren. Der Friede entsteht, weil ihr aufhört, nur entsprechend eurer einprogrammierten Vor-Urteile zu denken, das heißt, nur nach dem, was man *im voraus* alles über eine bestimmte Angelegenheit denken könnte, müßte oder sollte, wie etwa über die Situation, daß ein Antragsteller zu einem Beamten kommt. Ihr achtet dann wirklich auf die Energie einer Situation und reagiert entsprechend. Denn einmal kann eine bestimmte Reaktion genau richtig und passend sein, aber bei einer anderen Gelegenheit kann die *gleiche* Reaktion plötzlich vollkommen verkehrt und unpassend sein. Ihr könnt nicht im voraus sagen, daß es besser wäre, bei einer Sache entweder so oder so zu reagieren. Es kommt *immer* auf die Energie einer Situation an.

Wenn ihr euch danach richtet, könntet ihr am Anfang vielleicht Angst haben, Freunde zu verlieren, weil sie eure Veränderung eventuell nicht akzeptieren, da ihr vorher mit ihnen immer in *ein* Horn geblasen habt, ihr also immer einer Meinung wart und gemeinsam irgendwelche Vorurteile gegenüber gewissen Themen, Gruppierungen oder Meinungen gepflegt habt.

Nun aber bekommt ihr plötzlich Verständnis für andere Standpunkte und hört auf, über „den" Staat, „die" Beamten, „die" Polizei, „die" Politiker, „die" Frauen und „die" Männer herzuziehen. Das kann euch zunächst ein Gefühl von Andersartigkeit und Einsamkeit vermitteln. Ihr würdet aber merken, daß ihr euch auf Dauer nicht wohlfühlen würdet, wenn ihr nur auf einer Wahrheit besteht, weil es eben für keine Situation oder Sache „die einzige" Wahrheit gibt. Später wird es euch dann eher schwerfallen zu verstehen, wie ihr überhaupt einmal so denken und euch damit wohlfühlen konntet. Ihr werdet erfahren, wie einengend und unbefriedigend der vorherige Seinszustand in Wirklichkeit gewesen ist und wie sehr er euch sogar unglücklich gemacht hat.

Jedes Wesen, jedes Ding, jede Existenz ist einzigartig, wertvoll und wichtig! Diese Qualitäten würdet ihr nicht vollständig wahrnehmen, wenn ihr alles auch weiterhin immer nur in Schubladen packt oder von anderen erwartet und fordert, daß sie genauso sein oder funktionieren müssen, wie ihr es gerne hättet oder wie es immer war. Ihr, das heißt als einzelner Mensch, aber auch als gesamte Menschheit, glaubt manchmal noch, genau zu wissen, was angeblich richtig oder falsch ist. So denken oft gerade die Menschen, die in ihrem Innersten eigentlich sehr unsicher sind und daher nicht gut ertragen können, wenn etwas nicht so ist, wie sie vorher gedacht haben.

Lernt, auf euer Herz zu hören, dann reagiert ihr in jeder Situation zu jeder Zeit richtig und passend! Solch eine Verhaltensänderung würde nicht nur schlagartig das Verhältnis zwischen Männern und

Frauen, sondern ganz allgemein das Zusammenleben der Menschen enorm verbessern und erleichtern. Ihr würdet euch entspannen, da ihr innerlich nicht mehr ein bestimmtes Verhalten erwarten oder fordern würdet, und ihr wärt nicht mehr so angespannt, wenn sich eine Situation nicht so entwickelt, wie ihr es erwartet oder erhofft habt. Ihr würdet mehr im Hier und Jetzt sein und offener dafür, die Energien des Augenblicks wahrzunehmen und euch diesen Energien entsprechend zu verhalten und sich ihnen anzupassen.

Ihr wärt überrascht, wieviel Liebe ihr dann wahrnehmen und in euch fühlen könntet, und zwar nicht nur euren Partnern, sondern allen Menschen gegenüber. Wenn ihr in dieser Weise aufeinander zugeht und allmählich lernt, die Mitmenschen, die euch umgeben, in ihrem ihnen zukommenden Wert anzuerkennen, wäre dies ein erster Schritt dahin, daß die Menschen sich weniger als Gegner, sondern als Partner auf ihrer gemeinsamen Ebene, der Erde, sehen.

### Einseitige Verträge

Viele Menschen unterstützen ihre Partner oder Mitmenschen nicht in deren *ihnen* gemäßen Entwicklung, sondern erwarten oder fordern, daß sie sich so verhalten sollen, wie sie es gerne hätten oder wie sie glauben, daß es richtig für sie wäre. Sie lassen ihnen noch nicht wirklich die Freiheit, *ihre* alleinige Wahl selbständig zu treffen. Sie haben zum Beispiel bestimmte Erwartungshaltungen an den Partner, die sie einseitig in eine Partnerschaft einbringen, und wenn der Partner dann nicht so reagiert oder etwas nicht so tut, wie sie es gerne hätten und erwarten, reagieren sie verletzt oder wütend. Wir möchten es so darstellen: Ihr schließt häufig unabgesprochene und unausgesprochene einseitige Verträge oder Abmachungen mit euren Partnern oder mit euren Mitmenschen, von denen diese oft gar nichts wissen.

So sagt zum Beispiel ein Partner – in diesem Fall oft die Frau –,
daß die Wände des Wohnzimmers in der gemeinsamen Wohnung
gestrichen werden müßten. Sie seien schmutzig, sie wären schon
lange nicht mehr gestrichen worden, überhaupt wäre es mal wieder
Zeit dazu, und sie fragt dann, wann er es denn zu tun gedenke.

In solch einer Situation setzen die Menschen zum einen oft einfach voraus, daß der Partner dies doch auch so sehen müßte, daß
er zum zweiten dem Streichen voller Freude zustimmen müßte und
zum dritten darüber hinaus auch bei der Planung und der praktischen Durchführung des Streichens helfen müßte, wenn nicht
sogar die Arbeit ganz allein machen müßte, weil das Streichen viertens ja sowieso „Männerarbeit" ist.

Wenn der Partner – hier der Mann – aber wagt, der Ansicht zu
sein, daß noch kein neuer Anstrich notwendig ist, und darüber
hinaus auch nicht bereit ist, bei einem Neuanstrich mitzuhelfen,
wären die Frauen oft sehr verletzt oder wütend. Viele würden es
dann den Partner mindestens merken lassen, daß sie dessen Ansicht
mißbilligen, und sie würden sich auf die eine oder andere Art und
Weise „rächen" oder schlecht gelaunt sein, bis der Partner um des
lieben Friedens willen nachgeben würde. Kommt euch das irgendwie bekannt vor?

Wir würden in dieser Situation anders vorgehen. Unsere Grundhaltung unserem Partner gegenüber wäre eine andere. Wir würden
nicht automatisch voraussetzen, daß der Partner so reagiert, wie wir
es gerne hätten. Wir würden ihm in seiner möglichen Reaktions-
weise auf unsere Feststellung, daß unserer Ansicht nach das
Wohnzimmer gestrichen werden müßte, völlige Freiheit lassen, und
zwar aus tiefstem Herzen mit voller innerer Überzeugung. Wir würden ihn in dem Fall fragen, ob er auch denkt, daß das Wohnzimmer
gestrichen werden sollte. Wenn er dies verneint, wären wir in keiner Weise verletzt oder beleidigt. Wir würden dann fragen, ob er
etwas dagegen hätte, wenn wir das Wohnzimmer streichen würden,

denn immerhin ist es der *gemeinsame* Wohnraum, und es wäre nicht rechtens, ihn unabgesprochen zu verändern. Wenn er nichts dagegen hätte, würden wir den Anstrich selbst durchführen oder ihn organisieren und in keiner Weise innerlich erwarten, daß der Partner dabei hilft oder uns in irgendeiner Weise unterstützt. Denn *wir* sind doch der Meinung, daß ein Anstrich notwendig ist, und nicht der Partner. Und wir nehmen unsere Wünsche ernst und tun dann alles dafür, um sie uns zu erfüllen. Wo ist da das Problem? Das heißt, wir manipulieren in keiner Weise, um unsere Ziele zu erreichen, indem wir jemanden zu überreden versuchen oder ihn für seine Meinung bestrafen, indem wir beleidigt reagieren, wütend werden oder es ihm an anderer Stelle heimzahlen.

Eine andere Art von einseitigem Vertrag ist es, wenn zum Beispiel eine Frau gegenüber ihrem Partner die Erwartung hat, daß er im Haushalt helfen müßte. Wir würden in solch einer Situation dies nur dann von unserem Partner erwarten, wenn wir *vor* der Gründung eines gemeinsamen Hausstandes etwas Derartiges abgemacht hätten. Wir hätten dann zum Beispiel besprochen, daß der eine, der eventuell eine Teilzeitstelle hat, für den Haushalt verantwortlich ist und der Partner mit einer ganzen Stelle die Haushaltsarbeit unterstützt, indem er einmal in der Woche staubsaugt und die Betten bezieht. Wir sprechen genau durch, was alles zu tun ist, teilen die Arbeit auf, treffen unsere Abmachungen und halten uns dann daran.

Ihr habt oftmals große Scheu davor, euch genau abzusprechen. Was spricht denn wirklich dagegen, zum Beispiel übereinzukommen, daß einer die Wäsche macht und der andere dreimal in der Woche abwäscht? Wir sehen, daß viele Angst haben, sich festzulegen, weil sie sich zum einen nicht zutrauen, ihren Teil der Abmachung einzuhalten und außerdem glauben, daß der andere seinen Teil sowieso nicht einhält. Zum anderen sind viele Menschen der Meinung, daß sie durch solche Abmachungen zu einer Art Roboter werden und daß die Partnerschaft dann eigentlich nur noch daraus besteht, die Abmachungen „abzuarbeiten". Aber der aus unserer Sicht ausschlaggebende Grund für die Scheu davor, sich festzulegen, ist, daß ihr dann nicht mehr so leicht einen Grund finden könnt, euch aufzuregen. Denn Abmachungen zu treffen bedeutet, seinen Standpunkt oder seine Meinung darzulegen, den Standpunkt des anderen zu hören, ihn zu akzeptieren und dann gemeinsam einen Kompromiß zu finden, mit dem *beide* gut leben können. Wenn das verantwortlich und aufrichtig gemacht wird, wird es so sein, daß das Zusammenleben plötzlich viel harmonischer ist.

Seid offen und ehrlich, ohne Hintergedanken, doppeltes Netz und ohne einen schon in eurem Inneren vorformulierten Kompromiß mit der Erwartung, daß der andere auch hoffentlich eurem Vorschlag zustimmt. Fragt, was der andere will, sagt, was ihr wollt, und dann findet einen Kompromiß. Viele Menschen beharren leider noch zu oft darauf, nur *ihren* Standpunkt durchsetzen zu wollen. Sie fordern und erwarten bestimmte Dinge einseitig, eventuell sogar nur innerlich, daß heißt, ohne es dem Partner auch äußerlich mitzuteilen, und sind somit noch nicht bereit, den anderen mit *seiner* Wahrheit und in *seinem* Wert zu respektieren. Vieles wäre hier auf der Erde dann soviel einfacher. Das Zusammensein mit euren Partnern wäre im wahrsten Sinne des Wortes viel reibungsloser, und ihr könntet das Zusammensein mehr genießen. Abmachungen, die sich als nicht harmonisch erweisen, können doch jederzeit in gegenseitigem Einvernehmen wieder geändert werden.

Noch einmal: Das Leben der meisten Menschen ist geprägt von vielen solcher einseitiger Verträge. Hier ein anderes Beispiel, um es noch mehr zu verdeutlichen. Wenn zwei Menschen, die in der gleichen Gegend wohnen, die gleiche Veranstaltung besuchen wollen und der eine von ihnen ein Auto besitzt, der andere aber nicht, gehen fast alle Menschen ganz selbstverständlich davon aus, daß derjenige ohne Auto von dem anderen mitgenommen wird. Man würde es für bodenlosen Egoismus halten, wenn dies nicht geschähe.

Wir würden nichts dergleichen tun oder denken. Wir würden fragen, ob er uns mitnehmen würde, und ihm dann die freie Wahl lassen, uns mitzunehmen oder nicht. Wenn er dies ablehnen würde, wäre er deshalb nicht in unserem Ansehen gesunken. Vielleicht hat er für sein Verhalten Gründe, und die Gründe, die für *ihn* Beweggrund seiner Entscheidung sind, würden wir in jedem Fall respektieren. Wobei er keinen Grund nennen muß, denn es ist sein Auto, und er kann mit seinem Auto und seiner Zeit letztendlich machen, was er will.

Sogar wenn diese beiden Menschen Freunde, Freundinnen oder Familienangehörige wären, änderte das aus unserer Sicht nichts daran, daß jeder die freie Wahl hat und zu nichts *von vornherein* verpflichtet ist, nur weil einer der beiden glaubt, daß dieses und jenes Verhalten zu einer Freundschaft oder zur Familie dazugehört. So würden wir zusätzlich zu diesem Beispiel auch nicht von vornherein davon ausgehen, daß Freunde ihr Auto selbstverständlich untereinander auszuleihen haben. Und nebenbei: Wenn ihr ein Auto verleiht und es dann verdreckt zurückbekommt, habt ihr eigentlich kein Recht darauf, euch darüber aufzuregen, wenn vorher nicht genau abgesprochen wurde, daß dieses Auto wieder sauber, vollgetankt oder mindestens in dem Zustand, in dem es übergeben worden war, zurückgebracht werden müßte, und ihr nur stillschweigend davon ausgegangen seid, daß solch ein Verhalten ja wohl klar und selbstverständlich ist.

Klar und selbstverständlich ist eigentlich gar nichts, auch wenn wir wissen, was ihr damit meint. Denn wenn jemand etwas ausleiht, sollte es eigentlich selbstverständlich sein, daß er es in dem Zustand, in dem es vorher gewesen ist oder sogar in einem besseren, vielleicht sogar noch mit einem kleinen Danke-schön-Präsent zurückgibt. Aber solch ein Verhalten ist hier auf der Erde noch nicht normal und selbstverständlich. Deshalb solltet ihr solch ein Verhalten auch nicht automatisch, stillschweigend voraussetzen, sondern alles, wirklich alles, was euch wichtig ist, vorher genau absprechen und gegebenenfalls schriftlich festhalten, um unnötige Irritationen, Mißverständnisse und Schmerzen auszuschließen.

Wenn euch jemand sowieso nichts Schlechtes will oder sogar versteht, daß es zum Teil noch logische Gründe für euren Wunsch, alles abzusprechen, gibt und das dann nicht persönlich nimmt, wird derjenige aus diesem Wissen und Verständnis heraus ohne weitere Schwierigkeiten auf solch einen Vorschlag eingehen. Denn er weiß ja hoffentlich, daß er selbst euch garantiert nichts Böses will und daß man ihm trauen kann, daß man mit ihm Dinge also gut absprechen kann. Mit Menschen, die dann übermäßig empfindlich und vielleicht beleidigt reagieren, solltet ihr unserer Ansicht nach lieber keine Geschäfte machen oder überhaupt irgendwelche Absprachen treffen. Oder ihr solltet, wenn ihr es doch gemacht habt und es eventuell daneben ging, euch nicht aufregen oder in irgendeiner anderen Art und Weise übermäßig betroffen reagieren.

Setzt also in eurem alltäglichen Leben Unabgesprochenes nicht einseitig voraus oder beschwert euch dann nicht, wenn Dinge nicht so geschehen, wie ihr es erwartet habt. Was viele nicht verstehen wollen, was aber ein Grundprinzip im Universum darstellt, ist, daß kein Wesen irgend etwas *muß*, auch wenn ihr es gerne hättet. Denn wer oder was sollte ein Wesen letztendlich zu etwas zwingen können? Alles, was ein Wesen überhaupt tun kann, tut oder getan hat, geschieht letztendlich in völliger Freiheit und Eigenverantwortung.

Viele Handlungen oder die dahinter stehenden Gedankengänge und Glaubenssätze werden von euch einfach nicht weiter hinterfragt. Das passiert des öfteren bei Handlungen und Themen, die in einem Land langsam aber sicher – oft fast unbemerkt – als typisch oder gegeben hingenommen oder anerkannt werden. Zum Beispiel der Glaubenssatz, daß eine Mutter typischerweise die Kinder ins Bett bringt, während es häufig typisch für den Mann ist, das Auto zu reparieren oder die Reifen zu wechseln. Solche

Dinge werden meistens gar nicht mehr abgesprochen, sondern ein bestimmtes Verhalten wird von vornherein als normal angesehen und von dem jeweils anderen Geschlecht erwartet.

Wenn ihr auch diese Regeln vorher nicht abgesprochen habt, gibt es keinen Grund, sich darüber aufzuregen oder denjenigen dafür zu verurteilen, wenn er euren Erwartungen nicht entspricht. Denn auch hier gilt das universelle Gesetz, daß jeder frei ist, alles zu tun und zu lassen, was er will. Es liegt dann in eurer Verantwortung, ob ihr dieses Spiel bzw. diesen einseitigen Vertrag weiter mitmachen wollt oder ob ihr denjenigen, der euch unabgesprochen in einen Vertrag hineingedrängt hat und den ihr vielleicht gewohnheitsmäßig akzeptiert habt, höflich auf diesen Umstand aufmerksam macht und dann alles besprecht und klärt. Es kann sogar passieren, daß ihr euch darauf einigt, dieses alte Verhaltensmuster beizubehalten. Diese neu geschlossene Vereinbarung würde nun in einer ganz anderen Energie entstehen, und eure daraus resultierenden Handlungen würden von einem ganz neuen gegenseitigen Respekt und einer neuen gegenseitigen Wertschätzung und Höflichkeit geprägt sein.

Viele Menschen setzen auch voraus, daß, wenn sie immer fair, höflich und nett zu einem Menschen sind, dieser dann ebenfalls auch immer automatisch fair, höflich und nett ihnen gegenüber zu sein hat. Sie sind häufig sehr enttäuscht und betroffen und tragen es demjenigen sehr stark nach, wenn diese andere Person sich ihnen gegenüber unhöflich verhält. Sie meinen, sich immer höflich verhalten zu haben und deshalb auch von dem anderen solch ein Verhalten verdient zu haben. Wo steht so etwas? Wir wissen zwar auch in diesem Fall genau, was ihr meint, und natürlich würden auch wir vorziehen, wenn alle Menschen zueinander nett, höflich und fair wären. Aber dem ist noch nicht so.

Auch die Haltung: „Wir wollen jetzt die Welt zum Positiven verändern, einer muß doch damit anfangen, und deshalb traue ich jetzt immer allen Menschen", ist zwar auf der einen Seite verständlich und löblich, auf der anderen Seite aber auch naiv, sehr unverantwortlich und dumm. Denn es werden nicht auf einmal alle Menschen auf dieser Erde nett sein. Das ist zur Zeit auch nicht vorgesehen, weil die Erde zum Teil noch ein Lernplanet ist, auf dem manche Wesen die Erfahrung machen können und dürfen, wie es ist, mit der Dualität, also zum Beispiel mit gut und böse, zu arbeiten. Aber auch dieses Programm wird auf Dauer aufgelöst und sich das Licht, das Gute durchsetzen. Das ist so, und es wird so geschehen.

Aber bis dahin darf noch gelernt werden, erleuchtetes Verhalten auf einem noch unerleuchteten Planeten nicht nur theoretisch, sondern auch praktisch zu leben. Das setzt zum einen voraus, sich nach und nach auch auf diesem Planeten aktiv die Umgebung zu erschaffen, mit den Menschen, der Arbeit, der Wohnstätte, die man sich wünscht. Und das setzt zum anderen voraus, Energien lesen zu können und den freien Willen zu akzeptieren, ohne sich mit Menschen, die nicht so ausgerichtet sind, unnötig zu belasten. Wir sagen, laßt den anderen so sein, wie *er* will. Der für euer Lebensglück entscheidende Punkt ist, ob *ihr* so seid, wie *ihr* sein wollt, und ob ihr schon genügend Verantwortung für euer eigenes Leben übernommen habt oder nur das Verhalten anderer Menschen als Entschuldigung dazu benutzt, untätig zu sein.

Es ist nicht wirklich wichtig, wie eine andere Person auf euer Verhalten reagiert, wichtig ist, was ihr daraus macht. Viele Menschen sind oft nur deshalb höflich zu anderen, weil sie erwarten, daß sie dann ebenso behandelt werden und nicht, weil sie selbst aus tiefer innerer Überzeugung heraus höflich sein wollen. Wenn ihr gerne höflich sein wollt, seid dieses aus tiefster Überzeugung, aber erwartet nichts dafür zurück. Wenn ihr doch etwas erwartet, was an sich in Ordnung ist, teil es der anderen Person mit, und wenn diese dann bewußt darauf eingeht, könnt ihr das dann auch gegenseitig voneinander erwarten und bei Nichtbeachtung dieser Regel die

andere Person darauf ansprechen. Will sie auf solch eine Verabredung nicht eingehen, könnt ihr natürlich auch weiterhin nett zu
der anderen Person sein, aber ihr dürft dann nichts mehr als Gegen-
leistung von ihr erwarten.

Dann solltet ihr natürlich überhaupt einmal überprüfen, warum
ihr euch so verhaltet, was euch diese Person eigentlich bedeutet
oder einmal bedeutet hat und ob eine Freundschaft oder Bekanntschaft mit ihr auch jetzt noch zeitgemäß und passend für euren
weiteren Lebensweg ist. Wenn ihr zu dem Schluß kommt, daß ihr
diese Person noch in eurem Leben haben wollt, weil ihr zum
Beispiel zur gleichen Familie gehört oder es eine Person ist, der ihr
sehr dankbar seid, oder weil ihr sie einfach aus nostalgischen
Gründen noch lieb habt oder ihr sie aus beruflichem Interesse noch
an eurer Seite haben wollt, kann dieses vollkommen harmonisch
sein. Ihr solltet in dieser Hinsicht nur eine bewußte Entscheidung
treffen und euch dann nicht mehr über das Verhalten dieser anderen Person aufregen, wenn sie sich einfach nicht zu einem netten,
lieben, fairen und verantwortlichen Menschen verändern will.

Nehmt euch auch in diesem Punkt inkarnierte weise Menschen,
weitsichtige Wissenschaftler, Künstler und Führer wie Galileo
Galilei, Einstein, Leonardo da Vinci, Ghandi, Martin Luther King,
Nelson Mandela, den Dalai Lama oder sogenannte Aufgestiegene
Meister wie Jesus als Vorbild. Seht, wie oft solche Personen erst
angefeindet werden, wie oft über solche Wesen innerlich und
äußerlich gelästert wird, sie nicht ernst genommen werden, als sogenannte Hexer beschimpft werden oder sie mit anderen wütenden
und vorwurfsvollen Gedanken und Worten bedacht werden. Seht
dann auch, wie gelassen, höflich und liebevoll diese Wesen dann
noch sind, waren und sein werden. Ihr bewundert und liebt diese
Wesen ja gerade für ihre Fähigkeit, in sich zu ruhen und sich nicht
verwickeln zu lassen in ein manipulatives Spiel mit Emotionen und
negativen Gedanken, durch das viele Menschen eine bestimmte

Reaktion provozieren wollen. Natürlich können diese Menschen oder Meister dabei sehr wohl Grenzen ziehen, um ein übersteigertes Ego der Menschen in seine Schranken zu weisen, wobei sie auch dies in Liebe tun. Die meisten Menschen fühlen sich in der Nähe eines Meisters wohl, weil sie spüren, daß sie angenommen und respektiert werden, so wie sie jetzt sind.

Viele Menschen sind dagegen auf eine unharmonische Weise mit anderen Menschen energetisch verbunden. Wir beobachten zum Beispiel häufig folgendes Verhalten: Zwei Partner bereiten sich darauf vor, gemeinsam zu einem Fest zu fahren, zu dem sie für eine bestimmte Uhrzeit eingeladen worden sind und zu dem sie zugesagt haben. Einer von beiden will nun „endlich" losfahren, um rechtzeitig dazusein. Der andere hingegen hat seine Vorbereitungen, sei es aufräumen, schminken, das Auto putzen oder was auch immer, noch nicht abgeschlossen. Nun würden die meisten Menschen, die in der Position sind, daß sie losfahren wollen, auf denjenigen, der noch nicht fertig ist, warten. Und diejenigen, die nicht rechtzeitig fertig sind, würden meistens auch erwarten, daß der Partner auf sie wartet. Die Folge eines solchen Verhaltens ist, daß nun *beide* zu spät kommen.

Aus unserer Sicht stellt es sich so dar, daß derjenige, der nicht rechtzeitig fertig geworden ist, dem Gastgeber gegenüber seine Zusage nicht einhält und ihn zudem mit dessen Wunsch, daß die Gäste zu einer bestimmten Zeit da sind, nicht respektiert. Wenn er außerdem noch davon ausgehen würde, daß der Partner, der pünktlich fertig ist, auf ihn wartet, heißt es, daß er in Kauf nimmt und es sogar unausgesprochen fordert, daß auch der Partner seine Zusage an den Gastgeber nicht einhält. Durch solch ein Verhalten setzt er voraus, daß er als Partner, egal in welcher Situation, immer wichtiger ist, obwohl er es in diesem Fall ist, der nicht verantwortungsvoll und verläßlich handelt und den Partner sogar noch mit hineinzieht und ihn seinen Fehler mit ausbaden läßt. Denn es gibt ja die Möglichkeit, daß der andere schon vorfahren kann.

Derjenige, der zwar rechtzeitig vorbereitet ist, aber auf seinen
Partner wartet und dadurch nun auch zu spät kommt, respektiert
den Gastgeber ebenfalls nicht und zwar gleich doppelt. Denn er
könnte ja pünktlich ankommen, wenn er vorher allein losfahren
würde, tut dies aber nicht, sondern unterstützt darüberhinaus sogar
noch das respektlose Verhalten des Partners, indem er auf ihn wartet. Die meisten Menschen haben große Angst vor dem Ärger des
Partners, wenn sie wirklich pünktlich losfahren würden, und der
andere später allein nachkommen müßte. Sie haben sogar dann
noch Angst, allein loszufahren, wenn sie es vorher angekündigt
haben für den Fall, daß so etwas noch einmal passiert.

Die meisten Menschen meinen diese Ankündigung aus den eben
genannten Gründen nicht wirklich ernst, zumal viele Menschen
aus den verschiedensten Gründen auch nicht gern allein auf Feiern
gehen und dann lieber zu zweit zu spät erscheinen. Das ahnt der
Partner natürlich oft schon im voraus und nimmt sich daher auch
nicht wirklich ernsthaft vor, das nächste Mal anders zu handeln, so
daß er dann wie in diesem Beispiel rechtzeitig fertig wäre, um zur
Feier zu gehen. Beide wären in so einem Fall wirklich überrascht,
wenn entweder der eine wirklich allein losfahren würde oder der
andere wirklich pünktlich fertig wäre.

Solch ein Verhalten fällt den allermeisten Menschen gar nicht
weiter auf, so sehr sind sie schon daran gewöhnt. Es wird als normal anerkannt und daher kaum in Frage gestellt. Verantwortliche
Menschen würden sich in einer ähnlichen Situation grundsätzlich
anders verhalten. Sie würden ihr Leben besser planen und organisieren und sich auf gewisse Situationen besser vorbereiten, um
dann zum Beispiel einfach pünktlich sein zu können.

Außerdem würden sie eine private Einladung genauso wie einen
beruflichen Termin bewerten. Ob es sich nun um eine Besprechung
mit Führungskräften oder um ein privates Treffen mit Freunden
handelt: Ein Termin ist ein Termin, und den würden sie in der Regel

immer pünktlich wahrnehmen. Es ist eine Vereinbarung, und man
sollte sich grundsätzlich an diese halten. Das ist eine Frage des
Selbstrespekts und des Respekts vor anderen Menschen, Personen
und Wesen, mit denen man diese Termine bzw. Vereinbarungen hat.
Wenn ihr diese Grundsätze wirklich lebt und dann einmal einen
Termin nicht pünktlich wahrnehmen könnt, sollten dann alle
Beteiligten automatisch davon ausgehen, daß es einen triftigen
Grund dafür gibt und zum Beispiel übergeordnete Interessen, die
die Weiterentwicklung und Harmonie des Großen Ganzen betref-
fen, in dem Moment vorrangig geworden sind.

Hier auf der Erde ist es im Geschäftsleben so, daß eine Ver-
spätung zu einem Geschäftstermin mit einer Erklärung wie „Ich
konnte keinen Babysitter finden" oder „Es gab noch etwas mit dem
Partner zu klären" selten entschuldigt wird. Aus unserer Sicht meistens mit Recht, denn solch ein Verhalten zeigt in der Regel, daß
man sich nicht rechtzeitig um einen Babysitter gekümmert hat oder
daß in der Partnerschaft die Prioritäten nicht geklärt wurden und
die Wertigkeit eines Geschäftstermins im Verhältnis zu Partner-
schaftsangelegenheiten vorher nicht eindeutig abgesprochen worden ist. Wobei es natürlich auch hier immer Ausnahmen gibt, und
nur ihr selbst könnt entscheiden, ob es sich dann um eine Ausrede
oder um einen triftigen Grund handelt. Und so oder so wäre es niemals verantwortlich, ein Kind wegen eines Geschäftstermins allein
zu Hause zurückzulassen. Klärt für euch immer die Energie einer
Situation, dann werdet ihr herausfinden, warum etwas geschehen
ist, und ob ein Verhalten in der einen oder anderen Situation in
Harmonie war oder nicht, wie wir das ja schon beim „Beamten-
beispiel" erklärt haben.

Viele von euch erinnern sich an weiterentwickelte Inkarnationen
auf anderen Planeten oder in verschiedenen Hochkulturen hier auf
der Erde. Von daher tragt ihr oftmals das Wissen von einem
respektvollen, verläßlichen und liebevollen Umgang untereinander

in euch. Nun besteht allerdings bei vielen das Mißverständnis darin, ein solches Verhalten jederzeit bei allen anderen Menschen zu erwarten, vorauszusetzen oder sogar zu fordern. Die Erde und die allermeisten Menschen sind noch nicht so weit entwickelt wie zum Beispiel Alpha Centauri, die Plejaden und viele andere Systeme auf bestimmten Dimensionsebenen, auf denen ihr schon inkarniert wart und seid. Es ist nicht angemessen, einfach vorauszusetzen, daß weitentwickelte Qualitäten den Menschen eigentlich schon bewußt sein müßten. Als Folge davon sind viele von euch dann ungeduldig und neigen dazu, andere zu ihrem Glück zwingen zu wollen. Es ist weitaus effektiver, die positiven Kräfte, die ihr aus solchen Inkarnationen schöpft, zu denen auch Gelassenheit und Geduld gehören, anderen Wesen vorzuleben, denn dann werden die Menschen neugierig, wie ihr es wohl schafft, Ruhe, Gelassenheit und Souveränität auszustrahlen. Sie gehen dann häufig von sich aus auf euch zu und fragen nach Dingen, Gegebenheiten, Erlebnissen und Erfahrungen, die sie mit euch gemacht oder erlebt haben. Auf diese Weise lernen sie sehr viel leichter und effektiver von euch.

Menschen sind häufig unnötig wütend, weil sie sich aufregen über Dinge, die ihnen widerfahren sind oder über Menschen, die ihnen aus ihrer Sicht etwas Schlimmes angetan haben. Oftmals ist es in diesen Fällen so, daß im Laufe der Zeit mehr aus einem Vorfall oder einem Erlebnis gemacht wird, als es überhaupt wert oder berechtigt ist. Ihr verlangt dann von einer Person zum Beispiel innerlich nicht nur eine Entschuldigung für ein verdreckt zurückgegebenes Auto oder für das angeblich in einem Gespräch Gesagte, sondern auch für die Wut, die sich im Laufe der Zeit noch zusätzlich angestaut hat. In der Tat laßt ihr eueren inneren Wutpegel – oder Enttäuschungs-, Frustrations-, Trauerpegel usw. – völlig unnötig ansteigen, weil ihr, um bei diesen Beispielen zu bleiben, in dem Moment der Rückgabe des Autos oder als ihr gehört habt, was die Person angeblich gesagt oder gemeint haben soll, nicht sofort reagiert habt. Stattdessen habt ihr oftmals erst ein paar Wochen, manchmal fast ein ganzes Leben lang, darüber gebrütet, anstatt sofort über eure Verletzung, Enttäuschung oder Entrüstung über das Verhalten der anderen Person zu reden.

Es liegt in eurer eigenen Verantwortung, so schnell wie in Harmonie möglich auf jegliche inneren oder äußeren Widerstände, Verstimmungen oder Irritationen zu reagieren und sie nach und nach aufzulösen, nachdem ihr deren Ursachen entdeckt habt. Eventuell hat die andere Person für ihr Verhalten sogar gute Gründe gehabt. Vielleicht habt ihr das Gesagte oder Erlebte nur etwas falsch verstanden und interpretiert oder durch frühere Vorfälle in den falschen Hals bekommen. Vielleicht hat die andere Person nicht mit schlechter Absicht so gehandelt oder gesprochen, sondern war mit ihren Gedanken nicht richtig bei der Sache, weil sie innerlich mit anderen, für sie wichtigeren Dingen beschäftigt war und sich so nicht wirklich bewußt war, was sie tat. Das ist zwar für manche Dinge oder Vorfälle keine wirkliche Entschuldigung, könnte aber doch eine Erklärung geben, die euch besänftigen, beruhigen oder verstehen und dadurch heilen läßt.

Durch ungeklärte Situationen und Ereignisse lebt ihr oftmals jahrelang mit einem Gefühl von Vorwurf und Wut, was eure Nerven und euer Körpersystem unnötig belastet. Und oft klären sich die Dinge sogar als wirkliche Mißverständnisse auf, das heißt, der andere hat dann gewisse Dinge wirklich nicht so oder so gemeint oder gesagt. Er muß sich folglich noch nicht einmal entschuldigen, und ihr habt diese unproduktiven Energien die ganze Zeit umsonst in euch getragen. Das hätte nicht sein müssen. Es hat niemandem genützt, niemanden glücklich gemacht und euch nur geschadet. Und das alles nur, weil ihr vielleicht gewisse Dinge nicht früh genug angesprochen habt.

Viele von euch hier auf Erden sprechen auch noch nicht sehr offen über ihre sexuellen Bedürfnisse, machen innerlich aber dem

Partner sehr heftige Vorwürfe, daß er in sexuellen Dingen nicht auf sie eingeht. Woher soll der andere eigentlich wissen, was ihr wollt – außer er würde eure Gedanken lesen, und das wäre den meisten von euch auch nicht recht –, wenn ihr nicht darüber redet, bzw. wenn ihr selbst es oft noch nicht einmal richtig wißt oder es euch eingesteht.

Oder: Wenn der Partner nach einem Streit *nicht* zu euch kommt, um sich zu versöhnen, seid ihr häufig sehr ungehalten und beleidigt. Aber *wenn* er kommt, seid ihr es häufig auch. Woher soll eine Person eigentlich wissen, was das Richtige ist, wenn ihr es ihr nicht sagt?

Erst dann, wenn ihr offen aussprecht, was ihr wollt, wünscht und erwartet, habt ihr die Möglichkeit zu entscheiden, mit wem ihr leben, arbeiten und umgehen wollt. Wenn jemand euren Wünschen oder eurer Ausstrahlung nicht entspricht, paßt ihr vielleicht nicht zusammen, und das ist weder gut noch schlecht. Es ist dann einfach so, und keiner von beiden sollte darüber böse oder enttäuscht sein.

Macht euch bewußt, wo ihr steht, was ihr wollt oder nicht wollt, und seid ehrlich zu euch selbst. Verheimlicht nichts vor euch selbst, dann müßt ihr auch keine Angst mehr vor dem Gedanken haben, daß eine Zeit kommen wird, in der alle Menschen eure Gedanken willentlich lesen können, so wie es jetzt schon ein paar von euch tun können. Was nicht bedeutet, daß ihr dann immer alles mitteilen müßt oder alles von den anderen telepathisch gelesen werden sollte, das gebietet allein schon die gegenseitige Höflichkeit. Aber es wäre auf Dauer gut, keine Angst davor zu haben, jemandem etwas mitzuteilen oder ihn etwas zu fragen, wenn es angebracht ist.

Wenn zum Beispiel auf weiterentwickelten Planeten Partner ihre Ätherkörper und daher unter anderem auch ihre Gedanken telepathisch miteinander verschmelzen, ist es sinnlos, etwas zu verheimlichen, denn dann wäre diese Art von Kontakt nicht sehr effektiv. Sie könnten die Kommunikation dann auch ebensogut auf das äußerliche Reden beschränken, müßten aber stark auswählen, was sie sagen wollen und vor allem, was sie gerade nicht sagen wollen, so wie es ja heutzutage noch sehr häufig auf der Erde praktiziert wird. Solch ein Verhalten ist sehr kräftezehrend und eurer Gesamtentwicklung auf Dauer nicht sehr förderlich.

Eure Entwicklung wird in eine Richtung gehen, daß ihr euch uns annähert. Es ist für diesen Entwicklungsprozeß sehr unterstützend, Ehrlichkeit und Aufrichtigkeit vor euch selbst einzuüben, euch dann eurer einseitigen Verträge bewußt zu werden und sie nach und nach mit den Partnern, Freunden und Geschäftspartnern anzusprechen, sie aufzulösen oder Kompromisse zu finden. Wenn ihr glückliche Partnerschaften und eine glückliche Welt um euch herum erschaffen wollt, ist das eines der wichtigsten Dinge, die ihr auf dem Weg dorthin praktisch umsetzen solltet.

Nur auf diesem Wege ist es möglich, auch mit anderen Welten und deren Bewohnern wirkliche Partnerschaften einzugehen und sie fruchtbar zu gestalten. Denn für viele dieser Wesen auf anderen Planeten gehört Gedankenlesen zum kleinen 1 x 1. Wir wissen meistens ganz genau, wenn ihr etwas verheimlicht und was ihr dann vor uns verheimlichen wollt. Aber ist es nicht viel lohnender, statt unnötig Angst oder andere Widerstände vor solchen Fähigkeiten zu haben, wenn auch *ihr* lernt, *unsere* Gedanken zu lesen? Hochentwickelte Wesen aus dem Christusbewußtsein haben nichts zu verheimlichen. Zudem würde euch Telepathie ermöglichen, sehr leicht Wesen zu erkennen, die euch nicht wohlgesonnen sind, und allein das würde euch schon unendlich großen Nutzen bringen.

### Vertrag ist Vertrag

Seid aufmerksam in dem, was ihr unabgesprochen voraussetzt und einseitig erwartet oder fordert. Seid aber noch bewußter, überlegter und verantwortlicher in dem, was ihr aussprecht und als

euren Willen auch äußerlich bekundet, denn *Vertrag ist Vertrag*.
Dieser Grundsatz ist die wichtigste „Vertragsbedingung". Mit jeder
Zusage, Absprache oder einem Versprechen, das ihr euch, einem
anderen Wesen oder Gott gegenüber gebt, geht ihr eine
Verpflichtung ein, das heißt, ihr verpflichtet euch vor euch selbst,
vor dem anderen Wesen und vor dem Universum. Wir sehen
manchmal mit Besorgnis, wie leichtfertig und oftmals unverantwortlich ihr Menschen noch mit Vertragsabschlüssen und
Vereinbarungen jeglicher Art umgeht. Seien es die alltäglichen
Absprachen, Zusagen oder Verabredungen wie zu einem Essen, das
ihr absagt, weil ihr „gerade mal keine Lust habt". Oder seien es
Verträge zwischen Staaten, die ihr oft so auslegt, wie es euch paßt.
Ihr habt häufig noch die Haltung, nachträglich nach Lücken und
unklaren Formulierungen in euren Verträgen und Abmachungen
zu suchen und diese dann einseitig für euch auszunutzen, obwohl
ihr vorher genau gewußt habt, worauf ihr euch eigentlich einlaßt.
So kommt es noch ziemlich häufig vor, daß auf euer Wort wenig
Verlaß ist. Überprüft selbst, wie oft ihr zum Beispiel sagt oder
gesagt bekommt „Ich rufe dich an", „Ich komme dich mal besuchen", „Ich schreibe dir mal", „Ich denke ganz bestimmt daran",
„Ich komme pünktlich" oder „Nur eine Minute noch", und dann
haltet ihr euch nicht daran und habt dann oft die besten Ausreden.

Wenn eine Channelingveranstaltung mit Saint Germain um 17
Uhr beginnen soll, käme keiner auf den Gedanken, daß Saint
Germain zu spät kommt, und noch viel unwahrscheinlicher wäre
es für euch, wenn er die Begründung geben würde, er habe noch
etwas mit anderen zu besprechen gehabt oder er habe es vergessen.
Ihr setzt bei Aufgestiegenen Meistern oder auch bei anderen hochentwickelten Persönlichkeiten Pünktlichkeit und Verläßlichkeit
einfach voraus. Das könnt ihr auch, denn sie halten ihr Wort, denn
sonst wären sie nicht das, was sie sind. Es wäre schön, solch ein
Verhalten langsam auch bei euch Menschen voraussetzen zu kön-

nen, damit ihr dann allmählich eine gleichberechtigte Partnerschaft zu weiterentwickelten Wesenheiten und Planetensystemen aufbauen könnt.

Wir möchten euch ein Beispiel nennen, um euch deutlich zu machen, wie weit die Geisteshaltung vieler Menschen noch von der höherentwickelter Wesen entfernt ist. Wenn wir in einem betrunkenen Zustand einen Vertrag abschließen und jemandem zusagen würden, ein ganzes Leben lang für ihn zu arbeiten, und wir am nächsten Morgen aufwachen und dann bedauern würden, diese Zusage überhaupt gemacht zu haben, so würden wir uns dennoch an unser Versprechen halten. Wir würden zwar den Arbeitgeber fragen, ob wir die Abmachung rückgängig machen oder eine andere Abmachung treffen können und wie hoch der Preis wäre, den wir dafür zu zahlen hätten. Wenn dieser aber auf der Abmachung besteht, würden wir uns an die getroffene Vereinbarung halten, und zwar weil wir die Verantwortung für unseren Geisteszustand und für das, was wir tun und sagen jederzeit vollständig übernehmen. Es gibt für uns keine Ausrede wie „Ich war betrunken, das hast du doch gesehen" oder „Ich habe nicht gewußt, was das eigentlich genau heißt oder für mich bedeutet. Du hättest mir das besser erklären müssen!" Somit würden wir für den neuen Arbeitgeber arbeiten, und wir würden trotzdem jeden Tag gut gelaunt zur Arbeit kommen und sie jederzeit so gut machen, wie wir nur können.

Wenn ihr merkt, daß die von euch gegebene Zusage wirklich absolut nichts für euch ist, ihr wirklich einen riesengroßen Fehler gemacht habt, und die andere Seite oder Person überhaupt nicht mit sich reden läßt und zu keiner Art von Kompromiß bereit ist, gibt es natürlich auch Möglichkeiten, aus dauerhaften Verträgen oder sehr langfristig getroffenen Vereinbarungen wieder auszusteigen, sie aufzulösen, sie im wahrsten Sinne des Wortes abzuzahlen. Denn niemand sollte für eine Tat oder falsch geschlossene Vereinbarung endlos büßen oder leiden müssen. Eine der höchsten

Strafen für eine begangene Straftat ist in eurem Rechtssystem
„lebenslänglich", was oftmals 15 Jahre Haft bedeutet. Das heißt,
nach 15 Jahren gibt es nach eurem Verständnis die Möglichkeit der
Überprüfung der Strafe. Wenn der Täter ausreichend für seine Tat
gebüßt hat, sich also im Gefängnis gut verhalten hat, bereit war,
sich zu ändern, kommen diese Menschen in der Regel frei und
können ein neues Leben beginnen. Wenn wir das auf unser Beispiel
übertragen, würde es bedeuten, daß wir aufgrund der von uns mit
ihm getroffenen Vereinbarung höchstens 15 Jahre bei dem
Arbeitgeber arbeiten müßten. Danach wären wir wieder frei, auch
wenn es ihm im Extremfall immer noch nicht passen würde, uns
gehen zu lassen. Aber wir würden uns bei unserem Weggang immer
noch von Herzen wünschen, daß es ihm und der Firma auch in
Zukunft so gut wie möglich geht. Denn noch einmal: Er war und
ist nicht dafür verantwortlich, daß wir unsere Zusage im betrunkenen Zustand gegeben haben, und er war und ist dann auch nicht
der Böse, weil er uns nicht gleich wieder freigeben wollte.

Gesagt ist gesagt, das ist unser Grundsatz. Überlege dir also *vorher,* was du sagst, und denke *vorher* darüber nach, was es für Folgen
für dich und dein Leben haben kann. Du kannst sehr froh und
dankbar sein, wenn dich, wie in diesem Beispiel, der andere am
nächsten Tag freiwillig wieder aus der voreilig und unbedacht getroffenen Vereinbarung herausläßt. Eigentlich sollte es immer so sein,
daß ihr alle wichtigen Entscheidungen überschlaft, um in Ruhe
nachdenken zu können und um die Nacht als Entscheidungshilfe
zu nutzen, denn ihr und andere Wesen können dann auf anderen
Realitätsebenen bei der Entscheidungsfindung helfen. Laßt euch
also nicht hetzen, denn wenn die Entscheidung richtig und gut für
dich ist, dann ist sie es auch noch am nächsten Morgen. Und da sich
ein fairer Geschäftspartner immer auch nur Geschäftspartner wünschen sollte, die ihre Entscheidungen danach treffen, daß es ihnen
damit gutgeht, sollte dieser auch noch eine Nacht warten können

und euch nicht unnötig hetzen, Angst machen oder nötigen, denn dann ist meistens ein Haken an der ganzen Geschichte.

Aber noch einmal: Euer Wort ist euer Wort – und das ist mit das Kostbarste, was ihr geben könnt. Also achtet gut darauf und geht sorgsam damit um. Wir betonen diese Seite sehr stark, damit ihr versteht, daß gut funktionierende Partnerschaften privater oder geschäftlicher Natur auch darauf beruhen, daß man sich aufeinander verlassen kann und sich vertraut, weil man weiß, daß der andere zu seinem Wort steht.

Natürlich gibt es auch die andere Seite, daß man nämlich nach bestem Wissen und Gewissen eine Abmachung getroffen hat und sich im nachhinein herausstellt, daß diese doch nicht harmonisch war. Als Folge davon bekommt zum Beispiel einer der Geschäftspartner Widerstände, die sich dann immer deutlicher in Form von diversen Schwierigkeiten zeigen, die das harmonische Einhalten der Abmachung erschweren, wenn nicht fast unmöglich machen, je nachdem, wie groß die inneren Widerstände sind. Da werden Termine vergessen, es werden Fehler gemacht, oder die betreffende Person wird überdurchschnittlich oft krank oder ähnliches. Wenn ihr diese Schwierigkeiten habt, wäre es ratsam, umgehend nachzusehen, was getan oder abgeändert werden muß, um von eurer Seite aus die Zusagen doch noch gut und harmonisch erfüllen zu können.

Erst wenn ihr sicher seid, daß ihr von eurer Seite wirklich alles getan habt und die Schwierigkeiten trotzdem noch andauern, solltet ihr die andere Person informieren, damit nicht noch weiterer Schaden entsteht und man gemeinsam schauen kann, was an der Vereinbarung abgeändert werden muß, damit sie wieder für beide Parteien harmonisch ist, sich alle Beteiligten also wieder wohl fühlen.

Denn letztendlich ist keinem von beiden damit gedient, wenn es einem von beiden Geschäftspartnern mit einer Abmachung bzw. mit einem Geschäftsvertrag schlecht geht. Viele Menschen würden dagegen den Partner unnötigerweise wider besseres Wissen auf die

alten Vereinbarungen festlegen wollen und sich immer noch nicht
kompromißbereit zeigen. Zum Beispiel kann ein Partner in einer
Ehe sehr unglücklich sein, der andere will ihn aber aus den unterschiedlichsten Gründen nicht gehen lassen. Wenn derjenige dann
wirklich noch einmal alles dafür getan hat, um die Ehe zu retten
bzw. wieder zu einem beiderseitigen Erfolg werden zu lassen – und
an diesem Punkt geben die Menschen erfahrungsgemäß viel zu
früh auf bzw. wissen oft gar nicht, wodurch eine Ehe erfolgreich
werden kann –, kann er nach einer gewissen Zeit auch einseitig,
gegen den Willen des Partners, den Vertrag, hier das Ehegelöbnis,
kündigen und sich scheiden lassen. Denn niemand sollte für eine
Fehlentscheidung ein Leben lang büßen müssen, und niemand
sollte mitleiden müssen, wenn es Veränderungen in der Partnerschaft oder im Leben gibt und ein Partner zum Beispiel nach der
Eheschließung beginnt, sich massiv gehen zu lassen und sich auch
nach vielen Unterstützungsversuchen nicht ändern will.

Erlaubt euch, schnellstmöglich zu reagieren, wenn ihr merkt,
daß irgend etwas nicht harmonisch ist, und wartet nicht darauf, bis
sich die Schwierigkeiten häufen und sich am Ende möglicherweise eine solche Problemanhäufung ergibt, daß schließlich alle
Abmachungen und vielleicht sogar die ganze Partnerschaft wie ein
Kartenhaus in sich zusammenfallen. Nichts kann letztendlich so
schlimm sein, daß es nicht angesprochen werden kann, denn gerade durch das Verschweigen erschafft ihr häufig genau die Situation,
vor der ihr fürchtet, daß sie eintritt, wenn ihr etwas sofort ansprechen würdet und es deshalb nicht macht. Wer zum Beispiel Ehe-
probleme auf die lange Bank schiebt und sich nicht traut, die
Dinge anzusprechen, die ihn innerlich bewegen, steht am Ende oft
vor einem Trümmerhaufen.

Wir stehen zu unserem Wort. Deshalb geben wir auch nicht vorschnell irgendwelche Zusagen, um etwa jemandem zu gefallen oder
aus Bequemlichkeit. Wir denken die Angelegenheiten bzw. Ab-

machungen bis zu Ende durch, so daß wir ganz genau wissen, worauf wir uns einlassen, wenn wir unsere Zusage geben. Das gibt uns die Sicherheit, daß wir unser Wort halten können, denn wir wissen dann genau, welche Konsequenzen damit verbunden sind oder sein können. Wir wußten zum Beispiel, worauf wir uns einließen, als wir entschieden, die Erde und die Menschen bei ihrer Weiterentwicklung zu unterstützen. Es ist kein Zufall, kein göttliches Geschenk oder eine Gnade, es ist auch keine Bestimmung, daß wir hier sind. Wir sind hier, weil wir hier sein wollen, weil es unsere freie Wahl ist, genauso wie es eure freie Wahl ist, auf der Erde zu inkarnieren, auch wenn euch das meistens noch nicht voll bewußt ist.

Gleichzeitig sind wir genauso wie alle anderen Freunde des Lichts in einer für euch noch nicht wirklich nachvollziehbaren Weise dem Großen Ganzen, Gott, der Quelle, der Schöpfung, dem Universum, wie auch immer ihr es nennen wollt, verpflichtet. Somit spüren und wissen wir sehr genau, wann Abmachungen dem Großen Ganzen dienen und wann nicht. Ihr seid in gleicher Weise mit dem Großen Ganzen verbunden. Euer Geist, der in Gott ruht, manifestiert hier auf der Erde mit Hilfe eurer Gedanken und Worte. Wenn ihr euer Wort nicht haltet, wird dadurch die Harmonie der Schöpfung gestört, und ihr geratet aus dem Rhythmus, in dem das Universum pulsiert und schwingt. Wenn ihr allerdings alles tut, um euer Wort zu halten, verstärkt ihr die Grundfrequenz des Universums, die aufgebaut ist auf Liebe, Demut und Verstehen und vor allem darauf, daß *euer Wille geschehe*. Durch das Einhalten eurer Versprechen verstärken sich deshalb sowohl die Intensität als auch die positiven Qualitäten eurer Manifestationen um ein Vielfaches. Es ist manchmal sogar unerheblich, ob euch der Vertrag oder die Abmachung, die ihr eingegangen seid, gefällt oder nicht. Allein dadurch, daß ihr euer Wort verantwortlich einhaltet, können sich für euch sogenannte Wunder ergeben.

Wenn zwei Wesen partnerschaftlich eine Abmachung treffen
oder einen Vertrag abschließen und beide sich in einer verantwor-
tungsvollen Grundhaltung daran halten und zu ihrem Wort stehen, können sie in kurzer Zeit Großartiges erschaffen. Malt euch
bitte einmal aus, was geschehen könnte, wenn immer mehr
Menschen und am Ende die gesamte Menschheit sich an ihr Wort
hält bzw. nur Zusagen gibt, die sie auch einhalten will und kann.
Die Möglichkeiten der Manifestation, die sich daraus ergeben würden, wären für euch heute noch nicht vorstellbar. Und doch wissen wir von diesen Möglichkeiten. Laßt uns also gemeinsam etwas
erschaffen, was euch und uns erfreut und dem Großen Ganzen
dient. Danke, daß wir sprechen durften! Seid gegrüßt!

# 8. Kapitel

# Sexualität

## Sexualität in anderen Dimensionen

In den höheren Dimensionsebenen der Erde wie auch auf anderen Planeten gehen die jeweiligen Bewohner oft weitaus harmonischer und partnerschaftlicher miteinander um, als das hier auf der Erde meistens noch der Fall ist. Sie respektieren und fördern sich gegenseitig und erkennen ihren eigenen und den Wert anderer Wesen an. Das Zusammenleben ist von Zusammenarbeit und gegenseitiger Unterstützung geprägt. Es gibt keinen Neid und keine Eifersucht. Es gibt auch sonst keine anderen unterschwelligen oder offen zur Schau getragenen Aggressionen. Dies alles ermöglicht es den weiterentwickelten Wesen, ihre eigene Lebensaufgabe und Seelenqualität frei und freudig auszudrücken und sie so zur vollkommenen Entfaltung zu bringen.

Die Seele ist weitgehend nicht an einen materiellen Körper gebunden. Die Wahrnehmung und das Handeln weiterentwickelter Wesen ist mehr auf die Ausstrahlung und die verschiedenen Energien eines anderen Wesens oder ihrer Umgebung ausgerichtet. Der materielle Körper relativiert sich im Laufe der Weiterentwicklung immer mehr, und die physische Körperlichkeit, wie ihr sie hier kennt, tritt immer mehr in den Hintergrund. Dies wirkt sich auch auf den Energieaustausch aus, den ihr hier auf der Erde Sexualität nennt, wobei diese Tätigkeit in höheren Dimensionsebenen nicht mehr Sex genannt wird. Wir nennen es hier so, damit ihr euch leichter eine Vorstellung davon machen könnt.

Weil sich die Körperlichkeit immer mehr relativiert, muß bei weiterentwickelten Wesen der Zeugungsakt häufig nicht mehr innerhalb eines physischen Körpers stattfinden. Sie müssen sich nicht mehr körperlich berühren oder miteinander verschmelzen, um Sex zu haben oder um etwas Neues zu erschaffen. Der Zeugungs- oder Geschlechtsakt wird dann nur mit Energien vollzogen. Zum Teil wird dieses noch mit Hilfe der materiellen Körper getan, doch auf diesen Dimensionsebenen werden diese Energien meistens ausschließlich rein geistig erschaffen. Der Körper selbst kann in dem Moment jedoch noch das gleiche Lusterlebnis und sogar ein noch umfassenderes und intensiveres Erlebnis haben. Eine solche Art von Sexualität ist auch auf der Erde schon teilweise bekannt und wird hier praktiziert.

Auf höheren Ebenen sind zwar meistens noch zwei Körper notwendig, aber diese erschaffen reinste Energien, die an sich auch in dem körperlichen Zeugungsakt hier auf der Erde erschaffen werden. Der Unterschied ist, daß bei der Zeugung auf anderen Ebenen noch zusätzliche und höhere Energien zur Verfügung gestellt werden. Es hängt auch vom jeweiligen Bewußtseinsgrad der beteiligten Wesen ab, ob man dann noch gleichzeitig dabei entscheidet, wann genau die Empfängnis stattfinden soll und wer von beiden das Kind austrägt. Das ist möglich, da mit steigendem Bewußtseinsgrad der materielle Körper auch in seinen geschlechtsspezifischen Funktionen immer mehr an Bedeutung verliert. Es kann dann auch entschieden werden, ob es ein Junge oder ein Mädchen wird. Sogar der Grad des jeweiligen Verschmelzens bzw. der Vermischung des jeweiligen Gengutes kann entweder von beiden oder von dem jeweils höherentwickelten Wesen festgelegt werden. Das geschieht zum Beispiel bei unterschiedlichen Rassenzugehörigkeiten, wie zum Beispiel bei Menschen und Außerirdischen, die sich miteinander fortpflanzen wollen.

Viele Menschen hier auf der Erde glauben noch, daß sie erst dann, wenn sie miteinander schlafen, einen Orgasmus erlangen können. Es ist genauso möglich, einen Orgasmus völlig allein energetisch in sich selbst zu erschaffen. Dieser kann für das Wesen manchmal sogar

qualitativ hochwertiger und befriedigender sein, als ein rein mechanisch und ohne viel Liebe vollzogener Geschlechtsakt. Meistens liegt
es einfach an eurem mangelnden Selbstwertgefühl, daß ihr noch
glaubt, jemand anderen zu brauchen, um ganz bzw. vollständig zu
sein und um das Gefühl der Einheit während des Sexualaktes zu
bekommen.

Das Beste, was ihr für eure Ehen und Partnerschaften tun könnt,
ist, an eurer Selbstliebe und eurem Selbstwertgefühl zu arbeiten
und eure eigenen Körper gut zu kennen und wertzuschätzen. Nur
so könnt ihr das Gefühl und die Sicherheit entwickeln, andere
nicht zu benötigen oder unbedingt zu brauchen, um wirklich
glücklich, erfüllt und sexuell befriedigt sein zu können. Erst dann
kann reine, hingebungsvolle Liebe entstehen, mit dem Bedürfnis,
auch mit dem jeweiligen Partner energetisch zusammensein und
im wahrsten Sinne des Wortes miteinander verschmelzen zu wollen. Dann kann auch die körperliche Verschmelzung für beide
Seiten voller Ekstase, Schönheit, Befriedigung und Lebensfreude
vollzogen werden.

Je mehr der Körper in den Hintergrund tritt, je mehr der
Zeugungsakt energetisch ausgerichtet ist, je stärker die Macht des
Geistes, also die Macht von Licht und Energie während des
Zeugungsaktes ist, desto reifer sind auch die Kinder, die erschaffen
werden. Denn für solch eine Art der Fortpflanzung muß der
Geisteszustand aller beteiligten Wesen, also auch der Wesen, die
inkarnieren wollen, entsprechend weit entwickelt sein. Die Kinder
beispielsweise auf Alpha Centauri sind meistens schon sehr früh
sehr weit entwickelt.

Alpha Centauri befindet sich in seiner momentanen Entwicklung zwischen zwei Dimensionen, und zwar zwischen der dritten und der vierten Dimension. Die auf diesem Planeten lebenden
Wesen werden sehr „jugendlich" alt. Gleichzeitig sind die Kinder
dort für die Anzahl ihrer Lebensjahre, im Vergleich zu den meisten

Kindern hier auf der Erde, schon sehr früh sehr reif. Es gibt dort
nicht mehr so lange Alters- oder Kindheitsphasen. Es gibt zwar
auch auf Alpha Centauri noch so etwas wie den Tod, dieser ist aber
nicht angsterfüllt, sondern ruhig, schön und harmonisch, weil die
Centaurianer genau wissen, daß der Tod nur ein Übergang in andere Seinsebenen ist.

Auch auf Alpha Centauri gibt es noch sogenannte Kleinfamilien.
Das Familiengefüge ist dort insgesamt verstehender, friedvoller und
verantwortlicher als es in der Regel hier auf der Erde der Fall ist.
Insgesamt herrscht eine Atmosphäre gegenseitiger Unterstützung.
Bei einer geistigen Weiterentwicklung heben sich zwar viele
Begrenzungen, Beurteilungen und Verurteilungen auf, doch blei-
ben einige Rollenverteilungen, zum Beispiel in einem bestimmten
Familiengefüge, bestehen. Sie werden dann nur in einem größeren
Kontext, in einer wissenderen, umfassenderen und daher für alle
Beteiligten in einer sehr freudvollen und befriedigenden Art und
Weise gelebt. Auf höherentwickelten Ebenen sind sich die Wesen
mehr und mehr bewußt, daß auch alle anderen existierenden Wesen
im All in Wahrheit mit ihnen auf die eine oder andere Weise verbunden sind, daß letztendlich alle ihre Brüder und Schwestern sind.

St. Germain möchte nun noch etwas zu diesem Thema beisteu-
ern. Da er sich oft als Botschafter der Erde auf Raumschiffen aufhält, gilt er dort als außerirdisch. Denn aus der Sicht vieler, noch
physisch inkarnierter Außerirdischer ist er eine Art von „Außerirdischer", da er nicht auf deren jeweiligen Heimatplaneten geboren worden ist. Somit kann er für die Menschen ebenfalls als
Außerirdischer gelten, obwohl er oft für ihren Standpunkt spricht,
gesprochen hat und sprechen wird und auch mehrfach auf der Erde
als Mensch inkarniert war. Wir sind in der Tat ein wenig amüsiert
darüber, wie oft das Wort „außerirdisch" mit einer gewissen sensa-
tionslüsternen Betonung benutzt wird. Denn unserer Ansicht nach
ist alles außerirdisch, was nicht gerade auf der Erde lebt, so wie alles

außervenusianisch ist, was nicht gerade auf der Venus lebt. Für die Venusianer sind die Menschen also auch „Außerirdische". Jemand, der in einem anderen Land als ihr lebt, ist aus eurer Sicht doch automatisch ein Ausländer. Deutsche sind doch zum Beispiel für Kanadier Ausländer und umgekehrt, nicht wahr? Es ist alles nur eine Frage der Definition und des Standpunktes!

### Saint Germain über Sexualität

In der Tat. Seid gegrüßt. Ich werde mich jetzt ein wenig zurückhalten und nicht wie sonst den Humor bei diesem Thema betonen, weil es an sich ernsthafter ist, als ihr denkt. Ich werde mich ebenfalls daran halten, nur von einer bestimmten Ebene, der hochentwickelten dritten Dimension, zu sprechen. Es gibt zwar noch andere wunderbare Dimensionen und Ebenen mit deren diversen Möglichkeiten, ich werde mich mit meinen Ausführungen nun aber ausschließlich auf diese eine Ebene beziehen.

Sex wird auf dieser Ebene noch gelebt, aber auf einer Herzebene, und damit bekommt er eine vollkommen andere Qualität. Auf der Herzebene ausgeführte Aktivitäten finden auf einer sehr hohen Energieebene statt. Dort sprühen häufig im wahrsten Sinne des Wortes die Funken. Auf dieser Ebene ist es zum Beispiel möglich, allein durch Herzkontakt einen vollkommenen körperlichen oder geistigen Orgasmus auszulösen, ohne überhaupt den Körper in irgendeiner Form berührt zu haben. Was nicht bedeutet, daß diese Wesen nicht auch körperlichen Kontakt haben, wenn sie es wünschen. Nur ist es nicht mehr für einen Orgasmus notwendig, wenn sie es nicht wollen.

Die Energien können so stark zentriert werden, daß sie eine sehr hohe Intensität und Dichte entwickeln und so in jeder gewünschten Form durch Raum und Zeit geschickt werden können. Das ist

in einer gewissen Form in dem Kinofilm „Cocoon" gezeigt worden, wo während des sexuellen Aktes, oder besser im wahrsten
Sinne des Wortes des Energieaustausches, Lichtkugeln von Person
zu Person flogen. Ich möchte bei hochentwickelten Außerirdischen
aber eher von einem Energiefluß sprechen. Wenn man diesen
Vorgang für euch sichtbar machen würde, könntet ihr sehen, wie
sich beide Auren, die jeweiligen Energiefelder, die die Körper der
beiden Personen umfließen und zum Teil auch durchfluten, bei
dem sexuellen Kontakt miteinander vermischen. Sie vermengen
sich und bilden einen Kreislauf. Dieser Kreislauf ist dann reinste,
aktivierte Lebensenergie. Diese auf diese Weise zum Leben erweck-
te sogenannte Kundalini-Energie kann die höchsten Glücks-
gefühle, Einheitsempfindungen, einen allumfassenden Orgasmus
auslösen. Der Energiefluß kann auch diverse körperliche Auswirkungen haben, ist aber meistens nur auf die Energieebene
beschränkt. Man kann also ruhig dasitzen und die wunderschönsten Empfindungen haben, ohne daß man es äußerlich in irgendeiner Form bemerkt.

Das Problem bei der Beschreibung interplanetarischer sexueller
Kontakte besteht darin, daß wir mit eurem Gedankenmodell von
männlich und weiblich arbeiten müssen und den Urteilen, die
damit verbunden sind. Wie in dem Buch „Erlebnisse jenseits der
Lichtmauer" von Elisabeth Klarer beschrieben, hatten und haben
sogenannte Außerirdische sexuelle Kontakte zu Bewohnern anderer Planeten, in diesem Fall also zu einer Frau von der Erde. Auch
haben sogenannte Frauen anderer Planeten sexuelle Kontakt zu
irdischen Männern. Ebenfalls finden – nach eurem Gedankenmodell – interplanetarische gleichgeschlechtliche Kontakte statt.
Es gibt im ganzen Universum viele sexuelle Kontakte zwischen
Wesen, die ihr von eurem Standpunkt als männlich oder weiblich
bezeichnen würdet. Jedoch würde diese Art der Geschlechter-
unterteilung bei vielen Völkern und Wesen als begrenzt oder als

nicht der Realität angemessen angesehen werden. Außerdem beziehen sich diese Kontakte bei weitentwickelten Außerirdischen auf die Energieebene und nicht auf die äußere körperliche Hülle und haben deshalb letztendlich auch nichts mit dem äußeren Geschlecht zu tun. So können weitentwickelte Wesen mit ihrem Ätherkörper etwa mit der Aura eines Menschen verschmelzen und dabei gemeinsam mit ihnen sexuelle Energien erschaffen.

Es geschieht auch öfter als ihr glaubt, daß geistige Wesenheiten einen weiblichen, männlichen oder einen dem jeweiligen Planeten entsprechenden physischen Körper manifestieren und dann mit diesem Körper einen sexuellen Austausch mit einem Bewohner dieses Planeten haben. Manchmal weiß dieser Bewohner von der wahren Herkunft des Partners, manchmal nicht, je nachdem wie es möglich und erlaubt ist und was das Beste für alle Beteiligten ist. Viele dieser Kontakte finden natürlich nicht immer nur auf der sexuellen Ebene statt.

Weitentwickelte Außerirdische gehen natürlich sehr stark auch aus Gründen der Höflichkeit auf die Bedürfnisse ihres jeweiligen Partners ein. Letztendlich kann sich bei einem solchen Kontakt das weiterentwickelte Wesen besser auf die Bedürfnisse der jeweiligen Partnerin oder des Partners einstellen. Wenn zum Beispiel eine Frau von der Erde noch nicht vollkommen die Fähigkeit trainiert hat, energetisch Orgasmen zu erlangen, würde ein außerirdischer Mann sehr wohl noch körperlichen Kontakt mit ihr haben, auch wenn er ihn sonst in dieser Form normalerweise nicht mehr lebt. Er würde dieses natürlich nicht tun, wenn solch eine Art von körperlicher Kontaktaufnahme der Frau peinlich wäre. Es wäre aber eine außergewöhnlich befriedigende Angelegenheit für beide. Sex mit Außerirdischen, die es gelernt haben, ist wunderschön. Er entspricht häufig diesen Geschichten aus Tausendundeiner Nacht, wonach jemand in Liebesdiensten trainiert worden ist und dann der Beglücker der Frauen oder der Männer ist.

Außerirdische haben ein weitaus gesünderes Verhältnis zu ihrem Körper als viele Menschen. Außerirdische setzen sich mit den Bedürfnissen ihres Körpers auseinander und trainieren, wie man ihn am besten erfreuen oder wie man ihm am effektivsten Lust verschaffen kann. Viele lernen auch noch zusätzlich, wie man ihn jung und gesund erhalten kann. Ein Körper bzw. die physische Körperlichkeit kann nur relativiert werden, wenn man sich auch mit dem materiellen Körper und seinen verschiedenen Bedürfnissen, Funktionen und den diversen Ausweitungs- und Entwicklungsmöglichkeiten auseinandersetzt. Wenn man zum Beispiel die Bedürfnisse von Ruhen, von Schlafen, von Aktivität und Regeneration genau kennt und achtet, weiß man, daß der Körper zwischendurch auch sexuelle, spirituelle, belebende und verjüngende Aktivitäten braucht. Das heißt nicht, automatisch auf die eine oder andere Art und Weise miteinander schlafen zu müssen. Es bedeutet nur, die Kundalini-Energie, wie die Orgasmusenergie hier auf der Erde oft genannt wird, zu aktivieren.

Sexualität ist ein Austausch von Energien, es findet ein Energiefluß statt. Hier auf der Erde wird körperlicher Sex in Ermangelung anderer Techniken häufig nur instinktiv betrieben, um die Energien im Fluß zu halten oder wieder in Gang zu bringen. Es ist dann mehr wie eine Art Sport, aber wie ein sehr angenehmer Sport, und dann oft mit den allerbesten Nebenwirkungen. Sex würde vielen von euch noch besser gefallen, wenn ihr euch der energetischen Qualität von Sex bewußter wärt. Dafür ist es wiederum sehr wichtig, daß Frauen und Männer hier auf der Erde lernen, ihren Körper zu lieben und zu akzeptieren. Das fängt bei den Männern etwa mit der Penisgröße an. Die Größe ist nicht wirklich wichtig, um vor und während des Sexualkontaktes für die Partnerin oder den Partner attraktiv und erfolgreich zu sein. Das ist mit einer der wichtigsten Punkte, an dem Männer arbeiten müssen. Der Busen ist wiederum das Grundthema, an dem die meisten Frauen arbeiten müßten. Es ist in der Tat für erfolgreichen und befriedigenden Sex völlig unerheblich, ob er zum Beispiel etwas herunterhängt, ob er groß oder ob er klein ist. Auch das Alter eines Wesens ist nicht wichtig. Man kann bis ins hohe Alter Sex haben, und zwar wunderschönen, sehr befriedigenden Sex.

Für guten, verantwortlichen, liebevollen und vor allem energetischen Sex ist die materielle Äußerlichkeit eines Wesens nicht wirklich wichtig. Auf die Ausstrahlung, die innere Haltung eines Wesens kommt es an. Es ist wichtiger, daß man in seiner Aura eine attraktive, sich selbst liebende und achtende Energie erschafft. Diese hat wiederum auch auf die äußere Erscheinung und das äußere Verhalten einen immensen Einfluß. Wie gehen diese Personen mit sich um? Pflegen sie sich, gehen sie verantwortlich und liebevoll mit sich und anderen um, wie sieht ihre Wohnung, Arbeitsstelle, ihre Umgebung aus? Ist zum Beispiel der Raum für den partnerschaftlichen Energieaustausch schön vorbereitet?

Der Sex mit oder unter hochentwickelten Außerirdischen ist sehr beglückend, weil er sehr flexibel, achtsam und höflich ist. Er ist oftmals weitaus liebevoller als hier auf der Erde. Es wird mehr darauf geachtet, auch der anderen Person etwas Gutes zu tun. Man erwartet und fordert nicht, daß der Partner einen glücklich macht, sondern schaut in erster Linie, wie man selbst den Partner glücklich machen kann. Wenn beide Partner das als Grundgedanken in sich tragen, könnt ihr euch vorstellen, was dabei entstehen kann. Eine solche Grundhaltung ist letztendlich für beide Seiten äußerst befriedigend.

Um wirklich guten Sex haben zu wollen und darüberhinaus eine harmonische Partnerschaft zu leben, müßtet ihr also zuerst wieder lernen, den anderen wirklich glücklich machen zu wollen. Es ist nach universellen Gesetzen nicht möglich, daß jemand auf Dauer nur nehmen kann, ohne auch etwas zurückgeben zu wollen. Wenn euer Partner von Herzen erfüllt und glücklich ist, wird in ihm auto-

matisch das Bedürfnis erwachen, auch euch glücklich machen zu
wollen. Wenn nicht, paßt ihr auf Dauer energetisch nicht mehr
zueinander, und es wird dann nach und nach zu einer liebevollen,
harmonischen, weil verstehenden und daher verantwortlichen
Trennung kommen.

Wenn ihr eine wunderschöne Partnerschaft und erfüllenden Sex
haben wollt, solltet ihr also erst einmal bei euch selbst anfangen.
Lernt euren Körper und eure ureigensten Bedürfnisse besser kennen. Lernt, euch zu lieben, zu achten, zu pflegen und zu vertrauen
und findet dann heraus, wie ihr den Partner glücklich machen
könnt. Wenn der Partner wirklich von Herzen erfüllt ist von dem,
was ihr ihm gebt, wird er es zurückgeben wollen. Wenn etwas von
Herzen gegeben wird, kann es auf Dauer gar nicht anders sein. So
war es, so ist es, und so wird es auch in Zukunft sein.

Es ist wichtig, Sex nur dann zu haben, wenn es euch Spaß macht.
Wenn ihr keinen Spaß daran habt, schaut euch die Gründe dafür
an. Es geht dabei nicht darum, wie bei einem Wettbewerb danach
zu schauen, wer am häufigsten Sex hat. Es geht darum, von Herzen
zu geben, also besonders die Qualität eures Sexuallebens zu trainieren. Hochentwickelte Wesen schlafen nur miteinander, wenn es in
Harmonie für alle Beteiligten ist. Manchmal kann es eine Zeitlang
für beide oder auch abwechselnd wichtiger sein, anderen Aktivitäten
nachzugehen oder den Vorrang zu geben. So können während einer
sehr wichtigen Außenmission andere Dinge wichtiger sein als körperlicher Sex. Obwohl auch in diesen Zeiten darauf geachtet wird,
den Körper auf allen Ebenen des Seins regelmäßig zu regenerieren,
zu pflegen und mit positiven Energien zu versorgen. Jedoch würde
keiner der beiden Partner auf die Idee kommen zu glauben, daß er
nicht mehr geliebt, geschätzt oder geachtet wird, wenn es etwa
während einer Mission eine Zeitlang keinen gemeinsamen Sex gibt.
Ihr seht, es geht bei diesem Thema immer wieder um die Energie,
die grundsätzliche Ausrichtung bzw. die dahinter liegende Haltung.

Es sollte also regelmäßig Zeit für Sex sein, sei es körperlich oder
rein energetisch. Dann sollte er romantisch, ästhetisch, liebevoll,
lustvoll und auch, wenn ihr so wollt, sehr ausgiebig und kreativ
sein. Wenn einmal keine Zeit dafür ist, sollte auch nicht in einer
übermäßigen Art und Weise darüber nachgedacht oder darüber
geredet werden, um nicht unnötig Energien zu verschwenden.

Für befriedigenden Sex wäre es gut und förderlich, mehr im Hier
und Jetzt zu leben. Seid mit eurer Aufmerksamkeit mehr dort, wo
ihr gerade seid bzw. womit ihr gerade beschäftigt seid. Erfüllt *alle*
eure Aufgaben und Aktivitäten mit sehr viel Liebe, Hingabe und
Aufmerksamkeit. Solch eine Haltung ist sehr wichtig, gerade im
Hinblick auf ein endloses Leben und eine sehr lange gemeinsame
Zeit mit ein und demselben Partner. Solch eine Grundhaltung,
solch ein Vorgehen macht Sex dann so befriedigend.

Seid beim Sex anwesend! Seid vollkommen bewußt und freud-
voll im Hier und Jetzt! Wenn ihr nur diesen einen Ratschlag beherzigt, wird sich euer sexuelles Leben grundlegend zum Positiven verändern können. Wenn ihr nebenbei noch an den Haushalt, an
unbezahlte Rechnungen oder an irgendwelche anderen Dinge
denkt, kann es nicht befriedigend sein, weil ihr mit eurer Aufmerksamkeit und euren Energien nicht wirklich fokussiert, nicht
zentriert, nicht wirklich da seid.

Wenn ihr merkt, daß ihr heute abend Lust hättet und ihr dann
euren Körper reinigt, den Raum vorbereitet, einfach alles schön
macht und gut vorbereitet und ihr euch dann noch einmal bewußt
vornehmt, heute abend schönen, befriedigenden Sex zu haben,
dann wird es so sein. Es ist für manche von euch vielleicht noch
ungewohnt, eventuell sogar komisch und irritierend, vielleicht sogar
erst einmal etwas abstoßend, so etwas wie sexuellen Kontakt minu-
tiös und bewußt vorzubereiten. Aber gerade für die Erschaffung von
energiereichen und energieerhöhenden Zusammenkünften wäre
dies sehr unterstützend. Diese Treffen sollten genauso gut vorberei-

tet werden wie ein schönes Menü und das Zusammenstellen der dafür notwendigen Einkaufsliste oder wie eine Mission auf einem anderen Planeten. Das allein macht dann meistens schon den großen Unterschied aus. Der Kontakt wird vorbereitet, er geschieht nicht nebenbei aus Versehen, sondern jeder Partner weiß, heute ist es soweit, und sie freuen sich darauf. Die Vorfreude und die Vorbereitung machen schon sehr viel für solch ein Treffen aus. Erst ist die Seele bereit und dann der Körper.

Wenn ihr zum Beispiel anfangt etwas zu kochen, geschieht etwas ähnliches. Die Speicheldrüsen beginnen, vermehrt Sekrete abzusondern, und die Magensaftproduktion wird erhöht. Der Körper freut sich auf das Essen und bereitet sich auf die Verdauung der Nahrungsmittel vor. In gleicher Weise bereitet sich der Körper auf mehreren Ebenen auf den sexuellen Kontakt vor, wenn ihr beginnt, euch bewußt mit äußeren und inneren Aktivitäten auf diese Zusammenkunft vorzubereiten. Es werden unter anderem bestimmte Hormone bereitgestellt, die bestimmte, für diese Situation besonders unterstützende, besonders förderliche Stimmungen auslösen. Auch werden diverse innere und äußere Sensoren stärker aktiviert. Es liegt dann auf einmal eine ganz bestimmte Stimmung und Energie in der Luft. In solchen Situationen kann etwas ganz besonderes, etwas ganz anderes als sonst geschehen. Allein daß ihr schon bewußt etwas an den Vorbereitungen verändert, kann zu einem ganz neuen Erleben des Kontakts führen, obwohl ihr den Liebesakt an sich äußerlich vielleicht noch gar nicht so viel anders ausführt als sonst.

Zusätzlich beachtet bitte auch, daß der Raum für diese Aktivitäten wunderschön vorbereitet sein sollte. Es sollte darauf geachtet werden, daß zum Beispiel nicht irgendwelche völlig alten Zeitungen oder Schmutzwäsche herumliegen. Es wäre energetisch sehr förderlich, in diesem Raum nicht ausgerechnet die Bügelwäsche, das Bügelbrett, den Staubsauger oder ähnliches außerhalb eines geschlossenen Schrankes in irgendwelchen Ecken herumstehen zu lassen oder aufzubewahren. Manchmal sehen eure Schlafzimmer eher wie kleine Abstellkammern aus. Und dann ist es kein Wunder, daß keine so romantischen Gefühle aufkommen. Sorgt für wohltuende Schönheit, Ordnung und Sauberkeit in diesem Raum und in eurer Umgebung. Bereitet euch auf das Treffen mit euch oder mit eurem geliebten Partner oder eurer geliebten Partnerin vor. Ihr habt es verdient, mit euch gut umzugehen. Allein durch diese wenigen Richtlinien und vorbereitenden Tätigkeiten wird die Zusammenkunft mit euch und den anderen Wesenheiten beinahe von allein, ohne daß ihr dann noch etwas anderes Außergewöhnliches dafür tun müßt, wunderschön.

Noch einmal: Seid bei allem, was ihr tut, mit eurer vollen Aufmerksamkeit dabei, und tut die Dinge, die ihr im Moment tut, mit Liebe. Wenn ihr jemanden zu Besuch habt, sprecht *jetzt* mit ihm und denkt nicht an den Besuch von morgen. Diese Person, zum Beispiel euer Kind, ist *jetzt* da, und dieser Person, egal ob groß oder klein, sollte dann auch eure volle Aufmerksamkeit und Liebe gehören. Genau dieses Verhalten macht das Zusammentreffen mit hochentwickelten Wesen für viele zu einem außergewöhnlichen Erlebnis. Sie haben eine so wunderbare, wissende, humorvolle, höfliche und dadurch so angenehme Ausstrahlung und geben einem niemals das Gefühl, daß sie gerade an etwas anderes denken und sie eigentlich etwas anderes gerade viel wichtiger finden würden. Sie hören euch zu, sie widmen sich euch voll und ganz. Dadurch können zwei Stunden mit solch einem Wesen oder Menschen endlos und ein sehr großes Erlebnis für euch sein. Solch ein Verhalten kann auch bei einem sexuellen Zusammentreffen unvergeßliche oder nicht für möglich gehaltene Empfindungen auslösen. Einfach dadurch, weil man voll da ist, weil man in dem Moment vollkommen im Hier und Jetzt anwesend ist. Dann sieht keiner auf die Uhr, keiner steht zwischendurch auf, um noch etwas anderes, angeblich noch Wichtigeres zu erledigen, es läutet weder ein Telefon, noch eine Türglocke, und der Fernseher ist für diesen Abend auch ausgestellt.

Energetische Orgasmen kann man trainieren, auch hier auf der Erde, doch solltet ihr es nur unter erfahrener Anleitung tun. Es ist zu gefährlich, es allein zu trainieren. Für diejenigen, die sich mit den energetischen Seiten von Sex beschäftigen wollen, ist Tantra wunderbar, wenn es mit Liebe, Verantwortung und großem Wissen und Verstehen gelehrt wird. Gemeint sind also nicht reine Sex-Workshops. Diese haben mit dem wirklichen Potential und der möglichen Qualität von Sex meistens gar nicht so viel zu tun. Tantra hat weniger etwas mit rein körperlichem Sex zu tun, sondern mehr mit der Erfahrung, Umsetzung und Übermittlung kosmischer Energien, die die Partner miteinander verbinden und die sie ausprobieren und integrieren. In der Energieverschmelzung zweier physischer Körper bringen die Partner zum Ausdruck, daß man sich im göttlichen Sinne vereint, sich an den göttlichen Ursprung erinnert. Zwei Wesen werden im wahrsten Sinne des Wortes eins. Es ist letztendlich gleichgültig, welche Geschlechter sich in diesen Momenten miteinander verbinden. Es geht letztlich immer um die Energie. Wenn diese Zusammenkünfte mit dem Herzen, in Liebe, Achtung, Respekt und Harmonie geschehen, ist das eine der größten und erhabensten Erfahrungen, die ihr hier auf Erden machen könnt. Ihr habt eure verschiedenen, also auch euren physischen Körper, um sie für euch nutzbar zu machen, um sie zu entdecken, auszuprobieren und um mit ihnen gemeinsam zu lernen, denn sonst wären sie nicht für euch da.

Tantra oder eine vergleichbare Energiearbeit könnte an sich jedem von euch gut tun. Ihr könnt zum Beispiel auch mit Tantra-Yoga beginnen. Es schadet nicht, und es ist auch in keinerlei Form anrüchig, unter fachkundiger Anleitung mit Energiekreisläufen zu arbeiten. Ihr werdet dann unter anderem praktisch erfahren und erspüren können, wie auf einmal die verschiedenen Drüsen verstärkt oder zum ersten Mal in eurem jetzigen physischen Leben anfangen zu arbeiten. Es gibt sehr wohl noch ein paar Drüsen und Energiezentren in euren Körpern, von denen ihr noch nichts wißt, und es

könnte sehr interessant und aufregend für euch sein, sie kennenzulernen. Ich spreche dabei von eurem jetzigen Körper. Es muß nicht
erst etwas gezaubert oder etwas groß verändert oder manipuliert
werden, euer *jetziger* Körper hat noch ein paar Geheimnisse, von
denen es sich sehr lohnen könnte, sie zu entdecken.

Das ist das wahre Geheimnis der Liebeskunst von hochentwickelten Wesen und auch mancher Menschen. Sie aktivieren diese
verschiedenen Punkte in ihrem physischen Körper. Denn auch ein
Außerirdischer kann nicht mehr aus einem menschlichen Körper
herauslocken, als er vorfindet oder mit Erlaubnis reaktivieren kann.
Er nutzt ihn nur wie ein wunderschönes Instrument und spielt darauf Musik. Letztendlich komponiert er mit beiden Körpern eine
Sinfonie.

Sex ist bei hochentwickelten Wesen eine vollkommene und
wunderschöne Sache, aber er steht nicht im Mittelpunkt des
Lebens, um den sich alles dreht. Er ist ein Teil des Lebens wie
Musik, Kunst, Freundschaften, Wissenschaften und Missionen zu
anderen Planeten, und alles wird gleichermaßen gepflegt.

Nun möchte ich Ayla bitten, einige Gedanken aus außerirdischer Sicht zu diesem Thema beizutragen.

### *Ayla über Sexualität aus außerirdischer Sicht*

Tiefe Wälder, grüne Weiden, blaue Meere. Das ist Alpha
Centauri. Sehr viel Musik, Kunst, Marmorhäuser, viel Glas,
Wärme und Freundschaft, weiße Pferde, die über Wiesen galop-
pieren, Ufos in der Luft, zwei Monde, eine saubere Welt und
Delphine im Wasser, die unsere Freunde sind und die viele
Planeten telepathisch miteinander verbinden. Von den Delphinen
hier auf der Erde könnt ihr viel über Alpha Centauri lernen. Sie
sind wie wir: verspielt, leicht, intelligent und freundlich.

Auf Alpha Centauri gibt es noch sogenannte Sexualität. Sexualität auf Alpha Centauri ist genauso wie das Kinderbekommen: wunderschön und vollkommen entspannt. Frauen kennen bei uns keine Verspannungen, keine Hemmungen und Schmerzen. Sexualität geschieht in vollkommener Liebe, in einer wunderschönen Umgebung, mit dem Partner, den du liebst.

Es ist wichtig zu wissen, daß Frauen, die Probleme mit Sexualität haben, oft sehr verspannt sind, gerade im unteren Bereich ihres Körpers. Somit würde ich empfehlen, mehr in den Bauch zu atmen und dort durchlässiger zu werden. Gleichzeitig wäre es gut, mit dem Halschakra zu arbeiten, indem ihr zum Beispiel singt oder euch etwas aus Büchern oder Zeitschriften laut vorlest. Wenn ihr in eurer Halsgegend entspannt seid, ist auch die Bauchgegend und der Genitalbereich entspannter. Es ist wie eine Art Reflex. Wenn ihr lernt, bewußt in den Bauch zu atmen, dann werdet ihr auch lernen, dort offener zu werden und nicht mehr so viel Angst zu haben. Wir haben keine Angst, das ist einer der Gründe, warum wir Frauen auf Alpha Centauri unsere Kinder schmerzfrei und innerhalb von Minuten bekommen.

Für uns ist Ästhetik sehr wichtig. Wir leben in einer wunderschönen Umgebung, auch unsere Häuser sind wunderschön. Es gibt bei uns zwar keine Kerzen, aber es gibt Wände, die Licht und leichte Musik erzeugen. Zwar nicht die Musik, die ihr kennt, aber so etwas, was ihr Musik nennen würdet. Es gibt Düfte, die aus den Wänden strömen. Es gibt sehr ästhetische Bäder, wobei das Wasser für die wunderschönsten Schaumbäder einfach materialisiert wird, und nach dem Bad löst es sich in nichts auf. Praktisch, nicht wahr?

Ich kann euch nur empfehlen, auch eure Wohnung hier auf der Erde euren jeweiligen Verhältnissen entsprechend so schön wie möglich zu gestalten. Denn ihr haltet euch sehr viele Stunden in eurer Wohnstätte auf. Viele von euch verbringen besonders viel Zeit in ihren Schlafzimmern, dort schlafen viele Menschen bis zu

acht Stunden und manche von euch sogar noch länger. Deshalb
sollte es ein Ort wie ein Tempel sein, in dem ihr euch aufladet, um
dann in die Welt hinauszugehen und dort Gutes zu tun.

Es geht nicht darum, Marmor zu besitzen, Gold, Silber oder
Juwelen. Es geht darum, eure Umgebung euren Möglichkeiten entsprechend so schön wie möglich zu gestalten. Daher ist es für viele von euch zur Zeit noch wichtig zu lernen, aus wenig viel zu
machen. Sauberkeit kann überall herrschen, im tiefsten Slum und
in einer Hochhauswohnung. Sauberkeit ist nicht an einen Ort
gebunden. Es ist nur wichtig, daß ihr den Ort, an dem ihr lebt, ver-
schönern wollt. Wenn ihr zum Beispiel nur einen Raum habt, eine
Tischdecke, eine Kerze und einen Stuhl, dann könnt ihr unterwegs
vielleicht noch ein paar Blümchen pflücken und euren Tisch auch
noch mit Steinen, Muscheln oder Glitzersternchen schmücken. Ihr
könnt die Kerze anzünden, und wenn der Ort dann auch noch sauber ist, ihr Lieben, hat er eine wunderbare Ausstrahlung.

Somit sorgt für Schönheit in eurem Leben. Umgebt euch in
eurem Haus, soweit es möglich ist, mit schöner Musik, mit lieben Menschen. Das heißt, laßt niemanden in eure Wohnung, den
ihr dort nicht haben wollt, denn es ist euer Heim, es ist die Stätte,
wo ihr euch zu Hause fühlt und euer Herz öffnet. Somit sollten
in diesem Heim nur Menschen sein, denen ihr erlauben wollt,
euer Herz kennenzulernen. Richtet eure Wohnung so ein, wie *ihr*
es liebt, gleichgültig, was andere dazu sagen könnten. Wenn es
euch unangenehm wäre, daß sie jemand so sieht wie sie ist, dann
laßt einfach niemanden hinein, wenn ihr es nicht wünscht. Es ist
wichtig, daß ihr euch in eurem Heim, an dem Ort, an dem ihr
lebt, liebt und eure geliebten Kinder aufzieht, sicher und geborgen fühlt. Denn nur dann ist es möglich, daß ihr euch für die
Liebe zu eurem Herzen, zu eurem Körper und seinen wahren
Bedürfnissen öffnet, und daß ihr euch der göttlichen Gegenwart
öffnet.

Viele Frauen haben noch Schwierigkeiten mit Sexualität, weil sie sich ihres Energiekörpers nicht bewußt sind. Sie denken, daß der physische Körper ihr einziger Körper ist. Sie wissen dadurch auch nicht, daß gewisse Schlackstoffe, die in den Energiekörpern vorhanden sind, auf den materiellen Körper einwirken können. Deswegen ist es wichtig, sich regelmäßig energetisch zu reinigen. Zum Beispiel könnt ihr euch beim Duschen vorstellen, daß aus dem Duschkopf zusammen mit dem Wasser ein Lichtstrahl kommt, der eure ätherischen und euren physischen Körper durchdringt und vollkommen reinigt. Zu empfehlen wäre in diesem Zusammenhang ein weißer oder ein goldener Strahl, doch benutzt im Zweifel die Farbe, mit der ihr euch an dem Tag am wohlsten fühlt. Somit würde der Körper auf der materiellen Ebene gereinigt werden, und gleichzeitig würde ein wunderbarer ätherischer Lichtstrahl durch eure Ätherkörper und durch euren physischen Körper fließen und dabei Schlackstoffe beseitigen. Und zwar auf eine sehr sanfte und harmonische Art.

Wenn ihr als Frauen euren Körper pflegt und ihn als einen wunderschönen Tempel seht und behandelt, wird sich nach und nach auch der Wunsch nach mehr Sexualität einstellen. Denn erst wenn eine Frau beginnt, sich in ihrer eigenen Haut, in ihrer eigenen Umgebung wohlzufühlen, kann sie auch eine Anziehung oder Lust auf ihren Partner verspüren. Erst dann verfügt sie über genügend Energien, die sie in dem Liebesakt mit ihrem geliebten Partner teilen und austauschen kann und welche es ihr ermöglichen, mit ihm zu verschmelzen.

Denn bei uns ist Sexualität ein Austauschen von Energien. Das bedeutet, daß wir überfließend von Energien sein müssen und somit Energien zur Verfügung, das heißt übrig haben müssen, damit wir sie überhaupt austauschen können. Das wird durch einen ruhigen, glücklichen, ausgeglichenen und harmonischen Lebenswandel und durch eine harmonische, schöne, saubere und energiefördernde Umgebung natürlich leichter ermöglicht.

Wenn nur ein Partner genügend Energie hat und der andere Partner immer nur wenig bis gar keine Energie übrig hat, könnte das auf Dauer eine sehr einseitige, ungesunde und unbefriedigende Angelegenheit werden. Denn dann erhält immer nur der eine Partner Energie, während dem anderen immer nur Energie genommen wird. Das ist zwischendurch für eine gewisse Zeit möglich und auch in Harmonie, dennoch es ist notwendig, daß die Person, die diesen Mangel in sich spürt, an sich arbeitet, um nach und nach wieder das Gefühl und die Gewißheit zu erlangen, daß auch sie wertvoll und liebenswert ist. Dieses Gefühl, die daraus folgenden Gedanken und Taten werden dann für die notwendigen Energien sorgen, die sie im sexuellen Akt wieder abgeben und teilen kann, woraufhin dieser wieder weitaus befriedigender für beide Seiten sein kann.

Viele Frauen hier auf der Erde haben das Problem, daß bei ihnen erst nach einer gewissen Zeit die lustvollen Energien erwachen, sie also erst so richtig in „Fahrt kommen", wenn bei den Männern diese Energien entweder schon den Höhepunkt überschritten haben oder sie gerade schon dem Ende entgegenstreben. Zum einen liegt es daran, daß ihr die Lebensenergie nicht genügend oft im Körper kreisen laßt, ihr also nicht regelmäßig genug trainiert, einen Energiekreislauf in eurem Körper herzustellen. Dadurch wäre es möglich, Energien schnell bereitzustellen oder sie endlos lange im Körper kreisen zu lassen. Dieses wäre durch regelmäßiges Training möglich. Eine Methode nennt sich in eurem Kulturkreis, wie schon erwähnt, Tantra. Es gibt aber noch viele andere Lehrmethoden des Energieflusses hier auf der Erde. Wenn ihr mit einer der verschiedenen Methoden gelernt habt, mit den Energien in euren Körpern bewußt umgehen zu können, werdet ihr auch wieder Lustgefühl für euch selbst und euren Partner entwickeln. Ihr werdet dann oft wieder den Wunsch verspüren, mit eurem Partner auch praktisch und körperlich, also auf der physischen Ebene, diese Erfahrungen zu teilen, also mit ihm zu schlafen, wie ihr es hier auf der Erde nennt.

Neben dem fehlenden energetischen Training seid ihr zum anderen häufig noch in alten Gedankenstrukturen gefangen, die die Frau oft passiv sein läßt, weil das früher so gewünscht war. Eine Frau mit Erfahrung oder auch nur mit dem Wunsch, Sexualpraktiken zu erlernen, wäre in vielen Ländern früher und zum Teil auch heutzutage noch, entweder von ihrer Familie oder Umgebung verstoßen worden oder sogar zu Tode gekommen. Diese alte, zum einen erlernte, zum anderen im Äther durch das Massenbewußtsein gespeicherte Angst hindert viele Frauen daran, sich vollkommen zu entspannen und sich den kosmischen Energien hinzugeben. Hat sie es dann endlich geschafft, sich zu entspannen, ist das Ganze dann manchmal schon wieder vorbei.

Gleichzeitig geben sich viele Männer auch nicht sehr viel Mühe oder nehmen sich keine Zeit und wollen „die ganze Sache" schnell hinter sich bringen. Zum Teil ist dieses Verhalten durch genetisch ererbte und auch ätherisch übermittelte Erfahrungen bedingt, wonach in früheren Zeiten ein Weibchen von einem Männchen sehr schnell begattet werden mußte. Wenn das Weibchen fruchtbar war und das Männchen gerade zu Hause war, mußte es oft schnell gehen, damit das eigene Erbgut weitergegeben werden konnte, bevor es ein anderes Männchen tun konnte. Dieses Verhalten stammt also aus einer ethisch noch nicht so hochentwickelten Epoche der Menschen, in der es vor allem um das Überleben und das Ausführen von Instinkten ging. Diese sehr alten Programme führen zum Teil noch in der heutigen Zeit, oft für beide Seiten, zu einem unbefriedigenden Erleben der Sexualität.

Ihr sollet deshalb beginnen, die Energiekreisläufe zu aktivieren, um die alten Begrenzungen endlich loszulassen und dauerhaft auflösen zu können. Wie das genau geht, ist hier auf der Erde in wunderbaren Büchern genau beschrieben worden, zum Teil auch unter der Obhut von außerirdischen Seelen. Da die Energien die Schlackstoffe, die euch bisher daran gehindert haben, ein für beide Seiten vollkommen befriedigendes sexuelles Erlebnis zu haben, ganz auflösen und transformieren können, würde damit der Samen für ungeahnte körperliche Erfahrungen gelegt werden.

Ich hoffe, mit diesen Ausführungen geholfen zu haben. Die meisten Fragen und Antworten zu diesem Thema hängen mit Energieproblemen und deren Harmonisierung, Auflösung oder Transformation zusammen. Erinnert euch daran, daß Energie die Materie erschafft. Um sexuell von Herzen glücklich sein zu können, ist es wichtig, erst einmal die euch umgebenden und durchflutenden Energien zu harmonisieren, zu fokussieren und neu auszurichten. Das andere ergibt sich dann wirklich oft von ganz allein.

Trainiert, Energien in euch wahrzunehmen und wirbeln zu lassen. Es würde sich auf Dauer von allein ein Lustgefühl einstellen, und ihr würdet dann diese wunderschöne Form des Lebensausdrucks austauschen wollen. Kein Paar, das wirklich in Harmonie diese Dinge trainiert, würde auf Dauer auf körperlichen Sex verzichten, zumal ihr aus diesem Grund auch noch einen physischen Körper besitzt. Seid nicht zu ungeduldig, und denkt beim Sex nicht ausschließlich an den physischen Körper. Die Liebe, die Vorbereitung, die Geduld und die Ausrichtung der Energien müssen harmonieren. Dann ergeben sich viele der anderen Dinge ganz von selbst.

Ich danke, daß ich sprechen durfte. Eure Erde ist in meinen Augen ein wunderschöner Planet. Er ist Alpha Centauri eigentlich sehr ähnlich. Auch bei euch gibt es sehr viel grün, blau, Marmor, Pferde, und es gibt Delphine! Seid gesegnet!

# 9. Kapitel

# Traumwelten und die Welten der Verstorbenen

*Die verschiedenen Traumwelten*

Ihr habt häufig große Schwierigkeiten, wirklich zu verstehen, daß Träume nicht nur im Kopf stattfinden, sondern daß das, was ihr träumt, meistens real ist. Das gilt auch für Träume, in denen man augenblicklich durch verschiedene Zeiten und zu verschiedenen Orten springt. Auch Träume, in denen Verstorbene, Freunde, Bekannte und Unbekannte vorkommen oder Träume mit surrealen oder bizarren Inhalten sind meistens real. Bei 90% der Träume geschieht das, wovon geträumt wird, wirklich. Diese Träume gehorchen den gleichen oder ähnlichen Gesetzmäßigkeiten, die in der Alltags-Realität, die ihr Menschen häufig noch für die einzige Wirklichkeit haltet, gelten. Wie am Tage treffen sich zum Beispiel auch während eines Traumes Seelenverwandte, um etwas zu verabreden oder um im Traum gemeinsam zu lernen oder um sich einfach einmal wiederzusehen.

Wie in eurer Tages-Realität kann es auch in den Traumwelten geschehen, daß ihr Freunde nicht mehr wiedertrefft, weil ihr euch unterschiedlich weiterentwickelt habt und dadurch inzwischen in unterschiedlichen Dimensionen oder Realitäten lebt. Das ist so, als ob ein Freund in ein fernes, fremdes Land umziehen würde, und ihr ihn dadurch aus den Augen verlieren würdet, was in gleicher Weise in den Traumwelten geschehen kann.

Ihr könnt eine gemeinsame Weiterentwicklung im Traum verabreden, oder jemand sucht sich im Traum einen Lehrer, von dem er etwas erfahren oder lernen will. Häufig kennen sich zum Beispiel die Teilnehmer eines gemeinsam besuchten Seminars lange vor dem

Seminartermin, da sie sich schon vorher auf den verschiedensten Ebenen verabredet haben, zusammen zu lernen. Manchmal erscheint euch im Traum ein Ort oder ein Lehrer, und ihr könntet das Gefühl bekommen, ihn besuchen oder dort hingehen zu müssen. Dabei ist es wichtig zu betonen, daß diese Art von Träume keinen Zwang beinhalten. Folgt bei der Deutung solcher Träume letztendlich eurem Herzen.

Ihr könnt auf bestimmten Traumebenen mit euren Gedanken eigenständige Wesenheiten erschaffen. Entsprechend eurer Gedanken können es positive oder negative Wesen sein. Es können also machtvolle, schöne und freundliche oder negative, unfreundliche und gefährliche Wesen erschaffen werden. Sie existieren dann zum Teil selbständig mit einem eigenen Willen und können, je nachdem wie mächtig sie sind, manchmal sogar in andere Traum- und „reale" Ebenen übergehen oder eindringen.

In der Regel traut ihr euch nicht zu, daß ihr auch in eurem alltäglichen Leben die Fähigkeit habt, allein durch eure Gedanken etwas zu erschaffen. Deshalb fällt es euch auch schwer, euch vorzustellen, daß solche Träume und Fähigkeiten real sein können. Insofern wäre es eine harmonische Vorbereitung für eine Kontaktaufnahme mit den Ätherwelten, wenn ihr euch der Macht, die ihr auf Erden jetzt schon habt, bewußter werdet und sie auch praktisch anwendet. Ihr würdet dann euer Leben nach und nach sowohl auf Erden als auch in den Ätherwelten immer bewußter nach euren Vorstellungen manifestieren können und euch in beiden Welten immer weniger als Opfer der Umstände fühlen und verhalten.

Als weitere Möglichkeit besucht ihr in Träumen in verschiedenen Dimensions- und Zeitebenen Raumschiffe. Dort werden zum Beispiel Angelegenheiten besprochen und verabredet, die euer jetziges Leben hier auf Erden betreffen.

Ihr unternehmt in Träumen auch Raum- und Zeitsprünge, um verschiedene Möglichkeiten, die euer Leben beinhaltet, auszuprobieren. Ihr könnt auf diese Weise zum Beispiel erfahren, was passieren würde, wenn ihr einen bestimmten Menschen, sei es als Geschäftspartner, als Ehepartner oder als Freund, wiedertreffen oder mit jemandem zusammen an einem Projekt arbeiten würdet. Oder aber wie sich euer Leben entwickeln könnte, wenn ihr in eine andere Stadt ziehen würdet. Auch könntet ihr auf diese Weise erfahren, was es für Folgen für euer irdisches Leben hätte, wenn ihr bestimmte negative Gedanken auflösen, gewisse Entscheidungen treffen würdet und so weiter. Es gibt dort so unendlich viele Möglichkeiten.

Auf einer anderen Traumebene könnt ihr euch zum Beispiel auf eurer Zeitlinie, also in eurem jetzigen Leben, vor und zurück bewegen. Ihr könntet eure reale Kindheit besuchen, um Erkenntnisse über bestimmte Ereignisse zu gewinnen, in denen eventuell negative Programmierungen, die euch vielleicht sogar noch in eurer Gegenwart belasten, ihren Ursprung hatten. Weil ihr solche Ereignisse dann noch einmal mit eurem jetzigen Wissen miterlebt und ihr sie somit ganz anders wahrnehmt, könntet ihr sie viel besser verstehen und sehr viel einfacher auflösen, erlösen und damit für euch abschließen.

Oder aber ihr kehrt immer wieder aufs neue in eure Kindheit zurück, weil ihr in eurem jetzigen Leben, aus welchen Gründen auch immer, darauf besteht, sie gerade *nicht* abschließen, nicht erlösen, nicht verstehen zu wollen. Da manche Menschen an ihrer Wut, ihrer Trauer, ihrer Angst, an ihren unverarbeiteten Erlebnissen aus ihrer Kindheit oder an anderen Ereignissen in ihren diversen Leben förmlich „festkleben", werden sie in ihren Träumen zu ihrem Leidwesen immer wieder wie an einem Gummiband zu gerade diesen für sie so unangenehmen Erlebnissen hingezogen.

Denn auch bei den Träumen gilt die Gesetzmäßigkeit, daß die Realität, so wie ihr sie erfahrt, erst durch für eure Glaubenssätze, Gedanken und Gefühle erschaffen wird. Insofern „besucht" ihr in euren Träumen oftmals keine fremden, von euch getrennten Welten, so wie ihr nach eurem Verständnis auf eurer Erde ein anderes Land besucht, sondern ihr erschafft diese Welten oft erst mit. Wir empfehlen, euch wirklich bewußt zu machen, daß die meisten Traumwelten und eure Tagesrealität nach den gleichen Gesetzmäßigkeiten funktionieren. Der Unterschied ist nur, daß ihr im Traum mit eurem Ätherkörper und mit höheren Ebenen eures Seins „unterwegs" seid. Auf der Ätherebene geschehen Manifestationen augenblicklich. Das heißt, dort erfahrt und erschafft ihr noch sehr viel schneller den Spiegel für eure Gedanken und Gefühle als in eurer Tagesrealität.

Es ist somit auch nicht unerheblich, was ihr kurz vor dem Schlafengehen tut. Wenn ihr also entspannt seid, den Tag gut abgeschlossen habt und eure Gedanken angenehm und positiv sind, werden eure Träume anders sein, als wenn ihr euch vor dem Schlafengehen einen unheimlichen Film anseht, wobei es diese Möglichkeit auch gibt, um gewisse Ängste zu bearbeiten und abzuschließen. Doch sollten sie im Moment des Zubettgehens wirklich aufgelöst sein, zum Beispiel durch ein abschließendes Gespräch mit Gott über diese Ängste oder durch andere positive Symbolhandlungen, je nachdem in welchem Kulturkreis ihr aufgewachsen und wodurch ihr geprägt worden seid.

90% eurer Träume sind also vollkommen real. Die restlichen 10% der Träume sind Träume gemäß eurer Definition. Sie sind wichtig, um Eindrücke und Gedanken zu verarbeiten, das heißt, in solchen Träumen erschafft ihr nichts zusätzlich, löst nichts dauerhaft auf und verlaßt auch euren Körper nicht.

Die Träume, mit denen sich die bei euch vorherrschende Psychologie beschäftigt, sind die 10% der Träume, in denen wirklich „nur" das Tages- oder Lebensgeschehen oberflächlich, also mehr als Wegzeichen oder Hinweis, verarbeitet wird. Darüber hinaus untersucht ihr in eurer Psychologie nur die Träume, die durch die eigenen negativen Gedanken erschaffen werden und Träume, in denen ihr euch auf einer Zeitlinie bewegt. Wobei dort auch wieder fast ausschließlich nur die Träume bearbeitet werden, die in der Vergangenheit, das heißt, in der Kindheit eures jetzigen Erdenlebens liegen.

Somit beschäftigt sich die meisten Psychologen nur mit den am wenigsten entwickelten Ebenen des Menschen, weil sie den Rest der Träume eher als unnütz oder irrelevant ansehen und sich nicht viele Gedanken über sie machen. Wenn diese andere Art des Träumens einmal bemerkt oder zur Kenntnis genommen wird, wird sie leider zum Teil noch falsch bis sehr ungenau interpretiert. Das wird sich in naher Zukunft aber ändern, weil die Bedeutung solcher Träume auch durch wissenschaftliche Entdeckungen eine ganz neue Dimension erhalten werden und für manche Wissenschaftler schon längst erhalten haben.

Bedingt durch die Weiterentwicklung der Erde wird sich die Manifestationsgeschwindigkeit auf eurem Planeten noch sehr viel stärker erhöhen. Es werden sich immer mehr höhere Energien entfalten und zum Teil auch aus anderen Dimensionen einfließen. Das wird unter anderem bewirken, daß ihr in eurem alltäglichen Leben immer schneller einen Spiegel für eure Gedanken und Gefühle erschafft. Wenn ihr zum Beispiel Unfrieden und Haß sät, werdet ihr sehr viel schneller die entsprechenden Konsequenzen für euch erfahren. Genauso wie ihr dann auch sehr viel schneller zum Beispiel finanziellen Reichtum erschaffen könnt, wenn ihr euch mit einer positiven Geisteshaltung auf Fülle und finanziellen Erfolg ausrichtet und praktische Schritte dafür unternehmt. *Alles* wird schneller geschehen und auch intensiver erfahren werden können. Die Manifestationsgeschwindigkeit hier auf Erden wird so stark ansteigen, daß sie vollkommen der in euren Träumen gleicht. Dann wird meistens schon ein auf ein Ziel fokussierter Gedanke völlig ausreichen, um die Manifestation in Sekundenschnelle geschehen zu lassen.

Da die Frequenz ansteigt, wird euer Leben auf der Erde dem Leben in den Traumwelten immer ähnlicher. Noch liegt der wesentliche Unterschied zwischen den beiden Welten in der unterschiedlichen Dichte und Intensität der Manifestationsenergien. Aber stellt euch vor, ihr könntet in naher Zukunft, wie es auch in vielen Traumwelten möglich ist, durch Zeit und Raum teleportieren. Das können sich die meisten von euch noch ziemlich leicht vorstellen. Nun stellt euch vor, ihr erschafft dabei *gleichzeitig* mit euren Gedanken und Gefühlen auch die Welt, die euch umgibt. So wie ihr es ja jetzt auch schon tut – nur eben langsamer.

Viele Menschen haben noch Schwierigkeiten, sich beides *gleichzeitig* vorzustellen. Sie haben dann häufig noch das Gefühl, keinen Boden mehr unter den Füßen zu haben oder den Kontakt zu der Realität zu verlieren. Und in der Tat, genau das geschieht dann auch. Aber hattet ihr jemals wirklich Boden unter den Füßen? Und was ist eigentlich real? Was genau ist die sogenannte Realität? Wir empfehlen zu diesem Thema das Buch *EinsSein* von Richard Bach. Dort wird sehr anschaulich beschrieben, wie relativ jegliche „normale" Vorstellung von Realität sein kann und ist.

Euer gesamtes Leben ist ein Produkt eures Geistes, und euer Geist ist in der Tat bodenlos, das heißt grenzenlos. Somit erschaffen wir für unsere Zusammenkünfte mit euch manchmal nur deshalb Raumschiffe im All oder unter dem Meeresspiegel oder andere euch bekannte oder besonders angenehme Umgebungen, damit ihr in euren Träumen einen „Anlaufpunkt" habt, der euch nicht verwirrt und der noch in etwa euren gewohnten Realitätsvorstellungen entspricht.

Aus unserer Sicht ist es so, daß ihr an sich auch dann träumt, wenn ihr glaubt wach zu sein und glaubt, euch in der „richtigen" und „echten" Realität zu befinden. Von unserem Standpunkt aus träumst du gerade, daß du diese Zeilen liest. Auch wenn du dein Verständnis schon so weit erweitert hast, daß du wirklich glaubst, in der Nacht mit deinem Ätherkörper in realen Welten unterwegs zu sein, ist es aus unserer Sicht so, daß du beim Einschlafen von einem Traum in einen anderen wechselst. Es gibt eine Realität und eine Wahrheit, die noch weit darüber hinausgeht und noch umfassender ist. Viele Lichtwesen haben euch seit Jahrtausenden in der Essenz immer wieder die gleiche Botschaft übermittelt: Wacht auf! Wenn ihr so wollt, dient dieses ganze Buch letztlich dem einen Zweck, euren allumfassenden, göttlichen Geist, der diesen Traum träumt, sanft aufzuwecken. Es ist dabei keinem damit gedient, einen kosmischen Wecker an euer spirituelles Ohr zu halten, so daß ihr, das heißt, der göttlicher Schöpfer in euch, abrupt aufwacht. Der Weg ist, daß euer Geist, daß ihr lernt, *bewußt* zu träumen, indem ihr lernt, eure Träume und das, was ihr für die Realität haltet, *bewußt* nach euren Wünschen zu gestalten. Ihr erwacht dann nicht *von* dem Traum, sondern *in* dem Traum.

### Die verschiedenen Traumkörper

Mit Ausnahme dieser 10% eurer Träume, die nur „in euren Köpfen" stattfinden, reist ihr je nach der Art der Träume und eurem jeweiligen Entwicklungsstand mit verschiedenen Körpern. Manchmal löst ihr den Körper vollständig auf und nehmt ihn mit, so daß der physische Körper nicht mehr da ist, das Bett also vollkommen leer ist. Das wird meistens nicht mehr praktiziert, wenn ihr zum Beispiel mit einem nicht so eingeweihten oder besonders ängstlichen Partner zusammenlebt.

Auch bei Eltern wird meistens auf solche Traumreisen als Sicherung für die Kinder verzichtet. Wenn Kinder nachts aufwachen, zum Schlafzimmer der Eltern gehen und sie gebraucht werden, sollten sie ihre Eltern dort auch körperlich antreffen, damit sie deren Ätherkörper durch das Anrufen oder Berühren wieder in den Körper zurückziehen, so daß diese dann sofort aufwachen und für sie da sein können. Traumreisen mit dem Ätherkörper und nicht mit

dem vollständigen physischen Körper entspannt aber auch viele
Eltern. Sie können dann häufig viel leichter ihren Körper verlassen,
weil sie sich keine Sorgen um die Kinder machen müssen. Später, ab
einem gewissen Bewußtseinsstand, wäre euch sowieso bewußt, daß
verantwortlich abgesprochene und geplante Aktivitäten für *alle* daran beteiligten Personen oder Wesen immer harmonisch sind. Ihr
wüßtet durch das bewußte Anwenden bestimmter Techniken automatisch, daß, wie in diesem Beispiel, eure Kinder so lange nicht aufwachen oder umsorgt wären, bis ihr wieder zurück seid.

Solange ihr in solche Techniken aber noch nicht vollständig ein-
geweiht und sehr gut trainiert seid, solltet ihr solche Art von
außerkörperlichen Reisen hauptsächlich in einem sehr geschützten
und sicheren Rahmen, wie zum Beispiel in einem Seminar, trainieren. Sonst kann es für untrainierte oder ängstliche Wesen zum
Teil zu sehr unliebsamen Überraschungen kommen. Gerade wenn
man nicht weiß, worauf man sich da eigentlich genau einläßt, was
alles zu beachten und vorzubereiten ist, welche Gesetzmäßigkeiten
in den verschiedenen Dimensionen vorherrschen können und wie
man sich am Besten verhalten und schützen kann. Wenn man gut
trainiert hat und die verschiedenen Techniken beherrscht, kann es
für gewisse Missionen aus den verschiedensten Gründen erforderlich werden, den physischen Körper mitzunehmen.

Wenn ihr „vollkörperliche" Traumreisen vollkommen eigenstän-
dig unternehmen könnt, beinhaltet dies zu einem großen Teil den
Erleuchtungszustand. Um den erlangen zu können, müßt ihr unter
anderem lernen, den physischen Körper vollständig zu vergeistigen
und ihn somit den universellen Gesetzen energetisch anzugleichen,
ihn im universellen Gleichklang schwingen zu lassen bzw. die
Materie dem Geist unterzuordnen. Es gibt dafür entsprechend
eurem Entwicklungsstand verschiedene Vorstufen. Eine schon etwas
höhere Vorstufe zur vollständigen Auflösung des Körpers ist, daß
zum Beispiel eine Explosion neben euch geschehen könnte, und ihr

davon völlig unbeeinflußt wärt, obwohl euer Körper äußerlich anscheinend anwesend ist. In solchen Momenten hat euer physischer Körper schon gelernt, sich zu einem großen Teil auch auf anderen Realitätsebenen mit einer anderen Dichte aufzuhalten.

Das gesamte Sein des Menschen besteht nicht nur aus dem physischen Körper und dem Ätherkörper, sondern umfaßt noch viele andere Ebenen auch in anderen Dimensionen, die alle zu eurer menschlichen Existenz dazugehören. Um es für euch verständlich auszudrücken, könnte man sagen, daß der Mensch wie eine Zwiebel aufgebaut ist. Je nach Erfordernis und Entwicklungsstand nehmt ihr in euren Träumen manchmal viel Gepäck mit, also mehrere Zwiebelschichten, und manchmal weniger. Aber auch dieses Beispiel kann man nicht verallgemeinern, denn bisweilen nehmen gerade nicht so weit entwickelte Wesen sehr viel Gepäck, also sehr viel von ihrem äußeren physischen materiellen Sein mit. Das könnte äußerlich als sehr hochentwickelt angesehen werden, und es sieht für viele Menschen noch so aus, als ob dieser Zustand schwer zu erreichen ist, dieses Wesen also angeblich hochentwickelt sein muß. Dem ist nicht so. Nur weil etwas beeindruckend aussieht, für viele sogar fast wie ein Wunder erscheint, muß es nicht wirklich schwer zu erlernen sein. Sogenannte Wundertaten sind häufig viel leichter zu erlernen, als viele von euch denken, da sie einfachen Gesetzmäßigkeiten folgen. Wenn man diese anwendet, geschieht der Rest häufig wie von Geisterhand. Es ist vielmehr so, daß angeblich so leichte Dinge wie Herzensgüte weitaus schwerer zu erlernen sind, obwohl sie manchmal so schlicht, so einfach und so unspektakulär daherkommen. Das Universum mit seinen Gesetzmäßigkeiten ist in seinem Kern, in seinem Inneren schlicht, einfach und klar und für jeden verständlich.

Daher nehmen sehr weitentwickelte Wesen nachts manchmal nur wenig Gepäck mit, schlafen ruhig, kurz und entspannt oder tun andere Dinge leise und unauffällig, weil sie lieber während des

Tages aktiv, bewußt, mitten im sogenannten normalen Lebensalltag umgeben von anderen Wesen lernen und weiterwachsen wollen. Letztendlich sind aber alle Methoden, Vorgehensweisen und Techniken sowie die Dauer und Intensität von deren Anwendung in Harmonie, wenn sie ein Wesen erfüllen und glücklich machen.

Wenn ihr viel Gepäck, also viele Schichten von eurer „Zwiebel" mitnehmt, kann der Schlaf todesähnlich sein. Ein leichterer Schlaf ist meistens ein Zeichen dafür, daß eine Ätherkörperreise unternommen wird, bei der ihr noch mit der sogenannten Silberschnur mit dem physischen Körper verbunden seid. Dann traut ihr euch oft noch nicht so richtig, den Kontakt mit eurem physischen Körper tiefer zu lösen, einerseits aus Angst, daß ihr nicht mehr zurückfindet, andererseits auch aus fehlendem Kontakt mit eurem Leben hier auf der Erde. Wenn ihr die universellen Gesetzmäßigkeiten wirklich verstehen und anwenden würdet, wäre euer Vertrauen, eure Liebe und Achtung für eure physischen Leben hier auf Erden größer. Es bestünde dann auch kaum die Gefahr, daß ihr nicht mehr in euren materiellen Körper zurückkehren wollt, wenn ihr den Ort, an dem ihr euch in eurem sogenannten Traum gerade aufhaltet, als viel schöner empfindet – oder er es momentan sogar ist – als der Ort, an dem ihr euch in eurem physischen Leben aufhaltet.

Somit hat die Silberschnur unter anderem den Zweck, daß ihr nicht zu viel anstellen könnt und eurem jetzigen physischen Leben hier auf der Erde nicht so einfach auf und davon laufen könnt. Zum anderen gibt euch diese Schnur am Anfang des außerkörperlichen Trainings eine sehr große Sicherheit. Denn da sie euch während der ganzen Zeit mit eurem physischen Körper verbindet, findet ihr auf jeden Fall zu eurem physischen Körper zurück. Häufig zieht sie sich entweder ganz einfach blitzschnell zusammen, wenn es Zeit ist, in den Körper zurückzukehren. Oder sie warnt euch durch ein energetisches Signal, wenn euer Körper, aus welchen Gründen auch immer, wünscht, daß ihr sofort zurückkehren solltet oder müßt. Oder ihr könnt euch regelrecht wie an einem Seil an ihr orientieren und mit ihrer Hilfe zu eurem physischen Körper zurückkehren.

Auf den höheren Ebenen bewegt ihr euch im Traum ganz frei mit zumeist sehr wenig Kontakt zur Körperlichkeit. Wenn das nicht genügend trainiert worden ist, kann das zum Teil sehr gefährlich sein, je nachdem, an welchen Orten ihr euch aufhaltet. Somit wird von hochentwickelten Wesen auf die eine oder andere Art und Weise geprüft, wie tief ihr euch mit eurer Verantwortung für euren Körper, euer Leben hier auf Erden und dem Universum im allgemeinen verpflichtet fühlt, bevor ihr bestimmte Aufgaben oder eine Mission übertragen bekommt. Je nachdem können dann noch weitere, hochgeistige Techniken trainiert werden. Ab einem gewissen Entwicklungsstand habt ihr so oder so die freie Wahl, mit wieviel Gepäck ihr reisen wollt, ob zum Beispiel mit oder ohne euren Körper.

### Zusammentreffen mit Lichtfreunden im Traum

Ihr könnt davon ausgehen, daß wir uns alle auf die eine oder andere Art und Weise kennen. Alle, die mit diesem Buch zu tun haben, sei es, weil sie daran gearbeitet haben oder weil sie es gerade lesen, haben sich schon längst vorher kennengelernt. In euren sogenannten Träumen sind wir oft mit euch in großen Raumschiffen, in besonderen Tempeln, an geheimen Treffpunkten oder an anderen außergewöhnlichen und schönen Orten. Wir waren in eurer Vergangenheit dort versammelt, sind es gerade oder werden es in eurer Zukunft noch sein. Wir unterhalten uns, stellen uns dort unseren Freunden vor, oder wir besprechen und arbeiten an unseren nächsten gemeinsamen Schritten und Projekten, die gerade anstehen. Bei diesen Treffen sind auch die Neuankömmlinge niemals wirklich beunruhigt, ängstlich oder traurig. Ihr alle seid eher voller Tatendrang, klar, liebevoll und euer selbst sehr bewußt. Es wird deshalb auf Dauer notwendig sein, daß ihr euch mehr an eure sogenannten Träume erinnert und euch bewußt macht, wo ihr nachts wirklich seid.

Wenn die Filter oder Schleier zwischen dieser und der Traumrealität nach und nach leichter und durchlässiger werden, werden viele Dinge, Erlebnisse und Aktivitäten, die ihr in den Träumen tut, erfahrt, besprecht, lernt oder seht, immer mehr in euer Leben hier auf der Erde integriert und daher auch immer mehr von euch in eurem Alltagsleben genutzt. Ihr werdet euch zuerst instinktiv und später nach und nach bewußt an die Dinge, die im Traum besprochen und vereinbart wurden, erinnern und sie dann nach und nach praktisch anwenden können. Und so lange diese neuen Impulse, Eingebungen und Ideen positiv und unterstützend sind, euch und andere Menschen, Tiere oder Pflanzen glücklicher, gesünder und heiler machen und niemandem Schaden zufügen, sollten sie erst einmal angewandt und ausprobiert werden, denn es könnten wunderschöne, zukunftsorientierte Entdeckungen und Entwicklungen daraus entstehen.

Bei solchen Treffen begrüßen wir uns häufig nur durch ein Kopfnicken und gleichzeitigen Augenkontakt, bei alten Bekannten auch durch eine Energieverschmelzung oder Umarmung. Wobei solche Gesten meistens eine viel tiefere Nähe und Intensität haben und auslösen, als die intimsten Begrüßungen bei euch auf der Erde, da wir uns auf der Herzebene begegnen. Man nimmt bei diesem Herzenskontakt automatisch alle bei den Treffen anwesenden Wesen bewußt wahr, und zwar bis in die tiefsten Tiefen ihres inneren Selbst. Dadurch sind keine weiteren Worte und keine anderen Gesten mehr notwendig. Wenn man auf der Herzebene miteinander kommuniziert, ist es unerheblich, ob man sich äußerlich kennt. Man *weiß* einfach, daß man sich auf anderen Ebenen sehr wohl kennt und sich vollkommen vertrauen kann. Es ist notwendig, die Herzensebene bei jedem Treffen im Traum wieder zu aktivieren, um den Kontakt allmählich wieder zu intensivieren, die Auren zu reinigen und zu stabilisieren und um eure Erinnerung an diese Situation zu unterstützen. Manchmal tröstet euch eine solche Begegnung auch nur, wenn ihr aus welchen Gründen auch immer zu lange keinen Kontakt mehr mit uns hattet und jetzt wieder wißt, daß es uns alle wirklich gibt, daß ihr wirklich nicht allein auf diesem Planeten seid.

Wir, das sind unter anderem Aufgestiegene Meister und Meisterinnen, weitentwickelte Außerirdische, Engel, Naturwesen und andere Lichtwesen. Es sind auch weitentwickelte Anteile und Ebenen deines eigenen Seins anwesend, sei es aus parallelen Welten, aus deiner eigenen Zukunft oder aus anderen Ebenen, die dir bislang noch nicht bekannt sind.

Wenn jemand auf Dauer mit uns arbeiten möchte, wird er sich die Mühe machen und machen müssen zu trainieren, daß er sich an seine Träume erinnert. Viele von euch werden am Beginn der bewußteren Traumarbeit spüren können, daß während des Schlafes etwas besonders Außergewöhnliches geschehen ist. Zum Teil werdet ihr sogar ahnen oder wissen, daß ihr zum Beispiel allein oder mit uns zusammen unterwegs gewesen seid oder daß etwas anderes Besonderes mit euch geschehen ist. Wenn ihr also von einem Flug mit einem Raumschiff, von einem Besuch in einem Tempel, einer Lichtstadt oder ähnlichem geträumt habt, bedeutet das in der Regel, daß ihr auch dort gewesen seid.

Viele werden dann die Nachwirkungen der intensiven Geschehnisse bis in den nächsten Tag hinein spüren und sich ein wenig erschöpft fühlen, wenn sie aufwachen, auch wenn sie eigentlich lang genug geschlafen haben. Dagegen könnt ihr häufig zuerst nichts tun, das ist eine Übergangsphase, durch die ihr einfach hindurch müßt. Später lernt ihr dann Techniken und bekommt Dinge wie Tinkturen und ähnliches gezeigt, die die Folgen mildern. Irgendwann hat sich euer Körper so an diese Art von Reisen gewöhnt, daß ihr gar nichts Besonderes mehr unternehmen müßt, um Nachwirkungen auszuschließen. Das ist so, als wenn euer physischer Körper ein Trainingsprogramm absolviert hat und somit kein Muskelkater mehr bekommt. Die Symptome legen sich also mit der Zeit, wenn ein Mensch bereit ist, regelmäßig mit uns zu arbeiten.

Zu Beginn der Kontakte unterstützen wir die Menschen in ihren Träumen zuerst bei der Arbeit an sich selbst. Das Ziel ist, daß sie unsere entsprechenden Hinweise, die wir in Träumen oder bei anderen Zusammenkünften geben, nach und nach in ihr Leben integrieren, wenn sie sie als wahr, gut und nutzbringend für sich und ihre Umwelt empfinden. Andererseits ist es sehr wichtig zu verstehen, daß ihr hier oft eine spezielle Aufgabe oder Mission zu erfüllen habt und daß ihr dafür auch während eurer Traumzeiten auf verschiedenen Ebenen gleichzeitig arbeiten könnt. So verschafft ihr euch die Möglichkeit und auch die dafür notwendige Zeit, auch in eurem „täglichem" Leben viele Dinge besser und effektiver erledigen zu können. Wir würdigen und akzeptieren dein Leben hier und hoffen, daß auch du dieses tust, damit es nicht unnötig durcheinander gerät.

Wenn sich jemand in seinem äußeren Leben nicht ganz auf die sogenannten esoterischen Dinge einlassen möchte, werden sie auf die Träume beschränkt bleiben. Wenn sie jemand gern offiziell in sein Leben integrieren möchte, wird die Traumarbeit eventuell weniger werden, oder sie wird neben den äußerlichen Aktivitäten noch verstärkt, je nachdem, wieviel das Individuum an sich und an seiner Welt arbeiten und wie tief es sich verpflichten möchte.

Es gibt so etwas wie wirklich realen Schlaf, doch der dauert bei einer entspannten Lebensführung und bei einem entspannten Körper an sich nicht so lange. Wenn Menschen jedoch noch außergewöhnlich viel Schlaf brauchen, wäre es auf Dauer nicht so angenehm und gesund für sie, mit uns zu arbeiten. Dann lassen wir sie schlafen und holen sie weder mit dem Ätherkörper noch mit dem für euch realen physischen Körper ab. Diese Menschen müssen erst einmal lernen, ihr Leben nach und nach so zu verändern, daß sie den durch die Traumarbeit zusätzlichen auf sie zukommenden neuen Herausforderungen mit einer entspannten, gelassenen, ruhigen und freudvollen Haltung entgegentreten können.

Die meisten Menschen lieben es nicht besonders, mit uns am Tage neben ihrem normalen Alltag zu arbeiten. Sie sind damit beschäftigt, die Kinder abzuholen, zu arbeiten, abzuwaschen, einzukaufen usw. Somit bietet sich die Nacht als eine besonders gute Gelegenheit für die diversen Traumtrainings an. Auch weil die allgemeinen, elektrischen und energetischen Aktivitäten, die in irgendeiner Form stören könnten, dann auf ein Minimum herabgesenkt sind. Während der sogenannten Nachtruhe laufen weniger Fernseher, Waschmaschinen, Spülmaschinen und ähnliches. Denn auch solche Aktivitäten können eine Kontaktaufnahme sehr erschweren. Somit suchen wir uns zur dauerhaften oder regelmäßigen Zusammenarbeit meistens Zeiten zwischen 23.00 Uhr und 3.00 Uhr morgens aus. In jedem Fall Zeiten, in denen die Erde an dem Ort, an dem ihr euch gerade aufhaltet, zur Ruhe gekommen ist.

### Sich an Träume erinnern

Ihr könnt trainieren, euch an eure Träume zu erinnern, indem ihr anfangt, ein Traumtagebuch zu führen. Oder ihr geht zu erfahrenen Lehrern und besucht entsprechende Seminare, oder ihr lest Bücher über dieses Thema. Allgemein könnt ihr etwas dafür tun, indem ihr euer Leben in Ordnung und ins Gleichgewicht bringt und haltet und indem ihr bei den Angelegenheiten, die in eurem irdischen Leben gerade anstehen, bewußt, verantwortlich und liebevoll handelt.

Wenn ihr die Entscheidung trefft, euch an eure Träume erinnern zu wollen, ist es wichtig, daß ihr mit dem ganzen Herzen dabei seid und zum Beispiel nicht schon nach vier Wochen damit aufhört, ein Traumtagebuch zu führen, weil ihr bewußt noch keine Veränderung bemerkt. Das Universum will sehen, wie ernst es euch wirklich mit eurem Wunsch ist, bevor es euch unterstützen kann. Denn solch ein Erinnern und eine daraus eventuell folgende bewußtere Zusammenarbeit mit uns kann man nicht so nebenbei machen. Dies beinhaltet eine tiefe innere Verpflichtung. Auch auf eurer irdischen Ebene würdet ihr bei einer wichtigen, langfristig angelegten geschäftlichen Partnerschaft vorher prüfen, wie ernst es dem Geschäftspartner wirklich mit dem Geschäft und mit der Partnerschaft ist. Wie verpflichtet, engagiert, ehrlich, verantwortlich er zum Beispiel auch sonst mit anderen Geschäftspartnern, mit seinem Leben, seiner Familie und seiner Umgebung umgeht. Eine entsprechende Haltung und Ausrichtung ist die Voraussetzung, um euch in Harmonie erinnern zu können, denn ihr müßt das, woran ihr euch erinnert, harmonisch in euer Leben integrieren können. Und das geht nur, wenn ihr euer Leben in Ordnung bringt und auch haltet.

Es wird auf den Traumebenen sogar besprochen, was man tun kann, um sich noch sanfter und effektiver an mehr zu erinnern. Manche von euch sind ein wenig ungeduldig und fragen, warum das alles immer so lange dauern muß. Die Antwort ist: Weil es bei den meisten Menschen und Wesen einer Umwandlung und Anpassung des gesamten physischen Körpers und des gesamten Energiesystems bedarf, sich wieder bewußt an diese anderen Ebenen erinnern und sich dort wieder sicher, frei und vollkommen zu Hause fühlen zu können. So etwas kann grob und schnell geschehen oder langsam und harmonisch. Und weil ihr ja in eurem

Inneren genau wißt, daß es auf Dauer sowieso geschehen wird, könnt ihr auch geduldig sein und es lieber nach und nach in Harmonie geschehen lassen. Ihr habt letztendlich alle Zeit der Welt!

Wenn ihr euch wirklich erinnert und im Traum bewußt erkennt, daß das, was ihr gerade erlebt, völlig real und normal ist und ihr auch dadurch wirklich davon überzeugt seid, daß ihr auf dem richtigen Weg seid, sucht ihr euch als Folge davon oft einen etwas vertrauensvolleren, ruhigeren Weg des Erinnerns aus. Ihr wißt dann einfach ganz tief in eurem Inneren, daß ihr letztlich alle Zeit der Welt habt, da ihr euch auf Dauer sowieso an alles erinnern werdet. Und ihr seid geduldig, da ihr außerdem wißt, daß ihr auf Dauer alle in eure ursprüngliche Heimat zurückkehren werdet. Nach und nach legt ihr dann in euren Träumen euren weiteren Lebensweg, eventuell sogar eure nächste Existenz bewußt fest. So wie es zum Beispiel Jesus Christus mit der Vorhersage seiner Wiederauferstehung oder der Dalai Lama mit seiner vorhergesagten Wiedergeburt hier auf Erden getan haben.

Wenn man sich überhaupt nicht an seine Träume erinnert, kann das daran liegen, daß ihr es bis jetzt nicht ertragen hättet. Viele finden es anfangs sehr schmerzhaft oder frustrierend, sich zum Beispiel an Begegnungen mit wunderschönen Außerirdischen oder friedvollen Planetensystemen zu erinnern, weil es manchmal großes Heimweh auslösen kann. Nach und nach kommt dann die Zeit, in der ihr trotz zunehmender Erkenntnisse über frühere, gegenwärtige und zukünftige andere Existenzen auf anderen Planeten und in anderen Dimensionen bereit seid, euch wirklich auf die Erde und eure jetzige Mission einzulassen und die dazugehörigen Informationen anzunehmen. Nach einer solchen Entscheidung ist es oft viel leichter möglich, sich an seine Träume zu erinnern.

Ihr könnt auch trainieren, mit außerirdischen Energien oder mit anderen Lichtfreunden im Wachzustand Kontakt aufzunehmen. Wenn ihr das möchtet, legt euch des öfteren ab ca. 22.00 Uhr hin, entspannt euch, legt einen Schutzmantel um euch, eure Lieben und eure Wohnung, und es könnte euch überraschen, welche Energien ihr auf einmal wahrnehmt. Wie gesagt, suchen wir uns für eine Kontaktaufnahme in der Regel Zeiten aus, in denen es in Harmonie mit eurem jetzigen äußeren Leben ist. Gegen 22.00 Uhr sind bei euch die meisten eurer Spielfilme zu Ende. Ihr werdet also nicht mitten in einer von euch oft geliebten Aktivität gestört. Somit ist die Wahrscheinlichkeit eines möglichen Widerstandes von vornherein gemindert.

Wir nehmen auf eure Gewohnheiten Rücksicht. Auf der Erde haben Fernsehen, Essen und Trinken, am Computer arbeiten oder spielen, Hobbys, sich mit Freunden oder Bekannten treffen einen großen Stellenwert, und wir wollen euch nicht durch unsere Kontaktaufnahmen unnötig dabei stören. Wenn ihr mit etwas anderem beschäftigt seid, können wir euch manchmal noch so intensiv telepathisch „anfunken" und auf uns aufmerksam machen, ihr hört es dann einfach nicht. Somit haben wir uns zur Kontaktaufnahme eine Zeit ausgesucht, die für euch hier auf der Erde angenehm ist und somit die Wahrscheinlichkeit hoch ist, daß wir gehört werden, denn wir möchten effektiv arbeiten. Wenn wir die Spielregeln hier bei euch anschauen, ist 22.00 Uhr bis 24.00 Uhr die beste Zeit für eine Kontaktaufnahme. Die Menschen – und nicht nur sie, sondern auch Tiere, Pflanzen und andere Wesen – kommen langsam zur Ruhe, und sie entspannen leichter, da weniger Aktivitäten in der Luft sind. In dieser Zeit wird weniger telefoniert, weniger gearbeitet, jedenfalls dort, wo ihr lebt, in eurer Kultur.

Die Wahrscheinlichkeit ist außerdem hoch, daß ihr zu dieser Zeit noch nicht so müde seid. Es geht auch noch von 23.00 Uhr bis 24.00 Uhr, aber danach solltet ihr eigentlich schlafen gehen. Dann findet der Rest eben drüben – oder hier, je nach Standpunkt – in euren Träumen statt. Aktivitäten, die nach 24.00 Uhr geschehen, sind für euch meistens nicht mehr so angenehm. Eure

Widerstände sind dadurch größer, und ihr seid neuen Aufgaben und Anregungen sowie unbekannten und unerforschten Dingen gegenüber nicht mehr so offen. Am frühen Morgen seid ihr hingegen entweder noch zu müde oder schon zu sehr auf den Tag eingestellt. Ihr denkt an das, was getan werden muß und seid viel angespannter als am Abend. Somit könnten diese zwei Stunden zwischen 22.00 Uhr und 24.00 Uhr sehr schön und angenehm für euch sein, weil sie eine starke, sehr reaktivierende Kraft und Energie haben und euch sehr beruhigen könnten.

Dies könnte sehr unterstützend für euch sein, denn ein Aspekt eures Schlafens ist auch, daß ihr in eurem „normalen" Leben oft zu ungeduldig und verspannt seid und deshalb vom Körper zum „echten" Schlaf gezwungen werdet, weil ihr euch freiwillig sonst gar nicht ausruhen würdet. Ihr müßt sozusagen in Ohnmacht fallen – aus unserer Sicht ist es eine Art Ohnmacht –, damit der Körper überhaupt noch einigermaßen gesund bleibt. Seht, was ihr mit eurer Zeit macht. Ihr geht so disharmonisch mit der Zeit um, die euch zur Verfügung steht, daß ihr vom Universum regelrecht gezwungen werden müßt, wenigstens einen Teil dieser Zeit zu nehmen, um den Körper ruhen zu lassen. Aber eigentlich bräuchtet ihr nur vier Stunden oder noch weniger Schlaf, wenn ihr wirklich eingestimmt und im Fluß wärt. Da ihr das aber häufig noch nicht seid, wäre es für viele von euch noch lebensgefährlich, weniger als sechs Stunden zu schlafen. Eure Körper sind in der Regel nicht genügend entspannt, leider auch nicht im normalen Tagesgeschehen, denn sonst wäre Schlaf überhaupt nicht mehr notwendig. Somit kann er sich in der Nacht für die Energien, die er zur Reaktivierung braucht, nicht gleich öffnen. Der Körper braucht wegen der überschüssigen also unnötigen Anspannungen, die in ihm stecken, erst einmal zwei bis vier Stunden Zeit, um sich überhaupt so weit zu entspannen, daß sich die Zellen, die für die Reaktivierung notwendig sind, öffnen und die Energien einfließen können. Fast immer gilt: Je unzufriedener ein Mensch mit sich und seinem Leben ist, desto verspannter ist er und desto mehr Schlaf benötigt er.

Eine Ausnahme bilden Phasen, in denen große chemische oder andere Veränderungen in euch stattfinden und in denen Wesen, seien es Außerirdische, Aufgestiegene Meister, Engel oder Devas energetisch mit euch arbeiten. Solch ein Schlaf ist dann keine Art Ohnmacht oder Schwäche, denn weil so viel passiert und in euch umgebaut und umgewandelt wird, braucht der Körper häufig zusätzliche Erholung und Ruhe, in diesem Fall also Schlaf.

Lange Ruhe- bzw. Schlafperioden gibt es auch bei Wesen, die in dieser Zeit in anderen Welten und Ebenen unterwegs sind. Sie haben in diesen Fällen noch nicht gelernt, ihren physischen Körper mitzunehmen, sind sich aber der Tatsache oder der Realität anderer, paralleler Welten vollkommen bewußt. Viele dieser Wesen oder Personen leben gleichzeitig in zwei oder sogar in noch mehr parallelen Leben. Sie haben in den zwei Welten manchmal je einen Ehepartner, dazugehörige Familien, Arbeitsstellen, Wohnorte, Hobbys und so weiter. Sie pendeln ständig zwischen den verschiedenen Leben hin und her. Sie benutzen die Ruhephasen in dem einen Leben dazu, um während dieser Zeit ihr anderes Leben zu leben.

Es gibt auch eine Art von Schlaf, die notwendig ist, um gewisse Zeitreisen unternehmen zu können, bei denen es euch noch nicht möglich ist, euren Körper mitzunehmen oder eure Körper zu verdoppeln, um das Duplikat zum Beispiel in eurem Ehebett zurückzulassen, damit sich euer Partner nicht unnötig erschreckt oder ängstigt.

Es wäre für euch alle gut, mehr im Fluß zu sein, damit ihr weniger Schlaf braucht und dadurch die Aktivitäten auf der Erde und die Erde selbst mehr genießen und eure Aufgaben effektiver erledigen könnt. Aber die Allerwenigsten von euch würden es zur Zeit durchhalten, weniger als sechs Stunden zu schlafen. Viele von euch würden entweder ernstlich erkranken oder sogar sterben. Die

Verspannungen im Körper sind zur Zeit einfach noch zu groß. Somit ist es zwar theoretisch möglich, so wie es theoretisch auch möglich ist, ganz ohne Schlaf auszukommen, nur praktisch gesehen ist es zur Zeit vielen von euch noch nicht möglich. Die wenigsten würden es auch wirklich ausprobieren oder trainieren wollen. Es gehören Disziplin, Offenheit, eine Bereitschaft für eine gewisse Lebensführung, Durchhaltevermögen, Mut, Entschlossenheit und ein sehr tiefes Vertrauen in die innere Stimme und die geistige Führung dazu. Wenn der Körper noch nicht bereit dazu ist bzw. nicht von euch vorbereitet worden ist, würde er sich gegen unverantwortliches und ungeduldiges Verhalten wehren. Deshalb arbeiten wir mit euch daran, die Verspannungen in eurem Leben aufzulösen bzw. ins Positive umzuwandeln. Nur den wenigsten ist es vergönnt, diesen Schritt zu weniger Schlaf „mal kurz nebenbei" bzw. „einfach mal schnell zum Ausprobieren" zu machen.

Über kurz oder lang werden die meisten von euch diesen Schritt tun und sich an weniger Schlaf gewöhnen müssen. Das wird von euch auf Dauer aber nicht als Last oder Anstrengung empfunden werden, denn das neue Zeitalter steht auch für Erfüllung, Entspannung, Wissen und Verstehen. Ihr werdet euch dann nicht nur an eure Träume erinnern können, sondern sie auch bewußt erleben und euch bewußt in den Traum- oder Ätherwelten bewegen und handeln können. Viele Menschen trainieren das schon jetzt und sind uns eine große Hilfe darin, auch in den Ätherwelten Licht, Liebe, Verständnis und Wissen zu verbreiten.

### Die Welten der Verstorbenen

Die Ätherwelten der Verstorbenen könnt ihr euch am besten vorstellen, indem ihr euch einen sehr intensiven Traum vor Augen führt, an den ihr euch erinnern könnt. Zwischen den Traumwelten

und den Welten der Verstorbenen gibt es viele Gemeinsamkeiten.
In beiden Welten bewegt ihr euch bis auf wenige Ausnahmen ohne
euren physischen Körper, den ihr zumeist auf der physischen Ebene
zurücklaßt, wenn ihr schlaft oder wenn ihr durch euren physischen
Tod die Ebenen oder Dimensionen wechselt.

Wenn ihr darin trainiert seid, bewußt euren Körper zu verlassen,
könnt ihr ab einem gewissen Entwicklungsstand, wie schon erwähnt, frei entscheiden, ob ihr euren physischen Körper für immer
zurücklassen wollt. Von der irdischen Ebene aus betrachtet sähe es
dann so aus, als wärt ihr gestorben. Wenn solch einer Entscheidung
zum Beispiel Angst oder Fluchtgedanken zugrunde liegen, kann dies
auch eine Art von „negativem" Selbstmord sein und würde dann in
den meisten Fällen weitreichende, unangenehme Folgen für euch
haben. Doch wie bereits erwähnt, kann ein selbstbestimmter,
bewußter Selbstmord in einigen Fällen völlig in Harmonie und im
Einklang mit dem Großen Ganzen sein.

Deshalb betonen wir noch einmal, daß solche außerkörperliche
Erfahrungen von einem erfahrenen Lehrer vorbereitet oder begleitet werden sollten, damit ihr lernt, mit diesen Dingen sehr vorsichtig, achtsam und verantwortlich umzugehen. Es könnte sonst
unter anderem passieren, daß ihr euch in den Weiten des Geistes
und der Ätherwelten verliert und nicht mehr nach Hause findet
oder vergeßt, wer ihr seid und wohin ihr gehört.

Des weiteren tritt auf vielen Ebenen der Ätherwelten, das heißt,
sowohl in den Welten der Träumenden als auch in den Welten der
Verstorbenen, eure Manifestationskraft in „ungebremsterer",
schnellerer Form zutage. Auch Verstorbene erschaffen sich, ihrem
Entwicklungsstand entsprechend, bewußt oder unbewußt, genau
wie Träumende, ihre eigene Welt. Sie alle kommen also nach dem
physischen Tod nicht an einen bestimmten Ort, den sie so vorfin-
den und der immer gleichbleibt. Ihr kommt also nicht automatisch
in eine Art von Himmel oder Hölle, die für alle gleich ist. Oder an

einen anderen Ort, den ein Gott oder eine Göttin für euch erschaffen hat, zu dem ihr angeblich „eingelassen" werden müßt und wo irgendjemand überprüft, ob derjenige, der da vor dem Eingangstor steht, überhaupt hindurch gehen darf.

Wenn jemand nach seinem Hinübergang in andere Sphären seinen irdischen Körper zurückläßt, ist er auch weiterhin vollkommen verantwortlich für sein Denken, Tun und Sein. Dementsprechend erschaffen sich auch Verstorbene die Welt, die sie sich zu erschaffen wünschen, sei es bewußt oder unbewußt. Natürlich gibt es so etwas wie himmlische Helfer, Ruhetempel und ähnliches, aber sie manifestieren sich nur in der Form, die euer Bewußtsein zuläßt. Da viele Menschen auf der Erde in ihrem Leben meistens unbewußt manifestieren, setzt sich das dann auch nach dem physischen Tod fort. Das heißt, viele „geraten" scheinbar in eine bestimmte Welt oder Umgebung oder werden von ihr „magisch" angezogen. Und so wie die meisten von euch noch nicht vollkommen davon überzeugt sind, daß sie ihre irdische Realität selbst erschaffen, glauben auch die meisten Verstorbenen anfänglich nicht, daß sie diese Welten selbst erschaffen haben.

Es geschieht häufig, daß Menschen ahnen oder sogar genau wissen, daß sie sterben werden. Durch eine Krankheit, ein besonders hohes Alter oder durch ihr inneres Wissen sind sie darauf vorbereitet, daß die Erfahrung, die sie gerade durchmachen oder durchmachen werden, ihr eigener physischer Tod ist oder sein muß. Sie erfahren durch den bewußteren, weil erwarteten Übergang, daß ihre Existenz, häufig entgegen ihren Erwartungen, doch weitergeht, daß sie sich also nicht einfach auflösen, verschwinden oder ähnliches. Es fällt ihnen durch ihre Offenheit und Bewußtheit meistens leichter, sich dann von den geistigen Freunden leiten und unterrichten zu lassen. Gerade wenn sie vor dem Tod, vor allem in ihrem vorherigen Leben, keine zu engen und starren Dogmen aufgebaut haben und noch in sich tragen. Oder wenn sie sich kurz vor ihrem physischen Tod noch umfassenderen Glaubensanschauungen geöffnet oder sich damit befaßt haben. Sie akzeptieren die Erfahrung des Weiterlebens und freuen sich. Oder sie sind sehr beschämt und betroffen darüber, weil sie es vorher vielleicht noch nicht so richtig geglaubt oder eine solche Möglichkeit gar abgestritten haben.

Andere Menschen wiederum begreifen diese Erfahrung nicht als ihren eigenen physischen Tod. Das geschieht häufig dann, wenn der Tod schnell und überraschend erfolgt, zum Beispiel bei einem Unfall, oder wenn die Menschen sehr tief und entschlossen nicht an ein Weiterleben nach dem physischen Tod geglaubt haben und auch weiterhin erst einmal steif und fest nicht daran glauben wollen. Auch solche Menschen zieht es nach dem Gesetz „Gleiches zieht Gleiches an" zu Welten, die ihrem derzeitigen Bewußtseinszustand entsprechen. Das kann dann zur Folge haben, daß sie erdgebunden „herumgeistern" und verzweifelt versuchen, ihr gewohntes Leben weiterzuführen, weil sie nicht verstehen wollen oder können, daß sie gerade wirklich gestorben sind. Sie erkennen dann meistens nicht einmal andere erdgebundene Verstorbene, da sie sich ihre Realität so erschaffen, daß es ihren Vorstellungen entspricht, und an ein Leben nach dem Tod glauben sie eben noch nicht, weder bei sich, noch bei anderen. Dies wurde auch in dem neueren Film „Der 6. Sinn" (*„The Sixth Sense" mit Bruce Willis, Anm. d. Hrsg.*) dargestellt, der in vielen Punkten der Wahrheit entspricht.

Wer an ein Leben nach dem Tode glaubt, löst sich in der Regel schneller von der erdgebundenen Ebene. Kirchengläubige Menschen zum Beispiel erschaffen sich zu Beginn oftmals eine Welt, von der sie fest glauben, daß es „da drüben" jetzt so aussehen muß. Manche gehen auch dort noch eine Zeitlang regelmäßig in die Kirche. Sie halten diese Art von Existenz manchmal für die Vorstufe des Himmels oder für den Himmel selbst. Solche Manifestationen geschehen am Anfang eher unbewußt. Mit der Zunahme von Wissen und Verstehen verändern sich auf Dauer auch solche Welten.

Andere Verstorbene wiederum, die allmählich verstehen, daß sie gestorben sind und die sich dann meistens mit Hilfe geistiger Freunde von der erdgebundenen Ebene getrennt haben, erschaffen sich in den Ätherwelten ihre ganz persönlichen Welten. Die kann am Anfang genau so aussehen, wie die Umgebung, die sie gerade verlassen haben. Nur mit dem Unterschied, daß diese Wesen genau wissen, daß sie sich diese Welt ihren Glaubenssätzen oder Gewohnheiten entsprechend gerade selbst erschaffen haben und sie sie auch jederzeit wieder verändern oder verlassen können. Andere Wesen, die mit den Spielregeln der jenseitigen Welten vertraut geworden sind, erschaffen sich sehr schnell eine Welt oder Umgebung, die sie persönlich als sehr schön und angenehm empfinden und die sie vorher auf der Erde so nicht gehabt haben. Sie richten sie nach und nach ihren Hobbys, Neigungen und weiteren Zielen entsprechend ein und entwickeln sich auf diese Weise weiter.

Verstorbene mit einer positiven, erweiterten Grundausrichtung, die schnell verstehen oder verstanden haben, daß sie sich in den Ätherwelten ihre eigene Welt erschaffen können, nutzen die ihnen zur Verfügung stehenden Möglichkeiten voller Tatendrang. Einige Wesen, die es auf der Erde besonders liebten, Urlaub zu machen, erschaffen sich eine Zeitlang erst einmal die verschiedensten paradiesischen Urlaubswelten. Andere, die vorher vielleicht irgendwelche körperlichen Gebrechen hatten, nutzen nun voller Freude ihren jetzt wieder vollkommen unversehrten Körper.

Ihr seht, daß es viele Möglichkeiten der kreativen und bewußten Gestaltung seiner eigenen Welt gibt, gegeben hat und geben wird. Somit empfehlen wir, so viel Schönes, Heilsames und Interessantes wie möglich in eurem Bewußtsein, in euren Erinnerungen und in eurem Unterbewußtsein einzulagern. Dann wird es euch besonders leicht möglich sein, dieses Wissen, diese Bilder als zukünftige Blaupausen oder Motivationshilfen in der jenseitigen oder diesseitigen Welt einzusetzen und für euch nutzbar zu machen.

Menschen oder Wesenheiten, die nicht von ihren negativen
Gefühlen, ihren sehr pessimistischen, ängstlichen und wütenden
Grundhaltungen lassen wollen, erschaffen sich ihre persönliche
Hölle. Sie kreieren sich eine Welt, in der sie ihre tiefsten Ängste
und negativen Gefühle auch weiterhin ausleben können. Das sind
dann oft Orte voller Haß, Grausamkeiten, Schmutz und Chaos.

In anderen niederen Ätherwelten versuchen die Verstorbenen, ihren
ungebändigten Sexualtrieb hemmungslos auszuleben. Das haben sie
meistens auch schon auf der Erde so praktiziert, oder sie haben ihre
Sexualität zu stark unterdrückt oder übertrieben abgelehnt und verneint. Diese Wesen waren also meistens auf die eine oder andere Art
und Weise sehr mit diesem Thema beschäftigt und darauf fixiert. In
den anderen Welten können künstliche, ungesunde Staudämme endgültig aufbrechen. Eine echte Befriedigung oder Erleichterung wird
bei diesem Tun in den anderen Welten jedoch kaum erreicht, da dafür
entweder ein physischer Körper oder eine andere Grundhaltung notwendig wären. Was aber diese Menschen und Wesen, wie oft ja auch
in deren vorherigem Leben, nicht davon abhält, es immer und immer
wieder erfolglos zu versuchen, anstatt endlich innezuhalten und nach
den wahren Gründen für diese Bedürfnisse und Aktivitäten zu suchen.

Solch ein Tun oder Vorgehen kann in den unterschiedlichsten
Ebenen und Dimensionen Jahre, ja sogar jahrhundertelang andauern. Solange bis der nächste Lern- und Entwicklungsschritt entweder von ihnen selbst eingeleitet wird oder durch äußere Unterstützung eingeleitet werden kann.

Es ist wichtig, daß ihr wirklich versteht, daß sich das Leben der
Verstorbenen in den Ätherwelten oft genauso fortsetzt, wie es in dem
vorhergehenden Leben auf der Erde oder auf anderen Planeten
durch das jeweilige Handeln, Denken, Sprechen, Tun vorbereitet
worden ist. Wobei ihr noch in dem Moment eures physischen Todes
durch die Gedanken oder durch euer Handeln entscheidet, wo oder
wie es in den Ätherwelten für euch erst einmal weitergehen wird.

Da eure Gedanken eure Welt erschaffen, könnt ihr euren Kirchen zum Teil sehr dankbar dafür sein, daß sie über so viele Jahrhunderte hinweg in eurem Geist unter anderem die Vorstellung von Wundern, von Vergebung, von Engeln und von einem Himmelreich aufrecht erhalten haben. Ohne eine solche, im Massenbewußtsein verankerte Vorstellungswelt würde es in den Ätherwelten weitaus mehr Leiden geben.

Die höheren Ätherwelten sind sehr lichtvoll, voller Kreativität und Lebensfreude. Die Wesen dort haben sich entweder innerhalb der Ätherwelten weiterentwickelt oder sind direkt, nachdem sie den irdischen Körper verlassen haben, in diese Sphären gelangt, weil sie entsprechend weit entwickelt waren. In diesen Ebenen gibt es Heiltempel, Lichtstädte, Stätten des Wissens usw. Von hier aus brechen viele Wesen auf, um in den unteren Ätherwelten und in euer irdischen Realität Licht, Liebe, Vergebung und Wissen zu verbreiten und um euch noch andere Unterstützung zu geben. Wenn die Wesenheiten es wünschen, werden auf diesen Ebenen auch neue Inkarnationen auf einem Planeten ihrer Wahl, wie zum Beispiel in einer rein physischen Welt, oder aber der Aufstieg in noch weiterentwickelte höhere Ebenen vorbereitet.

### Die Welten rücken näher

Von der Dimensionsverschiebung auf der Erde sind auch die Ätherwelten betroffen. Denn auch sie sind ein Ausdruck und Teil des gesamten menschlichen Bewußtseins. Die Ätherwelten, das heißt, die Traumwelten und die Welten der Verstorbenen, sind so sehr und auf so vielen Ebenen mit eurem Tages-, Nacht-, Alltags- und Unterbewußtsein verbunden, daß es an sich fast unmöglich ist, sich auf Dauer von ihnen zu trennen oder sie zu ignorieren. Aber noch ignorieren und verdrängen die meisten Menschen, vor allem in eurer sogenannten westlichen, industriell entwickelten Welt, die diversen Dimensionen und Ebenen der Träume. Die meisten Menschen halten ihre Träume zum größten Teil immer noch für Phantastereien oder beschäftigen sich nicht wirklich ernsthaft mit ihnen. Sie ignorieren weitgehend auch den Tod mit seinen Folgen und Gesetzmäßigkeiten und beschäftigen sich auch nicht weiter mit den Welten der Verstorbenen, die aus unserer Sicht praktisch nur „nebenan" weiterleben oder in den verschiedensten anderen Formen weiterexistieren.

Während und nach der Zeitenwende wird diese Trennung, wie schon mehrfach erwähnt, nicht mehr in dieser Form aufrechterhalten werden können. Die Welten rücken näher zusammen, wobei es das letztendliche Ziel ist, daß eure irdische Alltagswelt mit der der Traumwelten und den Welten der Verstorbenen verschmilzt. Eure Aufgabe in der jetzigen Zeit besteht darin, nicht nur bewußter mit euren Träumen umzugehen, sondern auch alles dafür zu tun, was euch harmonisch möglich ist, daß sich in allen Ätherwelten, das heißt, auch in den Welten der Verstorbenen, Wissen, Frieden und Licht verbreiten können.

Ihr seid mit diesen Welten verbunden. Immer dann, wenn ihr einen Gedanken habt, wirkt sich diese Energie auch in den Ätherwelten aus. Es ist in der Tat so, daß Menschen, die vorwiegend oder ungeschützt sehr stark negativ denken, in den Ätherwelten wirkliche Höllen und reales Leiden erschaffen. Dies ist den meisten Menschen nicht bewußt, weil sie sich ohnehin von allem abgetrennt oder nicht als mitverantwortlich fühlen. Wißt, ihr seid mit allem verbunden. Wißt, daß ihr sehr viel Macht besitzt. Es kommt nur darauf an, wie ihr sie einsetzt. Denn auf der anderen Seite kann ein einziger (!) von einer Person ausgesandter liebevoller, aufbauender und positiver Gedanke in den Ätherwelten soviel Licht und Liebe erzeugen, daß ein Verstorbener oder sogar mehrere gleichzeitig von ihren Qualen befreit werden und sich weiterentwickeln

können. Somit sendet Verstorbenen vorwiegend positive Gedanken, Gebete und ähnliches. Gerade wenn eine Persönlichkeit
berühmt gewesen ist, wird sie häufig von den Energien der
Menschen, die diese Person bewundert haben, an diese Ebene
gefesselt und zurückgehalten. Es wäre sehr gut und förderlich, solche Personen mit positiven, liebevollen, loslassenden, dankbaren
Energien zu bedenken. Dies wird ihnen den Übertritt in andere
Welten sehr erleichtern.

Wenn jemand gestorben ist, den ihr kennt, und ihr auch weiterhin negativ und verurteilend über diese Person denkt, weil sie
zum Beispiel in ihrem letzten Leben besonders lieblos oder geizig
euch gegenüber gewesen ist, hat dieser Mensch in den Ätherwelten
nicht nur damit zu tun, seine eigenen Begrenzungen zu überwinden. Er muß sich dann zusätzlich auch noch mit den negativen
Energien auseinandersetzen, die von euch erschaffen werden und
auf ihn einwirken. Und zwar unabhängig davon, ob diese Person
wirklich lieblos und geizig war oder ob das nur eure eigene
Interpretation einer Situation gewesen ist. Eure Gedanken haben
dann den Effekt einer späten, entweder gewollten oder ungewoll-
ten, berechtigten oder unberechtigten Rache. Diese Person wird in
jedem Fall unter euren Gedanken zu leiden haben und kann unter
Umständen für Jahre in den unteren Ätherwelten festgehalten werden. Wobei diese Gedanken auf Dauer natürlich auch einen negativen Effekt auf euer eigenes Körpersystem, auf euer eigenes Leben
haben.

Einige Ätherwelten werden im Laufe der Zeit mit so viel negativer Energie aufgeladen, daß diese Energie manchmal sehr plötzlich auf eure irdische Ebene zurückgeworfen wird. Dies geschieht
dann oft in Form von Naturkatastrophen, bei denen sich die ange-
stauten Energien abrupt entladen. Es kann auch geschehen, daß
eure negativen Gedanken gegenüber einem Verstorbenen von dessen sowieso schon negativen Gedanken in den unteren Ätherwel-

ten noch weiter verstärkt werden und sich so eine Spirale von
destruktiver Energie bildet. Diese Energie kann sich dann auf euer
irdisches Leben auswirken, indem es durch die Gedanken-
verbindung, die eine reale Verbindung darstellt, wie ein Seil oder
Rohr, zu einem Rückfluß dieser Energien kommt. Das kann sich
dann in Form von persönlichen Katastrophen in eurem eigenen
Leben zeigen. Somit ist es nicht nur im Interesse der Verstorbenen,
sondern auch in eurem ureigensten Interesse, positiv, unterstützend, verzeihend und möglichst liebevoll über Verstorbene zu denken und negative Gefühle ihnen gegenüber zu kontrollieren, in
Positivität umzuwandeln, aufzulösen bzw. zu erlösen.

Auf der anderen Seite können positive Gedanken und Gefühle
Verstorbenen gegenüber oder ein von Herzen gesprochenes Gebet
immens viel Schönes und Heilsames für sie und euch bewirken.
Nicht nur, daß Verstorbene durch euch in gewisser Weise gerettet
werden können, indem ihr durch solche Taten die dafür notwendigen Energien zur Verfügung stellt. Darüber hinaus können diese Energien in den Ätherwelten so sehr verstärkt werden, daß sie
eine positive Energiespirale, ein positives Energiefeld, ein positives
Energieband bilden, so daß sie auf die irdische Ebene zurück-
fließen, zurückgeworfen werden und ihr persönlich dadurch sogenannte Wunder erfahren könntet. Denn wer gibt, dem wird im
Universum mannigfaltig zurückgegeben.

Diese Wechselbeziehung zwischen den verschiedenen irdischen
Ebenen und den Ätherebenen wird sich weiter verstärken. Es wird
auch zunehmend vorkommen, daß Verstorbene für euch sichtbar
werden, entweder in euren Träumen oder in eurer irdischen
Alltagswelt. Das hat es immer schon gegeben, doch wird es nun
häufiger vorkommen, und Verstorbene werden euch häufig noch
realer erscheinen. Je nach eurem Bewußtseinsstand, das heißt, eurer
Erwartungshaltung und eurem Wissen, entscheidet ihr, ob es wohl-
meinende, liebevolle und hochentwickelte Verstorbene sind. Wenn

diese Wesen in ihrem irdischen Leben oder in den Ätherwelten schon einen gewissen Bewußtseinsstand erlangt haben, können sie euch sehr viel Trost und Hilfe zukommen lassen und euch dauerhaft auf die unterschiedlichste Weise davon überzeugen, daß der sogenannte Tod wirklich eine Illusion ist.

Ihr könnt im nachhinein ungeklärte Angelegenheiten ins Reine bringen, indem ihr euch beispielsweise mit einem physisch Verstorbenen auf eine liebevolle Art aussprecht, ihm Fragen über die jenseitigen Welten stellt oder euch gegenseitig auf die eine oder andere Art und Weise besucht, so als ob diese Person noch in eurer jetzigen Zeitebene inkarniert wäre.

Ihr könnt auch Frieden schließen, wenn diese Person oder andere Personen nicht vor euch persönlich erscheinen. Wenn eure Energien des Verstehens und des Verzeihens noch nicht so groß sind, ihr diesen Prozeß aber schon in Gang setzen wollt, könnt ihr das unter anderem dadurch tun, daß ihr ein höherentwickeltes Lichtwesen darum bittet, diese Botschaft als Übermittler oder als verstärkender oder reinigender Katalysator für euch zu überbringen. Ihr könnt dem in die anderen Welten Hinübergegangenen auch einen Brief schreiben und diesen dann mit dem Wunsch verbrennen, daß der Inhalt des Briefes die betreffende Person energetisch erreicht. Auch kann es vollkommen ausreichen, wenn ihr mit eurem Herzen Kontakt aufnehmt und dann dieser Person etwas mitteilt. Es gibt viele Möglichkeiten, Frieden zu schließen.

Der Schleier zwischen den Ätherwelten und der irdischen Realität wird immer dünner. Es wird in Zukunft sogar häufiger geschehen, daß sich durch Dimensionsrisse und Verwerfungen im Raum-Zeit-Gefüge, die durch die Energieveränderungen vermehrt auftreten werden, die verschiedenen Realitätsebenen überschneiden und überlappen. Ihr könntet dann manchmal für euch völlig unvorbereitet einen Blick in die Ätherwelten werfen oder manchmal sogar einen Schritt dort hinein tun. Bewohnern der Ätherwel-

ten kann dieses ebenso mit der irdischen Dimensionsebene geschehen. Es gibt auch Wesenheiten bzw. Energieformen aus den Ätherwelten, die zum Teil auch nicht von der Erde stammen, die aber
gleichwohl die Menschheit an ihrer Weiterentwicklung zu hindern
suchen. Auch solchen Wesen könntet ihr auf verschiedensten
Ebenen begegnen. In allen solchen Fällen ist es wichtig, einen
kühlen Kopf zu bewahren und zum Beispiel eure Lichtfreunde um
Unterstützung zu bitten.

Da die geistigen Kräfte der Bewohner der Erde durch die
Energiebeschleunigung weiter sehr verstärkt werden, wird sich das
Lebensgefühl und das praktische Leben hier auf der Erde nach und
nach den Verhältnissen in den Ätherwelten angleichen. Ihr werdet
schneller manifestieren, was ihr euch wünscht, auf Dauer teleportieren erlernen, Zeitreisen unternehmen, Gedanken lesen und noch
diverse andere Fähigkeiten entwickeln.

Es wird im Laufe dieser Entwicklung wichtig sein, eure Ängste
und Vorbehalte gegenüber diesen anderen Welten aufzulösen und
die Ätherwelten als einen Teil eurer Welt anzuerkennen, und zwar
in gleicher Weise wie ihr auch ein weit entfernt gelegenes Land
gleichwohl als ein Teil eurer Erde, eurer gemeinsamen Welt anerkennt. Und so wie es in der Regel förderlich und gut wäre, die
Bewohner eines anderen Landes hier auf der Erde kennenzulernen
und deren Sitten, Gebräuche und Verhaltensweisen zu studieren,
könnt und solltet ihr ebenso auch mit den Bewohnern der Ätherwelten Kontakt aufnehmen. Ihr könnt sehr viel von ihnen lernen,
so wie auch sie sehr viel von euch lernen können. Es gibt noch so
viel, was ausgetauscht, geteilt und gegeben werden kann. So war es,
so sei es, so ist es! Seid gegrüßt!

# 10. Kapitel

# Geist und Materie

*Die Macht des Geistes*

Viele außerirdische Zivilisationen sind euch technisch weit voraus. Wenn Menschen Kontakt mit ihnen aufnehmen, fragen diese oft, welche Techniken man in Zukunft auf der Erde verwenden sollte, und sie bitten sie um technische Entwicklungshilfe. Was euch aber in eurer Entwicklung letztendlich wirklich voranbringen würde, ist nicht die Technik. Und darin liegt das wahre Problem. Ihr fragt zu oft nur nach physischen Dingen und laßt euch von deren Auswirkungen beeinflussen und noch wichtiger: sehr beeindrucken. Diese Menschen zeigen dadurch, daß sie sich nicht bewußt sind, welche Macht sie mit ihrem Geist haben und daß der Geist *immer* mächtiger ist als die Materie.

Aus diesem Grund haben viele Menschen Ängste vor der angeblichen Macht der Materie entwickelt. Dabei geben sie der Materie erst durch diese Ängste und dem dazugehörigen Glaubenssystem Macht über sich. Sie haben dann etwa Angst, von Zigarettenrauch krank werden zu können, oder von Alkohol, von Zucker, von Chemikalien jeglicher Art, von Strahlungen, Viren, Bakterien, Rindfleisch und ähnlichem. Dabei liegt die wirkliche Gefahr für die Menschheit darin, die geistigen Gesetze nicht anzuwenden, ja sie sogar – trotz der vielen Beweise – ganz zu ignorieren. Dieses Mißverständnis der wahren Natur eures Universums und das daraus resultierende Handeln können wir als Wesen, die entweder schon auf rein geistiger Ebene existieren oder die sich wenigstens der Macht des Geistes bewußt sind, nicht länger gut heißen, noch können wir es weiterhin unterstützen. Es ist Zeit, sich endlich der Kraft des Geistes bewußt zu werden und ihm den Platz einzuräumen, der ihm zusteht.

Der Geist bestimmt die Materie – und nicht umgekehrt. Deshalb ist es sehr wichtig, daß ihr langsam mit der Anerkennung und Entwicklung eurer geistigen Fähigkeiten beginnt. Aber in der Tat – und jetzt, nachdem das gesagt wurde, können wir über die materielle Seite eurer Existenz sprechen –, dadurch, daß ihr momentan als materielle Wesen auf einer dreidimensionalen Ebene inkarniert seid, ist es auch wichtig, sich auf die materielle Welt einzustellen. Der Bewußtseinsstand eines Menschen wird auch daran gemessen, wie er mit der Materie umgeht. Manche Menschen, die spirituell arbeiten, vergessen oder ignorieren das ein wenig und vernachlässigen ihren Körper, ihre Familie, ihre Freunde, ihre Arbeit, ihre Hobbys und ihre Umgebung. Bedenkt: Die materielle Umgebung kann einen sehr guten, förderlichen und heilsamen Einfluß auf euren Geist haben.

Verantwortliche Lichtarbeiter werden den Körper, den sie sich für dieses Leben manifestiert haben, gut pflegen. Er ist ihr Pullover, ihre Hülle, den sie für dieses Leben bekommen haben. Es wird von höherer Warte aus beobachtet und überprüft, wie sie mit diesem Pullover umgehen. Ist er im Laufe des Lebens verwaschen, ist er eingelaufen, ist er kratzig geworden, oder ist er weich, flauschig und angenehm zu tragen? Ein wissendes, verstehendes Wesen wird sich, nach den viel wichtigeren geistigen Dingen, dann natürlich genauso gut und gewissenhaft um den materiellen Körper kümmern.

Wenn das nicht geschieht, ist das meistens ein Zeichen von geistiger Unreife. Solch ein Verhalten kann dazu führen, daß ihr hier auf der Erde oder auf einem ähnlichen Planeten wiedergeboren werdet, ohne daß ihr euch an eure vorhergehenden Leben oder an die euch innewohnenden Fähigkeiten erinnert. Ihr könnt sie dann also nicht bewußt anwenden, um den Inkarnationskreislauf zu beenden. Erst wenn ihr euch dieses Wissen wieder selbst erarbeitet und dadurch reaktiviert habt und es dann auch praktisch angewandt habt, ist der Kreislauf durchbrochen. Nach diesem Entwicklungsschritt könnt ihr in höhere Sphären aufsteigen.

Wenn ihr also grundsätzlich die Geistigkeit eures Seins anerkennen würdet, wäre es euch nach und nach möglich, euch bewußt
an eure vielen anderen Leben, eure mannigfaltigen Möglichkeiten
und Fähigkeiten zu erinnern. Auch diese anderen Leben sind in
Wirklichkeit ja nur Teilabschnitte. Denn was ihr hier auf der Erde
als ein vollständiges Leben anseht, ist nur ein sehr kleiner Teil eures
gesamten einen Lebens oder eurer gesamten einen Existenz. Wenn
euch das vollkommen bewußt wäre, würdet ihr ab diesem Zeitpunkt euer Schicksal aktiv selbst bestimmen können.

Es würde sich dann äußerlich eigentlich gar nicht so viel in
eurem jetzigen Leben verändern. Denn auch jetzt ist es ja schon so,
daß ihr unendlich lebt, obwohl ihr euch nicht erinnert. Und so ist
es auch weiterhin, auch wenn ihr euch dann plötzlich an all die
Zusammenhänge, Spielregeln, diversen Leben und Welten usw.
erinnert, nur mit dem Unterschied, daß es euch das aktive Erinnern ermöglichen könnte, nicht mehr in anderen Körpern wiedergeboren werden zu müssen.

Es würde euch ersparen, immer wieder zahnen zu müssen, sprechen und laufen zu lernen und in den Schulen immer wieder aufs
Neue das ABC zu lernen. Es würde euch ersparen, euch immer
wieder in oft schmerzvollen Prozessen an eure wahre Herkunft zu
erinnern, die ihr bei eurer Wiedergeburt dann ja meistens prompt
wieder vergessen habt, obwohl ihr euch vielleicht am Ende eures
letzten Lebens gerade daran erinnert habt. Ihr könntet euch endlich an eure in schon so vielen Leben gesammelten Erfahrungen
und Fähigkeiten erinnern und auf sie zurückgreifen. Dies könnten handwerkliche, künstlerische oder sportliche Fähigkeiten sein,
Sprachen, Physik oder Mathematik, angesammeltes Wissen aus
den verschiedensten Epochen der Erde oder von anderen
Planetensystemen, auf denen ihr vielleicht auch schon inkarniert
gewesen seid. Ihr könntet aber auch durch wiederentdeckte oder
neuaktivierte Fähigkeiten wie Hellsehen, Channeling, bewußtes

Träumen und Reisen mit dem Astralkörper aktiv mit anderen Ebenen, Dimensionen, Welten oder Universen jenseits von Zeit und Raum Kontakt aufnehmen. Sich zu erinnern, und sei es auch nur teilweise, würde für euch auf jeden Fall einen sehr großen bis unendlichen Zeit- und Spaßgewinn bedeuten.

Noch einmal: Es wäre schön, wenn ihr auf dem Wissen, was ihr in anderen Leben schon längst erworben habt, nur aufbauen und euch mit euren Fähigkeiten wie ein Fächer ausbreiten würdet, anstatt eure Zeit damit zu verschwenden, immer und immer wieder die gleichen Grundlagen zu erwerben, die zum Menschsein einfach dazugehören, und sei es zum 1000sten Mal entjungfert zu werden oder zum abermillionsten Mal laufen zu lernen. Wenn ihr euren Pullover, euren jetzigen Körper, zu einem erleuchteten Zustand bringt und so die Möglichkeit habt, ihn so aussehen zu lassen, wie ihr wollt, habt ihr den Kreislauf des unbewußten Sterbens und den damit verbundenen Verlust des erlernten Wissens durchbrochen und verlassen. Ihr habt dann die Chance, die mannigfaltigen Möglichkeiten des Seins vollkommen bewußt zu erfahren und auszukosten.

Dieser unendlichen Weite und Macht eures geistigen Seins stehen dann manchmal aus unserer Sicht absurde Begrenzungen gegenüber, wie etwa die Angst vor Zigaretten. Wenn ihr aber glaubt, daß Zigaretten eine negative Wirkung haben müssen, wenn ihr also darauf besteht, muß letztendlich euer Glaube, muß euer Wille geschehen. Die Zigaretten haben dann gar keine andere Wahl, ihr Konsum *muß* sich schlecht auswirken. Wir behaupten, daß Zigaretten an sich neutral sind. Das bedeutet, wenn ihr Zigaretten in einer harmonischen Art und Weise benutzt, und für uns heißt harmonisch: verantwortlich, voller Freude, vom Herzen her, wißt ihr sehr wohl, wann Zigaretten schaden und wann nicht. In der Tat, Zigaretten können Krebs erzeugen, aber nur, wenn ihr es persönlich wünscht, manifestiert und es zulaßt. Wie wären denn

ansonsten umgekehrt Spontanheilungen möglich, bei denen sich
Materie sehr schnell, ohne daß ihr es äußerlich wirklich logisch
erklären könnt, umwandelt?

Ihr repräsentiert momentan das, was ihr von euch und von der Welt
glaubt und denkt bzw. was ihr in der Vergangenheit geglaubt und
gedacht habt! Wenn jemand, aus welchen Gründen auch immer,
erkranken möchte, kann er sich als Mittel zum Zweck zum Beispiel
Zigaretten aussuchen. Aber wenn ihr wirklich ernsthaft und wahrhaftig verschiedenste, zum Teil auch wissenschaftliche Untersuchungen
anschaut, und zwar nicht nur Untersuchungen, die in eure ureigenste
begrenzte Weltanschauung hineinpassen, werdet ihr feststellen, daß es
immer mindestens zwei Meinungen von einer Sache gibt. Denn ihr
seht dann, daß auch Menschen erkranken, die nie geraucht haben,
und daß Menschen gesund werden, obwohl sie weiter rauchen. Wo ist
da die Logik? Die liegt in den tiefliegenden Denk- und Glaubensmustern eines Menschen verborgen. Findet heraus, was ein Mensch
tief in seinem Inneren wirklich von sich und seiner Umwelt denkt,
nach welchem Glaubensmuster er handelt, und ihr wißt, warum
bestimmte Dinge in seinem Leben geschehen mußten.

Was Menschen nicht verstehen wollen ist, daß ihr Dinge,
Geschehnisse oder Wahrheiten immer so interpretiert oder auslegt,
wie es euch gerade in euren persönlichen Kram bzw. in eure momen-
tane Weltanschauung paßt. Das ist eine der größten Ursachen dafür,
daß sich die Menschheit im Moment noch nicht so schnell weiterentwickelt. Es ist letztendlich sehr bequem, lieber ganz auf gewisse
Dinge und Gewohnheiten zu verzichten oder diffuse Angst vor
ihnen zu haben, und noch bequemer, etwas vorschnell abzuurteilen
oder anzugreifen, ohne es richtig zu kennen oder verstanden zu
haben. Wißt und akzeptiert, daß der göttliche Weg der Weg der
Mitte und des Ausgleichs ist!

Wir als mit der wahren Natur des Geistes vertraute Wesen haben
zum Beispiel auch nichts gegen den Genuß von Alkohol einzu-

wenden. Wir haben nur etwas gegen die Wirkung, die Macht, den Stellenwert des Alkohols, den ihr ihm gebt bzw. gegen die Form, wie ihr ihn benutzt und einsetzt. *Alles,* was die Erde zur Verfügung stellt, kann positiv oder negativ benutzt werden. Alkohol an sich ist nicht negativ oder an etwas Schuld. Viele Menschen haben leider nur die Angewohnheit zu sagen: Alles oder nichts oder wenn etwas gut ist, muß das andere dann automatisch schlecht sein. Meistens ist der Weg der Mitte die Antwort auf alle Probleme. Wenn ihr zuviel Süßigkeiten eßt, eßt weniger, wenn ihr zuwenig eßt, eßt mehr. Wenn ihr zuviel Auto fahrt, fahrt einfach ein bißchen weniger, oder wenn ihr euch Auto fahren zu wenig gönnt, gönnt euch ein wenig mehr davon. Oft erschafft schon die Überprüfung von Gewohnheiten, von Gedanken- und Handlungsmustern und deren Angleichung an eine neue Situation in eurem Leben einen Ausgleich. Situationen können sich neu ausrichten, eine neue Wertigkeit bekommen und somit durch angepaßte, neu justierte Gewohnheiten oftmals heilen.

Überprüft, ob sich gewisse Verhaltensweisen in gewissen Lebenssituationen für euch noch zeitgemäß, stimmig oder angemessen anfühlen. Benutzt die Dinge grundsätzlich liebevoll und verantwortlich und seht in nichts etwas bodenlos Schlechtes. Seid euch bewußt, daß ihr Geist seid. Letztendlich legt ihr fest, wie oder ob etwas auf euch eine Auswirkung haben soll.

Wir wissen, daß es für viele von euch schwer ist, solche Informationen wirklich zu verstehen oder anzunehmen, gerade weil ihr euch geistige und andere hochentwickelte Wesen meistens sehr heilig vorstellt: Früchtenektar nippend, in langen weißen Gewändern gemessenen Schrittes umherwandelnd und niemals fluchend. Warum und wieso sollten sich diese Wesen ausgerechnet für die eben genannten Dinge interessieren oder sich überhaupt mit ihnen abgeben? Einfach, weil wir diese Dimensionsebene mit den dazugehörenden Spielregeln gut kennen. Wir waren oder sind hier noch oft inkarniert oder zu Besuch. Dadurch verstehen und kennen wir die Menschen und ihre Gefühle und Verhaltensweisen. Wir können mit eurer Sprache, mit eurem Spiel- oder Werkzeug, sei es Kleidung, Farben, Nahrungsmittel, Schlaf, verschiedene Länder und deren verschiedene Gebräuche, Weltanschauungen und verschiedene Religionen umgehen.

Diese Ebene, auf der ihr zur Zeit lebt, ist vielen höherentwickelten Ebenen untergeordnet. Die Macht des Geistes ist hier noch sehr viel schwächer ausgebildet oder trainiert. Vergeistigte Wesen können materielle Dinge so nutzen oder handhaben, wie sie es möchten. Nicht die Materie hat dann das Sagen, sondern der Geist. Der Geist legt dann fest, nach welchen Spielregeln die Materie zu funktionieren hat. In Übergangsphasen könnt ihr zum Beispiel lernen zu schweben, es dort regnen zu lassen, wo ihr wollt, Nahrung nur noch als Spaß- oder Zeitvertreib zu euch zu nehmen oder sie sogar selbst – in welcher Form auch immer – zu erschaffen. Ihr könntet lernen, durch Wände hindurch zu gehen, euch unsichtbar zu machen, auf Wasser zu laufen und vieles mehr. Uns sind einfach Gesetzmäßigkeiten bekannt, die ihr noch nicht entdeckt habt. Das ist das ganze Geheimnis der sogenannten Wunder.

Nach eurem jetzigen Wissensstand über die Naturgesetze, die ihr, wie gesagt, noch längst nicht alle entdeckt oder verstanden habt, sehen die Prognosen für eure Erde nicht besonders rosig aus. Von einem ausschließlich materiellen Standpunkt aus ist zum Beispiel eine Umweltkatastrophe scheinbar nicht mehr aufzuhalten, auch wenn ihr eure Flüsse jetzt noch reinigt und alle Schornsteine mit Filter verseht oder sofort aufhört, den Regenwald zu zerstören. Wenn ihr euch aber bewußt macht, daß Gedanken Energien sind, diese Energien unerschöpflich und grenzenlos erzeugt werden können, daß diese Energien weder an Raum noch an Zeit gebunden sind und eine so große Macht haben, daß sie sogar Materie erzeugen oder verändern können, dann ist es von diesem Standpunkt aus natürlich sehr wohl oder sogar selbstverständlich möglich, die Erde jederzeit umzuwandeln. Ihr müßt es dann nur richtig wollen und euch aktiv dafür einsetzen. Geistige Kräfte sind der wahre Hoffnungsträger für eure Welt. Allein durch die Anerkennung dieser Tatsache würden automatisch materielle Entdeckungen gemacht werden können, die dazu beitrügen, die Erde auch auf der äußeren Ebene mit äußeren Mitteln zu heilen. Doch die Reihenfolge bzw. die Anerkennung der Prioritäten ist in diesem Fall besonders wichtig.

Ein sehr kranker oder gar sterbender Baum würde gesund werden können, wenn sich zehn Personen ein Jahr lang täglich in einem geschlossenen Kreis um ihn stellen und ihn wirklich jeden Tag mit positiven, klaren, liebevollen, unterstützenden, lobenden und aufbauenden Energien behandeln würden. Sie müßten sich an ihre geistige Kraft noch nicht einmal wirklich erinnern, sondern nur genügend Herzenswärme haben und die wirkliche Bereitschaft, sich überzeugen lassen zu wollen. Und es würde funktionieren.

Ebenso könnt ihr zum Beispiel zwei gleiche Schalen nehmen, in beide die gleichen Samen legen und für identische Licht-, Wasser- und Wärmeverhältnisse sorgen. Dann sendet den einen Samen ein paar Wochen lang täglich positive, aufbauende und liebevolle und den anderen negative, zerstörerische und verächtliche Gedanken und Worte. Ihr werdet in kürzester Zeit sehen, was es in der Tat für einen Unterschied für euch und eure Umwelt macht, positive oder negative Gedanken zu haben. Je stärker ihr in die eine und in die andere Richtung geht, desto deutlicher wird der Unterschied sein.

Wenn sich aber jemand gar nicht überzeugen lassen will und sogar große Angst und Widerstände davor hat, weil er nicht will, daß sein Bild von der Welt aus den Fugen gerät, würde er auch nicht wirklich wollen, daß es funktioniert, und so wäre es dann auch. Man muß bei solchen Dingen nicht einmal von vornherein zu 100% daran glauben, es reicht die Bereitschaft, sein Herz zu öff-

nen und sich im Zweifelsfall von der Richtigkeit von etwas Anderem, Neuem, überzeugen oder beschenken zu lassen. Dann würde es funktionieren.

Wenn der Glaube und das Wissen um diese Dinge so tief in der
Seele verankert sind wie etwa bei einem sogenannten Aufgestiegenen Meister, würde dieses Wesen innerhalb eines Tages und
sogar in einer noch viel kürzeren Zeit diesen Baum, eine Waldfläche
oder was auch immer vollkommen heilen können, denn die Macht
der Liebe kennt keine Grenzen.

Wir empfehlen deshalb zunächst, daß ihr eure positiven Energien und euren Glauben stärkt. Laßt erst einmal in eurem Leben
das Gesunde, Gute, Heilende sich ausdehnen. Lobt und bestärkt
solche Qualitäten. Baut das Schöne in eurem Leben nach und nach
immer mehr aus. Dann können euch auch Techniken gezeigt werden, mit denen ihr euch erfolgreich um die Schwachpunkte und
die Sorgenkinder in eurem Leben und auf der ganzen Erde kümmern könnt.

### Der Tod ist der Schlüssel

Das, was ihr *äußerlich* erschafft, ist einzig und allein davon
begrenzt, was ihr *innerlich* zu erschaffen bereit seid und was ihr
dafür äußerlich und innerlich tun wollt. Wenn ihr das wirklich verstanden habt, macht es euch auch nichts mehr aus, schöne, kostbare, aber zur Zeit für euch überflüssige Kleidung oder andere
Dinge zu verschenken oder weiterzugeben. Ihr seid euch dann
sicher, alles, was ihr braucht und benötigt, jederzeit wieder neu
erschaffen zu können.

Denn noch einmal: Geist erschafft Materie! Viele Menschen sind
dagegen allzu sehr verliebt in ihre äußeren Manifestationen und
ihnen verhaftet. Sei es in ihr Geld, in ihren materiellen Besitz, in

Andenken, in bestimmte Symbole oder ähnliches. Sie hängen ihr Herz an diese Äußerlichkeiten und halten sich daran fest. Aber materielle Dinge sind letztlich nur äußere Manifestationen eures Geistes und können jederzeit von eurem Geist wiedererschaffen werden. Wichtig ist daher zu verstehen, daß wirklich *ihr* es seid, die manifestieren, und daß das alles kein Zufall ist. Erkennt die Größe und Macht eurer Schöpferkraft an. Versteht die Spielregeln und wendet sie praktisch an. Trainiert diese große Kraft.

Wenn ihr das in den tiefsten Tiefen eures Seins verstanden habt, seid ihr theoretisch und praktisch bereit, aufmerksam und sicher, eure selbst erschaffenen Manifestationen, wenn es richtig, notwendig und stimmig ist, jederzeit wieder loszulassen. Ihr wißt dann einfach, daß ihr diese Erfahrung, Umgebung oder Sache jederzeit wieder neu erschaffen könnt. Ihr seid sicher, weil ihr spürt und wißt, daß das kein Zufall gewesen ist, als ihr bestimmte Dinge das erste Mal manifestiert habt. Es war ganz einfach das Anerkennen, Verstehen und Anwenden der universellen Gesetzmäßigkeiten. Ihr werdet aus dieser Sicherheit heraus kein Bedürfnis mehr haben, Dinge anzusammeln oder zu horten. Und ihr werdet dann sehr viel lässiger und angstfreier im Umgang mit Äußerlichkeiten oder mit sogenannten Besitztümern sein können. Was andererseit auch bedeutet, mit der richtigen Haltung jederzeit so viel an Reichtum und Besitz jeglicher Art anhäufen zu können, wie es eurem jeweiligen inneren Bedürfnis entspricht.

Menschen, die sich ihrer Schöpferkraft nicht ganz sicher sind, werden häufig mit der Zunahme ihres finanziellen Reichtums immer geiziger. Sie fangen an, sich mit ihren äußeren Manifestationen zu identifizieren und ihnen verhaftet zu sein. Sie verlieren durch dieses mangelnde Vertrauen allmählich den Kontakt zu ihrer Schöpferkraft, mit deren Hilfe sie ja erst diesen Reichtum erschaffen haben. Sie haben dann Angst, den Reichtum wieder zu verlieren, weil sie glauben, dadurch einen Teil von sich zu verlieren.

Aber noch einmal: Der Manifestator ist in eurem Inneren! Wenn
ihr das verstanden habt, könnt ihr äußere Manifestationen wenn
nötig wieder loslassen. Vergeßt nicht: Euer Innerstes ist mit der
gesamten Schöpfung verbunden, es ruht in Gott, und letztendlich
ist jegliche Manifestation nur aus diesem göttlichen Kern heraus
möglich. Auch euer jetziger physischer Körper ist aus der Sicht eures
Geistes, aus der Sicht des göttlichen Funkens in euch, des letztendlichen Manifestators, eurer Schöpferkraft etwas rein Äußerliches, das
heißt, von eurem Geist Erschaffenes. Er kann daher jederzeit eurem
Willen entsprechend verändert, angepaßt und neu justiert werden.

Wenn ihr euch zu sehr mit euren äußeren Manifestationen verbindet oder gar identifiziert, könnt ihr sie sehr schlecht und oft
sogar überhaupt nicht loslassen. Denn jedes Loslassen bedeutet ein
Verabschieden, bedeutet einen kleinen Tod, und ihr würdet dann
das Gefühl haben, einen Teil von euch oder gar euch selbst zu verlieren. Die meisten Menschen identifizieren sich so sehr mit ihrem
Körper, daß sie das Gefühl haben, daß sie aufhören zu existieren,
wenn der Körper stirbt.

Wenn ihr anfangt, den Tod als einen alten Bekannten oder sogar
als guten Freund zu sehen, werdet ihr allmählich feststellen, daß
der Tod nicht wirklich zu fürchten ist, daß er zum Leben dazugehört und wie alles andere Materielle auch letztendlich eine
Illusion ist. Vergeßt nicht: Euer Geist, euer Innerstes Sein kann und
wird niemals sterben oder sich in einer anderen Art und Weise einfach auflösen. Seht, wie sehr das Thema Tod in eurer Kultur noch
verdrängt und ignoriert wird; wie sehr sich manche von euch noch
vor ihm fürchten; wie sehr es euch noch Angst macht, euch mit
dem Tod zu konfrontieren und ihm ins Auge zu schauen. Wir, die
wir gerade sprechen, können einen Körper manifestieren und ihn
dann auch wieder auflösen und danach wieder auf einer rein geistigen Ebene fokussiert sein. Das könnten wir nicht, wenn wir
Angst davor hätten, uns ganz aufzulösen und uns zu verlieren,

wenn wir den Körper dematerialisieren. Auch gewisse Arten von
Teleportation und Zeitreisen sind nicht möglich, wenn man Angst
vor dem Tod hat und sich zu sehr mit seinem physischen Körper
identifiziert.

Der Tod ist ein Schlüssel für die Manifestation. Wer Neues
erschaffen will, muß auch bereit sein, Altes gehen zu lassen, es sterben zu lassen. Wer Leben erschaffen will, muß den Tod in seinem
innersten Sein verstanden und integriert haben. Er muß ihn als einen
notwendigen Bestandteil des Lebens auf der dreidimensionalen
Ebene und darüber hinaus akzeptieren, schätzen und lieben lernen.
Wer sich der Weiterentwicklung seines jeweiligen Planeten oder
einem sehr langen oder endlosem Leben hingeben will, muß akzeptieren, daß es immer Veränderungen geben wird, daß Veraltetes
regelmäßig abstirbt und immer wieder Neues entstehen oder dazukommen wird. Wer bewußt in neue Ebenen und Dimensionen
überwechseln will, muß bereit sein, die Spielregeln der alten Ebenen
und Dimensionen, die alten, gewohnten, vertrauten und zum Teil
sehr liebgewonnenen Denk- und Verhaltensweisen einer Prüfung zu
unterziehen und sie eventuell gegen andere, neuere, der neuen
Dimension und Ebene angepaßte auszutauschen.

Er muß auch bereit sein, den Wunsch mancher oder aller
Familienmitglieder oder Freunde, die nicht bereit sind, ihm auf dem
neuen Weg zu folgen, die eventuell nicht bereit sind, bewußt endlos
weiterzuleben, zu akzeptieren. Er muß bereit sein, dann entweder
allein in andere Sphären überzuwechseln und sie zurücklassen. Oder
aber er muß bereit sein, zuzusehen, wie seine Familienmitglieder, die
es so gewählt haben, altern und er sie dann nach und nach durch
ihren physischen Tod körperlich verliert. Wie ihr seht, muß man
bereit sein, alle möglichen Verhaftungen, die dieser Raum-Zeit-
Ebene hier auf der Erde entsprechen, loszulassen und alten, dieser
Ebene entsprechenden typischen Denk- und Glaubensmuster und
Verhaltensweisen einer ständigen Überprüfung zu unterziehen.

Gleichzeitig muß man bereit sein, die volle Verantwortung für sein gesamtes Leben, für sein gesamtes Sein zu übernehmen und es integer, voller Liebe, Mitgefühl und Verzeihen zu leben. Die gesamte Schöpfung ist auf ständige Weiterentwicklung, auf ständiges Erweitern, auf ständige Integration angelegt. Sie unterliegt deshalb einem ständigen Rhythmus von Werden und Vergehen.

Deshalb bitten wir euch, dem Tod nicht mehr aus dem Weg zu gehen, sondern ihn zu eurem Freund und Partner zu machen, denn dann ist alles möglich. Mit seiner Unterstützung könnt ihr alles erschaffen. Fangt damit an, indem ihr zum Beispiel ein Testament aufsetzt und es wirklich in allen Einzelheiten zu Ende denkt. Oder indem ihr euch überlegt und aufschreibt, wie ihr gerne sterben wollt und wie euer Begräbnis aussehen soll. Dies ist und soll keine Manifestation eures Todes sein, sondern eine Übung, um zu beginnen, langsam die Angst vor dem Tod zu mindern oder sogar ganz zu verlieren. Um das zu bekräftigen, schreibt gleichzeitig zehn große Dinge auf, die ihr in eurem jetzigen Leben auf jeden Fall noch tun oder erreichen wollt. Wenn ihr dann zum Beispiel aufschreibt, daß ihr in diesem Leben noch in Australien gewesen sein wollt, macht ihr eurem innersten Sein, eurem Unterbewußtsein und eurem physischen Körper klar, daß ihr sowieso nicht, aber auf gar keinen Fall sterben wollt, bevor ihr diese Dinge erledigt und erfüllt habt. Wenn ihr wollt, lest zu diesem Punkt die Geschichte „Noch ein Häkchen auf der Liste" aus dem Buch „Hühnersuppe für die Seele" oder die Autobiographie von Monty Roberts. Wenn ihr einen Teil der Liste erledigt oder abgearbeitet habt, ergänzt ihr sie einfach immer weiter. Das ist auch einer der Grundsteine für ein endloses Leben, genau wie das regelmäßige Reinigen des Körpers und der Seele von unnötigen bzw. schädlichen Verhaftungen, wie zum Beispiel von überflüssigen, weil zu negativen Emotionen.

Macht euch bewußt, daß der Tod euch auf die eine oder andere Weise sowieso einholen oder begleiten wird. Sei es in der Form, daß

ihr mit eurem physischen Körper sterbt, weil ihr euch noch nicht
wirklich tief genug dafür entschieden habt, in eurem Körper unendlich leben zu wollen. Oder daß ihr euch immer weiterentwickelt
und bei jedem Entwicklungsschritt etwas Altes hinter euch laßt und
ihr somit viele kleine Tode sterbt oder erlebt. Wobei ihr auf Dauer
in allen Fällen feststellen werdet, daß der Tod letztendlich eine
Illusion ist. Es gibt keinen Grund, Angst vor ihm zu haben.

Somit bitten wir euch, werdet lässiger und entspannter mit euren
äußeren Manifestationen. Liebt sie und schätzt sie, aber identifiziert
euch nicht übermäßig mit ihnen. Manifestiert Reichtum und
Schönheit, aber empfindet es nicht als übermäßig schlimm oder
peinlich, wenn ihr auf eure schöne Krawatte kleckert. Es ist lustig,
und was kann denn wirklich passieren? Seid souverän! Was ist, wenn
das teure Kleid mit Sahne beschmiert worden ist? Lacht ihr dann,
oder seid ihr sehr ärgerlich, daß es nun vielleicht ruiniert ist? Wenn
ihr plötzlich alle nur noch als kleine perfekte, gekünstelte, herzlose
Puppen herumlauft und ihr nicht mehr lustig sein oder mit euren
Kindern herumtollen mögt, weil sonst das teure Kostüm oder der
teure Blazer knittrig oder schmutzig werden könnte, dann ist das die
falsche Haltung. Dann habt ihr wahren Reichtum nicht verstanden,
dann stimmt die Haltung dazu nicht wirklich und sollte einer Überprüfung unterzogen werden. Hast du Stil? Hast du Humor? Kannst
du dich noch über Kleinigkeiten freuen? Kannst du auch Teures loslassen? Liebst du dein Leben? Das ist das Geheimnis für wahren und
erfüllenden inneren und äußeren Reichtum.

### Die heutige Wissenschaft

Auch euer Wissenschaftssystem „klebt" noch sehr an Äußerlichkeiten. Die Wissenschaftler halten bis auf wenige Ausnahmen
nur das für Realität, was sie, gemessen an ihren Maßstäben, auch

beweisen können. Was nicht sichtbar und mit eurer Technik nicht
beweisbar ist, existiert angeblich deshalb auch nicht. Das ist für uns
eine sehr kurzsichtige und arrogante Herangehensweise an die
Dinge der Schöpfung. Die Wirkungsweise und Macht des Geistes
wird entweder vollkommen unterschätzt oder sogar ganz ignoriert,
was für euch und die Entwicklung der Erde nicht besonders förderlich ist. Zum Teil kann es auch sehr gefährlich sein, so zu denken.

Viele Wissenschaftler wollen an diesem Punkt einfach nicht
dazulernen. Wie oft wurde früher etwas als wahr und als
unumstößliche Tatsache und als die nun einzig richtige und end-
gültige Entdeckung hingestellt, und wie oft wurden diese
„Wahrheiten" dann durch neue Entdeckungen relativiert! Zur Zeit
des Altertums in Europa hielt man zum Beispiel die Erde für eine
Kugel und konnte es experimentell zeigen. In eurem Mittelalter
wurde vieles wieder vergessen oder unterdrückt, und man hielt die
Erde für eine Scheibe. Mit der Zunahme eures Wissens haltet ihr
sie jetzt wieder für eine Kugel. Wie oft wurden Wissenschaftler für
das verurteilt und mit Häme bedacht, was sie als Visionen und
wahrscheinliche Möglichkeiten in fernerer Zukunft sahen. Für
Entdeckungen also, die in ihrer Zeit noch nicht möglich waren,
oder Behauptungen, die sie noch nicht beweisen konnten, wie
etwa, daß es irgendwann einmal möglich sein würde zu fliegen.

Jede Wissenschaftlergeneration überholt die vorhergehende. Das
ist jedem Wissenschaftler bewußt und sogar sein erklärtes Ziel!
Und so sollte es auch sein. *Trotzdem* vergessen die meisten
Wissenschaftler regelmäßig, nach dieser Prämisse zu leben, und
stellen sich fast schon prinzipiell neuen Entdeckungen und neuen
Möglichkeiten unnötig in den Weg. Sie halten ihren jeweiligen
Kenntnisstand immer wieder aufs Neue für den einzig richtigen
und das Wissen, das sie jetzt haben, für absolut. Immer wieder
heißt es: „*Jetzt* wissen wir wirklich alles. Wir wissen, daß das früher

auch schon behauptet wurde, aber die Wissenschaftler damals hatten ja keine Ahnung. Die jetzige Situation, der jetzige Stand der Dinge ist jetzt wirklich etwas ganz anderes."

Noch einmal: Solche Gedanken, gerade in wissenschaftlichen Bereichen, sind an sich schon kleinlich, unlogisch und absurd. Denn dabei wird vollständig ignoriert, daß sich die Menschheit und die Erde weiterentwickeln. So wie zum Beispiel im Altertum das Mittelmeer sehr dunkel erschien, weil man bestimmte Farben noch nicht wahrnehmen konnte, so würden solche Wissenschaftler auch mit der Information, daß innerhalb der nächsten 100 Jahre drei neue Farben dazukommen werden, nichts anfangen können. Ebenso haben sie anscheinend nicht bemerkt, daß die Wissenschaftler, die im Laufe der Geschichte etwas Neues und Ungewohntes behauptet haben und fast regelmäßig als Außenseiter und Verrückte abgestempelt wurden, wie sich später herausstellte, dann oft doch recht hatten. Auch hier lernen die Wissenschaftler noch nicht aus ihrer eigenen Geschichte und bestehen darauf, daß sie in ihrem Verständnis oder ihrer subjektiven Auslegung der Realität, weiterhin im Recht sind.

Das ist sehr dumm. Es gibt ja sogar jetzt auf der Erde Kulturen, die die westliche Zivilisation nicht verstehen und zum Beispiel einen Fernseher für Magie halten. Und genau so gibt es hier auf der Erde Kulturen, Wesen und Zivilisationen, die *jetzt* schon Seite an Seite mit euch existieren und deren Erfindungen auch eure hochangesehensten Wissenschaftler nicht verstehen würden – sie eventuell auch für Magie hielten – so wie andere Kulturen *euren* Fernseher nicht verstehen. Es würde einem Eingeborenen nichts nützen zu erfahren, daß der schwarze Kasten Fernseher heißt. Auch würden physikalische Erklärungen dieses Gerät seinem Verständnis nicht näherbringen. Ihr müßtet ihm erst einmal in vielen Stunden die Grundkenntnisse der Physik vermitteln, bevor ihr ihn in die Funktionsweise eines Fernsehers einweihen könntet. Diese zeitbegrenzte Verständnislosigkeit des Eingeborenen wäre dem Fernseher

jedoch egal. Er funktioniert trotzdem während der ganzen Zeit. So
ist es auch mit Erfindungen von manchen Kulturen, die hier auf
der Erde leben. Da müßtet *ihr* die Grundlagen dieser Erfindungen
erst verstehen lernen wollen, weil auch *ihr* die Funktionsweise dieser Erfindungen noch nicht verstehen würdet. Obwohl es auch dieser Erfindung egal wäre, ob ihr sie versteht. Sie würde trotzdem
funktionieren, so wie euer Fernseher.

Doch vielen Wissenschaftlern kommt es gar nicht in den Sinn,
daß es auch Wesen geben könnte, die so groß sind, daß sie in gleicher Weise auf die Menschen herabblicken wie diese auf Ameisen,
und sei es „nur", daß man zu diesem Wesen Gott sagen könnte.
Und wie soll dieses Wesen der Ameise mit Namen „Mensch" die
Schöpfung begreiflich machen, wenn die Ameise „Mensch" darauf
besteht, eine Ameise zu bleiben, obwohl sie doch noch so viele
Entwicklungsstufen vor sich hat bzw. haben könnte.

Diese sehr einengenden Gedanken und Haltungen, die ihr und
eure Wissenschaftler habt, halten euch auf diesen niederen Ebenen
fest. Denn für den Zugang zu höheren Ebenen braucht man eine
andere Grundhaltung in der Sprache, Logik und Vorgehensweise,
da dort oft ganz andere Gesetzmäßigkeiten herrschen. Die Sprache
und die Logik, wie sie hier auf der Erde von den Menschen benutzt
wird, ist oftmals nicht geeignet, gewisse Zustände und Gegebenheiten auf anderen Ebenen und in anderen Welten und
Dimensionen adäquat auszudrücken. Erleuchtung zum Beispiel
kann nicht beschrieben werden. Euer zur Zeit vorherrschendes,
äußerlich angewandtes Mitteilungssystem, auch Sprache genannt,
ist einfach zu begrenzt und daher nicht dafür zu gebrauchen.

Es ist zur Zeit sehr wichtig, eine andere Haltung zu entwickeln,
das Knie zu beugen und sich zu sagen: Es könnte etwas an dem
Gesagten oder an dem, was ich bisher gehört oder gelesen habe, dran
sein. Ich könnte mich mit meinem bisherigen Weltbild geirrt haben,
und ich könnte einfach mal ein paar neue Gedanken, Ideen und

Impulse zulassen. Oder aber ihr macht nur den Anfang damit, indem ihr sagt: Solange es für etwas keinen Gegenbeweis gibt, halte ich es zumindest für möglich oder glaube zunächst einfach mal daran.

Was hättet ihr denn schon wirklich zu verlieren, wenn ihr diesen Standpunkt einmal einnehmen würdet und einer neuen Sache dadurch die reelle Chance gebt, sich selbst zu beweisen. Denn allein diese für euch doch verhältnismäßig *kleine* Veränderung eurer Sichtweise oder eures Standpunktes würde euch eine *Fülle* von ungeahnten Möglichkeiten der Bewußtseinsentwicklung zukommen lassen, *großartige* Entdeckungen erlauben und euch dem Garten Eden hier auf Erden ein großes Stück näherbringen! So sei es!

## Die Mauern des Denkens

Der Geist ist unendlich, und er birgt unendliche Möglichkeiten in sich. Ihr könnt alles manifestieren, was ihr wollt. Es ist *alles* möglich, was sich ein menschlicher Geist ausdenken kann. Für den Geist oder den Manifestator in euch macht es keinen Unterschied, ob er eine Wohnung, ein Haus, einen Partner, Regen, Gesundheit, einen schönen Körper oder ein unendliches Leben erschafft. Die verschiedenen Manifestationen folgen den gleichen Gesetzmäßigkeiten. Aber natürlich macht euer Glaubenssystem noch einige Unterschiede. Es gibt manche Dinge, die ihr euch leichter vorstellen und an die ihr leichter glauben könnt. Das hängt unter anderem davon ab, in welchem Land, Kulturkreis und mit welchem Erziehungsmodell ihr aufgewachsen seid und inwieweit ihr euch an andere Leben, Dimensionen usw. erinnern könnt.

Viele Menschen können sich leicht vorstellen, bewußt eine neue Wohnung zu manifestieren oder einen kleinen Schnupfen wegmanifestieren zu können. Dagegen ist es für die meisten Menschen eher schwierig zu glauben, daß es möglich sein soll, eine neue

Lunge nachwachsen oder ein Krebsgeschwür willentlich verschwinden zu lassen. In Wahrheit gibt es da keinen Unterschied,
ihr erschafft ihn erst, weil ihr an solche Unterschiede glaubt. Ihr
legt fest, was eurer Meinung nach möglich oder machbar ist und
was nicht. Es liegt also an euch, an euren Grenzen. Und je nachdem, ob ihr bereit seid, sie zu lockern und auszudehnen, erweitern
sich damit automatisch eure Manifestationsfähigkeiten. Das ist mit
ein Grund, warum manche Menschen so viel in ihrem Leben
erschaffen und so viel angeblich Unmögliches möglich machen. Es
ist dann sogar egal, wo und wie solche Menschen aufgewachsen
sind. Es kommt darauf an, welche Schlüsse sie aus ihrem bisherigen Leben gezogen haben und mit welchem Willen und Glauben
sie dann ihr Leben gestalten. Sie wenden bewußt oder unbewußt
die Regeln der Manifestationskraft an und können sich oft mehr
Dinge vorstellen als andere Menschen.

Ihr könnt alles erschaffen, was ihr erdenken könnt. Wenn ihr zum
Beispiel glaubt, eine Kerze nur mit euren geistigen Kräften anzünden zu können, müßtet ihr dazu die Spielregeln von Zeit und Raum
verstanden und den Gebrauch eurer Manifestationskraft gelernt
haben. Dann wäre es doch logisch, daß man auch lernen kann, sie
durch geistige Kraft auch wieder auszumachen. Wenn man einmal
beides gelernt hat, müßte es doch theoretisch ebenso möglich sein,
auch Regen „erschaffen" zu können. In der Theorie klingt das doch
alles ziemlich logisch und ist doch klar zu verstehen. Doch bei den
meisten von euch setzt beim Lesen oder darüber Nachdenken
irgendwo eine Sperre ein. Und das hat mit den angeblich vorhandenen verschiedenen Schwierigkeitsgraden der diversen Manifestationsmöglichkeiten zu tun, die aber nur in eurem Denken existieren.

Ihr könnt euch also vielleicht vorstellen, eine Kerze anmachen zu
können, aber nicht, daß ihr sie dann auch wieder durch reine
Gedankenkraft ausmacht. Als Folge davon könnt ihr nach vielem
Üben vielleicht endlich das eine, aber das andere nicht, und zwar nur

deshalb, weil ihr Entsprechendes denkt. Wenn ihr euch beide
Möglichkeiten vorstellen könnt, würde von vornherein auch beides
funktionieren. Ihr könntet dann mit den diversen Vorbereitungs-
übungen von Anfang an beides tun – also eine Kerze an- *und* ausmachen. Wobei es wiederum vielen von euch schwerer fällt, sich vorzustellen, es regnen zu lassen als ein Kerze an- oder auszumachen.

Den meisten von euch erscheint es wie gesagt leichter, eine Kerze
anzumachen, und dadurch ist es auch tatsächlich leichter. Das wie-
derum hat unter anderem mit eurer Vorstellung vom Tod zu tun. Ihr
erschafft lieber etwas Neues, als etwas Liebgewonnenes „zu töten".
Wir können diesen Gedankengang nachvollziehen und verstehen.
Und doch stimmt er einfach nicht, solch ein Glaube ist ein Irrglaube.
Wenn man das eine kann, kann man das andere auch. Es geht auf
Dauer nur darum, daß ihr euch eure allumfassende Macht nach und
nach eingesteht und sie dann verantwortungs- und liebevoll und im
Einklang mit dem Großen Ganzen einsetzt. Bis dahin sind viele
Zwischenstufen mit ihren angeblichen, aber für euch dann realen
Schwierigkeiten zu meistern.

Gemessen an euren inneren Schwierigkeitsabstufungen für die
unterschiedlichen Manifestationen würde zwischen „Kerze an- und
ausmachen" und „Regen erschaffen" zum Beispiel „Lungenkrebs heilen" liegen. Viele von euch können sich eher vorstellen, daß man eine
Kerze ausmachen und Lungenkrebs auflösen kann, halten aber Regen
erschaffen dagegen für besonders schwierig oder gar unmöglich.
Genauso wie sie es für unmöglich halten, einen Lungenflügel nachwachsen lassen zu können. Dabei verändert man auch schon bei der
Beseitigung von Lungenkrebs, was sich viele ja leichter vorstellen
können, bewußt Materie, in diesem Fall Körpergewebe. Das heißt,
ihr erschafft neue, gesunde Zellen. Eigentlich wäre es dann genauso
logisch, auch einen Lungenflügel nachwachsen lassen zu können.

Aber so ist das eben oft: Eine Sache haltet ihr für möglich oder
traut sie euch zu, eine andere nicht. Diese Grenzen sind oftmals

völlig unsinnig und/oder willkürlich. Bei den obengenannten Beispielen wird oft gedacht, daß das eine nur etwas mit dem Körper zu tun hat und das andere mit den sogenannten Naturgesetzen. Aber ihr macht solche Unterteilungen häufig nicht wirklich logisch, sondern eher nach eurem Gutdünken. Ihr vermischt die Ebenen. Denn nach solch einer Unterteilung würde das geistige Anzünden und Ausmachen einer Kerze und die Erschaffung von Regen zusammengehören. Beides hat mit Natur und Naturgesetzen zu tun. Allein nach dieser Unterteilung wäre es dann eben nicht logisch, daß man das eine kann und das andere nicht. Und auf der körperlichen Ebene macht ihr das genauso. Wenn man Lungenkrebs auflösen kann, ist es eigentlich unlogisch, daß man eine Lunge nicht nachwachsen lassen kann.

Wir könnten ein ganzes Buch darüber durchgeben, was ihr glaubt, was angeblich nicht möglich ist und was ihr dagegen für möglich haltet. Und immer ist es so, daß die Logik, die ihr benutzt, um diese Unterscheidung zu treffen, keiner genauen Prüfung standhält. Überprüft dieses für euch. Ihr unterscheidet das, was ihr für möglich haltet, von dem, was ihr für unmöglich haltet, immer so, wie es gerade in euer jeweiliges Weltbild paßt. Diese Unterscheidungen gibt es nicht in der Schöpfung. Diese Grenzen und Mauern gibt es nur in euren Köpfen. Wobei sie dort zum Teil sehr groß und machtvoll sind. Manchmal sind dort Riesenmauern, so groß wie die Chinesische Mauer. Die physische Chinesische Mauer sieht man nicht mehr vom Mars aus. Die geistigen Mauern sieht man hingegen teilweise wirklich bis zum Mars. Sie sind riesig, gewunden und zum Teil unüberwindlich. Ihr müßt sie von innen her auflösen.

Ihr habt diese Grenzen und Mauern selbst in euren Köpfen erschaffen, und nur ihr könnt sie dort auch wieder nach und nach auflösen. Wandelt sie um, oder laßt sie einstürzen, indem ihr Neues nach einer Herzensprüfung vorbehaltlos und diszipliniert ausprobiert. Und seht und überprüft selbst, was dann geschieht.

Hier jetzt noch ein weiteres, eher erdgebundenes Beispiel: Für den einen ist es eine Kleinigkeit, sich ein neues Auto zu manifestieren. Derselbe Mensch glaubt aber gleichzeitig, daß er es nie schafft, einen passenden Partner kennenzulernen. Es gibt dagegen andere Personen, die lernen an einem Abend zehn Leute kennen und würden diese Fähigkeit liebend gerne eintauschen gegen ein neues Auto. Diese Person hat vielleicht keine Schwierigkeit, einen Partner kennenzulernen, aber dafür umso mehr Schwierigkeiten, Geld zu verdienen. Für diesen Menschen erscheint es als unüberwindliche Hürde, 5.000 DM erschaffen zu müssen, so wie es der anderen Person als eine unüberwindliche Hürde erscheint, einen passenden Partner finden zu können.

Die Hürden, die ihr euch aufbaut, sind nicht real vorhanden, sondern sie sind da, weil ihr entsprechende Glaubenssätze habt. Die Logik, die ihr bemüht, um solche Glaubenssätze zu untermauern, ist oftmals beliebig. Geld hat etwas mit Materie zu tun, und es ist für viele leichter vorstellbar, Materie zu erschaffen. Einen Partner zu bekommen, hat für viele dagegen mehr mit dem Zufall oder mit viel Glück zu tun. Andere Menschen benutzen eine andere Logik und glauben, daß es leichter ist, jemanden anzusprechen in der Hoffnung, daß aus einem Gespräch eine Bekanntschaft und dann eine Partnerschaft wird, als darauf zu warten, daß man eine lukrative Arbeitsstelle angeboten bekommt, denn sie halten genau dies für Zufall und von ihnen nicht beeinflußbar.

Noch einmal: Diese Grenzen mit den entsprechenden Logiken und Glaubenssätzen sind *nur in euch*, das ist sehr wichtig zu verstehen. An sich ist es vollkommen egal, ob man ein passendes Auto oder einen passenden Partner finden will. Die dem zugrundeliegenden Gesetze sind die gleichen. Ihr haltet die Grenzen für real, und daher sind sie es auch für euch persönlich.

Es wird sich in Zukunft immer dramatischer für euch auswirken, wenn ihr auf diesen Grenzen, die meistens nur liebgewonnene

Denkgewohnheiten sind, besteht und euch nicht bemüht, sie zu
überprüfen und sie, wenn notwendig, auch zu überwinden. Denn
sonst bleibt ihr in eurer Entwicklung da stehen oder stecken, wo
ihr seid, und entwickelt euch nicht weiter, während vieles um euch
herum sich ändert und vorwärtsstrebt. Und dies, obwohl es aus der
Sicht eines Außenstehenden, und noch nicht einmal aus der Sicht
eines Aufgestiegenen Meisters, fast unglaublich und manchmal
schon bedauerlich wirkt, daß ihr über bestimmte Hürden und
Grenzen nicht hinausgeht, die für jemand anderen eine Kleinigkeit
oder kein wirkliches Hindernis wären.

Alles ist möglich, wenn ihr es eurem Geist erlaubt. Vertraut ihm.
Wir wiederholen es immer wieder, damit ihr seht, wie unendlich
wichtig es für euch ist, diese Botschaft zu verstehen und dann auch
praktische Schritte zu unternehmen, um dieses Wissen anzuwenden. Viele Menschen vertrauen und lieben uns, weil sie erfahren
haben, daß wir manchmal das Unmögliche möglich machen, und
weil wir ungewöhnlich und überraschend sind.

Aber was ist in Wirklichkeit schon gewöhnlich und ungewöhnlich? Ihr allein legt durch euer Denken fest, was für euch möglich
oder angeblich unmöglich ist. Zeit und Raum sind eine Illusion.
Aber sie sind nur dann eine Illusion, wenn ihr wirklich glaubt, daß
*alles* möglich ist. Erlaubt euch, ungewöhnlich, untypisch und
„unnormal" zu sein, denn dies würde jedem einzelnen von euch
sehr schnell viele neue Möglichkeiten eröffnen. Wir bitten euch,
geht über die Grenzen eures bisherigen Denkens hinaus. Probiert
Neues aus. Verhaltet euch zum Beispiel einmal nicht so, wie ihr es
gewöhnlich tut. Zieht einmal etwas Untypisches an, sagt einmal
etwas, was ihr noch nie gesagt habt. Tut einmal etwas, was ihr noch
nie getan habt. Seid einmal für eure Verhältnisse „unnormal".

Wir sind auch nicht normal. Und das ist gut so. Denn sonst
wäre es uns nicht möglich, zum Beispiel sogenannte Wunder zu
erschaffen, was ihr natürlich auch erlernen könnt, wenn ihr es

wollt. Somit erlaubt uns weiter, unnormal zu handeln und dadurch Wunder möglich zu machen, denn noch sind Wunder ja für euch nicht normal. Wenn sie für euch normal geworden sind, dann sind wir es auch. Und das wäre sehr gut für uns, für euch und eure Welt. Dann könnten wir zusammen mit euch verantwortliche Lichtarbeiter sein, was sehr viel Spaß, Freude und Erfüllung bringen könnte.

# 11. Kapitel

# Technik

*Technik im Leben weit entwickelter Außerirdischer*

Wenn ihr eurem Geist seinen ihm gebührenden Platz gebt und nicht ausschließlich von der Technik die Lösung aller eurer Probleme erwartet, wird es möglich sein, Techniken zu erfinden oder zur Verfügung gestellt zu bekommen, mit der ihr eure Probleme lösen könnt. Auf weiterentwickelten Planeten wird diese Reihenfolge „Geist erschafft Materie" verstanden und umgesetzt. Daraus ergeben sich für diese Planeten unermeßliche technische Möglichkeiten, und das sind Hunderttausende mit Abermilliarden von Bewohnern. Wobei diese Zahlenangaben relativ sind, denn auch Raum und Zeit sind relativ, und es gibt in Wahrheit kein gestern, heute und morgen – außer ihr begrenzt euch darauf –, sondern nur das ewige JETZT. In diesem JETZT ist die Zahl der erleuchteten Wesen und Planeten unendlich, wobei es auf dieser Bewußtseinsebene unsinnig wäre, überhaupt irgendetwas zählen zu wollen. In euren Worten und mit eurer Sprache, die noch stark an Raum und Zeit gebunden sind, läßt sich das Ausmaß des aus unserer Sicht schon jetzt vollkommen erleuchteten Seins nicht darstellen.

Der erste Schritt, um sich dieser Ebenen bewußter zu werden, besteht darin, dem Geist den ihm gebührenden Platz zu geben. Den Völkern und Zivilisationen, die dieses Prinzip in ihren Kulturen verwirklichen, eröffnen sich unermeßliche geistige und auch technische Möglichkeiten. Wir möchten euch einige dieser Möglichkeiten nennen, wobei wir aus der Mannigfaltigkeit der verschiedenen Entwicklungen der einzelnen Zivilisationen solche beschreiben werden, die für euch vorstellbar sind und, gemessen an eurer möglichen Entwicklung, euch sehr nahe liegen.

Auf Planeten, auf denen die Bewohner noch einen physischen
Körper benutzen oder er zumindest noch zeitweise benötigt wird,
wird dieser häufig auch mit Kleidung bedeckt. Unter anderem aus
rein lustvollen oder ästhetischen Gründen oder weil es dort Sitte ist,
weil es sich dort noch so gehört. Auf vielen Planeten wird aus
Gründen der Etikette und der Ästhetik zeitweise Kleidung getragen
oder ein Körper benutzt, wenn zum Beispiel Menschen zu Besuch
kommen. Dies wird dann also nur aus Rücksicht auf andere getan.
Auf vielen weiterentwickelten Planeten wird die Kleidung auch
noch regelmäßig gewechselt. Dies allerdings eher aus ästhetischen,
nicht aber aus hygienischen Gründen, da die Kleidung dort nicht
mehr schmutzig wird. Nicht etwa, weil es auf anderen Planeten keinen Schmutz gibt, sondern einfach, weil der Stoff, das Kleidungs-
material nicht mehr schmutzig wird. Es ist sogar auf der Erde schon
ein ähnlicher Stoff erfunden worden. Ebenfalls gibt es hier auf der
Erde schon einen Stoff, der atmungsaktiv und somit sehr angenehm
für die Haut zu tragen ist, und der gleichzeitig so einzustellen ist,
daß er wärmt, wenn es kalt ist, und kühlt, wenn es warm ist. Er
besteht aus einer Art synthetischer Substanz, die trotzdem abbaubar
ist. Eigentlich perfekt. Es ist auch auf der Erde schon bald möglich,
synthetisch eine Art von lebendigem Stoff nachzuahmen. Er ist
dadurch sehr gut verträglich und ebenfalls sehr angenehm zu tragen. Er schmiegt sich wie eine zweite Haut an den Körper, weist
Schmutz ab, paßt sich der äußeren Temperatur und auch der
Körpertemperatur an, so daß der Körper nicht mehr schwitzen
muß, weil ihn immer genau die Temperatur umgibt, die für ihn
angenehm ist. Deshalb braucht man sich und die Kleidung nicht
mehr aus hygienischen Gründen zu waschen, bei diesem Stoff ist
das unnötig. Dieser Stoff verschleißt kaum noch, und dadurch
braucht man auch nur sehr wenig neuen Stoff herstellen.
Diese Entwicklungen oder Entdeckungen gelangen zur Zeit noch
nicht in die breitere Öffentlichkeit oder werden wirtschaftlich

genutzt, weil dies langfristig bedeuten würde, daß die Wasch-
maschinen-, Waschmittel- und Textilhersteller, kurz der gesamte
Industriezweig, der sich mit Kleidung und Körperpflege beschäftigt,
mehr oder minder arbeitslos werden würde oder sich grundlegend
umstellen müßte. Und das nicht nur in den Industrieländern, sondern auch in euren sogenannten Entwicklungsländern, aus denen ihr
häufig die Rohmaterialien für eure bisherige Kleidung bezieht. Alle
müßten sich dann umstellen, wollen dies jedoch aus den unterschiedlichsten Gründen noch nicht, obwohl es sich um Erfindungen
handelt, die letztlich für alle Beteiligten segensreich wären. Meistens
werden aus diesen Gründen gewisse Erfindungen einfach noch nicht
bekannt gemacht und umgesetzt, obwohl sie entwickelt sind oder
kurz vor dem entscheidenden Durchbruch stehen.

Es gibt auf weiterentwickelten Planeten – ähnlich wie in der
Fernsehserie *Raumschiff Enterprise* dargestellt – ein Gerät, das
Kleidung und andere Gebrauchsgegenstände herstellt. Man kann
alle Kleidungsstücke, die man sich wünscht, mit ihm herstellen
und entsorgen. Deshalb braucht man dort auch keine großen
Kleiderschränke mehr, da man einfach immer die Kleidungsstücke
herstellt, die man gerade tragen möchte. Wenn man ein Kleidungsstück wieder ablegen möchte, legt man es einfach wieder in
dieses Gerät, und das Kleidungsstück verwandelt sich wieder in die
Ursubstanz zurück.

Dies funktioniert nicht nur mit Kleidung, sondern mit allen
Gegenständen. Dadurch entsteht überhaupt kein Abfall. Wenn ihr
auf der Erde solch ein Gerät hättet, bräuchtet ihr nichts, keine
Bücher, CDs, Geschirr und ähnliches, aufzubewahren oder weg-
zuwerfen, weil ihr alles zu jeder Zeit herstellen und wieder entsorgen könntet. Somit bräuchtet ihr auch gar keine oder nur sehr
wenige Schränke, in denen Dinge gelagert werden. Dann hätte
man Schränke oder andere Gebrauchsgegenstände nur noch, um
Räume damit zu schmücken und sich an ihnen zu erfreuen.

Wenn eine Zivilisation sich soweit entwickelt hat, daß sie solche Stoffe und Geräte erfunden und in ihre Kultur integriert hat, ist der häufig darauf folgende Entwicklungsschritt, daß auch der Körper weder Schweiß noch sonst etwas ausscheiden muß. Erinnert euch: Gewisse äußere Erfindungen oder Entdeckungen entsprechen immer einem inneren Bewußtseinszustand, oder: wie innen, so außen. Es gibt dann also keine Toilette mehr, und es wird auch nur noch gegessen, wenn man Lust dazu hat und aus Freude. Auf vielen Planeten gibt es Nahrung, die sich im Körper sozusagen auflöst. Es gibt Substanzen, die nicht mehr existieren, sobald man sie geschluckt hat, und zwar nicht, weil man sie gedanklich dematerialisiert, sondern weil bestimmte Substanzen eben so beschaffen sind.

Da man alles herstellen und haben kann – auch die wertvollsten Juwelen –, sind diese Außerirdischen oftmals zwar schlicht, jedoch, nach eurem Wortgebrauch, sehr kostbar angezogen. Das geschieht nicht aus Geltungssucht oder um etwas Besonderes darzustellen. Wenn man wirklich *alles* haben kann, legt man keinen Wert darauf, damit im negativen Sinne anzugeben oder jemand anderen herabsetzen oder verletzen zu wollen. Zumal dies ja auch in diesem Fall nicht möglich wäre, da jeder alles besitzen kann, wenn er es möchte, und somit niemand in irgendeiner Form durch Äußerlichkeiten verletzt werden kann.

Jeder kann mit seiner Kleidung, mit anderen Äußerlichkeiten und mit seiner gesamten Umgebung darstellen und ausdrücken, wonach ihm der Sinn steht, worauf er gerade Lust hat. Es gibt auf weiterentwickelten Planeten in dieser Hinsicht keine materiellen Begrenzungen. Dadurch relativieren sich auch die Wertvorstellungen und die Standpunkte gewissen Ritualen oder Äußerlichkeiten gegenüber. Viele Menschen tragen zum Beispiel nur Schmuck, um zu zeigen, was sie geschafft, was sie geleistet haben, und nicht weil es ihnen besonders viel Spaß macht oder echte Freude bereitet. Schmuck ist hier auf der Erde oft noch ein Symbol für Reichtum.

Um neue, zukunftsweisende Produktionstechniken auf der Erde zu ermöglichen, ist es erforderlich, ihnen von den Wertvorstellungen her zu entsprechen. Somit fangt an zu überprüfen, warum ihr eigentlich Schmuck tragt oder warum ihr bestimmte Kleidungsstücke anzieht. Wobei es hier natürlich nicht darum geht, daß ihr ärmlich angezogen herumlaufen sollt. Wir wissen es sehr zu schätzen, wenn ihr euren Körper und euer Leben so sehr liebt und achtet, daß ihr euch gut pflegt, schön anzieht und euch mit freudvollen Dingen umgebt. Es ist, wie bei allen Angelegenheiten in eurem Leben nur wichtig, *warum, mit welcher Grundhaltung* ihr etwas tut oder laßt, ihr bestimmte Kleidung tragt oder eben nicht tragt. Fangt an, mit Kleidung, Schmuck, Wohnungseinrichtungen und allen Arten von Gebrauchsgegenständen mehr Lebensfreude, Humor, Stil, Gemütlichkeit, Ehrlichkeit und Herzensgüte auszudrücken und in eure Umgebung zu bringen.

Durch das praktische Umsetzen und Ausdrücken dieser Grundhaltungen können euch dann auch gewisse neue Techniken zur Verfügung gestellt werden. Und wenn andere Menschen sehen, daß ihr mit einer verantwortlichen und liebevollen Grundhaltung euch selbst und anderen Wesen gegenüber etwas Neues vorlebt, sind sie eher bereit, ihre eigenen Glaubensvorstellung über Reichtum und ähnliches zu überprüfen und gegebenenfalls zu verändern. Und das hätte eine natürliche Umstrukturierung eures gesamten Systems zur Folge.

Auf einem Raumschiff bedeutet schöner, reiner Schmuck nicht mehr Reichtum, Status oder ähnliches. Schmuck und andere Äußerlichkeiten haben oft eine andere Bedeutung, eine andere Symbolik erhalten. Deshalb wird er entweder gar nicht mehr, nicht mehr täglich oder nur noch zu gewissen Anlässen getragen. So werden bestimmte Schmuckstücke nur noch zu besonderen Zeiten, wie zum Beispiel zu gewissen Festtagen, Zyklen oder Jahreszeiten getragen. Besondere Steine werden zur Unterstützung bestimmter

Chakren und Organe benutzt. Viele Außerirdische haben gelernt, mit ausgewählten Steinen in Kombination mit bestimmten Techniken disharmonische Energien auszugleichen. Somit werden sie nur noch sehr selten oder überhaupt nicht krank, aber nicht, weil es keine Krankheit mehr geben könnte. Wenn sich jemand im Einklang mit dem universellen Fluß befindet, gibt es keinen Grund mehr für Disharmonien, oder sie werden sofort aufgelöst und ausgeglichen.

Weiterentwickelte Wesen schlafen auch nicht, sie ruhen. Sie ruhen in der Regel vier Stunden, um in dieser Zeit mit anderen Wesen, die Telepathie und andere Techniken benutzen, Kontakt aufzunehmen. Oder sie reaktivieren in dieser Zeit die Organe, wandeln Schlackstoffe um, bauen Energien wieder auf oder gleichen sie aus, um wieder vollkommen rein zu werden, um vollkommen im Fluß zu sein. Sie schwingen sich in diesen Ruhephasen häufig in die grenzenlosen Energien des Universums, in die Unendlichkeit des Seins ein. Es gibt Zeiten der Anspannung, und es gibt Zeiten der Entspannung. Weiterentwickelte Wesen passen sich vollständig den jeweiligen Gegebenheiten, den jeweiligen Notwendigkeiten an. Deshalb brauchen diese Wesen zu ihrer Reaktivierung höchstens vier Erdenstunden. Und was in dieser Zeit des Ruhens dennoch an geistigen Kräften freigesetzt wird, ist für viele von euch kaum vorstellbar.

Technik im allgemeinen ist bei weitentwickelten Wesen häufig viel unkomplizierter und leichter anzuwenden, als ihr normalerweise vermutet. Was in euren Science-Fiction-Filmen als außerirdische Technik dargestellt wird, entspricht meistens Zivilisationen, die sich in einer Zwischenphase befinden. Um es für euch noch verständlicher auszudrücken: Fernbedienungen hier auf der Erde sind in der Regel viel komplizierter zu bedienen als ein ganzes Raumschiff von Alpha Centauri. Ihr habt dieses Bild von komplizierter, hochentwickelter Technik, mit vielen Knöpfen und funkelnden Lichtern, weil die Menschen gerne alles so kompliziert sehen wollen und sie sich kaum vorstellen können, wie einfach die Wahrheit ist und wie nah und banal die Lösungen oft sind. Ihr seid einseitig auf die Technik ausgerichtet, und deshalb muß sie für euch bedeutsam und wichtig erscheinen. Das tut sie entsprechend euer Denkweise dadurch, daß sie kompliziert erscheint. Sie ist nur kompliziert, weil ihr es so wollt. Technik ist eines von vielen Mitteln des Geistes, sich auszudrücken, nicht mehr und nicht weniger.

So wird bei den Wesen von Alpha Centauri, mit denen zum Beispiel Elisabeth Klarer Kontakt hatte, unter anderem Kunst großgeschrieben. Die Bewohner von Alpha Centauri lieben ästhetische und schön anzusehende Nahrung, sie schätzen eine harmonische, friedvolle Umgebung, schöne Kleidung, sie singen, dichten und tanzen gern. Die Welt, die sie sich erschaffen haben, ist in diesem Sinne energetisch viel belebter, lebendiger. Sie ist geistvoller als eure. Wenn man es versteht, sich so auszudrücken, so zu leben, wird die Technik und damit auch ein Raumschiff immer unkomplizierter. Wie wir schon sagten: Die Wahrheit ist letztendlich immer schlicht und einfach.

Häufig kommt es in der technischen Entwicklung aber erst einmal zu einer „Erstverschlimmerung". Das heißt, vieles wird anfänglich immer komplizierter. Wenn auch die Ethik sich weiterentwickelt, wird die Technik plötzlich wieder sehr einfach und schlicht. Dann kann es in kurzer Zeit möglich sein, daß nur eine Person ein riesiges Raumschiff fliegt. Sie trägt dann zwar eine große Verantwortung, aber weitentwickelte Wesen sind dazu bereit und verfügen dementsprechend auch über die technischen Möglichkeiten.

Das ist zur Zeit noch ein Problem auf der Erde: Wenige wollen Verantwortung übernehmen. In der momentanen Situation kommt es darauf an, daß jeder einzelne Mensch beginnt, sich verantwortlich für sich und seine Umgebung zu fühlen und sich also auch aktiv um Verbesserungen bemüht. Wenn zum Beispiel eine in einer Firma angestellte Person einen Fehler oder Mangel feststellt, sollte sie den Vorgesetzten oder den nächsten Verantwortlichen darüber informieren. Gleichzeitig sollte sich diese Person schon einmal im voraus Gedanken darüber machen, wie man diesen Fehler oder Mangel beheben kann. Wenn der nächste Verantwortliche, wie zum Beispiel der Vorarbeiter oder Abteilungsleiter, nichts ändern, nichts beheben oder verbessern möchte, wäre es verantwortlich, sich dann an die nächst höher stehende Person oder an den Betriebsrat zu wenden. Wenn auch die nichts davon hören wollen, sollte man sich an eine noch höher stehende Person wenden.

Auch kann man sich zum Ziel setzen, langfristig selbst diese Position einzunehmen oder den Arbeitsplatz zu wechseln und dahin zu gehen, wo man etwas aktiv verändern kann. Das bedeutet es, Verantwortung zu übernehmen. Man sollte nicht schon nach dem ersten Versuch oder dem ersten Schritt aufgeben, nach dem Motto: Das klappt sowieso nicht, was kann eine einzelne Person wie ich schon verändern.

Auf der Erde könnte vieles weitaus besser funktionieren, wenn nicht so viele Menschen durch ein falsches Verständnis von Hierarchie Probleme verursachen würden. Das kann sich dadurch zeigen, daß sie zum Beispiel Anordnungen eines Vorgesetzten, aus welchen Gründen auch immer, andauernd in Frage stellen. Dieses Verhalten kann zur Folge haben, daß sie dadurch diese Anweisungen ständig unzureichend ausführen. Ihre inneren und äußeren Widerstände können dann dazu führen, daß letztendlich weder sie, noch der Chef, noch die Firma wirklich erfolgreich sein können und sich alle Beteiligten nicht richtig gut, glücklich oder erfüllt fühlen.

Dieser Effekt kann aber genauso entstehen, wenn sich Personen einem Vorgesetzten ständig unterwerfen, so daß sie die an sie gestellten Forderungen, Anordnungen oder Befehle niemals in Frage stellen. Das geschieht häufig, weil diese Personen davon ausgehen, daß sie zusätzliche Probleme mit der Arbeit nicht verkraften können, da sie schon so viele Probleme mit ihrem eigenen Leben haben. Wer andauernd zweifelt und kritisiert, geht dagegen meistens davon aus, das es normal ist, ewig Probleme zu haben. Die Probleme erschaffen sie sich aber gerade erst durch dieses Glaubensmuster immer wieder aufs Neue. Oftmals ergeben sich aus diesen beiden auf den ersten Blick völlig unterschiedlich anmutenden Grundhaltungen erst alle diese Probleme.

Übernehmt also Verantwortung für eure Glaubenssätze und dem daraus resultierenden Leben. Überprüft, ob ihr glücklich und erfüllt seid. Wenn nicht, überprüft eure Glaubenssätze. Ändert sie, wenn nötig, und fangt an, euer Leben zum Positiven zu verändern. Übernehmt mit der gleichen Haltung nach und nach Verantwortung für alles, was mit eurem Leben zusammenhängt, was euch umgibt.

Es ist wichtig, allmählich vom „Ich-Denken" zum „Wir-Denken" zu gelangen, denn dann würden viele Probleme, die euch äußerlich so beschäftigen, aktiv gelöst werden können. Viele andere Probleme würden sich von ganz allein auflösen und andere erst gar nicht auftauchen. Es ist eure Erde, euer Planet, auf dem ihr lebt. Es ist wichtig, daß ihr alle euch für die Erde und für euch selbst verantwortlich fühlt und gemeinsam aufbrecht und für sie und für euch etwas tut. Das ist sehr viel einfacher als ihr glaubt!

Eine Führungskraft und entsprechend auf einem Raumschiff der Captain sollten grundsätzlich über alle Bereiche in dem Betrieb, in der Firma, auf dem Schiff informiert sein. Sie müssen wissen, was gerade in ihrer Umgebung passiert und was alles für die Zukunft geplant ist. Sie sollten auch die allgemeinen globalen Zusammenhänge und Gesetzmäßigkeiten verstehen und ein Grundwissen über wichtige planetarische Ereignisse haben. Das bedeutet nicht, daß der Captain alles perfekt wissen und können muß. Aber er muß grundsätzlich über alles Wesentliche informiert sein, um die Arbeit der ihn umgebenden Wesen einschätzen, würdigen und um dem Großen Ganzen und der Mission dienliche Anweisungen geben zu können.

Die Anführer, Chefs, Abteilungsleiter und Captains müssen sich wiederum auf ihre Angestellten, Mitarbeiter oder die Crew verlassen können, da sie nicht überall zur gleichen Zeit sein können. Jedes Crewmitglied sollte wiederum von sich aus das Beste geben, sich weiterbilden und interessiert sein, um dem Betrieb, der Firma, dem Großen Ganzen den größten Nutzen zu bringen, um optimal dienen zu können. Versteht ihr diese Notwendigkeit des Zusammenspiels und des gegenseitigen Vertrauens?

Zur Zeit ist nicht der einzelne, also weder der Captain, noch das einzelne Crewmitglied das eigentliche Problem, sondern *die Geisteshaltung der Masse,* also der Mannschaft, die einen Captain stellt bzw. überhaupt erst hervorbringt. Momentan braucht ihr noch Raumschiffe mit einer komplizierten Technik und einer entsprechend großen Mannschaft. Wenn die Gesamtheit der Wesen eines Planeten oder Planetensystems Verantwortung übernimmt, wird es auch die Mannschaft eines Raumschiffes tun. Diese wird dann wiederum einen Captain wählen, der dieses Amt zur vollkommenen Zufriedenheit aller ausfüllen kann. Ebenfalls werden dann diesem Entwicklungsstand entsprechende Raumschiffe mit der dazu passenden Technik entwickelt und gebaut werden können. Es braucht dann zum Beispiel nicht mehr so viel kontrolliert und überprüft zu werden, weil ihr euch grundsätzlich mehr aufeinander verlassen könnt. Mit der Technik verhält es sich ähnlich. Die verschiedenen Systeme benötigen nicht mehr drei oder vier identische Ersatzsysteme für den Notfall, ihr könnt euch also auch mehr auf die Technik verlassen. In der weiteren Entwicklung wird sie immer einfacher werden können, weil auch euer Denken und Handeln immer einfacher, schlichter, unkomplizierter und wahrer werden wird, unter anderem dadurch, daß ihr in eurem äußeren Leben konkret Verantwortung übernehmt.

Das Beispiel des Verhaltens einer Mannschaft auf einem Raumschiff zeigt, daß ein bestimmter Geisteszustand und das jeweilig dazu-

gehörende Verhaltensmuster eine bestimmte technische Entwicklung
fördert. Bis zu einem gewissen Grad kann eine technische Entwicklung vorangehen, ohne daß sich auch das Bewußtsein weiterentwickeln muß. Für bestimmte Techniken ist eine geistige Weiterentwicklung aber unerläßlich. Wenn sich das Bewußtsein erweitert,
bekommt ihr auch die dazugehörigen Techniken automatisch mitge-
liefert. Arbeitet also vermehrt an der Entwicklung eurer Ethik, eures
Mitgefühls, eurer Liebe, eures Selbstwertgefühls. Ihr werdet dann die
dadurch neu erworbene Technik verantwortlich einsetzen und somit
eure wundervolle Erde rasch und effektiv umwandeln können.

## Die Technik der Zukunft

Wir sehen, daß die Menschheit sich weiterentwickelt. Es werden
in den nächsten Jahren große Entdeckungen, Entwicklungen und
Veränderungen auf euch zukommen. Diese Entdeckungen können
das Leben hier auf der Erde sehr stark zum Positiven verändern. Sie
können auf der anderen Seite natürlich auch mißbraucht werden. Sie
werden euch die Möglichkeit geben, auf der Erde wieder einen
Garten Eden zu erschaffen oder aber sie vollständig zu zerstören. Es
liegt an euch.

Die Situation ist ähnlich wie in Atlantis. Ihr habt die gleiche
Wahlmöglichkeit, nur daß es diesmal um die ganze Erde geht. Wobei
der Planet natürlich immer überleben wird. Es würde einfach auf
Dauer neues, anderes Leben entstehen, und eine neue Ära würde
beginnen. Der Planet, der jetzt den Namen Erde trägt, hat genügend
Material, um nach einer eventuellen Explosion einen anderen
Planeten mit neuem Namen und neuen Entwicklungsmöglichkeiten
entstehen lassen zu können.

Mit den technischen und geistigen Möglichkeiten, die die
Menschen bislang hatten, wäre es höchstens zu Katastrophen auf

der Erdoberfläche gekommen. Aber mit den Möglichkeiten, die die Menschen noch entwickeln werden, könnte bei einem Mißbrauch der gesamte Planet explodieren. Die neuen Entdeckungen geben so viel Hoffnung, weil man damit Fähigkeiten entwickeln kann, die ihr als gottgleich ansehen werdet. Diese neuen Erfindungen werden und müssen sogar so phänomenal sein, damit ihr damit Dinge retten könnt, von denen ihr im Moment noch glaubt, sie nicht retten oder umwandeln zu können. Dieser Machtzuwachs beinhaltet aber, wie gesagt, gleichzeitig auch eine größere Zerstörungsmöglichkeit, wenn die Menschen nicht sehr bewußt, klar und achtsam mit dieser Macht umgehen. Daher ist ebenso wie die technische auch die ethische Weiterentwicklung so immens wichtig. Momentan besteht die Gefahr, daß sich zwar die Technik weiterentwickelt, nicht aber die Ethik. Wenn die Menschen es schaffen, Technik und Ethik gleichermaßen zu entwickeln, wäre soviel Gutes, Schönes, Wundervolles möglich. Innerhalb kürzester Zeit könnte hier auf Erden ein Paradies entstehen. In spätestens fünfzig Jahren könnte es hier aussehen wie auf Alpha Centauri. Wir wissen um die Möglichkeiten, durch die so etwas entstehen könnte.

Um die Erde in kürzester Zeit zu heilen und in ein Paradies zu verwandeln, würden euch zuallererst, wie schon mehrfach ausgeführt, die geistigen, mentalen Kräfte und die damit zusammenhängenden Techniken helfen. Ein erster Schritt auf diesem Weg der Machtübernahme des Geistes ist die Entwicklung einer positiveren Geisteshaltung hin zu mehr Kooperation, Höflichkeit, Verzeihen, Selbstbewußtsein, Verläßlichkeit und Verantwortungsbereitschaft. Als zweiten Schritt könntet ihr dann erlernen, mit euren geistigen Kräften Regen zu erschaffen, Feuer an- und auszumachen, den Wind zu beeinflussen, Pflanzen wachsen zu lassen usw. Ihr würdet dann mit euren geistigen Kräften die Fähigkeit erlangen können, die Naturgesetze außer Kraft zu setzen. All das könntet ihr mit der richtigen inneren Haltung schon jetzt tun. Es könnten schon jetzt

auf diesem Weg genügend Nahrungsmittel für alle hergestellt werden, die noch wählen, Nahrung zu sich nehmen zu wollen. Es würden keine Kriege um Nahrung und Wasser geführt werden. Es
wären keine Schädlingsbekämpfungsmittel und Dünger mehr
nötig. Vieles, was ihr jetzt noch an materieller Technik habt, würdet ihr dann nicht mehr brauchen.

Um die Erde zu retten, würde es als zweite Möglichkeit für den
Anfang schon ausreichen, die euch jetzt schon bekannten
Techniken einfach konsequent anzuwenden. Ihr bräuchtet an sich
keine neue Entwicklungen. Ihr müßtet das Erlernte und Entdeckte
nur endlich praktisch anwenden. Das macht den Unterschied! Aus
dieser Entscheidung heraus würden sich neue geistige und technische Möglichkeiten ergeben, die die Welt noch schneller und effektiver umwandeln könnten.

Als dritte Möglichkeit möchten wir die Techniken nennen, die
auf der Erde schon entwickelt worden sind oder deren Entwicklung
ganz kurz bevorsteht, die aber, und das ist das Wichtigste und in
seinen Auswirkungen für euch dramatisch, aus Angst vor
Geldverlusten nicht bekanntgemacht werden. Wie erwänt, gibt es
jetzt schon Kleidung, die nicht mehr schmutzig wird, es gibt
Sonnendächer gegen die UV-Strahlung und Glühbirnen, die nicht
mehr durchbrennen oder kaputtgehen, wenn sie herunterfallen. Es
gibt umweltfreundliche Antriebstechniken und noch vieles andere
mehr, was momentan noch künstlich vor der Öffentlichkeit
geheimgehalten oder zurückgehalten wird.

Ihr könnt in alle drei Richtungen weitergehen – geistige
Techniken anwenden, bekannte Techniken konsequent einsetzen
und neue Techniken bekanntmachen oder zu Ende entwickeln.
Alle drei Richtungen würden die Erde im Nu umwandeln und in
ihrer Weiterentwicklung voranbringen. Somit wäre es gut, förderlich und angebracht, jetzt wenigstens in einer der drei Richtungen
den nächsten Schritt, die nächsten Schritte zu tun.

*Geld*

Viele Möglichkeiten der Weiterentwicklung nutzt ihr zur Zeit noch nicht des Geldes wegen, das heißt, weil ihr Geld häufig noch negativ benutzt. Zum Beispiel sollten sogenannte alternative Energien wie Sonnenenergie, Wind und Wasser in Zukunft von euch mehr Aufmerksamkeit bekommen und weiterhin untersucht und erforscht werden. Diese Energiequellen sind nach eurem Verständnis unbegrenzt vorhanden, werden aber allein des Geldes wegen viel zu wenig eingesetzt. Eine solch negative Umgehensweise mit dem Geldstrahl kann für euch alle sehr negative Auswirkungen haben.

Geld ist ein Symbol, das ihr gewählt habt, um auf materieller Ebene für etwas bezahlen, einen Ausgleich schaffen, quitt werden bzw. Schulden auflösen zu können. Ihr könnt mit Geld unter anderem auch Reichtum, Genuß, Selbstwertgefühl, Mitgefühl oder den Fluß des Lebens ausdrücken. Auf vielen anderen Ebenen gibt es das Prinzip des Bezahlens, des Schuldenmachens und Schuldenauflösens auch, dann oft nur mit einer anderen Symbolik. Es wird eventuell nicht mit Geld, sondern mit „Äpfeln" bezahlt, um einen Gegenwert zu etwas anderem erschaffen zu können. Geld als solches ist neutral. Es ist weder gut noch schlecht. Der Besitz oder Nichtbesitz von Geld macht auch niemanden automatisch gut oder schlecht.

Die unverantwortliche Art und Weise, wie Geld auf der Erde eingesetzt bzw. negativ benutzt wird, funktioniert überhaupt nur, weil ihr dem Geld einen besonderen Stellenwert in eurem Leben gebt. Hätten Äpfel die gleiche Bedeutung, die Geld hier auf der Erde hat, würden jetzt Äpfel das gleiche Image und eine eher negative Bedeutung für euch haben.

Menschen sind nicht durch Geld wirklich reich oder „schlecht". Auch arme Menschen können reich oder „schlecht" sein. Nur merkt man „den schlechten Einfluß" da nicht so sehr, weil sie nicht das Geld und die dazugehörende Macht haben. Sie haben einfach nicht

so starke Ausdrucksmittel, mit denen sie ihre „Schlechtigkeit"
publik machen könnten. Ihr allein gebt durch eure Gedanken einer
Sache erst Bedeutung und Macht. Nur durch eure Gedanken und
Glaubenssätze wird hier auf der Erde einem reichen Menschen, dem
Geld oder anderem angeblichen Reichtum eine Bedeutung und
Macht gegeben. Das heißt, es liegt an eurem Wertesystem, daß
Macht bei euch primär durch Geld dargestellt wird – und nicht
umgekehrt! Auch in diesem Punkt liegt der Schlüssel für eine
Weiterentwicklung nicht primär in Äußerlichkeiten wie zum
Beispiel in einer Umverteilung von Geld. Der Schlüssel liegt in der
Wertigkeit, die ihr bestimmten Dingen gebt, also in eurem Denken.

Gleichzeitig sollte jeder den Wunsch haben dürfen, reicher zu
werden, ohne sich dafür zu schämen oder von anderen dafür verurteilt zu werden. Letztlich sollte jedem Reichtum zustehen, und
jeder sollte es jedem von Herzen gönnen. Viele spirituell arbei-
tende Menschen hören so etwas nicht gerne. In ihnen ist oft noch
sehr stark die Vorstellung, daß für Wesen, die an ihrer Erleuchtung arbeiten, Geld keine Rolle spielen sollte und daß auch
spirituelle Lehrer ihr Wissen umsonst oder nur gegen freiwillige
Spenden weitergeben sollten. Das Gegenteil ist eher der Fall. Um
Erleuchtung zu erlangen, müssen Verhaftungen jeglicher Art aufgelöst sein. Es muß erkannt werden, daß man die vollständige
Erleuchtung nur erlangen kann, wenn man bereit ist, *alle*
Ausdrucksformen der göttlichen Gegenwart zu erkennen, zu verstehen, zu integrieren und wieder loszulassen. Sonst werdet ihr
durch die alten Gedanken- und Verhaltensmuster, die aus alten
Traditionen, Leben und Erziehungsmustern stammen, an die
materielle Welt und den dann immerwährenden Kreislauf von
Leben und Tod gebunden.

Die von euch oftmals so sehr geliebten Außerirdischen, Aufgestiegenen Meister oder andere hochentwickelte Wesen sind innerlich und dadurch, wenn sie es wünschen, auch äußerlich uner-

meßlich reich. Hochentwickelte Außerirdische verfügen über Raumschiffe von einer Größe und mit einer Ausstattung, die auch einen materiellen Wert für die Erdbewohner darstellen. Wenn die Herstellung dieser Raumschiffe so erfolgen würde wie momentan hier auf der Erde, würde der materielle Wert noch über euer Vorstellungsvermögen hinausgehen. Diese Raumschiffe sind zum Teil mit so viel Gold, Silber, Juwelen und Kristallen ausgestattet, wie es die jeweiligen Besitzer eben wünschen. Und wir sprechen hier natürlich von Dingen, die auf der Erde jeglichem Reinheits- oder Echtheitstest standhalten würden. Hochentwickelte Wesen können nur mit ihren Gedanken die luxuriösesten Häuser und soviel Geld, wie sie es in dem Moment wünschen, erschaffen.

Viele spirituelle Menschen würden diesen Wesen automatisch einen solchen Reichtum und Luxus zugestehen, ihn genießen oder ihn überhaupt nicht hinterfragen. Sie würden es in dem Moment der Kontaktaufnahme oder des Besuchs sogar als normal, bzw. als einem solchen Wesen angemessen empfinden. Einem reichen Menschen auf der Erde dagegen, der ein wunderbares Anwesen mit viel Land, mit Hausangestellten, einem Chauffeur, Gärtner, einem Ankleideraum mit Hunderten von Anzügen und Kleidern hat, würden sie so etwas nicht zugestehen. Wißt, auch auf Raumschiffen gibt es häufig noch Piloten, eine Crew, Bedienstete, Kleidung, Nahrung, Platz, Freizeit, Hobbys usw. Wo ist da die Logik? Ihr setzt eure Beurteilungen oftmals gerade so ein, daß sie in euer Weltbild passen. Wir betonen noch einmal: Geld an sich ist neutral. Wir unterstützen im Zweifel jeden Menschen darin, soviel Geld und Reichtum in Liebe und Verantwortung zu erschaffen, wie er es sich wünscht.

Hier ist natürlich ein schmaler Grad, um nicht in Egoismus, ins Getrennt-Sein und in Machtmißbrauch abzugleiten. Es geht nicht darum, einfach nur reich zu sein, sondern verantwortlich mit Geld umzugehen. Viele Wesen würden, wenn sie die Wahl hätten und für sie alles zum Leben Notwendige frei und unendlich zur Verfügung stünde, entscheiden, nicht reicher als reich sein zu wollen. Wenn ihr das Prinzip der unendlichen Fülle verstanden habt und anwenden würdet, bräuchtet ihr keine zusätzlichen Milliarden auf dem Konto oder irgendwelche Geld-, Gold- oder Juwelenvorräte in einem Tresor. Wenn ihr euch und anderen unendliche Fülle zugestehen würdet, könnten nach und nach auch Entdeckungen gemacht oder möglich gemacht werden, die diese unendliche Fülle bzw. diesen Reichtum auch äußerlich manifestieren würden.

### Energieerzeugung

Mit einer entsprechenden Geisteshaltung kann jede Energieform verantwortlich genutzt werden. Die Atomenergie und andere Formen der Energiegewinnung sind so, *wie* ihr sie anwendet, zur Zeit teilweise noch sehr gefährlich. Auch gibt es jetzt schon sehr viel bessere und effektivere Energiegewinnungsmethoden. Eine Zeitlang war es in Harmonie, die Atomenergie zu nutzen. Doch ihr seid bei der Erforschung und Weiterentwicklung der Kernenergie stehengeblieben. Und ihr habt aus vergangenen Fehlern noch nicht genügend gelernt. Im Moment wäre daher die einzig logische und wirklich verantwortliche Schlußfolgerung, die ihr daraus ziehen solltet, die Atomkraftwerke erst einmal stillzulegen.

Bei der Energieerzeugung war man lange der Ansicht, mit der Atomenergie in die angeblich kleinste Form von Materie eingedrungen zu sein. Das hat sich schon als Irrtum herausgestellt. Selbst wenn ihr bei euren Forschungen noch tiefer in die Materie eindringen würdet – und ihr auch dort automatisch irgendwann im reinsten Licht enden würdet –, wäre es sehr förderlich, die Kraft und Wirkungsweise der mentalen Energiearbeit zu ergründen. Denn mit ihr könnt ihr dann später den Sprung in die Raum-Zeit-

Energie tun und damit unendliche Energien zur Verfügung haben und zum Beispiel so große Entfernungen in einer so kurzen Zeit zurücklegen, daß es jeder Beschreibung spottet.

Es gab auf der Erde immer eine stetige technische Weiterentwicklung. Es gibt sie auch jetzt, und es wird sie immer geben. In der Frühzeit wurde zum Beispiel Fleisch roh gegessen, dann über dem offenen Feuer gebraten, später auf einem Herd zubereitet und schließlich in zirkulierender Luftenergie gegart. Nun könntet ihr als nächstes ein Steak mit Gedankenenergie grillen und dann wiederum feststellen, daß ihr als eine Konsequenz einer solchen Fähigkeit überhaupt nicht mehr äußerlich essen müßtet. Ihr könntet euch stattdessen mit Gedanken- bzw. reiner Lichtenergie ernähren. Oder ihr könntet euch mit Gedankenenergie Nahrung eurer Wahl erschaffen, wenn ihr noch zu essen wünscht.

In einer anderen Abfolge sehen wir euch, wie ihr für die tägliche Arbeit eure Muskelkraft gebraucht habt, dann habt ihr dazu Maschinen eingesetzt, gefolgt vom Computerzeitalter. Es gab ein Zeitalter, in dem Feuer eingesetzt wurde, dann Gas, schließlich Elektrizität, und dann habt ihr die Kräfte der Atomspaltung genutzt. Es gab also immer schon eine stetige Weiterentwicklung. Jetzt sind die nächsten Schritte notwendig.

Die Motivation und Art und Weise, wie momentan auf der Erde Energie produziert wird, hat sehr viel mit eurem Umgang mit Geld zu tun. Auch deshalb ist es unbedingt erforderlich, den Geldstrahl zu heilen und zu reinigen. So macht zum Beispiel die Atomwirtschaft einen großen Anteil eurer gesamten Wirtschaft aus. Die Atomlobby ist stark und würde bei einer Umorientierung bei der Energieerzeugung eventuell viel Geld verlieren. Manchen Wesenheiten und Menschen ist es wichtiger, kein Geld zu verlieren, als daß die Gesamtheit der Bewohner des Erdenplaneten gewinnen würde. Hier wird also noch nicht ganzheitlich, gesundheitsbewußt und liebevoll gedacht und vorgegangen. Zusätzlich haben viele Menschen in erster

Linie Angst um ihren Arbeitsplatz. Auch hier wird nicht ganzheitlich gedacht. Insgesamt ist euer Wirtschaftssystem zur Zeit noch so aufgebaut, daß nur ein sehr kleiner Personenkreis an einem Ausstieg etwa aus der Atomenergie, an einem Umstieg oder an anderen tiefgreifenden Veränderungen Geld verdienen würde. Hier wäre nach und nach ein Umdenken, Umstrukturieren und Umverteilen notwendig.

Wobei es auf dem Weg zu einem Wirtschaftssystem, das im Einklang mit den universellen Gesetzmäßigkeiten ist, viele Zwischenschritte gibt. Eine Möglichkeit dafür wäre etwa, alle Mitarbeiter einer Firma am Gewinn zu beteiligen. Das hätte zur Folge, daß die Mitarbeiter, die diese Gewinnbeteiligung ebenfalls wünschen, sich in ihrem eigenen Interesse mehr engagieren, damit es der Firma gut geht. Solch ein Schritt setzt die Bereitschaft voraus, eine noch größere Verantwortung für die eigene Arbeit zu übernehmen oder Verantwortung an andere abzugeben, je nach Art der Arbeit und der Position innerhalb der Firma.

Ein weiterer Schritt kann sein, daß darauf hingearbeitet wird, daß jeder die Position in seiner Firma einnimmt, die ihm von Herzen am meisten Spaß macht, am meisten erfüllt und damit auch automatisch seinen Neigungen und Fähigkeiten am besten entspricht. Dann ist der nächste Schritt nicht mehr weit, daß jeder die gleiche Bezahlung erhält. Denn der Maßstab für die Bezahlung ist dann auf Dauer nicht mehr eine äußere Position, der Status einer Arbeit oder die Dauer der Ausbildung, sondern der Einklang mit dem inneren Lebensplan. Denn jede von Herzen gelebte und ausgefüllte Arbeit im Großen Ganzen verdient die gleiche äußere Anerkennung und Bezahlung. Innerhalb des Großen Ganzen sind alle gleich wichtig. Wie innen, so außen. Wie oben, so unten. Das bedeutet, wenn jeder seinem eigenen inneren Bedürfnis entsprechend arbeitet, vollziehen sich die Umstrukturierungen und Umverteilungen auf der äußeren Ebene leicht, harmonisch und letztendlich dann auch automatisch. So einfach ist das.

Schwierigkeiten auf der äußeren Ebene sind immer ein Hinweis darauf, daß ihr auf den inneren Ebenen etwas verändern müßt. Ihr kommt in vielen äußeren Bereichen, nicht nur bei der Energiegewinnung, an ein Ende bzw. an einem Wendepunkt an. Ihr werdet dadurch gezwungen, neue Wege zu beschreiten. Bei der Elektrizität ist es zum Beispiel der Elektrosmog, der als eine negative Seite dieser Energiebenutzung entdeckt wurde. Kohleverbrennung hat inzwischen so viele Nachteile, daß sie mit den in der heutigen Zeit neu erworbenen Energienutzungsmöglichkeiten schon längst eingestellt werden sollte. Aber auf Dauer wird eine ganzheitliche Weiterentwicklung ohnehin nicht aufzuhalten sein.

Die nächsten Formen der Energieerzeugung werden zwar noch kraftvoller sein, als es die alten jemals waren, dafür werden sie aber auch sehr viel gefährlicher sein. *Alles* hat auch eine negative Seite. In diesem Sinne gibt es keine wirklich vollkommen sichere Energieerzeugung. Obwohl das für euch im ersten Moment beängstigend oder gefährlich klingen mag, sehen wir doch, daß es euch und der Erde mit euren zukünftigen Entdeckungen und Entwicklungen immer besser gehen kann.

Viele Energiequellen sind auf der Erde noch nicht bekannt. Somit können wir sie auch nicht mit einem für euch bekannten Namen betiteln oder beschreiben. Ihr würdet diese Energiequellen zur Zeit noch nicht vollständig verstehen. Für solche Informationen wenden wir uns dann unter anderem an eure Wissenschaftler und Politiker, die dieses Wissen verstehen, anwenden und benutzen können.

## Computer

Auf der Erde besteht momentan die Gefahr der dauerhaften Hörigkeit bzw. der totalen Abhängigkeit von Computern und Technik im allgemeinen, und zwar durch die Art und Weise, wie

ihr die Geräte und Techniken für euch nutzt. Ihr entwickelt euch
zwar ständig technisch weiter, aber nicht immer auch ethisch. Das
ist einer der Gründe, warum bisher im Verhältnis so wenige positive Außerirdische auf euch und euren Planeten aufmerksam
geworden sind, bzw. warum sie bisher erst so wenig Kontakt mit
euch aufgenommen haben. So schicken manche Außerirdische in
regelmäßigen Abständen weitentwickelte Sonden los, um zu überprüfen, ob ihr schon einen bestimmten technischen und ethischen
Stand erreicht habt. Erst ab einem bestimmten Entwicklungsstand
wird eine Kontaktaufnahme in Erwägung gezogen. Deshalb ist es
wichtig, auch die technische Entwicklung zu unterstützen und voranzutreiben. Dann wird ein Kontakt zu solchen euch gegenüber
überaus freundlich gesonnenen, hochentwickelten Außerirdischen
überhaupt erst zustandekommen. Durch den Kontakt mit dieser
Art von Außerirdischen könntet ihr euch wiederum an die
Ganzheit, an die Großartigkeit und Vielfältigkeit des Seins erinnern und somit der Gefahr der Einseitigkeit entgegenwirken.

Wir empfehlen, euren Hauptfokus auf die neuentwickelten materiellen Techniken, wie zum Beispiel die Verfeinerung der Computertechnik, und auf die Weiterentwicklung mentaler Techniken,
wie zum Beispiel die Telepathie, zu legen. Es ist am effektivsten und
für eure Zukunft am förderlichsten, sich gleichzeitig auf die technische Weiterentwicklung und auf die Förderung eurer ureigensten,
euch innewohnenden Fähigkeiten auszurichten. Diese beiden
Bereiche sollten zunächst getrennt weiterentwickelt werden, wobei
ihr die Möglichkeit habt, euch erst einmal eurem Herzen und eurer
Berufung entsprechend für einen dieser Bereiche zu entscheiden. Es
wäre zu wünschen, wenn diese Bereiche von der Öffentlichkeit und
euren Führungskräften gleichberechtigt behandelt werden würden,
indem die Forscher und Wissenschaftsteams beider Bereiche die
gleiche Aufmerksamkeit und Förderung erhalten. Später kann man
die Ergebnisse zusammenführen. Das Angleichen würde ohnehin

auf natürliche Art und Weise geschehen, wenn beide Gruppen bis in die tiefsten Tiefen der Materie und des Seins forschen und vorgehen würden. Wie unten, so oben, wie innen, so außen – die letztendliche Wahrheit trifft sich in der Mitte, die Widersprüche heben sich auf, es ergibt plötzlich alles einen Sinn. Alles hat und hatte von Anfang an seine Daseinsberechtigung und Logik und wird sie auch immer behalten.

Wenn ihr vor die Wahl gestellt werdet, entweder durch reine Telepathie „telefonieren" zu können oder unter Zuhilfenahme von Telefonen oder Kristallen, wäre es zu diesem Zeitpunkt für die Menschheit besonders empfehlenswert, sich für die Telepathie zu entscheiden. Entscheidet euch grundsätzlich lieber für solche Techniken, die ohne äußere Hilfsmittel auskommen. Wobei allein schon die Möglichkeit und Entwicklung der Kommunikation mit Kristallen für viele von euch fast revolutionär klingt. Diese Art der Verständigungshilfe wurde und wird aber schon seid langer Zeit hier auf der Erde von vielen Wesen praktiziert und angewandt. Es ist aber allmählich nicht mehr empfehlenswert, Kristalle als Gedankenverstärker zu benutzen. Kristalle sind, genau wie auch andere technische und mentale Übermittlungstechniken, in gewisser Weise antiquiert. Es gibt langsam weitaus effektivere, weil an die neue Dimension weitaus besser angepaßte Techniken. Ihr könnt diese Dinge natürlich auch weiterhin anwenden und benutzen, wenn es euch Freude bringt, so wie manche Menschen zum Beispiel voller Freude Oldtimer fahren. Doch sind sich diese Menschen dabei vollkommen bewußt, daß es heutzutage weitaus ausgereiftere, bequemere, schnellere und sparsamere Fahrzeuge gibt. Das macht den großen Unterschied bei der Sache aus.

Die Arbeit mit Kristallen oder anderen äußeren, „groben" Techniken wird auf Dauer der Vergangenheit angehören. Die Entwicklung geht eher in Richtung noch kleinerer Mikrochips und in die Relativierung des Raum-Zeit Gefüges. Natürlich haben

Kristalle immer noch Macht, sie kommen an die Macht der
Atomkraft heran. Aber beide Techniken sind auf Dauer veraltet. Es
gibt hier auf der Erde noch eine Art Kristallnetz, das Druiden in
früheren Zeiten unter anderem als Telefonleitung benutzt haben,
um miteinander zu kommunizieren. Auch diese Information mag
für manche von euch fast sensationell klingen und könnte auch erst
einmal den verständlichen Wunsch auslösen, dieses Kristallnetz zu
finden und zu nutzen. Aber vergeßt nicht, diese Art von Technik
habt ihr in anderen Leben schon oft angewandt, auch wenn ihr das
zum Teil vergessen habt. Trotzalledem ist diese Technik der
Kommunikation genauso wie bestimmte Richtlinien, Gebote und
Gesetzmäßigkeiten wie etwa die angebliche Notwendigkeit der
Nahrungsaufnahme langsam veraltet oder, je nach Standpunkt,
schon *jetzt* veraltet oder schon längst veraltet. Das heißt, daß ihr das
Kristallnetz zwar reaktivieren könntet, dies aber nicht mehr notwendig und eher ein Rückschritt wäre. Denn ihr habt ja schon
Telefone und Computernetze bzw. könntet stattdessen jetzt schon
längst über gewisse Arten der Telepathie, Teleportation und
Materialisation verfügen. Es gibt auch kristallgetriebene Raumschiffe, die euch manchmal noch sehr beeindrucken würden. Aus
unserer Sicht sind aber auch dies Oldtimer, und die übermäßige
Beschäftigung und Fixierung auf solche Technologien wäre ebenfalls eher ein Schritt zurück.

Gleichzeitig sind Kristalle sogar noch zum jetzigen Zeitpunkt ein
sehr starkes Symbol und eine Möglichkeit, mit dem Mutterplaneten
Erde Kontakt aufzunehmen. Das kann aber auch mit Hilfe von
Pflanzen, Wasser oder Feuer geschehen. Wobei diese Dinge nur
Hilfsmittel sind, genau wie Aromatherapie, Ayurveda, Shiatsu, Bach-
blüten, Astrologie usw. Es sind Mittel zum Zweck. Das schmälert
ihren Wert in keiner Weise, doch es bleibt dabei: Es sind letztendlich
nur Hilfsmittel. So wie hier auf Erden viele Menschen auch noch
Kleeblätter, Glücksschweine, Kreuze oder Schornsteinfeger als

Hilfsmittel einsetzen, damit sie Glück bringen. In Wirklichkeit dienen diese Dinge nur der Unterstützung des Glaubens an das Glück.
Kleeblätter selbst bringen kein Glück, sondern nur der in sie gesetzte Glaube. Wobei der in sie gesetzte Glaube natürlich Berge versetzen
und Wunder vollbringen kann. Gegen Hilfsmittel ist nichts einzu-
wenden, nur sind sie zumindest insofern unbequem oder manchmal
sogar gefährlich, weil man sie häufig immer bei sich haben muß,
immer an sie denken muß und man ihnen gegenüber eine gewisse
Art von Abhängigkeit entwickeln kann.

Euer Glaube, Hilfsmittel zu brauchen, zeigt einen bestimmten
Entwicklungsstand an, der euch an eine gewisse Ebene bindet. In
diesem Entwicklungsstadium erinnert ihr euch noch nicht ausreichend daran, bei wem letztendlich die wahre Macht liegt: nämlich
bei euch, in euch!

Deshalb benutzt Computer und andere technische Hilfsmittel
in gleicher, verantwortlicher Weise. Arbeitet daran – als gesamte
Menschheit – euer Verständnis über Technik zu erweitern. Deshalb
ist die Vernetzung, die globale Kommunikation, die Verschmelzung
der verschiedenen Kulturen und Länder so wichtig für euch. Zur
Zeit schauen noch zu viele Staaten und Bevölkerungsgruppen und
auch einzelne Menschen, die an ihrer Weiterentwicklung arbeiten,
nur auf sich allein. Aber als einzelne Person oder als einzelner Staat
würdet ihr kein Föderationsmitglied der Sternengemeinschaft werden, das heißt, es ist wichtig, daß ihr als eine große, vereinte,
gemeinsame Menschheit in den Weltraum schaut.

Wir, die wir jetzt gerade sprechen, benutzen noch sogenannte
Computer. Es gibt andere weitentwickelte Wesen, die benutzen sie
nicht mehr. Aber auch sogenannte negative Außerirdische benutzen Computer. Auch damit ihr euch besser auf solche positiven
und negativen Außerirdischen einstellen könnt, sind Computer in
der Entwicklung der Menschheit als Zwischenschritt wichtig und
notwendig.

Es würde zur Zeit euren Verstand sprengen, wenn wir wirklich
*alles* darlegten, wozu Computer imstande sein können, was durch
sie möglich sein könnte. Unter anderem können Computer zu
lebendigen Wesen mit einem Eigenleben werden. Und wieder kann
es dann ein positives oder ein negatives Wesen sein, da es in jedem
Fall ein Spiegel von euch ist. Mit Computern könntet ihr beispielsweise Hologramme und einen holographischen Berater erzeugen,
ihr könntet Nahrung herstellen, ihr könntet euch „beamen", euch
also entmaterialisieren und an anderer Stelle rematerialisieren, ihr
könntet Raumschiffe zusammenschrumpfen lassen, sie in einem
Mikrochip „abspeichern" und bei Bedarf wieder auf die volle Größe
rematerialisieren, ihr könntet Zeitsprünge vorbereiten, Zeitschleusen öffnen, fremde Raumschiffe orten, fremde Sprachen übersetzen und fremde Schriften entziffern. Ein einziger Mikrochip
könnte das alles beinhalten, und ihr könntet ihn mit euch herum-
tragen und all dies und noch viel mehr immer zur Verfügung haben.
    Alle diese Fähigkeiten eines Computers könnten allein durch
Gedankenkräfte aktiviert werden, das heißt ohne den Weg über eine
Tastatur oder die Sprache. Um den Weg zu solcher Technologie zu
bereiten, ist es auch sinnvoll, das Gehirn, das ein lebendiger
Computer ist, mehr zu nutzen und zu trainieren – im wahrsten
Sinne des Wortes. Bei der Weiterentwicklung der Computer geht es
daher nicht nur etwa um die Verkleinerung der Schaltkreise. Um
einen wirklichen technologischen Sprung machen zu können, ist es
viel wichtiger, die Verbindung von Geist und Materie, also in diesem Fall einem Computer, herzustellen.
    Die Vorstellung, daß dabei Gedankenkräfte diese Art von
Computern steuern, ist noch zu begrenzt. Die Verbindung von
Geist und Materie geht noch tiefer: Der Computer selbst ist ein
lebendiges Wesen, er ist belebt, so wie jede Materie belebt ist. Jeden
eurer heutigen Computer umgibt ein Energiefeld, eine Aura. Den
Computern, die ihr benutzt, fehlt zur Zeit jedoch noch ein höher-

entwickelter Geist, weil ihr das Geistige in ihnen nicht anerkennt und dadurch seine Weiterentwicklung nicht fördert. Wenn ihr lernt und trainiert, euren eigenen Geist zu erweitern und ihn mit Computern zu verbinden und etwa lernt, deren Aura zu sehen, könnt ihr das Potential eines Computers auch viel mehr nutzen, indem ihr sie beispielsweise energetisch aktiviert und aufbaut. Aber dies wird zur Zeit noch sehr selten getan. Ihr seht Computer meistens als tote Maschinen, die euch dienen sollen, ohne daß ihr anerkennt, daß es sich um ein Produkt des Geistes handelt und somit lebt.

Diese Sichtweise ist bei euch allgemein üblich. Es ist daher nicht verwunderlich, daß es noch keine fortschrittlichere und harmonischere Verbindung von Ethik und Technik, Geist und Materie auf der Erde gibt. Ihr behandelt Computer noch nicht als lebendige Wesen. Somit unterstützen sie euch nicht in dem Maße, wie sie es eigentlich jetzt schon könnten. So ist es auch mit Engeln, Naturwesen, Aufgestiegenen Meistern, positiven Außerirdischen und anderen wunderbaren Wesen aus reinstem Licht und reinster Liebe, voller Wissen und Güte. Wenn du nicht an sie glaubst, helfen sie dir nicht in dem Maße, wie sie es eigentlich könnten und auch tun würden, wenn sie gefragt oder gebeten werden würden. Und trotzdem gibt es sie alle. Und mit ihnen eine unvorstellbar große, ungenutzte Macht, die ihr durch eine Zusammenarbeit mit ihnen erlangen könntet. Das dahinter stehende Prinzip ist: Ihr seid das, was ihr denkt, und eure Welt und euer Leben ergibt sich aus dem, was ihr denkt.

Um euch an die Geistigkeit *allen* Seins zu erinnern, könnt ihr zum Beispiel anfangen, den wichtigsten technischen Geräten, mit denen ihr zu tun habt – Autos, Computern, Kraftwerken usw. – Namen zu geben. Ihr könntet beginnen, sie als wirklich lebendige Wesen, wie einen guten Freund oder einen lieben Gast zu behandeln. So können sie euch wiederum besser unterstützen und hel-

fen. Es könnten weitaus mehr technische Entwicklungen geschehen, wenn ihr diese Zusammenhänge endlich begreift. Auch das,
was ihr noch als technische Höchstleistung anseht – zum Beispiel
die Gentechnik –, ist gemessen an den Möglichkeiten noch unendlich klein.

Das Problem ist, wie gesagt, nicht die Technik als solche, sondern die Ethik. Ihr seid teilweise noch nicht bereit, gewisse Schritte
in eurem Denken und Handeln wirklich zu tun und zu verbinden.
Somit könnten wir zwar leicht das technische Prinzip erklären, wie
ein Raumschiff von einer Sekunde zur anderen Lichtjahre zurücklegen kann. Aber wir tun es noch nicht, da dieses Wissen noch
mißbraucht werden würde.

Als nächster Schritt steht für euch an, Raumschiffe zu konstru-
ieren, die noch durch Raum und Zeit fliegen und dabei schneller
sind als das Licht. Ein solcher Antrieb basiert auf einem Naturgesetz,
das mit der Raum-Zeit-Krümmung zu tun hat, und das ihr noch
nicht erkannt habt. Ihr würdet es nicht verstehen, wenn wir es
erklärten, denn ihr habt das Naturgesetz noch nicht entdeckt, bzw.
noch nicht vollständig entschlüsselt. So wie ihr auch eine Beschreibung einer Farbe, die ihr noch nicht kennt, nicht wirklich verstehen oder umsetzen könntet. Die Wörter allein ohne die dazugehörende Frequenz, die auch erst verstanden oder entschlüsselt
werden müßte, würden euch nichts sagen. Ebenso würden die
Erklärungen von bestimmten technischen Entwicklungen für einen
Nichtfachmann nicht zu verstehen sein. Deswegen werden zur Zeit
von uns auch vermehrt hochentwickelten Persönlichkeiten unter den
Wissenschaftlern und Regierungsvertretern kontaktiert, um die
Übermittlung zu erleichtern und für alle Beteiligten effektiver zu
machen.

Aber wir müssen immer wieder betonen: Wenn ihr als Menschen
eure innere Haltung und dementsprechend auch eure äußeren
Taten nicht wirklich verändert, wird euch solche technische

Unterstützung unsererseits letztendlich nicht helfen. Denn der Schlüssel, um auf eurer Erde ein Paradies zu erschaffen, liegt *in* euch. Wenn ihr euch, und zwar jeder einzelne da, wo er gerade in seinem Leben steht, nur ein wenig für diese Gedanken, die wir euch übermitteln, öffnet und sie auch nur zu einem Teil beherzigt, kann diese kleine Veränderung in eurem Geist sehr große Veränderungen auf der äußeren materiellen Ebene bewirken. Wisse: Du bist schon jetzt der Schöpfer deines Lebens. Richte dich somit auf eine harmonische, liebevolle, freudvolle und wunderschöne jetzige und zukünftige Welt aus. Lebe, praktiziere und visualisiere sie täglich. Denn noch einmal: Geist ist immer stärker als Materie!

# 12. Kapitel

# Die Föderation

*Spielregeln der Föderation*

Wir arbeiten daran, hier auf der Erde Frieden zu schaffen und euch bewußt zu machen: Ihr seid alle eins. Alle Wesen auf der Erde können miteinander auskommen. Ihr braucht niemanden zu fürchten. Man kann lernen, in Harmonie miteinander zu leben, wenn man bereit ist, Kompromisse zu schließen, indem man – der Föderation entsprechend – Regeln entwirft, an die sich alle halten. Wir sagen nicht, daß es zu Beginn leicht ist, aber wir sagen, daß es möglich ist, und zwar zum Besten für alle. Lernt bitte, Kompromisse zu schließen. Kompromiß heißt nicht, daß nur eine Seite vollkommen nachgeben muß. Ein Kompromiß bedeutet, daß beide Seiten erst einmal, am Anfang vielleicht noch zähneknirschend, nachgeben. Aber sie geben nach, sie treffen sich in der Mitte und sind dann letztendlich beide glücklich damit.

So funktioniert für uns der „Zusammenschluß der Welten": zu fragen, was euer Bedürfnis ist und umgekehrt zu sagen, was unser Bedürfnis ist. Dann treffen wir uns in der Mitte, schließen eine Vereinbarung und halten uns daran. Wir erinnern uns an die Vereinbarung, wenn einer versucht, sie zu verletzen. Wenn wir uns streiten sollten, wählen wir einen Friedensrichter, der überprüft, was abgemacht wurde, und alle Seiten daran erinnert bzw. dazu ermahnt, sich bitte auch an die beiderseitig getroffene Vereinbarung zu halten oder eine neue, noch bessere, noch passendere Vereinbarung zu treffen, auch wenn solch ein Verhalten anfänglich nicht immer leicht einzuhalten ist.

Das ist der nächste Punkt, der uns wichtig ist, wenn ihr euch den Spielregeln der Föderation, also dem „Zusammenschluß der Welten"

annähern wollt: Lernt zuerst, mit eurer nächsten Umgebung Frieden
zu schließen. Es kann erst Frieden auf der ganzen Welt herrschen,
wenn ihr bereit seid, ihn auch bei euren nächsten Familienangehörigen, Freunden, Arbeitskollegen und Nachbarn zu erschaffen! Denn wenn es erst einmal mit den Familien oder den Freunden
gelingt – ihr müßt nicht bei den Familien anfangen, ihr könnt auch
bei den Freunden, Nachbarn oder Arbeitskollegen beginnen –, wird
dieses Prinzip wie eine Blaupause, wie ein Brennglas oder ein
Katalysator helfen, daß sich dieses Verhalten ausbreiten kann und
daß es schließlich überall funktioniert. Ihr müßt nur wirklich von
Herzen bereit sein, eure eigenen Lebensumstände zum Positiven,
zum Besseren verändern und euren eigenen Beitrag zum Großen
Ganzen leisten zu wollen.

Die Umgangsformen innerhalb der Föderation unterscheiden sich
zum Teil noch sehr von eurem Verhalten. Es gibt bei weitentwickelten Außerirdischen nicht so etwas wie Eifersucht, Mißverständnisse,
Konkurrenz oder Neid. Diese Außerirdischen verbinden sich von
vornherein gar nicht mit Wesen, mit denen sie nicht harmonieren.
Auf der Erde werden Freunde ja häufig nicht mit dem Herzen ausgesucht, sondern danach, was man von ihnen bekommen kann,
wozu sie einem nützlich sein können. Somit ist es nicht wirklich
Freundschaft, was sie verbindet.

Hier muß man eine Unterscheidung machen. Es können viele
außerirdische Wesen in Harmonie zusammenarbeiten, ohne
zugleich befreundet zu sein. Das funktioniert jedoch nur, weil persönliche Grenzen und Eigenarten weitaus mehr respektiert werden
als das zumeist unter Menschen der Fall ist. Es herrscht weitaus
mehr Höflichkeit untereinander, egal in welchem Umfeld oder bei
welcher Art von Arbeit man zusammentrifft.

Freunde zeichnen sich wie gesagt dadurch aus, daß sie von Herzen
ausgesucht werden. Wenn man einen wirklichen Herzensfreund hat,
kommt keine Eifersucht auf. Man weiß einfach, daß man unabhän-

gig von Zeit und Raum für immer befreundet sein wird. Freunde unterstützen und fördern das Gute und Beste in dem anderen. Wenn man befreundet ist und sich kennt, traut man dem Freund nur das Gute zu. Und weil gegenseitig nur das Gute zugetraut wird, geschieht auch nur das Gute. Denn Gedanken sind Geist, und der Geist erschafft die Umwelt, die Realität.

Wenn beispielsweise auf der Erde jemand zu einer Verabredung zu spät kommt, kann man sich nach eurer Erfahrung nicht immer sicher sein, ob er wirklich einen wichtigen Grund hat oder nicht einfach nur verantwortungslos mit eurer Zeit umgeht. Solche Erfahrungen sind ein Grund dafür, daß die Menschen oft verlernt haben, das Gute und Liebevolle in anderen zu sehen und vorauszusetzen. Oder aber sie erschaffen sich Situationen, in denen sie ihre „schlechte" Meinung über andere Menschen bestätigt finden, nach dem Motto: „Ich habe ja gewußt, daß sich der oder die so verhalten wird!"

Es wäre empfehlenswert zu überprüfen, ob wirklich alle Freunde sind, die ihr als Freunde bezeichnet und aus welchem Grund ihr wirklich mit ihnen zusammen seid, ihre Nähe sucht oder euch eben so verhaltet, wie ihr glaubt, daß es von eurer Freundschaft zeugt. Das heißt nicht, daß man nicht auch mit netten Bekannten, fremden Menschen – auch aus anderen Kulturen – Spaß haben, sie einladen oder Geschäftsbeziehungen haben kann. Ihr würdet aber von netten Bekannten nicht so viel erwarten und erwarten können wie von echten Freunden. „Bekannte" ist in diesem Fall nicht abwertend gemeint. Es ist einfach ein Seinszustand, eine Haltung, ein inneres Gefühl einer Person oder einem Wesen gegenüber. Da, wo nicht mehr ist, sollte man nicht zu viel hineindenken, hineinreden oder hineininterpretieren. Ihr neigt dazu, Situationen zu komplizieren, indem ihr Dinge und Handlungen von Menschen, Tieren, Pflanzen und anderen Wesenheiten erwartet, von denen ihr eigentlich genau wissen müßtet, daß das nicht der göttlichen Ordnung, nicht eurer inneren Wahrheit entspricht.

Wenn man diese Zeichen, Gefühle und Wahrnehmungen anerkennt und respektiert, kann man sich sehr nett mit Fremden,
Bekannten oder Geschäftsfreunden unterhalten und eine sehr gute
und erfüllende Zeit miteinander verbringen, da dann auch keine
unpassenden und damit falschen Erwartungshaltungen zerstört
werden können.

Bei Freunden, hier also wahren Freunden, geht immer vom
Positiven aus. Bei manch anderen Personen oder Wesenheiten wäre
das manchmal ein wenig naiv oder sogar dumm. Geht bei
Freunden davon aus, daß sie euch ganz sicher nicht weh tun wollen, daß sie euch lieben und zum Beispiel stets einen guten und
wichtigen Grund für eventuelle Versäumnisse euch gegenüber
haben. Ihr müßtet dann überrascht sein, wenn dem nicht so ist.
Erst wenn ihr fragt und kein guter Grund für einen Vorfall genannt
werden kann, dürfen negative Emotionen aufkommen. Aber nicht
im voraus.

Verletzungen entstehen häufig dadurch, daß ihr von Freundschaft sprecht, während ihr nur Bekannte seid. Wenn ihr genau
wißt, daß ihr Bekannte seid und dementsprechend handelt, entspannt sich das ganze Verhältnis, und die Verletzungen und Mißverständnisse hören auf.

An Bord eines Raumschiffes höherentwickelter Wesen weiß
man, wo man selbst und zueinander steht und was man für das
Große Ganze zu tun hat. Man hält höflichen, liebevollen und
respektvollen Abstand zueinander, geht freundlich miteinander um
und hält seine Zusagen ein. Jeder hat seinen eigenen, ihm zuste-
henden Platz auf dem Raumschiff. Das bestimmt das Leben an
Bord eines Raumschiffes. Deswegen ist Harmonie da, auch innerhalb des „Zusammenschlusses der Welten", der Föderation.

Wenn wir die Erde als Raumschiff sehen, versuchen hier die meisten Menschen, Captain zu werden oder Captain zu sein. Ob sie
dies überhaupt mental schaffen können oder ob das überhaupt ihre

wahre Bestimmung ist, ist für die meisten von ihnen völlig unerheblich. Sie wollen nicht Captain werden, weil sie diese Tätigkeit
glücklich machen würde, sondern meistens aus Ego-Gründen. Sie
glauben, durch diesen angeblich wichtigeren Job an Wert zu gewinnen. Und sie tun es aus finanziellen Gründen, weil bei euch Geld
ein wichtiger Maßstab für Anerkennung ist.

Auf einem Föderationsraumschiff ist sich jeder seiner Talente
bewußt und versucht gar nicht erst, etwas anderes darzustellen, als
er ist. Es kann an Bord immer nur einer Captain sein, und das sollte derjenige sein, der dieser Aufgabe wirklich entspricht, jemand,
der diese Berufung in seinem Inneren fühlt und diese Arbeit zum
Nutzen und zur Zufriedenheit aller auch praktisch ausführen kann.
Alle Wesenheiten auf dem Raumschiff sind mit ihrer Arbeit zufrieden. Sie bekommen von den noch höherentwickelten Wesen die
Arbeit zugewiesen, die zu ihnen paßt, sie fördert, erfüllt und glücklich macht. So werden diese Aufgaben und Tätigkeiten mit sehr
viel Liebe, Hingabe und Disziplin erfüllt.

Kein Wesen versucht jemand anderem weiser, geschickter oder
zum Beispiel musikalischer vorzukommen, als es zur Zeit wirklich
ist. Es wird zwar von den anderen unterstützt, sich auszuweiten
und wird auch immer positiv motiviert, aber es würde keiner einem
anderen sagen: „Du malst toll", wenn es nicht so ist. Wir würden
nicht lügen und doch die Wahrheit in einer sehr liebevollen und
unterstützenden Art und Weise vermitteln. Wofür sollten
Verletzungen oder Unhöflichkeiten denn auch gut sein?

Hier könnte man die neuere *Raumschiff Enterprise*-Serie als
Beispiel heranziehen, wobei die dort gezeigten Menschen noch
nicht so weit entwickelt sind wie auf unseren Raumschiffen. Sie
entsprechen in etwa eurem jetzigen Entwicklungsstand, was in
keinerlei Weise abwertend gemeint ist, sondern nur den Tatsachen
entspricht. In dieser Serie hat jeder auf einem sogenannten
Holodeck, das ist ein Raum, in dem vollkommen realistisch wir-

kende Umgebungen künstlich erzeugt werden können – was es auf
manchen unserer Raumschiffe auch gibt –, die Möglichkeit, Aggressionen harmonisch loszulassen und umzuwandeln, ohne sie an
jemand anderem oder an sich selbst auszulassen oder sie aufzus-
tauen. So ist es auch bei uns. Wir kennen uns sehr gut, und wenn
jemand sagt: „Du bist heute übermäßig aggressiv", würde der
Angesprochene nicht sagen: „Nein, wie kommst du darauf", sondern in sich hineinfühlen, und wenn es so ist, schlicht und einfach
ohne Scham sagen: „Ja, stimmt." Dann würde er höchstwahrscheinlich sagen: „Dann gehe ich jetzt und wandle es um."

Auf der Erde dagegen würde man oft eher mit unterdrücktem
Groll reagieren: „Wieso, ich bin doch nicht wütend! Wie kommst
du darauf? Ich soll verärgert sein, niemals!" Und somit würde sich
nichts ändern. Weder würde man sich dadurch in Zukunft trauen,
jemanden auf seine negativen Seiten anzusprechen, um nicht selbst
zur Zielscheibe für dessen Aggression zu werden, noch würde man
lernen, mit seinen Emotionen ehrlich, verantwortlich und gut
umzugehen.

Das ist, wie schon gesagt, zur Zeit eines der Hauptprobleme hier
auf Erden: Die Menschen wollen noch zu oft etwas darstellen, was
sie in Wirklichkeit gar nicht sind. Sie sind aus diesem Grund auch
nicht bereit, ihr wahres Ich anzusehen. Dabei könnte es eine
beglückende und zutiefst befriedigende Erfahrung sein, nach und
nach mit dem wahren Ich vertraut zu werden.

Wir wissen, daß *jedes* Wesen ein Talent, eine Bestimmung, eine
Berufung hat! Wir wissen auch, daß wir alle Zeit und Möglichkeiten
der Welt haben, die wir brauchen, um uns zu entwickeln und so
dem Großen Ganzen zu dienen. Und da an Bord keine Arbeit besser oder wichtiger ist als eine andere – denn alle Arbeiten zusammen
ergeben in ihrer Gesamtheit erst das Große Ganze –, muß man auch
nicht etwas künstlich darstellen oder etwas Außergewöhnliches sein
oder leisten wollen. Jedes Wesen ist von Geburt an etwas Be-

sonderes, etwas Außergewöhnliches. Dieses Geburtsrecht muß es nicht erst beweisen. Auch du bist mit deinem Sein, deinen Fähigkeiten und deinen ureigensten Talenten etwas Kostbares, etwas sehr Schönes. Du bist ein Geschenk Gottes, der Schöpfung, der Quelle. Nutze es gut.

Überprüft ehrlich, wo eure Stärken und Talente liegen, und dann trainiert sie und baut sie nach und nach aus. Denn ein Talent, das vervollkommnet wurde, zieht automatisch ein anderes nach sich. So werdet ihr nach und nach die verschiedensten Talente in euch ausbauen und dadurch zu einem vollkommenen Wesen, welches das Christusbewußtsein und noch höhere Ebenen erreichen kann.

### Aufnahme in die Föderation

Zur Föderation gehören Tausende von Völkern auf ebensovielen Planeten. Es werden keine einzelne Staaten eines Planeten in die Föderation aufgenommen, sondern nur geeinte Planeten. Also kann die Erde nur als Ganzes Mitglied der Föderation werden. Insoweit muß hier auf der Erde als Voraussetzung für eine Aufnahme Einigkeit herrschen. Die Erde ist jedoch noch nicht geeint.

Zur Zeit, das heißt jetzt, wo wir dieses sagen, gibt es ca. 56.000 Planeten, die in einer ähnlichen Situation sind wie die Erde. Sie befinden sich in einer Art Warteschleife. Alle diese Planeten, und noch viel mehr, sind energetisch miteinander verbunden. Die Entscheidung eines Planeten hat somit Auswirkungen auf den gesamten Planetenverbund. Ihr sitzt alle in einem Boot, wie ihr es ausdrücken würdet. Somit wäre es gut, auch für diese Planeten zu beten, um es aufzufangen und auszugleichen, wenn sich ein Planet gegen eine Weiterentwicklung entscheidet. Denn obwohl ihr miteinander verbunden seid, kann jeder Planet allein für sich entscheiden, ob er sich weiterentwickeln und dann der Föderation angehören will.

Die Hälfte dieser Planeten wird höchstwahrscheinlich auf die eine oder andere Art und Weise sterben. Dies kann dadurch geschehen, daß sie sich selbst zerstören, sei es durch Umwelteinflüsse, Waffen oder übermäßige negative Emotionen. Natürlich kann ein Planet auch durch äußere Einflüsse zerstört werden, sei es hier durch Fremdeinfluß anderer Rassen, Planeten oder explodierender Sonnen. Dies alles geschieht letztendlich aber nur durch eine mehr oder minder bewußte Entscheidung des Planetenbewußtseins bzw. der Wesen, die auf ihm leben.

Wenn sich Planeten gegen eine Weiterentwicklung entscheiden, hat dies wie gesagt Einfluß auf euch, und darum ist es für euch wichtig, euch von solchen Einflüssen zu lösen und unabhängig zu machen. Je mehr dieser Planeten auf den verschiedensten Ebenen sterben, desto eindeutiger muß eure Entscheidung für das Leben und die Liebe sein. Aber auch wenn sich 55.999 Planeten für das Sterben entscheiden, könnt ihr erleuchtet werden, das heißt, in diesem Fall weiter auf der dritten Dimensionsebene leben. Es hängt von der Tiefe eurer Entscheidung ab, ob ihr wirklich bereit seid, euch zu ändern, und es dann auch tut. Je mehr Planeten sich für eine positive Weiterentwicklung entscheiden, desto leichter wird es auch für die Erde und umgekehrt.

Die Erde und die Menschheit haben dabei keine besondere spirituelle Mission, wie vielfach noch behauptet wird. Eine Zeitlang wird das den Wesen von Planeten gesagt, die sich auf einer bestimmten Entwicklungsstufe befinden, um sie dadurch positiv zu motivieren. Solches wurde den Menschen etwa gesagt, damit sie eine Liebe zu sich und zur Erde entwickeln. Aber in Wirklichkeit gibt es keine Sonderrolle der Erde oder der Menschheit. Die Erde und die Menschen auf ihr sind nicht besser und nicht schlechter als andere Planeten und deren Bewohner. Zeitweise bekommen einige Planeten aus den unterschiedlichsten Gründen mehr Aufmerksamkeit als andere, aber es gibt wie gesagt keine besonde-

re oder außergewöhnliche spirituelle Bestimmung für die Erde. Die
Erde ist genauso gut oder schlecht wie andere Planeten, das heißt,
sie ist für uns genauso gut und wichtig für die Entwicklung des
Großen Ganzen wie andere Planeten und deren Bewohner.

Ihr seid nun entwickelt genug, um diese Botschaft anzunehmen,
ohne in eurem Ego enttäuscht zu sein. Nun seid ihr weit genug
entwickelt, um viele Botschaften, die euch früher in einer begrenzten Form überbracht wurden, in ihrer Gesamtheit zu verstehen,
ohne sie als Lüge entlarven zu müssen, sondern als notwendige einzelne Schritte auf eurem Weg zu größerer Bewußtheit. Auf ihrem
Weg in die Einheit erkennen Wesen zu Beginn nur einzelne
Buchstaben der umfassenden Wahrheit, dann einzelne Wörter, später vollständige Sätze und am Ende die ganze, vollkommene
Geschichte ihres Seins.

Die Erde in ihrem gesamten Sein hat sich bereits für ihre
Weiterentwicklung entschieden. Es liegt an euch, also an dir, ob du
an dieser Entwicklung teilhaben wirst oder vielleicht auf einem
anderen Planeten weiterlernen willst. Und dies entscheidest du mit
deiner geistigen Ausrichtung und praktisch bewiesener Bereitschaft,
Neues zu lernen und anzuwenden. Dies klingt für viele von euch
noch sehr bedrohlich, und ihr könntet euch dadurch unter Druck
gesetzt fühlen. Doch nichts liegt uns ferner, als euch unnötig zu
verunsichern oder zu ängstigen. Wir weisen euch nur auf mögliche
zukünftige Entwicklungen hin und zeigen euch gleichzeitig, wie ihr
eure Gegenwart und Zukunft zum Positiven verändern könnt. Es
hilft nichts, den Kopf in den Sand zu stecken, denn ob wir euch
nun darüber informieren oder nicht, es ändert nichts an der
Realität der Energiebeschleunigung mit allen ihren Konsequenzen.

Dabei geht es um eine Art von Leben und Sterben auf vielen der
Dimensionsebenen hier auf der Erde. Da euer Wille geschehe und
geschehen wird, muß es zum Beispiel auch eine Welt geben, die
untergeht, da viele Menschen dies noch so wollen und dadurch

manifestieren. Aber noch einmal: Es gibt die Erde nicht nur einmal, sondern viele Male, so wie auch du auf verschiedenen Ebenen
und in verschiedenen Leben gleichzeitig existierst. Du entscheidest,
in welcher Welt du lebst, und wenn du dich harmonisch den neu-
en Energien anpaßt, wirst du auf einer dann paradiesischen Erde
leben können.

Entscheidend für eine positive Entwicklung und damit auch für
die Aufnahme in die Föderation ist, wie schon mehrfach erläutert,
inwieweit ihr wirklich auch praktisch, also nicht nur in der Theorie,
sondern auch mit euren Taten bereit seid, in Liebe dem Großen
Ganzen, der Schöpfung, der Quelle, Gott zu dienen. Die Mittel
dazu sind Verstehen, Verzeihen und ganzheitliche Heilung. Der
Weg dahin ist, disharmonische Grenzen aufzulösen und harmonische Grenzen einzuhalten, auszudehnen und durchlässig zu machen.

Was sofort und *unbedingt* notwendig ist, ist die Auflösung von
negativen Gedanken und Gefühlen, weil deren Kraft durch veränderten Gesetzmäßigkeiten eurer Raum-Zeit-Ebenen sehr stark
zunimmt und ihr das nach wie vor noch dramatisch unterschätzt.
Wenn ihr weiterhin so unachtsam und uneinsichtig seid und darauf besteht, so starke ungereinigte, unnötige und überflüssige negative Gedanken und Gefühle haben zu wollen, werden viele von
euch unter Umständen großes Leid erfahren, bis hin zum körperlichen Tod.

Dabei macht es schon einen großen Unterschied aus, ob die
Gedanken ein bißchen oder sehr stark begrenzt sind. Es hat zum
Beispiel nicht so dramatische Auswirkungen auf euch und euren
Körper, eure Umwelt und euren Planeten, wenn ihr auch weiterhin glaubt, materielle Nahrung für den Erhalt des materiellen
Körpers zu brauchen, und ihr euch noch nicht wirklich vorstellen
könnt oder noch nicht fest genug daran glaubt, daß letztendlich
die Lichtenergie, das Prana, der Atem des Lebens euch ernährt und
am Leben erhält. Aber Haß, übermäßiger Neid und ähnliche

unproduktive Emotionen müssen jetzt schnellstmöglich und dauerhaft aufgelöst werden, wenn ihr euch mit diesem Planeten weiterentwickeln und im Einklang mit dem Sein weiterleben wollt.

Das bedeutet aber nicht, daß ihr negative Emotionen wie etwa
Wut künstlich unterdrückt oder gar verleugnet. Es kommt stattdessen darauf an, verantwortlich mit der Wut und ähnlichen
Gefühlen umzugehen. Wenn ihr zum Beispiel einen Schutzmantel
aus Licht um euch legt und dann sehr bewußt altes Geschirr zerstört oder mit einer Schere ein Kleidungsstück zerschneidet und
eure Wut da hinein legt und somit aus eurem Körper herausbringt,
geht ihr auf eine erwachsene, bewußte, harmonische und gesunde
Art und Weise mit der Wut um. Dadurch laßt ihr diese Emotionen
nicht unbewußt und unkontrolliert an euch oder anderen aus.

Dies bedeutet jedoch nicht, daß man sich alles gefallen läßt.
Manchmal ist es einfach notwendig, wütend zu reagieren oder zu
sein, um gesunde Grenzen zu schützen. In eurem Umwandlungs-
prozeß kann also unterdrückte Wut für euch ebenso gefährlich sein
wie unnötige Wutanfälle.

Es geht nicht nur darum, eure Grenzen zu schützen, sondern
auch darum, eure Grenzen harmonisch auszudehnen und gleichzeitig durchlässiger zu machen. Dazu könnt ihr zum Beispiel die
vielen Hinweise und Informationen, die wir in diesem Buch übermitteln, überdenken und sie zumindest theoretisch einmal für
möglich halten. So könntet ihr euch sagen: „Solange das Gegenteil
nicht bewiesen ist, kann ich über das Gelesene ja erst einmal nachdenken, ich kann offen für Neues bleiben – oder ich kann eventuell sogar daran glauben." Gerade wenn diese Informationen etwas
in eurem Herzen, in eurem innersten Sein angesprochen haben
sollten, wäre es schön, diese Dinge dann auch praktisch in eurem
Leben umzusetzen.

Als eine Erweiterungsmöglichkeit unter vielen könnt ihr vielleicht
erst einmal nur den Gedanken zulassen, daß es möglich ist, die

Menge eurer Nahrungszufuhr oder die Schlafdauer zu verringern. Ihr könnt Überlegungen darüber anstellen, welche Veränderungen dafür in eurem Leben notwendig wären. Oder denkt darüber nach, ob ihr euch theoretisch und praktisch vorstellen könnt, daß ihr nach einem entsprechenden Training auf Dauer auf eines dieser Dinge oder sogar auf beide ganz verzichten könnt. Viele Menschen würden lieber sterben, als auf Nahrung verzichten zu müssen. Auch ist es für viele ein eher grauenvoller Gedanke, die ganze Zeit allein wach bleiben zu müssen.

Wir empfehlen euch deshalb: Überprüft, ob ihr etwas braucht und warum ihr glaubt, es zu brauchen, und ob ihr es auch weiterhin noch brauchen wollt. Viele Menschen wollen beispielsweise viel und lange schlafen, weil sie mit ihrem Leben unglücklich sind. Das ist verständlich. Es liegt nun an ihnen, ob sie ihr Leben so verändern wollen, daß sie sich auf den nächsten Tag freuen oder es sogar kaum erwarten können, bis der noch notwendige Schlaf endlich zu Ende ist, weil sie ihn dann eher als eine Zeitverschwendung empfinden würden.

Die Entwicklung geht dahin, alle Verhaftung an das, was ihr zu brauchen glaubt, um eure Bedürfnisse zu erfüllen, nach und nach zu lösen. Sei es auch, daß ihr glaubt, Musik zu *brauchen,* um euch überhaupt gut, sicher und gesund zu fühlen – oder Bücher, Reiki, Astrologie, Kristalle, Farben, Düfte, Seminare, Internet, Kino, Fernsehen oder was auch immer. Wie schon gesagt: Wenn ihr es von Herzen wünscht, könnt und sollt ihr alles, was die Erde euch bietet ausprobieren, für euch einsetzen und lustvoll genießen. Ihr solltet nur vorsichtig und auf der Hut sein, wenn ihr glaubt, etwas zu *brauchen,* oder wenn ihr die Befürchtung habt, abhängig von etwas zu werden oder es schon zu sein. Denn dann seid ihr bereits zu stark mit der materiellen Welt verbunden. Wenn ihr glaubt, etwas zu brauchen, schaut nach, ob und wie ihr das dadurch ausgedrückte Bedürfnis anders befriedigen könnt.

Letztendlich sind Dinge wie Fernsehen, Kristalle, Astrologie, Bücher usw. nur Äußerlichkeiten, die erst durch die Kraft des Geistes entstanden sind. Wenn ihr auf Äußerlichkeiten besteht, lauft ihr Gefahr, diese Tatsache auf Dauer zu vergessen und euch nicht mehr an den wahren Ursprung dieser Dinge – und das ist die Macht und die Kraft eures Geistes – zu erinnern.

Viele Völker der Föderation würden gerne mit euch Kontakt aufnehmen. Viele warten darauf und unterstützen euch darin, euch an die Macht des Geistes und der Liebe zu erinnern. 50% der Menschheit muß bereit sein und den Wunsch haben, aktiv Frieden zu schließen, damit sie der Föderation angehören kann. Dann können die unterschiedlichsten hochentwickelten Wesen erscheinen und zum Beispiel Technologien, das heißt, Gerätschaften und Bewußtseinstechniken zur Verfügung stellen, um den Planeten rundum zu erneuern, wie ihr es ausdrücken würdet. Auch ein anscheinend nicht mehr zu rettender oder sterbender Planet kann theoretisch und in diesem Fall sogar praktisch schon *jetzt,* also wirklich ab sofort, ab diesem Moment umgewandelt werden. Es kann ein Jahr, einen Monat, einen Tag oder noch weniger dauern, um euren Planeten zu heilen, je nachdem, was ihr zulaßt. Wichtig ist doch nur zu wissen, daß euer Planet auch noch eine Sekunde vor dem endgültigen äußeren Tod der Hülle sofort gerettet werden könnte, wenn ihr es von Herzen wünscht und erlaubt.

Ihr könnt *alles* erschaffen, wenn ihr es wollt. Es ist jederzeit, auch 5 vor 12.00 oder 1 Sekunde vor 12.00, alles möglich. Deshalb sind die Aufgestiegenen Meister und andere hochentwickelte Wesen mit euch noch unbekannten Namen und unbekannter Herkunft und wir Außerirdischen der jetzigen Situation gegenüber auch positiv eingestellt. Aber irgendwann ist es 12.00, und dann ist es zu spät. Es ist wichtig, daß ihr den Weltfrieden wirklich wünscht und *wollt.*

Aber noch einmal: Es gibt *jetzt* schon Technologien von Außerirdischen auf der Erde, und ihr könntet allein mit diesen

Technologien euren Planeten heilen. Diese Technologien sind dabei
oft viel einfacher und simpler, als ihr vermutet. Wobei vieles, wie
bereits gesagt, nicht zum Einsatz kommt und zurückgehalten oder
unterdrückt wird, weil es dem Wertesystem der Menschen noch nicht
entspricht. Wenn zum Beispiel Techniken, mit denen man keine
materielle Nahrung mehr zu sich nehmen bräuchte oder im Überfluß
herstellen könnte, eingeführt werden würden, würde man nicht nur
die Nahrungsmittelkonzerne, sondern auch viele Hilfsorganisationen
nicht mehr brauchen. Viele wollen aber noch gebraucht werden.
Wenn auf Kaffee verzichtet werden würde, würden die Kaffeebauern
protestieren. Wenn neue Energieerzeugungstechniken bekannt würden, wären die Bergarbeiter und die Atomindustrie dagegen.

Vielleicht versteht ihr jetzt: Ihr braucht eine Rundumerneuerung
bzw. Erweiterung eures Gedanken- und Wertesystems. Das Wertesystem der Menschen ist zur Zeit noch zu sehr auf Geld, Profit und
der egoistischen Befriedigung von Bedürfnissen aufgebaut. Zu viele
Menschen wollen den Lohn oder das Ergebnis sofort, ohne dafür
arbeiten oder einen Preis zahlen zu wollen. Wenn sie Veränderung
wollen, dann nur zu *ihren* Bedingungen. Aber so funktioniert das
Universum nun einmal nicht. Wir haben die Gesetzmäßigkeiten
nicht gemacht, wir teilen sie euch nur mit. Dabei ist es wie gesagt
leicht möglich, den Planeten zu einem Garten Eden zu machen.
Und zwar schon jetzt!

Prophezeiungen und Channelings über eine globale Katastrophe
sind in diesem Zusammenhang zum einen dafür da, euch zu zeigen,
wo euer Weg enden *könnte*, wenn ihr so weitermacht. Zweitens entsprechen solche Prophezeiungen dem Massenbewußtsein, und das
neigt, wie schon mehrfach erklärt, noch oft eher zum Negativen.
Drittens sorgen negative Prophezeiungen häufig dafür, daß sich
Menschen wieder eine Zeitlang ein wenig mehr zusammenreißen, sich
wieder ein wenig mehr Mühe geben. Viertens vergessen viele, daß der
Weltuntergang schon oft prophezeit wurde und nie eingetroffen ist.

Wenn aber bei jeder neuen Prophezeiung darauf bestanden wird, daß es dieses Mal wirklich wahr ist, daß es dieses Mal auf jeden Fall passieren wird, kann es doch noch zu einem Weltuntergang kommen. Denn dein, euer Wille geschehe! Schenkt also negativen Prophezeiungen nicht so viel Aufmerksamkeit. Sorgt für Positivität in eurem Leben. Entspannt euch, laßt es euch gutgehen und manifestiert etwas Gutes! Das ist die Hoffnung und die Lösung. Wenn ihr dies befolgt, werden sich auch die düstersten Untergangsprophezeiungen nicht bewahrheiten können, denn vergeßt nicht: Prophezeiungen sind immer auch ein Spiegel für den jeweiligen Bewußtseinsstand eines Wesens. Natürlich ist die Lage ernst, aber sie ist zu ernst, um sie ernst zu nehmen! Lachen, positiv denken, verantwortlich handeln und es sich gutgehen lassen, ist in dieser Situation die Lösung!

### Aufbau der Föderation

Die Föderation ist nach Quadranten und Galaxien, also raum-zeitlich, und gleichzeitig nach Bewußtseinsprinzipien, das heißt, nach Bewußtseinsebenen organisiert. Da das Raum- und Zeitverständnis von dem jeweiligen Bewußtseinsstand abhängt, ist dieser letztendlich wichtiger. Das heißt, der Föderation liegt eine allumfassende geistige Hierarchie zugrunde, die jenseits von Raum und Zeit ihren Ursprung hat. Um es euch zu illustrieren: Es gibt auf eurer Dimensionsebene in eurer Milchstraße Milliarden von Sonnen, und es gibt Milliarden von Milchstraßen, und es gibt Millionen über Millionen von Zivilisationen. Und trotzdem kann es nicht passieren, daß plötzlich ein Raumschiff von einem 10 Milliarden Lichtjahre entfernten Planeten auftaucht und ein Aufgestiegener Meister davon überrascht wäre. Er weiß es, wußte es schon immer und wird es immer wissen oder – auf einer anderen Bewußtseinsebene – wird oder wurde er darüber informiert. Nur Wesen, die nicht erleuchtet sind, sind überrascht. Dies kann euch einen ersten Eindruck geben von der Mächtigkeit und Allumfassendheit der Föderation.

Das heißt, auf einigen Daseinsebenen hat es die Föderation schon immer gegeben und auf anderen, nicht so weit entwickelten Ebenen kann man ihr Alter noch nach Jahren messen. Aus der Sicht des Großen Ganzen jedoch hat es sie schon immer gegeben und wird es sie auch immer geben. Denkt daran, daß für uns Zeitsprünge selbstverständlich und große Entfernungen kein Problem sind, insofern sind Fragen nach Alter und Ausdehnung der Föderation relativ. Da euch Zeit wichtig ist, können wir sagen, daß die Föderation in der Form, von der wir gerade sprechen, auf eurer jetzigen Zeitebene seit dem Jahre 7.000 v. Chr. existiert.

Ihr könnt euch die Föderation als einen Baum vorstellen. Das heißt, es gibt die eine Föderation, aber sie hat Untergruppierungen. Der Baum als Ganzes ist Gott, jeder Planet und somit auch die Erde ist ein Blatt. Die Adern in den Blättern repräsentieren die Unterteilungen auf diesem Planeten, seien es Rassen, Nationen oder Religionen. Für jedes Blatt ist ein Wesen zuständig. Die Blätter hängen an Zweigen, und auch für die einzelnen Zweige ist jeweils ein Wesen zuständig. Die Zweige hängen an Ästen, sie entsprechen dann einer Galaxie. Auch dafür gibt es zuständige Wesen. Somit ist die Föderation eine Art Riesenbehörde – nur daß sie momentan weitaus besser als manch eine irdische Behörde oder Regierungsstruktur funktioniert.

Das bedeutet, es gibt auf den verschiedensten Ebenen laufend Konferenzen, Analysen und Absprachen über die nächsten Schritte. Dabei entscheidet das Wesen des Blattes in Absprache mit dem Wesen des Zweiges, des Astes und des Baumes zum Beispiel darüber, welche Außerirdische auf der Erde aktiv sein sollen oder können. Bei den Absprachen wird abgewogen, was gegeben werden kann, welche Vor- und Nachteile für alle Beteiligten daraus erwachsen.

Noch ist die Aufgestiegene Wesenheit *Maitreya* als geistiges Wesen für die Erde zuständig, doch ist ein Wechsel vorgesehen, wobei es noch nicht entschieden ist, welches Wesen *Maitreya* folgen wird. Dies hängt von der Entwicklung auf der Erde in der nächsten Zeit ab.

Auch Engel haben einen Platz innerhalb der Föderation, jedoch bilden sie auf gewissen Dimensionsebenen eine eigene Hierarchie. Oftmals arbeiten auch Außerirdische *unter anderem* als Schutzengel und sind in der Menschheitsgeschichte deshalb oft auch „nur" für reine Engel gehalten worden, obwohl das nicht immer der Fall war.

Ebenso sind die Aufgestiegenen Meister und die verschiedenen Bruderschaften selbstverständlich Teil der Föderation. Sie alle arbeiten Hand in Hand und Seite an Seite mit Außerirdischen, und an sich ist sogar die Vorstellung, hochentwickelte Außerirdische und Meister voneinander unterscheiden zu können, eine Illusion. Denn was bedeutet es eigentlich, wenn ihr ein Wesen einen sogenannten Aufgestiegenen Meister nennt? Doch nur, daß sie einen Erleuchtungs-Aufstieg in einer Inkarnation auf der Erde vollbracht haben. Andere Wesen sind auf anderen Planeten aufgestiegen. Nach dieser Logik würden sie also die Aufgestiegenen Meister dieser Planeten genannt werden. Und doch würde ein Aufgestiegener Meister der Venus bei euch meistens als ein sogenannter Außerirdischer angesehen werden, nicht wahr? Ihr vergeßt dabei oft, daß die Bewußtseinsebene, die ein Wesen mit seinem Aufstieg erreicht, jenseits von Zeit und Raum und jenseits der materiellen Welten liegt bzw. *alle* Zeiten und *alle* Welten umfaßt.

Aus unserer Sicht gibt es nur die Unterscheidung, ob ein Wesen sich vollständig an die Geistigkeit seines Seins erinnert und aus diesem Bewußtsein heraus zum Beispiel in der Lage ist, sich bewußt in einem physischen Körper, auf welchem Planeten, zu welcher Zeit, in welcher Form und wie oft auch immer, zu manifestieren. Oder ob das Bewußtsein eines Wesen noch hauptsächlich auf der physischen, materiellen Ebene fokussiert ist. Wobei sich in der Tat

einige der sogenannten Aufgestiegenen Meister und andere hochentwickelte Wesenheiten innerhalb der Hierarchie besonders der
Erde verpflichtet fühlen. Das ist aber nicht bei allen der Fall. Es
gibt auf den unterschiedlichsten Seinsebenen noch Vorlieben und
Neigungen. So sind manche Wesen zum Beispiel mehr der Venus
zugeneigt. So wie manche Menschen sich mehr nach Frankreich als
nach Amerika hingezogen fühlen und umgekehrt.

Auf manchen Dimensionsebenen haben hochentwickelte Wesen
auch noch eigene Namen, bis sie sich nach und nach in das
Einheitsbewußtsein, in das Wir-Bewußtsein oder Gottesbewußtsein
integrieren. Letztendlich verlieren sie dabei dennoch nicht ihre
Individualität! Obwohl sie sich in diesem Seinszustand als *ein
bewußter Teil* des Großen Ganzen fühlen, *sind* sie gleichzeitig das
gesamte Große Ganze. Solche Informationen sind mit eurem normal arbeitenden Tagesbewußtsein kaum in ihrer ganzen Tragweite
zu verstehen. Wenn wir über gewisse Bewußtseinszustände höher
entwickelter Dimensionen sprechen, ist es nicht mehr möglich, es
in eurer Sprache verständlich auszudrücken. Es liegt in der Natur
eurer Sprache, daß sie nur dafür geschaffen ist, die Welt der
Dreidimensionalität zu erklären. Darüber hinaus gehende Informationen können letztlich nur noch durch reine Energieübertragungen unsererseits, Meditationen, Astralreisen oder andere praktische Erfahrungen deutlich gemacht werden.

## Die Aufgaben der Föderation

Das Schlüsselwort für unsere grundsätzliche Ausrichtung ist
Frieden. Wir möchten Erdenfrieden, Weltfrieden, universellen Frieden
erschaffen, und zwar in der Form, daß jedes Wesen seine Bestimmung
in Frieden leben kann. Das bedeutet nicht Gleichheit für alle, sondern
daß Wesen *ihren* Talenten und Bedürfnissen entsprechend glücklich

und harmonisch existieren und leben können. Das ist unser Ziel. Dies beinhaltet, jedes Wesen an seine Vollkommenheit zu erinnern, es daran zu erinnern, daß es für *immer* weiterlernt und sich weiterentwickelt. Deshalb könnt ihr euch auch entspannen, denn wenn man für immer lernt, braucht man nicht zu hetzen und kann den Weg zur Vollkommenheit genießen. Wenn sich jeder einzelne an seine Vollkommenheit erinnert, dann herrscht Frieden. Wenn jedes Wesen seinen Platz im Universum findet, auf dem Planetensystem, welches ihm entspricht, werden alle „überirdisch" glücklich sein. Wenn ihr den Frieden wirklich in euch tragt, dann seid ihr mit uns verbunden. Und Frieden entsteht niemals ohne Liebe, und so ist Frieden und Liebe natürlich eins. Gott ist Liebe und Gott ist Frieden.

Mit dieser grundsätzlichen Ausrichtung überprüft die Föderation Planeten danach, ob diese wählen, in höhere Dimensionen auf- oder in niedere Dimensionen abzusteigen. Nach der Überprüfung werden dann oft – wenn es dem Sinn und Zweck der Seelen entsprechend erlaubt ist – gewisse Schritte eingeleitet, um eine positive Entwicklung zu unterstützen. Dies geschieht etwa durch Erfindungen, die eingeschleust werden, durch Reinigungen auf der Ätherebene oder durch mediale Botschaften, die gegeben werden usw. Danach ziehen wir uns wieder eine Zeitlang zurück und beobachten, was dieser Planet bzw. dessen Bewohner aus unseren Impulsen machen. Wir überlassen ihn dann also wieder sich selbst, denn bis zu einem gewissen Bewußtseinszustand dürfen wir nicht direkt eingreifen und müssen abwarten, ob sich der Planet von sich aus für eine Weiterentwicklung entscheidet. Auch die Erde hat ja zum Beispiel gelernt, von Feuer zum Gas, dann von Gas auf Elektrizität usw. überzugehen. So gibt es vielfältige Entwicklungsmöglichkeiten auf den unterschiedlichsten Ebenen, seien es technische, künstlerische, soziale oder politische. Die regelmäßige Überprüfung des Entwicklungsstandes von Planeten ist also eines der vielen Arbeitsfelder der Föderation.

Ab einem gewissen Entwicklungsstand können wir direkter und aktiver eingreifen. Dann schicken wir Techniker, Wissenschaftler und Philosophen auf die verschiedenen Planeten – aber so, daß sie nicht als Außerirdische erkannt werden –, damit das vorherrschende Bewußtseinssystem langsam positiv untergraben und ein neues aufgebaut werden kann.

Weiter bildet die Föderation Diplomaten aus, die zwischen Planeten, die schon Raumschiffe benutzen, Geschenke überbringen, Treffen arrangieren, Gedankengut austauschen usw.

Wir erschaffen außerdem neue Planetensysteme, um die verschiedensten Bewohner darauf neu anzusiedeln. Zum einen für Wesen, die sich auf ihrem Planeten nicht weiterentwickeln wollten, während dieser die Weiterentwicklung gewählt hat. Da sie dann von ihrer Frequenz her nicht mehr zu ihrem früheren Planeten passen würden, wird ein ähnlicher Planet für sie erschaffen, auf dem sie dann in Ruhe weiterleben können. Manchmal geschieht das schon vor einem körperlichen Tod, manchmal erst danach – je nachdem, wie es die jeweilige Situation gerade erfordert. Somit finden sie dann die Bedingungen vor, die ihrem Entwicklungsstand entsprechen.

Für höher entwickelte Wesen erschaffen wir zum Beispiel Planeten, die einem Garten Eden gleichen, wenn zum Beispiel ihr Planet von der übrigen, noch nicht so weit entwickelten Bevölkerung zerstört worden ist und sie bis zum Schluß alles versucht haben, dieses Schicksal abzuwenden bzw. es zum Positiven umzuwandeln.

Neben solchen Möglichkeiten, die schon der hochentwickelten dritten Dimension nahe der vierten Dimension entsprechen, haben wir noch mehr Möglichkeiten in der vierten Dimension. Es ist aber noch nicht erlaubt, diese zu beschreiben. Die Föderation hat für euch zur Zeit noch *unvorstellbare* Möglichkeiten. Sie darzustellen, würde euren Verstand sprengen, da ihr die Sprache und Gesetzmäßigkeiten der vierten Dimension noch nicht kennt. Einen

Planeten mit Pflanzen und Tieren zu erschaffen, ist an sich noch eine Fähigkeit der dritten Dimension. Dies ist für uns wie gesagt kein Problem und keine große Sache.

Obwohl ihr ebenfalls in der dritten Dimension existiert, klingt das für euch noch unvorstellbar oder auf jeden Fall noch sehr weit entfernt, nicht wahr? Dennoch ist euch diese Möglichkeit schon sehr, sehr nah! Die Hauptaufgabe der Föderation ist es, die Wesen und Völker des Universums an ihren geistigen Ursprung und ihre unendlichen Möglichkeiten zu erinnern. Ihr letztendliches Ziel ist es, daß schließlich alle Planeten und alle Wesen gleichberechtigte Mitglieder der Föderation sind. Erinnert euch an euer geistiges Erbe und werdet wieder ein Teil der großen kosmischen Familie, die ihr in Wahrheit nie wirklich verlassen habt.

# 13. Kapitel

# Kontakt

## Das Alte beenden

Es geht der Föderation immer um Wachstum und Erweiterung. Sie hat den Auftrag, vom gesunden Selbstbewußtsein ausgehend, Wir-Bewußtsein zu erschaffen, und daran arbeitet sie unermüdlich mit den verschiedensten Methoden auf den unterschiedlichsten Dimensionsebenen.

Die Menschheit entscheidet sich zur Zeit, ob sie sich in Richtung Wir-Bewußtsein weiterentwickeln will. Es gibt momentan eine große Prüfungssituation. Dies ist ein Aufruf an alle, die dieses Buch lesen: Bringt Dinge zu Ende! Habt so wenig „Altlasten" bzw. „Altschulden" wie möglich, die euch an diese alte Dimensionsebene fesseln! Erschafft mit euren geistigen Fähigkeiten die Vision einer glorreichen Zukunft, Vergangenheit und Gegenwart! Ihr könnt keine heiklen Situationen ruhig und wohlüberlegt meistern, wenn ihr zu sehr durch unerlöste negative Emotionen oder durch nicht eingehaltene Versprechen, energetische oder materielle Schulden jedweder Art an diese Ebene gebunden seid.

Macht euch bewußt und schreibt es am besten auf, was oder welche Situationen und Dinge euch noch unnötig schwächen, euch negativ und schwer wie Blei fühlen lassen. Arbeitet diese Liste dann harmonisch nach und nach ab und erfahrt die unbegrenzten Möglichkeiten, die sich aus dieser Vorgehensweise ergeben. Das Erlösen negativer Emotionen hat einen sehr positiven Effekt auf euren Körper, auf euer Leben, auf euer gesamtes Sein. Tut die Dinge, die ihr schon immer erledigen wolltet, bringt entweder etwas zu Ende oder fangt etwas Neues, was ihr schon

immer vorhattet, an. Dies kann einen Schwall von fast unbegrenzten, nun wieder frei und ungehindert fließenden Energien
freisetzen. Ein Wesen, das im Fluß ist, hat ein zufriedenes und
strahlendes Energiefeld.

Stellt euch vor, eure letzte Stunde hätte geschlagen – ohne dieses
in irgendeiner Weise negativ oder angstmachend zu meinen. Wenn
jetzt wirklich der Weltuntergang oder ein Dimensionswechsel
geschehen würde oder ihr die Möglichkeit hättet, jetzt, in diesem
Moment, von Außerirdischen oder einem geistigen Wesen abgeholt
zu werden, wie würdet ihr in einer solchen Situation wirklich handeln? Was würdet ihr dann wirklich denken? Wärt ihr wirklich frei
zu gehen, oder würdet ihr zum Beispiel denken: Ich kann nicht
gehen, denn ich habe meiner Mutter immer noch nicht gesagt, daß
ich sie liebe, oder was wird dann aus meinen Blumen im Garten,
oder ich habe noch kein Testament gemacht, so weiß doch keiner,
was mit meinen Sachen geschehen soll usw. Man kann in einer
ungewöhnlichen Situation nur ruhig und besonnen handeln, wenn
man sich frei, geklärt und im weitesten Sinne klar und ungebunden
fühlt.

Dies hat mit euren normalen Alltagsbegebenheiten nichts zu
tun. Der normale Alltag mit Familie, Arbeit, Freunden und ähnlichem kann und sollte ruhig und normal aufrechterhalten werden,
während ihr euren Emotionalkörper und physischen Körper nach
und nach von den verschiedensten Belastungen befreit. Dies wird
euch immer aufrechter, glücklicher und, wie schon erwähnt, freier
und ungebundener durchs Leben gehen und euch in heiklen
Situationen besonnener reagieren lassen.

So wird das auch oft in euren Science-Fiction-Filmen oder
-Serien dargestellt. Wenn dort eine ungewöhnliche oder sehr
gefährliche Situation auftaucht – und das tun sie dort mit einer
großen Regelmäßigkeit –, laufen die Führungsoffiziere nicht aufgeregt wie die Hühner umher und sagen: „Du, was ich dir jetzt

noch mal schnell unbedingt sagen wollte", oder: „Ich muß noch
mal schnell einen wichtigen Brief an Soundso schreiben, bevor ich
auf diese Außenmission gehen kann." Auch sagt niemand: „Oh,
hätte ich doch noch dieses oder jenes getan, bevor ich jetzt vielleicht sterben muß." In solchen Situationen geht jeder vielmehr
ruhig und entschlossen seiner Aufgabe nach und versucht ohne
Hektik, die Situation, sein Leben, das Leben anderer, das Raumschiff oder was auch immer zu retten. Das geht aber nur, weil er
vorher schon wichtige Dinge und Angelegenheiten geklärt und sich
von seinen Freunden und der Familie in Liebe verabschiedet hat.
Man hat sich *vorher* klar gemacht, worauf man sich da eigentlich
einläßt und was so eine Mission für Konsequenzen für sich selbst
und sein Leben haben könnte. Gleichzeitig haben diese Wesen,
wenn irgendwie möglich, natürlich weiterhin Kontakt zu ihren
Familien und Freunden, sie gehen auch weiterhin ihren Hobbys
und ihren alltäglichen Pflichten mit Hingabe und Freude nach und
tun, erleben und genießen dies vielleicht sogar noch bewußter, als
sie es vorher getan haben.

Die Föderation erschafft Klarheit in den verschiedenen Aus-
richtungen und Seinszuständen des Universums. Bringt also die
Dinge in eurem Leben wieder in die Ordnung und richtet euch auf
Problem*lösungen* aus, denn es kann sehr heikle Situationen geben.
Seid also nicht auf Ängste, Widerstände und Probleme ausgerich-
tet, sondern auf Lösungen, Klarheit, Leichtigkeit und positive
Pflichterfüllung, was auch immer kommen mag. Aber haltet dabei
den Rhythmus ein. Wenn ihr also ruht, dann ruht, wenn ihr euch
amüsiert, dann amüsiert euch, wenn ihr arbeitet, dann arbeitet.
Überlegt gut, was ihr wann wie machen wollt und denkt es bis zu
Ende durch. Die meisten Menschen haben große Widerstände
gegen gründliches Planen oder dagegen, etwas in allen
Konsequenzen zu Ende zu denken. Viele fühlen sich dadurch
erpreßt oder unter Druck gesetzt. Das ist Unsinn. Denn wenn

Dinge nicht zu Ende gedacht werden, erschafft gerade solch ein Verhalten das, was ihr angeblich vermeiden wollt: unnötigen Zeitverlust, Streß, Chaos. Und am Ende müßt ihr dann oft doch genau die Dinge tun, die ihr vielleicht mit der richtigen Planung hättet vermeiden können und die ihr nicht so sehr mögt.

### Filme und Fernsehen als Wegbereiter

Wir möchten euch mit neuen, erweiternden Ideen vertraut machen, denn es ist Zeit, dem neuen Zeitalter nicht mehr entsprechende Gewohnheiten und Denkweisen aufzugeben. Dazu inspirieren und inspirierten wir in den unterschiedlichsten Zeitepochen nicht nur Politiker, Schriftsteller, Maler, Musiker, Dichter, Therapeuten, Channels und Wissenschaftler, sondern in der heutigen Zeit auch vermehrt Drehbuchautoren und Regisseure. In eurer Kultur wird viel ferngesehen und ins Kino gegangen. Ihr sprecht über Filme, sie beeindrucken euch häufig, und ihr nehmt über sie sehr leicht neue Informationen auf. In früheren Zeiten erfüllten hauptsächlich Bücher und Theaterstücke diese Aufgabe. Seht, wie stark zum Beispiel Shakespeare, Whitman, Goethe und Lao Tse eure planetare Kultur und euer Denken beeinflußt haben.

Wir haben in diesem Zusammenhang schon des öfteren die Serie *Raumschiff Enterprise* erwähnt, deren geistiger Vater der Amerikaner Gene Roddenberry gewesen ist. Es ist und war nicht alles richtig oder wunderbar in dieser Serie. Auch nicht in den späteren Serien wie *Star Trek – The Next Generation, Deep Space Nine* oder *Raumschiff Voyager*. Und doch haben gerade diese Serien und die darauf folgenden Kinofilme einen immensen Einfluß auf die gesamte Menschheit gehabt. Sie haben unter anderem in den Ätherwelten, im menschlichen Geist, in den Phantasiewelten neue Möglichkeiten und Gedankengänge erweckt, geformt und manifestiert. Daran könnt ihr sehen, wie groß, mächtig und verändernd eine einzige Idee, eine Vision von nur einer Person sein kann und was der menschliche Geist vermag. Dieser eine Mensch Gene Roddenberry hat euren gesamten Planeten positiv beeinflußt und sehr, sehr viel bewirkt. Nicht nur, daß er persönlich dadurch sehr erfolgreich wurde. Die Fans seiner Serienhelden wurden oft bessere Menschen und veränderten sich ihrerseits, weil sie die Helden in den Filmen als ihre Vorbilder sahen und sie von ihnen lernten. Es gibt klingonische Wörterbücher von angesehenen Verlagen, an einigen Universitäten wird über die Föderation der Vereinten Planeten gelehrt. All das und noch viel mehr, was damit zusammenhängt, nützt uns und euch.

Die erste *Enterprise-Serie* ist nach heutigem Standard natürlich veraltet. Dort drehte sich sehr viel um die Liebesgeschichten des Captain, vornehmlich mit den weiblichen Vertretern außerirdischer Zivilisationen. Konfliktlösungen wurden häufig mit Hilfe von Fäusten betrieben, und man mischte sich viel und gern in die Angelegenheiten fremder Planeten ein. Jedoch war die Serie zu der Zeit, als sie gedreht wurde, im Verhältnis zu den damaligen gesellschaftlichen Konventionen sehr fortschrittlich und für das Massenbewußtsein stark erweiternd. So gab es in dieser Zeit des sogenannten Kalten Krieges und des besonders in Amerika vorherrschenden Rassismus zwischen weißen und schwarzen Menschen an Bord der Enterprise eine schwarze Offizierin, einen Japaner und einen Russen. Auch mit Hilfe der Figur von Mr. Spock, einem Vulkanier, einem außerirdischen Wesen, dessen Mutter menschlich und dessen Vater Vulkanier gewesen ist, wurden nationale und ethnische Begrenzungen nachhaltig bearbeitet, aufgelockert und zum Teil sogar relativiert. Nachdem sich Amerika und Rußland „vertragen" hatten, war eine der wichtigsten Aufgaben der Serie, nämlich im Äther das Gedankenbild einer in Frieden vereinten Menschheit zu erschaffen, erfüllt. Erst

als dieses Bild und diese Vorstellung in euren Gedanken und im
Äther verankert wurden, konnte es in der sogenannten Realität
nun ebenfalls nach und nach erschaffen werden.

Es ist dabei vollkommen gleichgültig, ob ein Mensch eine Sendung
mit der Haltung anschaut und glaubt, daß das ja alles nur ein Film ist.
Das Bewußtsein und Unterbewußtsein sind wach und nehmen sehr
wohl bewußt und unbewußt viele Informationen auf. Individuen, die
ein Gedankenbild, wie etwa eine friedliche Weltgemeinschaft, von
vornherein nicht annehmen wollen, würden sich von Sendungen mit
solch einer Grundaussage, mit solch einer Grundfrequenz gar nicht
erst angezogen fühlen. Sie würden sie erst gar nicht ansehen.

Das heißt, wenn zum Beispiel gezeigt wird, daß in einem
Raumschiff zwischen Menschen verschiedener Nationen Frieden
herrscht, dann glauben allmählich immer mehr Menschen daran,
daß so etwas vielleicht auch wirklich einmal in ihrer eigenen Zukunft
Realität werden könnte, daß das auch hier auf der Erde möglich ist.
So bietet eine solche Serie die Möglichkeit, sich an die vorgelebten
Ideen zu gewöhnen und sie zu Tatsachen werden zu lassen.

Als etwa der weiße Captain in einer Szene eine schwarze Offizierin
küßte, gab es zu der damaligen Zeit erst einmal einen Skandal. Da
Menschen aber sehr oft von ihren „Stars" lernen und bereit sind, von
ihnen Dinge anzunehmen, die sie sonst vielleicht nicht so schnell
annehmen würden, haben viele darüber nachgedacht, was eigentlich
wirklich dagegen spricht, daß ein weißer Mann eine schwarze Frau
küßt. Sie haben sich dann langsam an diese Vorstellung gewöhnt, und
als das Gleiche in anderen Filmen auch geschah, wurde dieses Gedankenbild immer mehr gefestigt und verankert. So kann Fernsehen
oder Kino sehr stark Veränderungen auslösen oder unterstützen.

Ähnlich hat der Kinofilm *Ghost – Nachricht von Sam* bestimmte Ansichten und Informationen über das Sterben und das
Weiterleben nach dem Tod gefördert. Und in dem Film *Contact*
wird unter anderem deutlich gemacht, daß es Außerirdische schon

seit langer Zeit gibt und daß starker Glaube und Durchhaltevermögen belohnt wird. Ebenso öffnet euch der Film
*Rendezvous mit Joe Black* für die Vorstellung, daß man sehr wohl
dem Tod ins Auge sehen und mit ihm seinen Frieden schließen
kann. Der Film *Matrix* wiederum zeigt euch ein wenig die
Relativität des Seins.

Filme stellen oftmals nicht die allumfassende Wahrheit dar. Viele
malen schwarz-weiß und sind plakativ, und doch nützen sie uns.
Sie nützen uns insofern, als sie die Phantasie der Menschen anre-
gen, und die Phantasie ist immer der Vorbote der Materie.

Die zweite Raumschiff Enterprise-Serie, *Star Trek – The Next
Generation,* hat nun einen früheren Feind aus der ersten Serie –
einen sogenannten Klingonen – als einen Führungsoffizier an
Bord. Das spiegelte und förderte im Bewußtsein der Menschheit
die weitergehende Entwicklung zum interplanetarischen Frieden.
Außerdem ist ein „menschlicher" Androide an Bord. Seht dazu
eure heutige Computertechnik. Seht, wo sie inzwischen steht und
wohin sie sich gerade entwickelt. Und es ist eine Telepathin an
Bord. Seht dazu die spirituelle Entwicklung hier auf Erden.
Telepathie wird immer mehr anerkannt. Sie wird inzwischen sogar
schon in der Politik und vom Militär eingesetzt.

Die Enterprise hat ständig Wesen unterschiedlichster Natur und
Rassen an Bord. Dies öffnet euch langsam für fremde, anders aus-
sehende Wesen und deren unterschiedliche Verhaltensmuster und
Bedürfnisse. Manche Außerirdische nehmen Nahrung auf die eine
und manche auf eine andere Art und Weise zu sich. Manche kom-
munizieren mit ihrer Umwelt so, manche eben anders. Diese
Erkenntnisse und Überlegungen nützen uns und dem Großen
Ganzen. Denn die Gewöhnung an Außerirdische und die
Anerkennung, daß es verschiedene, für euch konkret erfahrbare
Seinsebenen gibt, sind die nächsten Ziele, die wir gerne fördern,
die wir gern mit euch zusammen erreichen möchten.

Es ist aus unserer Sicht erheiternd, euch an die Existenz oder Anwesenheit von Außerirdischen gewöhnen zu wollen, da viele Menschen auf der Erde von den verschiedensten Außerirdischen abstammen. Viele außerirdische Kulturen haben hier Nachkommen hinterlassen. Die Farbschattierungen der Haut von schwarz, gelb oder weiß zeigen nicht nur die Abstammung von einem Land hier auf Erden an, sondern auch die Abstammung und Verwandtschaft von anderen Planeten. Wobei es Nachkommen von Bewohnern aus diesem Sonnensystem wie auch von Außerirdischen aus anderen Systemen gibt.

Es hat in der Erdgeschichte schon immer Kontakte zu außerirdischen Wesenheiten gegeben. Die Erde ist zum großen Teil fremdzivilisiert worden, wobei es schon viele Zivilisationen auf der Erde gab, weitaus mehr und weitaus ältere, als ihr glaubt. Es gibt in dem Sinne keine eingeborene Menschheit der Erde. Ihr stammt auf jeden Fall nicht von den Affen ab, obwohl auch dieser Schritt in der Erforschung eurer Ursprünge sehr wichtig für eure Entwicklung war. Wenn ihr so wollt, seid ihr *unter anderem* mit den Affen verwandt. Es gibt zwar eine Art Urrasse, die sich aus dem irdischen, materiellen Ursprung entwickelt hat – die Aborigines –, doch auch das ist relativ. Auch sie sind von anderen Wesen unterstützt und in den unterschiedlichsten Fähigkeiten trainiert worden.

Wir alle kennen uns und sind uns oft mehr vertraut und näher miteinander verwandt, als ihr das momentan noch glauben wollt. Es geht uns darum, euch langsam wieder mit eurer geistigen Familie vertraut, langsam wieder miteinander bekannt zu machen.

### *Zukünftige Kontakte mit Außerirdischen*

Ufo-Sichtungen und andere außerirdische Kontakte werden in Zukunft immer öfter vorkommen, da sich die Frequenz der Erde verändert. Eine Zeitlang waren die Menschen nicht weit genug ent-

wickelt, um mit Außerirdischen und anderen hochentwickelten
Wesen Kontakt aufzunehmen. Inzwischen sind viele Menschen bereit,
ihre negativen Verhaltensweisen zu überwinden und von den
Außerirdischen, welche so wunderschöne Planeten wie die Plejaden
oder Alpha Centauri hervorgebracht haben – um nur zwei Namen zu
nennen –, wirklich zu lernen. Sie könnten in der Tat noch einiges von
ihnen lernen. Denn allein die Tatsache, daß die Außerirdischen Ufos
herstellen und damit von Planet zu Planet fliegen können, ist ja schon
etwas, was es hier auf der Erde, auf jeden Fall für die breite Öffentlichkeit, noch nicht gibt. Wir sehen, daß die Menschen die neuen
Technologien brauchen und daß viele Wissenschaftler inzwischen
bereit sind, mit Außerirdischen zusammenzuarbeiten, von ihnen zu
lernen und mit den Technologien auch verantwortlich umzugehen.

Für eine offizielle Kontaktaufnahme sind allerdings viele
Zwischenschritte erforderlich, damit sie verantwortlich und für beide Seiten harmonisch geschehen kann. Stellt euch vor, was geschehen wäre, wenn vor ein paar Jahren hochentwickelte außerirdische
Technologien, die gleichzeitig auch als sehr gefährliche, weil sehr
effektive Waffen hätten eingesetzt werden können, in falsche Hände
geraten wären. Es hätte höchstwahrscheinlich noch eine Katastrophe gegeben. Auch jetzt ist es noch ein großes Risiko, euch manche Technologien oder Pläne zukommen zu lassen. Die Gefahr des
Mißbrauchs ist manchmal noch zu hoch, da der negative Einsatz
dieser Dinge katastrophale Auswirkungen für euch und euren
Planeten haben könnte. Daher werden manche Technologien oder
Pläne zur Zeit auch noch nicht an euch weitergegeben. Und doch
ist die Zeit langsam reif dafür, daß die Menschen anfangen zu lernen, diese Dinge positiv, nutzbringend und heilend einzusetzen.

Die Außerirdischen werden sich hier auf der Erde immer öfter
zeigen. Sie waren schon immer da, aber jetzt sehen sie, daß die
Menschen inzwischen bereit sind, mit ihnen zusammenzuarbeiten.
Das Ziel ist, daß die Menschen keinen allzu großen Schrecken

mehr bekommen, wenn plötzlich 1000 Raumschiffe vor ihnen auftauchen. Als Zwischenschritt werden sich immer mehr Ufos einzeln oder auch in Gruppen zeigen. Man liest jetzt schon davon,
aber die Nachrichten über außerirdische Kontakte werden sich
nach einer kleinen Atempause deutlich vermehren. So werdet ihr
es immer mehr als etwas Alltägliches annehmen, und dann, wenn
es wirklich „live" und nicht mehr in einer Fernsehserie oder in
einem Spielfilm geschieht – auch das ist, wie schon gesagt, als
Vorbereitung gedacht –, werdet ihr es als fast normal ansehen.

Ihr glaubt noch oft, daß Ufokontakte oder andere Begebenheiten
„immer nur den anderen" geschehen, aber nicht euch selbst. Doch
indem ihr von autobiographischen Erfahrungen wie zum Beispiel von
Elisabeth Klarer, Shirley MacLaine, Enrique Barrios oder Billy Meier
lest oder im Fernsehen davon hört, wie Menschen, die eure Nachbarn
oder Freunde sein könnten, von solchen Dingen berichten, nimmt
diese Vorstellung in eurem Geiste langsam Gestalt an. Und so entsteht die Möglichkeit, daß auch euch selbst so etwas passieren kann.

Deshalb ist es wichtig, daß ihr euch vorstellen könnt, wie es wirklich wäre, wenn jetzt ein 15 Meter langes, glänzendes Ufo zwei Meter
entfernt vor euch auf einer Wiese landen würde. Würdet ihr *wirklich* jetzt schon durch pures Vertrauen in euer Sein und Schicksal ste-
henbleiben und sagen: „Hallo, da seid ihr ja endlich! Schön, daß ihr
mich besuchen kommt. Habt ihr eine Botschaft für mich?" Würdet
ihr euch trauen zu fragen: „Darf ich mitfliegen?" Oder würdet ihr
vor Angst erstarren und sogar noch weglaufen? Die Antwort lautet:
Viele von euch würden sich diesen Wesenheiten vorsichtig bis vertrauensvoll nähern und nicht mehr einfach weglaufen, weil ihr vorbereitet worden seid. Das wäre in der Vergangenheit anders gewesen.

Ihr müßt euch auf Dauer dieser Möglichkeit, diesen Überlegungen stellen. Gewöhnt euch langsam an diese Tatsachen, denn
die Uhr ist nicht mehr zurückzustellen. Noch einmal: Die Außerirdischen werden kommen. Es ist wichtig, das als Realität anzuer-

kennen und sich nach und nach darauf einzustellen. Sie sind natürlich real, und es ist natürlich und auch vollkommen logisch, daß es
sie gibt. Wenn ihr euch wirklich mit dem Universum und seinen
Gesetzmäßigkeiten befaßt hättet, würdet ihr wissen, wie realistisch
eine Kontaktaufnahme wirklich ist. Die Wahrscheinlichkeit, einen
Außerirdischen zu treffen, wird immer größer, da auch sie es immer
mehr wünschen und es mehr und mehr auch nach den universellen Gesetzmäßigkeiten erlaubt ist.

Wir empfehlen euch, in mondhellen Nächten, wenn ihr euch
sicher und bereit fühlt und ein „inneres Ziehen" oder sogar eine
Stimme hört, eure Wohnung oder euer Haus zu verlassen. Begebt
euch dann eurem inneren Gefühl oder eurer inneren Stimme folgend entweder in euren Garten oder auf einsam und sicher gelege-
ne Wiesen und Plätze und beobachtet von dort den Himmel.

### Kornkreise

Auch die Kornkreise haben oftmals etwas mit außerirdischen
Intelligenzen zu tun. Wobei nicht alle echt sind, was ja auch schon
manche Wissenschaftler und andere Menschen herausgefunden
haben. Natürlich sind auch hier ein paar Scharlatane, Witzbolde,
Ideologen und Leute, die von der Tatsache, daß es wirklich
Kornkreise gibt, ablenken wollen, aus den unterschiedlichsten
Beweggründen unterwegs gewesen und haben ein paar Kornkreise
künstlich, das heißt, mit normalen, logisch erklärbaren und nachvollziehbaren, erdgebundenen Tätigkeiten erschaffen. Sogar wenn
von acht Kornkreisen vier nicht echt sein sollten, ist es immer noch
eine Sensation, wenn die anderen vier oder sogar nur einer echt ist!
Und es sind mehr echte Kornkreise dabei, als ihr manchmal wahrhaben wollt. Diese Tatsache wollt ihr noch nicht akzeptieren, da ihr
vor den Konsequenzen Angst habt. Denn dann müßtet ihr euch

selbst eingestehen, daß es möglicherweise Besuche von außerirdischen Intelligenzen und Wesenheiten oder andere noch nicht
erklärbare Phänomene hier auf Erden gibt.

Es ist manchmal schon sehr interessant und erheiternd, welche
Erklärungen die Menschen für die Existenz der Kornkreise heranziehen, anstatt die einfache Wahrheit anzunehmen und zu akzeptieren. Habt ihr euch schon einmal Bilder dieser Kornkreise angesehen? Habt ihr euch schon einmal Gedanken darüber gemacht,
warum a) Kornkreise von Jahr zu Jahr immer komplizierter werden, b) wie es möglich sein kann, daß sie meistens einfach über
Nacht entstehen und c) was für riesige Ausmaße diese Kornkreise
zum Teil haben und wie man d) so etwas auf normalem Weg unbemerkt über Nacht erschaffen soll? Diese großen, komplizierten geo-
metrischen Muster und Anordnungen sollen dann einfach durch
Magnetismus, sich begattende und im Kreis herumlaufende Igel
oder durch Windhosen entstanden sein?

Wie gesagt: Wenn nur *ein* Kornkreis echt ist und dieser von
*einem* Ufo erschaffen wurde, hättet ihr ein Problem, nicht wahr?
Denn wenn ihr das als eine wirkliche Möglichkeit akzeptiert, könnte das schon ausreichen, euer gesamtes Welt- und Wertesystem auf
den Kopf zu stellen. Aber wäre dies letztendlich nicht eine wahr-
scheinlichere Alternative als die oben genannten Erklärungen dieser Phänomene? Obwohl manche der kleineren Kornkreise in der
Tat unter anderem durch Magnetismus und Windhosen entstanden sind; aber eben nur ein kleiner Teil.

Noch einmal: Es gibt Außerirdische. Und in der Tat, wenn ihr
die Geschichte der Kornkreise beobachtet, seht ihr, daß es immer
mehr werden und daß sie immer komplizierter werden, je mehr ihr
euch für die Botschaften und deren Energie öffnet. Am Anfang
konnte man euch empfindlichen, ängstlichen und skeptischen
Menschen nur einfache Kreise zumuten. Denn das war ja schon fast
zuviel. Und dann, als ihr euch schon ein wenig daran gewöhnt hat-

tet, kamen Vierecke dazu. Als das integriert war, kamen Vielecke, ineinander verschachtelte Kreise und Striche dazu. Und nun kommen langsam noch deutlichere und verständlichere Nachrichten.

Das ist der gleiche Effekt wie mit den Ufos. Ihr müßt euch nicht nur theoretisch, sondern ganz praktisch an Außerirdische gewöhnen. Stellt euch einmal wirklich vor, wie es ist, wenn auf einmal gewisse chemische Formeln in den Kornkreisen erkannt werden und sich – noch – keiner erklären kann, wie sie dahin gekommen sind. Befaßt euch mit Luftaufnahmen von gewissen Ländern. Dort sind Geschichten von außerirdischem Leben auf der Erde aufgezeichnet. Auf der Erde gab es damals noch nicht die Technik, um diese Dinge zu manifestieren, doch wir wußten, daß gerade diese Art des Hinterlassens von Botschaften zu einem späteren Zeitpunkt – nämlich jetzt – großes Aufsehen erregen würde, weil man dann die Technik hätte, nämlich Flugzeuge, um überhaupt diese Botschaften zu entdecken. Dann würde man fragen können, wie um alles in der Welt diese Botschaften in der Vergangenheit dort hingelangt sein können. So wird es auch mit anderen, noch nicht entdeckten, aber schon längst „hinterlegten" Nachrichten geschehen. Denn wenn ihr die Fähigkeit entwickelt habt, sie zu entdecken, ist auch die Wahrscheinlichkeit sehr groß, daß ihr gelernt habt, mit diesem Wissen verantwortlich und liebevoll umzugehen.

Öffnet euch ein wenig und verliert die Angst vor den außerirdischen Freunden. Sie sind wundervoll, und sie waren schon immer da. Wenn sie etwas Negatives hätten tun wollen, hätten sie das schon längst tun können.

## Den Kontakt vorbereiten

Wenn wir der Menschheit unerklärbare Phänomene und Symbole oder sichtbare Schmuckstücke oder Bauwerke geben oder hinterlassen oder Menschen persönlich, körperlich in einem Raumschiff oder vollkommen wach und bewußt auf eine Ätherreise mit uns nehmen, und darüber eventuell sogar im großen Rahmen berichtet wird, haben sie etwas, über das sie nachdenken können. Das ist eine harmonische Art und Weise, auf uns aufmerksam zu machen und die Menschheit auf uns vorzubereiten. Denn die Menschen untersuchen dann diese Dinge und Phänomene gründlich mit den unterschiedlichsten Geräten und Techniken und kommen meistens zu dem Schluß, daß sie nicht logisch nachvollziehbar und erklärbar sind oder aber noch nicht öffentlich bekannt gegeben werden sollten. Und doch ist dann schon etwas im allgemeinen Bewußtsein, ist ein Samen im Äther gelegt.

Nach einer gewissen Zeitspanne geraten diese Dinge fast wieder in Vergessenheit, und dann tauchen wieder vermehrt irgendwelche unbekannten Dinge auf, an denen man sich noch mehr die Zähne ausbeißt. Die Menschen überlegen noch mehr und intensiver, woher die Zeichen, Botschaften, Signale und Symbole kommen könnten. Nach und nach öffnen sich die Menschen durch solche Ereignisse für das sogenannte Unmögliche, für das Unfaßbare oder zu Beginn auch Unheimliche. Dann tauchen Symbole auf, bei denen nun ganz deutlich ist, daß Intelligenz und eine ganz bestimmte Absicht dahinter stecken müssen. Bestimmte Kornkreise mit sehr komplizierten Formen können eigentlich nur von intelligenten Wesenheiten erzeugt werden. Es wird also langsam klar, daß so etwas nicht auf natürlichem Wege, also nicht zufällig oder aus Versehen geschehen ist, sondern daß dies „irgend etwas" oder „irgend wer" bewußt und sehr gezielt erschaffen haben muß.

Die Geschehnisse sind also dazu da, um euch sanft umzustimmen oder zu erinnern. Wie wäre es, wenn sich zum jetzigen Zeitpunkt 1000 Ufos und mehr auf einmal über einer Großstadt materialisieren und plötzlich sichtbar machen würden? Und das wäre oder ist nur ein verschwindend kleiner Teil der Ufoflotte. Diese Zahl kommt euch

nur wegen der Thematik so unglaublich hoch vor. Zählt doch nur
einmal die Autos auf einer mittelgroßen Verkehrsstraße. Da sind
1000 Raumschiffe als Zahl sehr wenig. So viele Autos füllen des öfteren bei euch allein schon einen Parkplatz. Aber stellt euch dennoch
einmal vor, daß sich vor euch auf einmal 1000 Raumschiffe materialisieren. Für viele von euch wäre das noch ziemlich dramatisch. Und
für manche wäre das noch ein wirklich großer Schock. Es könnte
unter der Bevölkerung Herzinfarkte und Tote geben, und es würde
höchstwahrscheinlich eine Panik ausbrechen. Das ist einer der
Gründe, warum wir immer wieder, aber doch nur vorsichtig auf uns
aufmerksam machen. Wir haben letztendlich alle Zeit der Welt.

Immer mehr Menschen fangen an, sich zu öffnen. Sie werden
neugierig und wollen eine befriedigende Antwort. Auch sie sind zu
dem Schluß gekommen, daß die vorherrschende Wissenschaft das
Phänomen der Kornkreise zum Beispiel nicht wirklich erklären
kann. Viele lesen Artikel oder Bücher, hören sich Vorträge oder
Fernsehberichte an und kommen zu dem Schluß: „Ja, es könnte
Außerirdische geben." Aber dann taucht die Angst auf, die solche
Erkenntnisse oftmals verhindert: „Meine Güte, wenn es
Außerirdische gibt, dann haben die irgendeine Technologie, die uns
wirklich überlegen ist." Sie begegnen dann häufig ihrem inneren
Feindbild. Diese Menschen haben dann aber die Wahl und die
Chance, Folgendes zu überlegen: „Wenn diese fremden Wesen wirklich weiterentwickelt sind als wir, dann hätten sie uns schon längst
gefangennehmen, versklaven oder töten können. Aber anscheinend
wollen sie das gar nicht. Denn sie haben es bisher ja nicht getan.
Warum sollten sie es dann ausgerechnet jetzt tun? Aber was wollen
sie dann von uns? Diese Wesen scheinen friedliche Absichten zu
haben. Und sie wollen uns anscheinend irgend etwas mitteilen. Was
könnten denn diese Botschaften, diese Symbole für eine Bedeutung
haben?" Alle diese Gedankengänge müssen wir abwarten. Und dann
kommt die nächste Aktion, der nächste Hinweis von uns.

Wenn ihr darauf achtet, werdet ihr feststellen, daß Zeitungen inzwischen viel häufiger das Ufo-Thema aufgreifen und daß sie es inzwischen ernsthafter darstellen als früher. Auch Reporter sind Menschen, die sich ihre Gedanken machen. Auch sie merken inzwischen, daß immer mehr ernstzunehmende, auch sehr bekannte Menschen, die ein gewisses Image in der Öffentlichkeit zu verlieren hätten, dazu stehen, ein Ufo gesehen zu haben oder sogar mit ihm mitgeflogen zu sein. Das gibt ihnen zu denken. Somit kommt unsere Zeit immer näher. Ihr solltet das schon öfter empfohlene Buch von Elisabeth Klarer gelesen haben. Dort wird beschrieben, wie eine Pilotin Kontakt mit Außerirdischen hat und sogar ein Kind von einem von ihnen bekommt. Es wird beschrieben, wie sogar damals schon, als dieses Thema in der Öffentlichkeit kaum diskutiert und wahrgenommen worden ist, eure Geheimdienste dieses Thema sehr wohl äußerst ernst genommen haben. Elisabeth mußte von ihrem außerirdischen Geliebten auf seinen Heimatplaneten gebracht werden, um dort ihr gemeinsames Kind ungestört zur Welt bringen zu können. Und sie mußte es dort zurücklassen, was ihr fast das Herz gebrochen hat, damit es ihr hier auf der Erde nicht für wissenschaftliche Untersuchungen und Beobachtungen weggenommen werden konnte, was damals tatsächlich noch so geschehen wäre. Heutzutage wäre es durch den Schutz der Öffentlichkeit und durch die ausführliche Berichterstattung weitaus leichter für eine werdende Mutter, ihr Kind hier auf der Erde zu bekommen und in Zusammenarbeit mit der Regierung und Wissenschaftlern weitgehend normal aufzuziehen. Dies geschieht schon längst.

Außergewöhnliche Erlebnisse und Beobachtungen von Menschen werden inzwischen von offiziellen Stellen sehr ernstgenommen, sehr viel ernster, als ihr glaubt. Aber die Regierungen sind sich einfach noch nicht sicher genug, wie ihr euch verhalten werdet, wenn sie bekanntgeben, daß sie selbst an Außerirdische glauben und zum Teil sogar schon Kontakt mit ihnen haben. Die Angst vor einer Panik und der Wut der Bevölkerung, weil sie solche Informationen zurückgehalten haben, ist noch ziemlich groß; ebenso die Angst vor Macht- und Kontrollverlust.

Die bewußteren Kontaktaufnahmen mit Außerirdischen gibt es in Erdenjahren gerechnet noch nicht so lange, und erst seit wenigen Jahrzehnten wird über Ufos in den Medien berichtet. Es ist daher verständlich, daß die meisten Menschen erst allmählich bereit dazu sind, uns und andere Wesenheiten und Existenzformen zu akzeptieren. Denn über Raumschiffe zu theoretisieren und sie sich im Fernsehen oder in Büchern anzuschauen oder tatsächlich ein richtiges Raumschiff vor sich auf einer Lichtung landen zu sehen, ist, wie gesagt, ein ziemlich großer Unterschied. Es braucht sehr viel Vertrauen in euch und in uns, in solch einer Situation stehenzubleiben und abzuwarten. Denn der Überlebenstrieb in euch sagt erst einmal: „Flüchte!" Wir sagen euch, euer Gefühl in eurem Herzen wird euch letztendlich zeigen, wie ihr euch zu verhalten habt: Ihr werdet die Guten dann sehr klar von den Negativen unterscheiden können. Denn so wie man hier auf Erden sehr wohl Menschen erkennt, die eine positive, eine gute, eine vertrauensvolle Aura haben, so erkennt man auch sehr wohl positive, gute, vertrauenswürdige Außerirdische. Man muß sich vorher nur bewußter mit der Wahrnehmung von unterschiedlichen Energien und Frequenzen befaßt haben und dann angstfrei und voller Vertrauen in seine eigene Intuition sein.

Wenn ihr zu euch und zu uns Vertrauen gefaßt habt, könnt ihr auf den unterschiedlichsten Ebenen von Außerirdischen lernen und Kontakt mit ihnen aufnehmen. Einerseits, wie wir es jetzt tun, über einen Channel, indem geistige Botschaften mittels Energieübertragung oder verbal durchgegeben werden. Verbale Übertragungen allein sehen wir aber als zu begrenzt an. Wenn wir mit einem Medium arbeiten, benutzen wir daher oft auch die Sprache und die Gelegenheit als solche für Energieübertragungen. Ihr könnt diese

Energien, diese Lichtübertragung in dem Raum spüren, in dem wir gechannelt werden. Auch spüren viele schon die Lichtaura, die einen Channel oder eine eingestimmte Person umgeben, wenn sie einen Raum betritt. Das kann so intensiv sein, daß manche Menschen starke Emotionsschübe bekommen und sie zum Beispiel zu weinen anfangen, obwohl wir oder diese Person noch gar nichts gesagt haben. Sie werden einfach von dieser Energie bis in die Tiefen ihres Herzens berührt.

Dann gibt es die Möglichkeit, körperlich und voll bewußt mit uns in Kontakt zu treten, indem wir sie zu versteckten Ufos führen, ihnen die Ufos vorführen, mit ihnen reisen und ähnliches. Das bedeutet, die verschiedenen Menschen werden ganz unterschiedlich, je nachdem wie es dem Zweck ihrer Seelen und ihrem Plan hier auf Erden entspricht, von uns kontaktiert. Wir tun es so, wie es für den einzelnen Menschen notwendig ist, um am harmonischsten und gleichzeitig am effektivsten arbeiten zu können. Nicht für jeden Menschen hier auf Erden ist zur Zeit jede Art von Kontaktaufnahme möglich. Auf Grund von Aura-Lesungen können wir erkennen, auf welche Art der Kontakt am besten hergestellt werden sollte. Bei manchen nehmen wir über die Träume Kontakt auf, bei anderen ist es Telepathie, und anderen begegnen wir real.

Sehr viele Außerirdische von den unterschiedlichsten Planeten mit den unterschiedlichsten Entwicklungsstufen laden Menschen auf ihre Raumschiffe oder auf ihre Heimatplaneten ein, um ihnen Dinge zu zeigen oder sie zu lehren. Deshalb können die Erzählungen von Menschen, die von Außerirdischen mitgenommen worden sind, auch sehr unterschiedlich sein.

Bis jetzt haben noch nicht viele Menschen von ihren Erlebnissen berichtet. Teilweise war es noch nicht erlaubt, teilweise war es noch zu gefährlich, wenn jemand wirklich überzeugend beweisen konnte, daß er wirklich auf einem anderen Planeten gewesen ist. Langsam beginnt die Wende. Es wird sehr viele Begegnungen mit

Außerirdischen geben, auf dieser und auf anderen Ebenen. Es werden sich jetzt immer mehr Menschen trauen, über ihre Erlebnisse zu sprechen. Zum einen weil sie sich allgemein sicherer und geschützter fühlen und zum anderen, weil sie Nachrichten, Botschaften usw. bei Notaren, Familienangehörigen, Freunden, Verlagen, Fernsehsendern oder einflußreichen Personen hinterlegen, herausbringen oder bekanntgeben können. Sie werden auch bestärkt durch Fernsehsendungen wie *Akte X, Outer Limits, Sliders* usw., die sehr realistisch wirken und zum Teil haargenau ihre eigenen Erlebnisse wiedergeben. Auch Sendungen, die sich allgemein mit ungewöhnlichen Erlebnissen befassen, geben ihnen das Gefühl, verstanden zu werden. Dadurch steigt ihre Chance, daß man ihnen Glauben schenkt. Das Massenbewußtsein allgemein öffnet sich langsam für bislang unerklärbare Phänomene.

In diesem Zusammenhang möchten wir noch einmal darauf hinweisen, daß es gut wäre, sich mehr mit positiven Fernsehsendungen und Kinofilmen zu „füttern", denn das kann sehr wichtig und hilfreich für die Art und Weise sein, wie ihr euch eine künftige Kontaktaufnahme mit fremden, euch unbekannten Wesenheiten vorstellt und manifestiert. Glaubt ihr eher, daß ihr schleimige, hinterhältige, brutale oder gefühllose Monster, Bestien oder Roboter antreffen werdet, die eure Erde zerstören wollen. Oder geht ihr davon aus, daß ihr humorvolle, verantwortungsvolle, höfliche und schöne Außerirdische und andere liebevolle Wesenheiten humanoider, kristalliner, reptilienähnlicher oder anderer Art antreffen werden, die euch aus reiner Liebe, aus reinem Mitgefühl und aus einem Gefühl der Verantwortlichkeit dem Großen Ganzen gegenüber einfach so helfen, die Erde mit hochentwickelter Technologie umzuwandeln?

Wir möchten euch gleichzeitig als eine weitere Vorbereitung der Kontaktaufnahme mit außerirdischen Intelligenzen darum bitten, euch einfach schon einmal vorzustellen, was denn passieren würde,

wenn die Menschheit Kleidung erschaffen könnte, die nicht mehr
verschleißt oder schmutzig wird. Wie es wäre, nicht mehr essen oder
schlafen zu müssen, wie es wäre, unsterblich zu sein – nur um ein paar
Beispiele zu nennen. Bei solchen Gedankenspielen würden euch schon
einmal eure Ängste und Verhaftungen bewußt werden. Ihr könntet
dann schon daran arbeiten, sie aufzulösen, weil gerade sie es sind, die
verhindern, daß dies alles nicht jetzt schon Realität für euch ist.

Unterstützen könnt ihr solche Gedankenspiele durch das Lesen
und Anhören von positiven, aufbauenden, wahren Erlebnissen und
von entsprechenden Erzählungen und Märchen. Oder indem ihr
selbst Geschichten mit einem positiven Ende schreibt oder visua-
lisiert. Oder indem ihr euch positive Fernsehsendungen, die sich
mit diesen Themen befassen, anschaut, seien es Sendungen wie
*Superman,* hier gebraucht der stärkste Mann der Welt seine Kräfte
uneigennützig und verdient sogar noch zusätzlich mit einer anderen Arbeit sein Geld, oder *Highlander,* der mit den möglichen Vor-
und Nachteilen von Unsterblichkeit konfrontiert wird. Oder seht
euch die *Star Wars*-Filme an, die euch an die Macht wahrer Freundschaft, Loyalität, Mut und Unbeugsamkeit durch das tiefste
Vertrauen und den Glauben an die letztendliche allumfassende und
alles umwandelnde Macht der Liebe erinnert, was zum Beispiel die
Umwandlung des Darth Vader bezeugt.

In diesen Serien und Filmen wird gezeigt, daß alles zwei Seiten
hat, eine positive und eine negative, eine helle und eine dunkle.
Mit der positiven Seite von absoluter Macht gut umzugehen, muß
erst erlernt werden. Nur weil jemand diese Kräfte erlangt, ist er
nicht automatisch positiv. Wenn ihr euch aber bewußt macht, daß
negative Verhaltensweisen und Machtmißbrauch immer karmische
Verstrickungen nach sich ziehen, wird auf Dauer jedes Wesen lernen wollen, verantwortungsvoll mit solchen Kräften umzugehen.

Es finden schon viel mehr Kontakte mit Außerirdischen statt, als
ihr vermutet oder wißt. Diese Treffen mit uns können nur dann

stattfinden, wenn ihr es erlaubt und darum bittet und die Antwort eurer Gebete akzeptiert. Wir meinen damit einmal die Qualität eurer Gebete oder Bitten, das heißt, mit welcher Haltung und Motivation ihr betet. So wie es in den Wald oder das Universum hineinschallt, so schallt es zurück. Somit beachtet, was und wie ihr etwas erbittet (und ihr nicht dadurch zum Beispiel negative Außerirdische herbeiruft!).

Zum zweiten meinen wir, daß manche Menschen ein wenig unzufrieden sind, wenn nicht genau das geschieht, was sie sich vorgestellt haben, obwohl die Qualität des Gebetes oder der Bitte richtig war, also aufrichtig und reinen Herzens gebetet wurde. Wir können aus einem übergeordneten Blickwinkel sehr wohl sehen, daß das, was diese Menschen dann bekommen, eigentlich viel besser oder passender für sie ist als das, was sie sich gewünscht haben. Beispielsweise werden sie nicht abgeholt, sondern bekommen neue, umwälzende Technologien. Nur sehen sie das in ihrer ersten Enttäuschung nicht und fühlen sich von uns oder von Gott betrogen. Wenn ein Mensch wahres Gottvertrauen hat, wird er auf die Antworten und Botschaften, die er auf seine Gebete bekommt, mit Dankbarkeit und Freude reagieren. Das Geheimnis ist also nicht allein, daß überhaupt um etwas gebeten wird, sondern es zählt vor allem die Qualität der Bitte, das heißt, aus welchem Grunde oder mit welcher Motivation wir oder andere herbeigerufen werden oder um etwas gebeten wird.

Vertraut darauf, es geschieht alles nach dem einen großen, göttlichen Plan. Es ist Teil des Plans, daß jedes Wesen letztendlich wieder mit dem Großen Ganzen verschmilzt und EINS wird mit allem. Ihr seid auf einer heiligen Reise, und es wäre uns eine Freude, euch auf dem nächsten Abschnitt eures Weges begleiten und unterstützen zu können. Vertraut darauf: Es ist vorgesehen, daß ihr zu einer geeinten, friedenbringenden Menschheit zusammenwachst und auf einem erleuchteten Planeten lebt. Es ist vorgesehen, daß ihr euch mit gleichgesinnten Völkern und Zivilisationen des Kosmos zusammenschließt und mit ihnen zusammen Frieden und Wissen in das ganze Universum hinausträgt. Es ist vorgesehen, daß ihr auch eure inneren Welten mit Liebe und Verstehen anfüllt, so daß sie wieder mit den äußeren Welten verschmelzen und sich euer Sein in vollkommenem Verstehen und vollkommener Liebe mit dem Großen Ganzen verbindet. Es liegt an euch, wann es geschieht. So sei es, so ist es! Seid gegrüßt!

*Die geistigen Freunde übermitteln in der folgenden geführten Meditation verstärkt Energien, die den Leser unter Umständen sehr berühren können. Somit empfehlen wir, die Meditation in einer ruhigen und geschützten Atmosphäre zu genießen. Vielleicht ist es für den einen oder anderen hilfreich, Musik im Hintergrund laufen zu lassen und sich und den Raum für diese Begegnung mit den Freunden des Lichtes schön vorzubereiten. Viel Spaß!*

*Diese Meditation widmen
die Lichtwelten
Frau Christa Falk.*

# Meditation

### Die Hüter der Erde

Ihr habt großartige Möglichkeiten. Wir sehen Zeiten, in denen es Raumschiffe geben wird, die zur Erde fliegen. Wir sehen Zeiten, in denen ihr verstärkt mit Außerirdischen Kontakt aufnehmen und wirklich wissen werdet, daß ihr mehr seid als das, was ihr Menschsein nennt. Denn ihr seid sehr viel mehr!

Es gibt aber auch auf der Erde noch viele Geheimnisse zu entdecken. Denn bei der Transformation der Erde gibt es nicht nur Unterstützung von außen, also von Außerirdischen und anderen Wesen, sondern auch von der Erde selbst und von Wesenheiten aus den verschiedenen Zeitaltern, die auf ihr lebten, leben und leben werden. Denn es gibt seit Anbeginn der Zeit sehr alte Stätten des Lichtes hier auf Erden, in denen diese Wesen wirken. Wie zum Beispiel die geheimen Städte von Atlantis, in denen Wesen der verschiedenen Bruderschaften, des Karmischen Rates, des Zusammenschlusses der Welten und der Föderation zusammenarbeiten und Frequenzen des

Lichtes, der Liebe und der Weisheit aktivieren, verstärken und zu den verschiedensten Orten durch Raum und Zeit senden. Viele von euch wissen in ihrem Innersten von diesen Aktivitäten und erinnern sich an dieses uralte Wissen. Jeder von euch hat in seinem Inneren einen Ort, der ihn mit diesen Stätten der Weisheit verbindet.

Erinnert euch noch einmal an die alten Zeiten. Erinnert euch noch einmal an die Druiden und weisen Frauen mit ihren mächtigen Geistes- und Manifestationsfähigkeiten. Erinnert euch an das Licht von Lemurien, an die Macht von Atlantis, an die Schönheit von Avalon und an die Großartigkeit von König Artus und seiner Tafelrunde. Seht, was damals schon an Gutem und Schönem erschaffen worden ist und inwieweit euch die Taten und Gedanken dieser lichtbringenden Wesen in ihrer Größe, Macht, Liebe und Demut über die Jahrhunderte hinweg auch heute noch in eurem Herz und Geist berühren, fördern und inspirieren! Seht, wenn in eurer Vergangenheit mit ihren damals scheinbar begrenzten Möglichkeiten so viel Dauerhaftes und Gutes erschaffen werden konnte, was ihr dann mit euren *jetzigen* Möglichkeiten und Fähigkeiten erschaffen könnt!

Erinnert euch noch einmal an eure glorreiche Vergangenheit und benutzt die Kraft und Schönheit von damals als Brücke für eure Inspiration und Manifestationshilfe für heute. Legt neue Samen, laßt sie im Hier und Jetzt erblühen und fördert auch das Aufgehen der Samen, die in der Vergangenheit schon gelegt worden sind.

Wir geben euch noch einmal eine alte Meditation, die auch heute noch nichts von ihrem Zauber und ihrer Kraft eingebüßt hat. Sie kann euch die noch unentdeckten und doch vorhandenen unerschöpflichen Ressourcen der Erde demonstrieren. Spürt, wieviel Macht, Schönheit, Weisheit und wie viele Möglichkeiten der Transformation dieser wunderbare Planet hat.

Verbindet euch jetzt mit den Stätten des Lichtes und des Wissens hier auf der Erde. Diese Orte liegen oftmals kilometertief im Gestein der Erde verborgen. Ihr werdet sie als riesige, hell erleuchtete Kathe-

dralen des Lichtes wahrnehmen können. Es gibt dort funkelnde, tau-
sendfach das Licht widerspiegelnde Lichtkristalle. Und es gibt dort
wunderschöne Lichtwesen. Wir befinden uns jetzt in den kosmischen
Erinnerungshallen. Spürt, wieviel Liebe, Energie und Weisheit in ihnen
enthalten ist. In diesen Lichtkristallen ist alles Wissen seit Anbeginn
der Zeit gespeichert. Wenn ihr es wünscht, könnt ihr mit diesem
Wissen, das jenseits von Zeit und Raum liegt, Kontakt aufnehmen.

Die Wesenheiten sind die Bewahrer der Weisheit und des Lichtes
hier auf Erden. Sie sind die Hüter der Erde. Es sind unendlich große
und weise Wesen. Sie können euch darin unterstützen, die Begrenzungen einer dreidimensionalen Welt zu erkennen, zu verstehen
und aufzulösen. Sie können euch helfen, mit der Weisheit Gottes, mit
dem wirklichen Sein Kontakt aufzunehmen. Erinnert euch daran, daß
ihr mehr seid als die äußere Hülle. Sie ist nicht das, was ihr wirklich
seid. Ihr seid Licht, ihr seid Wissen, ihr seid Verstehen, ihr seid
Unendlichkeit.

Denke nun wieder an die Lichtkristalle in den kosmischen
Erinnerungshallen. Nimm mit einer aufrichtigen, reifen und liebevollen Grundhaltung des Herzens und des Geistes mit diesen Kristallen und mit den ihnen innewohnenden Wesen Kontakt auf. Sende
mit deinem Geist liebevolle und aufbauende Gedanken zu all den
anderen Lichtkristallen hier auf der Erde, zu den Lichtkristallen auf
anderen Planetensystemen und ins All zur Quelle allen Seins. Du wirst
Verbindung aufnehmen können mit der Gesamtheit allen Seins mit
all ihren Ausdrucksformen.

Die Meister und Meisterinnen des Lichtes wünschen mit dir zu
arbeiten und dich in altes Wissen einzuweihen, wenn du es erlaubst.
Stelle Fragen oder teile ihnen die Dinge mit, die du auf dem Herzen
hast. Erlaube für einen kleinen Moment, die Energien, Antworten
und Botschaften dieser Wesen in deinen Körper hineinzulassen, soweit
es für dich harmonisch ist. Erlaube, daß die Wesenheiten des Lichtes
die Frequenzen des Lichtes in dir verstärken und verdichten. Erlaube,

daß diese Lichtenergie wie ein wunderbares Fluidum aus reinstem, wohltuenden, heilenden und dich transformierenden Licht in deinen Körper einfließt. Erlaube, alte Blockaden aufzulösen, so daß positive, dich erneuernde, ausweitende Veränderungen in deinem Körper geschehen können. Beginne, dich den Frequenzen des neuen Zeitalters harmonisch anzupassen. Wir sind Licht. Wir sind in euch und um euch herum. Wir werden euch unterstützen, wir werden euch lieben und beschützen, sofern ihr es wünscht und erlaubt. Wir haben dies immer getan, wir tun es jetzt, und wir werden dies immer tun.

Somit möchten wir uns jetzt verabschieden. Es war uns eine Ehre, sprechen zu dürfen. Wir erwarten ein baldiges Wiedersehen und freuen uns darauf.

Seid gegrüßt, Freunde des Lichtes, und seid gesegnet!

Bitte blättern Sie um ...

# Über die Autorin

Beate Bock wurde in Hamburg geboren und hat nach ihrem Abitur eine Ausbildung als Krankengymnastin absolviert. Sie ist verheiratet und hat ein Kind.

Seit 1989 leitet sie im In- und Ausland Seminare und Seminarreisen, macht Firmenberatungen, hält Vorträge und ist wiederholt in Radio- und Fernsehsendungen aufgetreten. Beate Bock ist die Autorin der Bücher *Un-Mögliches möglich machen* (Verlag „Die Silberschnur") und *Interviews mit Außerirdischen* (Ch. Falk-Verlag), verschiedener Artikel sowie einer geführten Einstimmungskassette für den Morgen und die Nacht. Weitere Informationen in Internet unter *www.BeateBock.de*.

Beate Bock ist über den Herausgeber Martin Rump zu erreichen: Beate Bock c/o Martin Rump, Hubertusstraße 18, D-13589 Berlin.

# Literaturempfehlungen

Beate Bock: Un-Mögliches möglich machen. Ein Übungsbuch. Verlag „Die Silberschnur", Neuwied 2. Aufl. 2000

Beate Bock und Simone Sommer: Interviews mit Außerirdischen. Ch. Falk-Verlag, Seeon 1994

Richard Bach: EinsSein. Goldmann, München 1990

Enrique Barrios: Ami. Der Junge von den Sternen. Ch. Falk-Verlag, Seeon 1990

Jack Canfield, Mark Victor Hansen: Hühnersuppe für die Seele. Geschichten, die das Herz erwärmen. Goldmann, München 1996

Ken Carey: Ein Tag in der Wildnis. Ch. Falk-Verlag, Seeon 1995.

Dale Carnegie: Sorge dich nicht - lebe! Scherz, Bern-München-Wien 89. Auflage 1999

Jasmuheen: Lichtnahrung. Die Nahrungsquelle für das kommende Jahrtausend. KOHA-Verlag, Burgrain 1997

Elisabeth Klarer: Erlebnisse jenseits der Lichtmauer. Turmalin Verlag, Wiesbaden 1994

Shirley MacLaine: Zwischenleben. Goldmann, München 1995

Richard Matheson: Das Ende ist nur der Anfang. Goldmann, München 1998

Billy Meier: Die Wahrheit über die Plejaden. Verlag „Die Silberschnur", Neuwied 1996

Anne und Daniel Meurois-Givaudan: Die Reise nach Shambhala. Ch. Falk-Verlag, Seeon 1995

Robert A. Monroe: Der zweite Körper. Expeditionen jenseits der Schwelle. Ansata, München 1996

Robert A. Monroe: Über die Schwelle des Irdischen hinaus. Ansata, München 1997

Monty Roberts: Der mit den Pferden spricht. Bastei-Lübbe, Bergisch-Gladbach 1997

# Empfohlene Spielfilme und Fernsehserien

Die Bedeutung von Fernsehserien, Spiel- und Kinofilmen haben die geistigen Freunde in diesem Buch mehrmals angesprochen. Durch das bewußte Anschauen bestimmter Sendungen und Filme kann sehr viel gelernt und verstanden werden. Wenn man bestimmte Dinge oder Situationen auf einer Leinwand plastisch sieht oder „vorgelebt" bekommt, ist vieles leichter vorstellbar oder nachzuvollziehen, als wenn man es „nur" erzählt oder erklärt bekommt. Manche Botschaften und Aussagen der geistigen Freunde können dadurch verständlicher werden.

Wenn man etwa in dem Film *Matrix* durch den Hauptdarsteller plastisch vorgelebt bekommt, was es wirklich praktisch bedeuten kann, mit der Existenz verschiedener Realitätsebenen konfrontiert zu werden, und gezeigt wird, wie der Hauptdarsteller daraufhin seine Glaubensmuster über die Welt und wie sie angeblich funktioniert in Frage stellt, verändert und anpaßt, kann dies manchmal sehr viel tiefer berühren, als wenn es nur theoretisch erklärt werden würde. Dadurch können Filme ein Anlaß sein, über sein eigenes Leben nachzudenken und einen neuen Lebensweg einzuschlagen.

Außerdem kann man bestimmte Gefühle, Lebenskonzepte und Situationen durch die Schauspieler wie durch ein anderes Leben ausleben und dadurch erlösen lassen. Nach Ansicht der geistigen Freunde kann das bewußte Anschauen von Filmen einem manchmal sogar mehrere neue Inkarnationen ersparen, weil dadurch viele Probleme und Fragestellungen usw. einfach „erledigt" werden können.

Hier nun eine kleine Auswahl von Filmen und Sendungen, die die geistigen Freunde über die Jahre hinweg empfohlen haben. In früheren Jahren waren dies folgende Fernsehserien und Kinofilme:

*Raumschiff Enterprise* mit Captain Kirk, Spock und Pille

*Unsere kleine Farm* mit Michael Landon und Melissa Gilbert

Die ersten drei *Star Wars* Filme (1977–1983) mit Luke Skywalker, Han Solo, Prinzessin Leia, Darth Vader, Obi-Wan Kenobi, Yoda, R2-D2, C-3PO und Chewbacca

*Cocoon* Teil I (1985) mit Brian Dennehy, Steve Guttenberg und Don Ameche

*Made in Heaven* (1987) mit Timothy Hutton und Kelly McGillis

*Ghost – Nachricht von Sam* (1990) mit Patrick Swayze, Demi Moore und Whoopi Goldberg

Später dann die Fernsehserien und Kinofilme:

*Star Trek – The Next Generation* mit Patrick Stewart, Jonathan Frakes und Brent Spiner

*Voyager* mit Captain Janeway, Chakotay, Seven of Nine und dem holographischen Doktor

*Superman* mit Dean Cain und Teri Hatcher

*Highlander* mit Adrian Paul

*Charmed* mit Shannon Doherty, Holly Marie Combs und Alyssa Milano

*Ally McBeal* mit Calista Flockhart

*Das Wunder von Manhattan* (1994) mit Richard Attenborough und Elizabeth Perkins

*Contact* (1997) mit Jodie Foster und Matthew McConaughey

*Rendezvous mit Joe Black* (1998) mit Brad Pitt, Anthony Hopkins und Claire Forlani

*Pleasantville* (1998) mit William H. Macy, Joan Allen und Jeff Daniels

*Matrix* (1999) mit Keanu Reeves und Laurence Fishburne

*The Sixth Sense* (1999) mit Bruce Willis und Haley Joel Osment

*Beate Bock*

Lesen Sie auch die
beiden anderen Bücher
der Autorin

*Interviews mit Außerirdischen*
ISBN 3-924161-85-2
erschienen im ch.falk-verlag

und

*Unmögliches möglich machen*
ISBN 3-923781-67-9
erschienen im Silberschnur-Verlag

ch.falk-verlag